U0918730

党旗红 深蓝梦

奋进船舶人

中国船舶集团有限公司◎编著

人民日报出版社
北京

图书在版编目（CIP）数据

党旗红 深蓝梦 ：奋进船舶人 / 中国船舶集团有限公司编著．— 北京：人民日报出版社，2020. 11

ISBN 978-7-5115-6686-7

Ⅰ．①党… Ⅱ．①中… Ⅲ．①中国共产党一党员一先进事迹 Ⅳ．① D263

中国版本图书馆 CIP 数据核字（2020）第 225562 号

书　　名：党旗红 深蓝梦：奋进船舶人
DANGQI HONG SHENLAN MENG—FENJIN CHUANBO REN
编　　著：中国船舶集团有限公司

出 版 人：刘华新
责任编辑：梁雪云
版式设计：九章文化

出版发行：人民日报出版社
社　　址：北京金台西路 2 号
邮政编码：100733
发行热线：(010) 65369509　65369527　65369846　65369512
邮购热线：(010) 65369530　65363527
编辑热线：(010) 65369526
网　　址：www.peopledailypress.com
经　　销：新华书店
印　　刷：三河市华东印刷有限公司
法律顾问：北京科宇律师事务所　010-83622312

开　　本：710mm×1000mm　1/16
字　　数：561 千字
印　　张：27.25
版次印次：2021 年 1 月第 1 版　　2021 年 1 月第 1 次印刷

书　　号：ISBN 978-7-5115-6686-7
定　　价：128.00 元

本书编委会

主　编：雷凡培

副主编：区广权　丁文强　王学军　刘　静　袁　峻
原国锋　甘丰录　黄文辉　唐　辉　梁志勇

编　委：王智辉　项　丽　张弘弢　易发俊　李　锐
李　想　郭佳泰　刘志良　王　倩　刘　颖
高红梅　陈　璐　钱　平　赵　芸　宁湘舒
周　芒　王　娟　梁晓菲　王静雅

序 言

PREFACE

逐梦前行，首在把舵导航；攻坚克难，更需引领力量。在中国船舶集团有限公司，有这样一群人：他们平常时候看得出来、关键时刻站得出来、危急关头豁得出来；他们不畏艰难、不惧挑战，在高质量发展的道路上与时间赛跑；他们锐意进取、勇于争先，用创新铸就一流品质，向一流目标努力拼搏……他们就是“奋进的船舶人”。

在 2020 年 7 月 1 日中国船舶集团召开的庆祝中国共产党成立 99 周年暨 2020 年党的建设工作会议上，集团公司党组对“两优一先”“两标兵一示范”以及“优秀纪检巡视干部”进行了表彰，授予陈景毅等 67 名同志“优秀共产党员”称号，授予李甫杰等 23 名同志“优秀党务工作者”称号，授予第八研究院鹏力科技集团党总支等 40 个基层党组织“先进基层党组织”称号，授予张崇猛等 10 名同志“中国船舶优秀共产党员标兵”称号，授予王景东等 6 名同志“中国船舶优秀党务工作者标兵”称号，授予沪东中华总装二部围护系统部党支部等 6 个基层党组织“中国船舶示范党支部”称号，授予王红（女）等 20 名同志“优秀纪检巡视干部”称号。

这些受表彰的先进组织和优秀个人在中国船舶集团建设世界一流船舶集团的伟大征程中兢兢业业、攻坚克难，在新时代谱写了一曲曲感天动地、气壮山河的奋斗赞歌，彰显了中国船舶人良好的精神风貌。今年的新冠肺炎疫情给国家带来了重重考验。然而，中国船舶集团一个个基层党组织正如一座座战斗堡垒，在这场硬仗、急仗、险仗中义无反顾。八院鹏力科技集团党总支紧急研制口罩机、压条机等关键设备，以“战时速度”硬核抗疫；中国舰船研究院六七二医院党总支成立了党员突击队，以张琦护士长为代表的党员用“我将无我，不负患者”的铮铮誓言护佑患者的生命和健康。凝心聚力党旗红，抗疫生产两不误。沪东中华围护系统部党支部主动放弃假期，创立新型工作模式，既取得了抗疫的重大胜利，又获得了技术试验的空前佳绩；渤海集团军品生产管理部党支部及时做好形势任务教育，党员结对子“带思想、带技能、带作风、带业绩”，稳步推进复工复产。使命呼唤担当，榜样引领力量。作为航母现场导航党支部书记，天津航海仪器研究所副总工程师张崇猛经历了无数个不眠之夜带领团队完成了首艘国产航母导航系统总体设计和关键技术攻关，用一面党旗、一本党章将党员凝聚起来，顽强拼搏，确保圆满完成各项任务；沪东重机动力设计院中高速机产品所总体设计技术专家竺华君坚守岗位20年，带领团队夜以继日攻坚克难，用勤奋、刻苦和担当，换来了我国多型可靠的船用柴油机，为国产中国“芯”贡献了力量。作为一名党务工作者，江南造船搭载一部党支部书记、副部长王国军创新党员岗位建功机制，极大提升了生产经营能力和队伍素质，带领团队以创新方法解决多项难题，加速了平地造船技术的发展。作为一名纪检巡视干部，七一二研究所纪委书记王红为人处世讲原则、讲规矩，敢于监督、善于监督，多次参加集团公司和武汉地区公司问题线索核查、巡视、督查，克服困难、认真办理涉嫌严重违纪违法问题线索的移交，用实际行动诠释了纪检干部敢于担当的精神面貌……这样的例子还有很多。他们用实际行动诠释了中国船舶人“不忘初心、牢记使命”的责任与担当，用实际行动让鲜红的党旗在急难险重任务一线高高飘扬。这些先进人物都是我们身边的榜样，可亲、可敬、可信、可学。

为大力营造学习先进、争当先进、赶超先进的浓厚氛围，中国船舶集团总部有关部门组织中国船舶报社和相关成员单位编纂了《党旗红　深蓝梦——奋进船舶人》一书，对获得“两优一先”“两标兵一示范”以及“优秀纪检巡视干部”称号的先进组织和优秀个人的典型事迹进行全面深入介绍。该书是中国船舶集团重组成立后第一本介绍集团公司先进组织和优秀个人典型事迹的图书，内容丰富、可读性强，对于引导集团公司广大干部职工努力在高质量发展中建功立业、为建设世界一流船舶集团积极贡献力量具有重要的现实意义和深远的历史意义。

伟大的时代领航奋进，大潮奔涌砥柱中流。作为军工央企，中国船舶集团的高质量发展离不开党的领导，离不开广大党组织的战斗堡垒和广大党员的先锋模范作用。在新的征程上，中国船舶集团全体干部职工将更加紧密地团结在以习近平同志为核心的党中央周围，全面贯彻落实习近平总书记重要指示精神，牢记央企姓党，不忘初心、牢记使命，锐意进取、勇于争先，推动高质量发展战略落实落地，奋力建设世界一流船舶集团，以优异成绩迎接中国共产党成立100周年，努力为实现“两个一百年”奋斗目标、实现中华民族伟大复兴的中国梦做出新的更大贡献！

中国船舶集团有限公司

党组书记、董事长

雷凡培

目　录

CONTENTS

一、优秀共产党员

二、优秀党务工作者

三、先进基层党组织

四、中国船舶优秀共产党员标兵

五、中国船舶优秀党务工作者标兵

六、中国船舶示范党支部

七、优秀纪检巡视干部

一、优秀共产党员

焊枪上淬炼匠心

——记江南造船（集团）有限责任公司制造一部首席技师陈景毅

“钢板上的焊接书法家”

“急、难、险、重”的抢修任务现场的“常客”

兢兢业业、勤勤恳恳地培育了一大批承载深蓝梦想的“江南焊花”

陈景毅是中国船舶集团有限公司旗下江南造船（集团）有限责任公司船舶电焊特级技师、上海市焊接首席技师、“陈景毅国家技能大师工作室”带头人。他在船舶焊接岗位20余年，刻苦钻研焊接技术，在平凡的岗位上恪尽职守，用手中的焊枪书写着绚丽人生。

由于陈景毅出色的工作表现，他曾先后荣获“全国技术能手”“集团公司技术能手”“集团公司优秀青年人才”“全国青年岗位能手”“上海市技能人才培养突出贡献奖”“2013年度感动江南十佳个人”等荣誉称号，并入选“国防‘511’人才库”，享受国务院津贴。

陈景毅焊接技能精湛，焊接手法优美，运作焊枪坚劲圆浑，如龙蛇飞动。其焊缝成形精致漂亮，鱼鳞焊秀丽飘逸、美轮美奂；深熔焊力透钢板、雄健洒脱，如同书法家运笔按提、执笔筋书，行云流水般酣畅浑厚，他被称为“钢板上的焊接书法家”。

潜心钻研焊接技艺，勇于改革创新

为优质高效地建造产品，作为技术领军人物的陈景毅尽职尽责、一心一意地追求极致和完美。他刻苦钻研焊接技术，为一种手艺孜孜以求，坚定、执着、专一，不为枯燥所累，不为利益所惑，坚守如一，功到自然成，练就了他纯熟的技术。

陈景毅积极参与企业重点技术革新、技术攻关，努力解决生产、服务方面的技术难题，攻克多项焊接工艺难关。他经常勇于承担一些“急、难、险、重”的抢修任务，解决了主机中间轴承瓦盖断裂急修、石油井口装置管江阀体焊接、化学品船深井泵接管焊接裂纹修补等难题。陈景毅擅长异种材质对接和高压燃油管道焊接，他攻克了某高新产品不锈钢与青铜异种金属的焊接难关，成为国内采用同步焊、退火焊等特殊焊接方法成功解决 07MnNiCrMoVDR 低温钢乙烯球罐焊接难题的第一人；他还是国内首次应用 MIG 焊接方式，采用无间隙一次单面焊双面成型焊接技术，成功焊接 5 毫米厚度不锈钢管的第一人；他创新焊接变形控制方法，采用“加扁担”方法高精度焊接 60 毫米板厚的某水下高新产品的耐压壳体封头，使其与筒体结构无余量合拢。

他在工作上精益求精、不断超越、永不满足，积极开展新技术的应用试点和推广，研究开发绝技绝活和技术技能创新成果。他参与钛合金 MIG 焊接技术的研发，成功研制无余量建造了国内最大的钛合金船体分段并突破性解决了焊接保护难题；他成功研究出米勒焊机采用熔化极混合气体保护焊的焊接参数，替代手工焊接方法，并扩展应用于小组立建造，效率提升 30%、消耗降低 20%；他还参与管控焊机的研发，运用数字化技术，把焊工、焊机、焊接过程、焊材等焊接工作要素有机地融为一个系统进行有效的管理，使焊接更加规范、焊机管理更为有效、焊工管理更为合理，达到质量可控，从“人管机器”向“机器管人”转变。陈景毅攀登技术高峰、掌握高新技术的勤奋精神深深打动着周围的每一个人。

春风化雨育焊工，带教传授技能

陈景毅是一名有 24 年党龄的老党员，20 年来一直从事船舶焊接工作。他作为技能大师工作室带头人，在带徒传技、技艺传承方面更是不遗余力。他把毕生所学、所研究的焊接技术，通过传帮带毫无保留地传授给公司青年焊工。

陈景毅年轻时一直参加各类国内、国际大赛，屡摘金牌，他把自己“摘金”的经验转化成成果指导新工人在岗位上练兵，让他们学到书本上没有的东西。他从事焊接培训工作 10 年，用心浇灌培育了一大批焊接高技能人才，享誉行业内外，仅 2014 年就培训合格 297 名低温钢焊工，带教的学员蝉联上海市“星光杯”比赛的团体和个人的六连冠。这些焊工不但在企业生产岗位上发挥了骨干作用，而且在很多重大焊接比赛中获奖，为企业赢得了荣誉。

20 几年来的电焊生涯，在他手上和身上留下了斑斑疤疤，伤痕累累，但他从没有怨恨电焊工作，相反把研究电焊作为毕生追求。现在又把培养电焊接班人作为人生道路上的转折点，把自己所学的绝活薪火相传，为造船事业和培养国防需要的高精尖的焊接人才，默默地耕耘在最基层，兢兢业业、勤勤恳恳地培育了一大批承载深蓝梦想的“江南焊花”，为江南造船技能人才的培养和人才队伍的建设做出了卓越贡献。他铁画银勾，以笔酣墨饱的姿态继续书写辉煌人生。

大家心中的楷模和榜样

——记江南造船（集团）有限责任公司涂装二部部长薛昌红

船舶“美容师”，把青春和激情都奉献给了所热爱的造船事业

对党、国家、人民无限忠诚，时刻保持思想上的纯洁性和先进性

薛昌红现任中国船舶集团有限公司旗下江南造船（集团）有限责任公司涂装二部部长，在江南造船这块沃土上已经勤奋耕耘了30多年。可以毫不夸张地说，他把青春和激情都奉献给了所热爱的造船事业。他专业、敬业、做事严谨。“随和待人”“追求完美”“有亲和力”是涂装二部员工对他的评价。丰富的工作阅历，精湛的专业水平，雷厉风行的工作作风，是薛昌红的真实写照。

坚定理想信念，带头践行，树立党员形象

薛昌红时时处处牢固树立坚定的理想信念，认真学习党的十九大精神和习近平新时代中国特色社会主义思想，在造船行业的大环境中，充分利用自己的专业知识，扎扎实实、兢兢业业钻研学习，无论遇到多么大的困难险阻，他从不退缩，总是自告奋勇，冲锋在前，带头践行，为周围群众树立了一个优秀党员的先锋模范形象。

薛昌红作为涂装二部部长、党支部委员，以真诚的态度、坦荡的胸襟和统筹全局的能力，把涂装二部一班人紧紧凝聚起来，团结一心干事业。薛昌红勤于思考、激情进取，根据涂装专业发展趋势和方向，认真进行部门未来发展规划和人才培养思考。他带领部门紧紧围绕公司“315”战略目标，持续有效地开展着安全、质量、保密、生产、效率、成本等各项基础工作，并重点推进了“315战略目标实施方案”“加工费考核方案”等，并取得显著成果。他在实际工作中既大胆培养使用青年干部，发挥他们的聪明才智，又不当“甩手掌柜”，及时发现问题给予指导，真正做到了授权和集中相结合，培养和使用相结合，发挥个性作用和及时指导帮助相结合，使青年干部尽快在一线实际磨炼中成长起来。

保生产，重安全，勇于开拓创新

薛昌红时刻以一名优秀共产党员的标准严格要求自己。作为一名生产部门的部门长，他以身作则，身先士卒，坚持每天深入生产第一线，对在建的各类船只进行巡查，做到计划清、节点明，尤其重点项目要特别关注；仔细查看每日作业计划和施工人员出勤情况，随时掌握生产动态和人员动向。他时刻以部门大局为重，合理调配人员和设备，努力完成各项生产计划和节点，同时带领涂装部的年轻人一起学习、总结和提高。在他的带领下，2019 年涂装二部完成了 6 个出坞节点、4 个试航节点、4 个交船节点，并推进了分段外板无脚手、分段商品化、总段涂装完整性、跟踪补漆等工序优化。以及可剥离涂料的试用和推广、15000TEU 系列露天区域油漆升级等工艺改进等，还到兄弟单位实地调研了冲砂机器人，旨在提高创新意识，进一步提升生产效率。

今年疫情严重期间，薛昌红连续召集三次支部扩大视频会议，学习公司党委有关重要指示和工作要求，研究策划部门具体落实措施方案。他在上班第一天就组织走访慰问住在岛上的 286 名员工，涉及 6 个村、7 个社区，第一时间给他们送去江南造船的关心和慰问，同时了解驻岛员工居住情况和身体状况，掌握第一手数据资料。

遵章守法，强化廉洁意识，全心全意为人民服务

自从入党的那刻起，薛昌红就把共产主义理想信念作为自己的行为坐标，做到了政治上坚定、思想上清醒、工作上有作为，对党、国家、人民无限忠诚。他在职责范围内扎实推进惩治和预防腐败体系建设，正确理解和把握廉洁从政行为规范的具体内容和要求，保证部门各项工作的健康有序发展。他严格落实党风廉政建设责任制，按照“一岗双责”的要求履行反腐倡廉的职责，年初分别与部门分管领导、科级管理人员签订了党风廉政建设责任书；主动参加党支部组织的廉政警示教育、专题廉洁党课培训，学习新《中国共产党纪律处分条例》。在部门劳务单位管理、成本管理等廉政敏感高危领域，他坚持执行民主集中的原则，严格程序、科学决策、透明规范。他在重大决策上不搞独断专行，充分发挥了集体力量，组织会议讨论，分析利弊，为做出科学合理的决策奠定了基础。

薛昌红在他的言行中时刻践行“全心全意为人民服务”的宗旨和理念，发挥了一位党员一面旗帜的作用，为祖国的造船事业奉献青春和才智。

培养更多国宝级技术人才

——记沪东中华造船（集团）有限公司高级焊接技师秦毅

中国第一个合格的殷瓦钢焊工，用焊枪在殷瓦钢上“绣花”

育人“总教头”，培育了一大批国宝级技术人才

中国船舶集团优秀共产党员秦毅是中国船舶集团有限公司旗下沪东中华造船（集团）有限公司首席高级焊接技师，上海市总工会“秦毅劳模创新工作室”负责人，主要承担LNG船焊接技术攻关和殷瓦钢焊工培训等工作。

LNG船是世界建造难度最大的船型之一，其液化舱不能用普通钢板制作，而需要特殊、昂贵的殷瓦钢——厚度仅0.7毫米，薄如一张纸，因此焊接是建造核心技术之一。

不掌握殷瓦钢焊接技术，中国就造不出LNG船。十多年前，秦毅赴日本学习殷瓦钢焊接技术。特别优秀的焊工，想要成为一名殷瓦钢焊工，至少需要培训三个月，而一个月后，他就成了中国第一个合格的殷瓦钢焊工。

在他的培训下，中国有了首批合格的殷瓦钢焊工。大洋上有中国建造的LNG船已不是梦，结束世界造船强国垄断建造LNG船的历史，指日可待。

焊接不能走一点神，否则一张殷瓦钢就报废。建造一艘大型LNG船，需要消耗560多吨殷瓦钢，采购成本五六千万。焊接时责任重大，不然就会造成几十万、上百万损失。

不犯这样的错误，必须要有过硬的功夫。船东对他的焊接质量，曾经横挑鼻子竖挑眼，但见他不管在什么复杂的现场，都可以用焊枪在殷瓦钢上“绣花”。

殷瓦钢套管焊接是世界级难题，一艘LNG船，有50多套殷瓦钢套管，单套价值十几万、几十万不等。一个月后，他完成了这些特殊套管的焊接，船东脸上是满满的惊喜。接着，他又完成了其他4艘船的套管焊接。

解决更多疑难杂症，是他的职责。焊炬改制、焊接变形控制、焊接工装设计等一系列技术难关的攻克；《殷瓦钢端部焊接工装设计运用》《LNG船殷瓦焊接G证》等课题的完成，使船舶的建造进度、质量都有了明显提高。而扭动施焊法，使液货舱焊接漏点逐步做到 100% 无漏点，焊缝检测一次性合格率，远超日韩造船企业，达到了世界领先水平，并为每艘 LNG 船节约试验成本近 1200 万元。

但是他心里更清楚，实践上升为理论，才能促进船舶建造质量更上一层楼。他撰写了《对接工艺技术要点探讨》《殷瓦套筒焊接技术研究》等多篇论文，编写了《LNG 船焊接实用手册》。“LNG 船非熔化钨极氩弧焊模拟培训”获得了国家发明专利；“连接件基座自动焊接试样固定装置”等 3 个项目获得了国家实用新型专利。

进口焊接设备价格高，厂商还要提价。他不服气，在焊接设备国产化研制中，他的许多改进建议被采纳。国产化焊接设备的性能，终于满足了生产需求，一年就可减少 200 多万元采购费。

20 多年中，集团公司焊接比赛第一名、全国工程建设系统第六届焊工技术比赛第一名、全国技术能手、中央企业劳动模范、中央企业“百名工匠”等荣誉称号不断，他从一名技校毕业生登上了全国技术能手的舞台，深知正是中国船舶工业发展的大舞台，为他提供了成长成才的条件。所以，他必须好好回报，培养更多优秀的殷瓦钢焊工。

走上育人“总教头”这个岗位后，秦毅更清楚肩负的责任，更明白一个共产党员的初心和使命，他把一身技能无私传授给徒弟们，鼓励大家都要锻炼技艺，报效祖国。

斗转星移，春去秋来，360 余名勤学苦练的焊工，都成了建造 LNG 船炙手可热的焊接人才。沪东中华因为有了大批优秀的殷瓦钢焊工，成为中国唯一能够建造这种高端产品的基地，在交付的 11 艘 LNG 船中，其中 4 艘是埃克森美孚的主力船型。目前在建的有 7 艘大型 LNG 船，造价 100 亿元左右。

造船强国的理念，深深融入了徒弟们的心灵。因为心无旁骛，心虔志诚，所以他们干得非常出色，2 人被评为全国技术能手，5 人被评为高级技师，7 人被评为技师，在各种级别的焊工技能比赛中摘金夺银。柴礼东获上海市五一劳动奖章，周蔚慈获上海市三八红旗手称号，张冬伟成了国宝级技术人才、全国职工职业道德建设标兵，中央电视台系列节目《大国工匠》主角就是他。

秦毅深知，中国要成为世界造船强国，需要更多国宝级工匠。而他的追求和目标，就是培养更多像张冬伟这样的国宝级技术人才。无论在什么环境中，他始终把工作的重担挑在肩上，用行动诠释着党员的担当和责任，用行动践行着初心和使命，用行动书写了对党永远忠诚的答卷。

邮轮蓝图从“0”到“1”的实践者

——记上海外高桥造船有限公司开发部副部长李嘉宁

孜孜不倦带头增强本领，激情进取带头攻坚克难，勇往直前带头复工复产

优秀党员、优秀管理者、科技创新突出贡献个人、首制国产大型邮轮技术专业带头人……他，就是有着18年党龄的年轻老党员、中国船舶集团有限公司旗下上海外高桥造船有限公司开发部副部长、总体开发室主任李嘉宁。

自加入公司以来，李嘉宁凭借对造船事业的无限热爱和对企业的无限忠诚，创新进取、奋勇争先，让党徽在船型研发设计中熠熠闪光，把初心使命转化为推动大型邮轮技术攻坚的具体行动。

敢勇当先　匠心沉淀

实现国产大型邮轮的设计建造，是中国几代造船人的梦想。2016年，外高桥造船响应集团公司号召，启动组建邮轮技术团队。“我是党员，我先来。”敢为人先的李嘉宁主动请缨，全心投入邮轮技术的学习研究，一干就是5年，完成了邮轮技术学习的从“0”到“1”。

大型邮轮是一个巨系统工程，技术复杂，对设计能力要求极高，且设计建造技术被欧洲几大建造商垄断，国内的技术研究几乎处于空白。永不服输的李嘉宁躬行践履、潜心钻研大型邮轮设计技术。他组织技术团队通过各种渠道积极收集资料，再结合公开的规则规范不断验证自己的判断和推理，逐渐对大型邮轮的运营、设计、建造有了初步的概念。

2017年7月，获得引进的图纸资料后，李嘉宁带领团队开始消化海量的技术资料。面对数千张的技术图纸，面对无法理解的技术难题，李嘉宁带领团队以关键图纸为切入点，将核心系统串联成面，逐步梳理清晰了整个邮轮技术架构。他牵头梳理学习目标，引导团队人员有目标、有阶段、有成果地学习每一项关键核心技术，带领团队通过内部立项，进行邮轮模拟开发，逐步培养了一支有战斗力的邮轮技术团队。

2018 年，首制邮轮项目正式落地，邮轮详细设计同步启动。这是中意双方技术人员的首次合作，作为中方技术负责人，李嘉宁主动了解意大利文化，加快与外方技术人员在文化理念、工作方式、生活习惯上的磨合。他借鉴外方高效的工作方法和管理模式，带领团队成员积极学习意大利专家在技术管理方面的优秀经验，不断提高设计效率。从对邮轮设计建造的一知半解，到圆满完成首制大型邮轮的技术论证和技术文件的签字确认，他带领团队付出的艰辛与努力是常人难以想象的。他带领邮轮技术团队诠释了共产党人的学习力、战斗力。

善于担当 勇于创新

大型邮轮与传统的民船船型在设计理念、建造工艺、运营管理等方面存在天壤之别，其设计规范标准远远高于其他船舶产品。李嘉宁带领团队攻克了多项技术难关，实现了邮轮设计技术的从“0”到“1”。

大型邮轮对于安全的要求极为严格，高级疏散撤离仿真技术就是其中之一。2020 年生效的最新规范要求，须提供紧急状况下全船 6000 多人的疏散撤离方案，并以仿真模拟的形式验证撤离线路的合理性和过程的有序性。新人、新产品、新技术，这是前所未有的挑战。“国外能做到的，我们也一定能做到。”李嘉宁组织 4 人技术攻关小组，深入学习最新规则规范，查阅相关领域论文，研究各类疏散撤离仿真软件，先后突破了仿真模型构建技术、场景模拟技术、人员撤离计算技术，形成了高级疏散撤离仿真能力，并成功应用于首制邮轮项目。一年来，他还带领团队逐步攻克了邮轮稳性设计、安全防火设计等多项关键技术。

李嘉宁带领团队先后参研了《大型邮轮总布置设计技术研究》《13 万总吨级大型邮轮工程开发》《邮轮重量控制技术研究》等多个重大科研课题。同时，他坚持将科研工作与实船项目紧密结合，解决设计建造过程中出现的各种问题。大型邮轮重量敏感性高，李嘉宁带领团队深入了解钢厂的技术能力和生产现状，结合相关课题研究成果，提出合理可控的钢板厚度公差要求，圆满解决了邮轮钢板采购“既控精度，又保供货”的问题。

大型邮轮设计建造作为高质量发展的“一号工程”，对公司工程化能力提出了前所未有的要求。李嘉宁带领团队积极开展内外协调工作，保障了项目于 2019 年 10 月 18 日顺利开工。同时，他还担负着 2 号船项目的技术论证与谈判工作，他带领团队科学评判船东提出的要求，借助于之前对芬坎蒂尼技术资料的消化吸收，对 2 号船的稳性进行了全面研究，于 2019 年 10 月完成了 2 号船项目的技术方案论证和技术文件的签字确认。

坚守岗位　敬业奉献

邮轮工程的每一项节点都是里程碑，不容滞缓。在首制邮轮详细设计进入最关键的“中盘”阶段，新冠肺炎疫情给邮轮建造节点带来了极大挑战。李嘉宁对团队说：“必须保证大型邮轮设计节点！”大年初一刚过，李嘉宁就提前到岗，带领团队边防疫边设计。

李嘉宁积极应对和消除疫情的不可抗力影响，主动出击，乘势而为。克服与意大利的时差，充分利用在线商务形式，全面开展线上技术沟通协调，全力确保详细设计各项工作和计划节点不受影响。

李嘉宁带领团队积极响应公司全力以赴复工复产的号召，带头义务献工。他带领团队制订赶工计划和保障措施，白天设计出图、收集整理问题，晚上和外方专家进行视频会议讨论解决方案，有时为了某个棘手的难题甚至通宵达旦。同时，他组织团队研究提高图纸设绘质量的办法，确保审核过程的顺畅，有力保障了详细设计工作的顺利推进。

一滴水珠可以折射太阳的光芒。李嘉宁用行动诠释一名共产党员的初心和使命，用青春和汗水践行着邮轮报国的豪情壮志！

做传播新思想的坚定“播火者”

——记上海船厂船舶有限公司党委工作部部长刘巍巍

努力提升自身政治素养，传播好声音、正能量，构建“不能腐”机制

刘巍巍现任中国船舶集团有限公司旗下上海船厂党委工作部部长、部室党支部书记。他政治立场坚定，能主动增强“四个意识”，坚定“四个自信”，切实做到“两个维护”。在工作上勇于开拓、爱岗敬业，锐意进取。他扎根基层，长期在生产一线部门担任党支部书记，后调入公司党委工作部工作，工作认真负责；能围绕公司“处僵治困”工作要求，践行党员义务，积极发挥党员先锋模范作用。

作为一名党务工作者，刘巍巍努力提升政治素养，坚定做政治上的明白人，并不断加强学习。他积极协助党委认真组织学习习近平新时代中国特色社会主义思想，党的十九大精神和十九届二中、三中、四中全会精神；策划党委中心组学习计划，协助党委定期召开公司中心组学习会议，加强理论学习，提升班子成员政治理论高度；每月编制二级中心组学习内容，督促各党支部严格执行学习制度，充分利用“三会一课”，加强习近平新时代中国特色社会主义思想和党的十九大精神的学习；下发学习材料，制作宣传展板、标语，把新思想和党的十九大精神融进组织、送到一线、贴近班组。

刘巍巍以高度的政治自觉，协助党委落实意识形态工作，督促各党总支部抓好意识形态工作，落实工作责任制。他紧紧抓住宣传主阵地，不断加强宣传队伍建设，及时调整充实宣传队伍，通过召开宣传员会议，加强培训；强化支部抓宣传工作意识，提升支部书记抓意识形态工作本领，抓好意识形态导向工作；通过厂报、微信平台、广播、内部网络平台、宣传专栏等渠道，坚持把握大局，紧扣时代脉搏，宣传好党和国家的方针政策和路线，抓好舆论导向；挖掘基层先进树典型，抓好生产开局、攻克生产难点、弘扬先进闪光点、凝聚力工程建设等宣传，弘扬劳模精神、工匠精神，树立学习标杆，坚持唱响主旋律、传播好声音、传递正能量。

做好公司“两学一做”学习教育常态化制度化工作策划，积极落实“不忘初心、牢记使命”主题教育要求。他结合公司重点工作，策划、落实“讲政治、闯难关、敢担当、重落实”党内主题生活、主题党日等活动要求；通过开展党员岗位建功活动，促进党员在公司完成各项工作任务中发挥先进模范作用；策划实施领导干部深入各党支部讲党课，深入班组开展学习教育，分享学习体会，推动党的理论知识深入人心；组织开展形势任务教育等专题活动，进一步增强党员的身份意识和党性修养；落实上海市委党校举办的“不忘初心、牢记使命”基层组织力建设支部书记能力提升培训班学习。

他积极组织实施《上海船厂船舶有限公司廉洁风险管理办法》，牵头抓好公司内廉洁风险的管控，每季度牵头召开廉洁风险高风险点管控会议，强化对 31 项高风险点的动态监督管理，认真开展排查和隐患治理工作。定期开展检查督导工作，以推动公司“不能腐”机制的建立。

针对当前公司“处僵治困”工作的特点，他按照党管干部主导用人的原则，积极协助党委加强对公司各级管理人员的管理，及时修订干部管理制度，平稳推进“处僵治困”中干部队伍的压缩调整工作。同时深化干部队伍考核，组织实施了每年的各部门领导班子及成员评议考核工作，为公司选人用人、强化干部队伍管理提供有力支撑。

针对基层党支部的基础工作，结合公司“处僵治困”需要，及时做好组织机构调整过程中的党组织设置工作，配齐选优党务工作者。他制定了换届工作作业指导书，以便规范工作开展，做好公司党委直属党支部换届选举工作。另外，他还积极推行公司基层党支部标准化建设方案。他从基层党支部建设硬件配置标准化和工作内容标准化两个方面，策划工作要求，共制作安装党建标准化展板 14 块，标准化内容融合了“两学一做”学习教育常态化制度化、“晒态势、促提升”、党务公开、“三会一课”制度执行、“主题党日”、上级精神学习心得、党支部活动掠影、党员岗位建功、党员评议等要求，进一步加强了基层党组建设，落实全面从严治党要求。

巾帼标兵　英姿飒爽

——记中船澄西船舶修造有限公司产品研发部高级工程师杨素琴

能力突出，从普通技术员成长为技术总管

技术基础夯实，切实有效地保证相关工作持续推进

杨素琴是中国船舶集团有限公司旗下中船澄西船舶修造有限公司技术中心产品研发部的一名技术员，从2011年进入中船澄西以来，一直奋斗在技术一线，对技术工作充满热情。她政治素质过硬，业务水平领先，凭着高超的技术能力，短短几年时间成长为研发部一名专业技术总管。因其突出的工作业绩，她先后被授予公司巾帼标兵、无锡市巾帼标兵、优秀党员、“上海船舶系统”优秀党员等荣誉称号，并连续两年被评为公司杰出员工。

作为研发设计师，她先后承担了64000吨级、82000吨级散货船和910箱冷藏集装箱船等多个主力船型的总体专业主管和项目总管工作。

2011年初入公司，杨素琴勇挑重担，担任64000吨级散货船的总舾专业主管工作。该项目接单时间比国内某船厂晚近6个月时间，但合同交船时间却比之早。总体设计在推进项目进程、保证项目节点等问题上尤为关键，在她的协调和主动作为下，确保详细设计进度提前完成节点计划、总体试验数据精准提交，为整个生产周期的缩短提供了保障；在整个项目组与船检船东的有效沟通、通力合作下，该项目按期交付船东，并创造了该船型全球首制的业绩。该船型获得了“集团公司科学技术进步一等奖”的荣誉。首制船的成功交付大大提升了中船澄西品牌口碑，为该公司带来了影响深远的经济效益。随后，杨素琴配合公司经营部门成功接单64000吨级散货船50多艘。

在64000吨级散货船市场日趋饱和的情况下，中船澄西又适时推出82000吨级散货船船型，以期为主营业务散货船系列船型再添业绩。杨素琴再次勇挑重担，配合经营谈判接单2艘82000吨级散货船，并担任该系列船型的项目总管。杨素琴夯实技术基础，锻炼项目管理能力，切实有效地保证项目设计工作的持续推进，为此项目按期保质交付提供了坚实的技术保障。项目管理过程中，杨素琴注重成本管理，以节省材料成本为目标关注每一个设计细节。她带领项目组集思广益、细心推敲，在节约与优化之间，找到合适的落脚点，将产品设计美观性、实用性提升一个台阶的同时，节约了材料，降低了成本，再次将散货船主打产品做出品牌，为中船澄西树立了优秀的企业形象。该项目获得了公司技术攻关三等奖和无锡市科协“讲理想、比贡献”活动一等奖等荣誉。

随着82000吨级散货船首制船的成功交付，国内外散货船船东纷至沓来。为了配合经营接单，她与项目组主管积极应对一轮接一轮的技术谈判，谈判中积极主导，围绕公司成本、周期要求，分析船东个性技术要求的利与弊，以尊重船东为前提，平衡了企业与船东之间的需求，同时以专业和敬业的精神，前后共参与了十余家船东的技术谈判。功夫不负有心人，中船澄西再一次成功接单20多艘82000吨级散货船。随后，杨素琴又同时担任了多个项目总管，充分调动项目组积极性，练兵技术团队，提升研发技术的设计水准，为项目的准确性和整体质量保驾护航。同时为克服项目生产准备周期极短的困难，她组织部门项目组人员加班加点、牺牲节假日时间，有效保证公司生产计划的顺利进行，且大部分项目早于合同交船日期提前交付船东使用，为公司赢得掌声。

2018年是中船澄西接单船型大转换的一年。杨素琴再一次迎难而上，承担了85000吨级散货船和数型集装箱船型等新船型的经营配合及技术谈判工作，在谈判中以尊重客户为前提，平衡了企业与船东之间的需求，充分展示了公司技术人员的专业素质和敬业精神。通过她与项目组的共同推进，85000吨级散货船、910箱冷藏集装箱船两个船型均实现成功接单，且其中910箱冷藏集装箱船实现了该公司近十几年来集装箱造船订单零的突破，意义重大。

910RFEU冷藏箱船是一型环保型全冷箱支线箱船，技术难度远高于普通支线箱船，对此，中船澄西设计条线的经验和理念几乎需要重塑。杨素琴以党员本色再次勇挑重担，担任起该项目的项目总管和总舾专业主管工作。项目推进过程中，她全力以赴跟踪项目计划每个节点执行情况，做到每一个计划节点提前预警，保证了计划节点无重大偏差；了解每个技术难点的攻关状态，做到每一个技术问题落实到人、过程可控、解决方案落实有方向；并且跟踪做好技术攻关和总结工作，为公司箱船建造做好技术积累。

在思想上，杨素琴时刻保持一个党员的先进性，坚定理想信念，增强“四个意识”，坚定“四个自信”，做到“两个维护”；认真学习贯彻习近平新时代中国特色社会主义思想，全面贯彻落实习近平总书记重要指示，执行党的决定，遵守党的纪律，充分发挥共产党员先锋模范作用，忠诚于党、忠诚于国家、忠诚于事业。

面对突如其来的新冠肺炎疫情，杨素琴能够做到不忘初心、牢记使命，在中船澄西党委、行政的正确领导下，积极做好疫情防控工作，不参加聚集性活动、不信谣不传谣，做好周边人员和家人的思想工作，坚定信念；在做好自我防护的前提下，第一时间响应公司复工复产的号召，回到工作岗位，投身“疫情防控阻击战、复工复产攻坚战”之中。

除毒日当午　汗滴复净土

——记南京中船绿洲环保有限公司副总经理陈纪赛

环保设备技术带头人

积极参加抗疫行动，为方舱医院现场医疗垃圾无害化处置、降低病毒二次传播风险发挥重要作用

陈纪赛现任中国船舶集团有限公司旗下南京中船绿洲环保有限公司副总经理，负责技术研发工作。自 1999 年参加工作以来，陈纪赛一直从事船用环保舱室机械设备，以及陆用三废处理系统、土壤修复系统的设计研发管理工作。

2005 年 12 月，陈纪赛担任环保公司总经理助理职务，主管船用产品设计开发、产品质量控制、售后服务及环保公司技改等工作，主持了新规范舱底油水分离器的设计开发及船级社的认证工作，带领技术人员进行了大量的试验，最终取得了国际海事组织（IMO）型式认可证书，实现年销售 100 台的目标。2006 年，获得韩国多家公司第三方认证及 DNV GL 的 D 模式证书，为环保公司的产品进入韩国市场奠定了基础；2008 年，获得中国船级社（CCS）型式认可证书，为自主品牌生活污水产品取得了 USCG 产品型式认可证书，当年实现销售 300 台（套）、销售产值 5000 万元。

2009 年起，陈纪赛主持船用板式冷却器和船用板式海水淡化装置等项目的开发，主持实施国防科工委项目“船用垃圾焚烧系统试验室”。2010 年后，他主持了工信部“船用中央冷却系统研制”、科技部 863 项目“易扩散性溶剂污染场地物化与生物修复技术、设备与示范”、“十三五”重点研发计划“高原高寒自然灾害地区垃圾和动物尸体焚烧”等课题项目实施，累计获得国拨经费 1600 多万元。通过科研项目的实施，形成了一批自主知识产权，累计获得授权专利 20 余项，其中，发明专利 4 项，发表论文 4 篇，主持的项目获中国产学研合作创新成果一等奖、集团公司科技进步二等奖。

作为环保公司技术副总，陈纪赛带领技术团队积极开展土壤修复装备技术研发，先后主持研发间接热脱附装备、直接热脱附装备、混合高效热脱附装备以及危险废弃物焚烧系统，广泛应用于土壤修复、油田油污泥处理处置、化工废物无害化处理等领域，对公司市场开发和转型发展提供了有力保障。其中，外热回转式间接热脱附技术属国内首创。

2020 年初，他携研制的医疗垃圾焚烧方舱装备，带领 3 名党员驰援武汉参加抗击新冠肺炎疫情行动，在医疗废物处理现场指导安装、调试长达 36 天，为方舱医院现场医疗垃圾无害化处置、降低病毒二次传播风险发挥重要作用。他编写《新冠肺炎疫情医疗废物应急焚烧处置 70 问》，受到国家生态环境部、科技部、国资委等一致好评，相关事迹被《科技日报》、湖北卫视等主流媒体宣传报道。

陈纪赛政治素质过硬，理想信念坚定，在工作中充分发挥党员的先锋模范作用，在重大项目面前勇挑重担，体现了一名共产党员的使命与担当，连续两年获得中船绿洲“公司标兵”荣誉称号，2019 年荣获集团公司“船舶贡献奖”荣誉，2020 年荣获集团公司“优秀共产党员”称号。他以精湛的业务能力和管理能力，带领团队在技术领域取得优秀成绩，成为推动中船绿洲转型发展中不可多得的复合型人才，为中船绿洲的经济效益提升做出了突出贡献。

潜心船舶动力事业的探路者

——记沪东重机有限公司动力设计院中高速机产品所总体设计室副主任任建军

敢于挑起中高速柴油机自主研发重担，为填补该领域空白做出了开拓性贡献

任建军是中国船舶集团有限公司旗下沪东重机有限公司动力设计院中高速机产品所总体设计室副主任。经过 12 年中高速机设计历程，任建军在产品开发、项目管理、技术攻关、故障处理等方面积累了丰富的经验，从一名设计人员走向了技术管理岗位，并成为公司两型重点中高速机研制项目总师。他先后获得上海船舶系统 2019 年度优秀共产党员等个人荣誉称号、集团公司“先进集体”荣誉称号等团队荣誉称号。2020 年 7 月，任建军荣获集团公司优秀共产党员标兵称号。

勤于学习　信念坚定

作为沪东重机中高速机技术骨干和总体设计条线负责人，在面对公司各项中高速机科研生产任务时，他理想信念坚定，从来不计较个人得失，自我加压，主动作为。

每天多做 2 小时，每周多干一天的“996”工作制，他默默坚持了好几年。凭借良好的管理思路和技术能力，他出色地完成了各项科研任务，在中高速机新机型开发、新业务拓展、新能力建设等方面做出诸多贡献，工作成效显著。他先后组织完成了世界首台 16PC2-6B 柴油机、国内首台综合电力系统 16PA6V-280MPC 柴油机研制、公司首台 20V956TB92、国内首台 20V1163TB93 柴油机，以及世界首台 20PA6BN、国内首台 6PA6LN 和国内首台 12PC2-6BN 核电柴油机等多型各类用途新机型开发，同时出色完成了《动力系统综合治理配套科研项目》《MTU956/1163 高速柴油机关键技术研究及国产化》等多项科研项目。

改革创新　善作善成

2019 年，公司决定参加新型高速柴油机竞争性研制项目。虽然公司在低速机和中速机方面具有较为丰富的自主研发经验，但是在高速柴油机自主研发方面尚处于空白。大家看到研制周期竟比正常周期短了整整半年，心里都深深地捏了一把汗。该项目可谓是时间紧、任务重、挑战难度极大。但任建军没有退缩，主动挑起总工艺师的重担，精心组织工艺设计团队编制项目工艺实施策划方案和工艺工作顶层规划，形成适应高速机研制的工艺组织模式的四大任务目标图像，统筹考虑参研各单位研制条件和资源，组建涵盖材料和冷、热加工专业的项目工艺团队，制定了公司首份《产品设计的工艺性审查规范》，推进加速冻结了设计方案。

任建军在新型高速柴油机竞争性研制项目推进过程中，充分发挥出了工艺视角的作用，极大提高了该型柴油机的可制造性水平，为该型机高效推进研制进度，转入生产建造阶段做出了开拓性贡献。

身先士卒　善始善终

任建军始终不忘一名共产党员的初心与使命，积极投身建设海洋强国的事业中。作为沪东重机中高速机设计条线技术骨干，任建军参加过各型第二代柴油机动力的设计、生产、试验和保障工作，深感第二代柴油机动力功率密度小、振动噪声指标差、排放水平低的现实已经不满足新型船舶的发展需求，于是他主动请缨负责公司新一代柴油机动力设计开发工作，并担任项目技术负责人。

在新一代柴油机动力设计开发工作中，任建军组织开展机体等关键零部件的研制工作，完成机体铸造工艺仿真技术研究、机体轴承孔加工预变形控制技术等 10 项专项课题研究，牵头解决了主油管微裂纹、轴承盖石墨漂浮、精密加工温差影响等工艺技术问题。特别是关于主轴承盖试样球化率是否达到设计要求的 1~2 级，与客户产生分歧直接影响产品交付。任建军深入研究各类机型主轴承盖工艺和检验要求，提出了本体复测球化率方案，经反复沟通最终客户认可实施，确保了重大工程节点，提升了公司新一代动力关键零部件工艺研制能力。

任建军是一位潜心船舶动力事业的探路者。他理想信念坚定、技术能力突出、工程经验丰富，在工作中形成了良好的科技示范效应，影响和带领周围的同事推进沪东重机中高速机业务持续良性发展，助力我国海洋动力装备建设不断向前！

攻坚克难挑重担　立足岗位出成效

——记中船动力有限公司装配工艺科科长尹建军

任劳任怨、谦虚谨慎、干一行专一行

在技术上孜孜以求、不事张扬，做好旗帜当好标杆

尹建军，现任中国船舶集团有限公司旗下中船动力有限公司柴油机制造部装配工艺科科长，2020年荣获集团公司“优秀共产党员”称号。

尹建军自参加工作以来，长期在柴油机生产制造相关领域从事技术工作，先后担任多个项目技术主管，在柴油机装配制造相关领域积累了丰富的经验，主持完成了公司L32/40等多个型号柴油机装配技术方案设计的编、审、批工作，组织并实施相关技术方案，为相关型号柴油机顺利装配、试验提交提供了有力的技术保障。他在公司ERP软件制造清单的管理工作中，及时完成各项目生产制造清单的构建和编制，累计搭建数万个BOM信息，为整个生产制造清单数据体系的建立做出了突出贡献。

在公司首套箱式电站项目中，尹建军也有突出表现。该项目是公司涉及的一个全新技术领域，交货期很短，设计、生产难度大，挑战较大，与此同时，这也是公司调整产品结构的一次重大机遇。尹建军毅然承担了这个全新的任务——箱式电站的外围配套设计。为保证生产任务的完成，从合同前期的技术准备、设备的技术方案选型、生产用图纸的设计，一直到首套箱式电站的交验，尹建军都加班加点工作。在近三个月里，他放弃了节假日休息，一直坚守在工作岗位上。在装配调试阶段，他每天和车间员工一起奋战在现场，以便及时解决装配过程中的问题，经常加班至凌晨。最终，公司首台套箱式电站如期顺利交验。其中，尹建军作为配套设计，功不可没。他为公司产品结构调整、实现转型发展做出了重要的贡献，“一个党员就是一面旗帜”这句话在他的身上得以充分彰显。

随后，他又作为首套箱式电站的技术服务人员被派到印度尼西亚，进行在海外现场

的安装调试任务。在公司首套陆用电站海外安装调试的两个多月期间，除了要克服气候和生活习惯带来的不适应之外，尹建军还要面对时间紧、任务重以及缺乏海外安装调试经验等工作上的困难，然而他没有丝毫退缩，每天坚持奋战在安装现场，及时解决现场的各种技术问题。他以顽强的作风克服了种种技术上的难题和生活上的不适，最终顺利完成了电站设备的安装、调试、交验任务，受到了业主方的充分肯定，为公司赢得了声誉，这对于后续订单的争取起到了强有力的支撑作用，更为公司新的业务板块营造了良好的开端，在公司“调结构、转方式”的破局发展中贡献了力量。

尹建军就是这样一名任劳任怨、谦虚谨慎、干一行专一行，在技术上孜孜以求、不事张扬、默默奉献的技术人员。他能够始终以共产党员的标准要求自己，将饱满的工作热情投入一线技术工作中，坚持高标准高质量完成各项任务，为全体党员做出了良好表率，也为公司的高质量发展做出了杰出贡献。

陕柴铸造的“掌舵人”

——记陕西柴油机重工有限公司铸造事业部总经理杨国利

铸造人闯市场、强管理、谋发展的“带头大哥”

始终把组织的要求和群众的诉求作为前行的方向

三年时间，企业铸造业务从单一产品支撑逐步走向了多元发展，人均产量每年大幅攀升。2019 年，铸造事业部新签合同、民品收入、货款回收三项指标均超过年计划的 60% 以上，取得了有史以来最辉煌的业绩。

这一切的背后始终有一个身影。在他和班子的带领下，陕柴重工铸造事业部为职工和企业交出了一份份满意的答卷。

杨国利，中国船舶集团有限公司旗下陕西柴油机重工有限公司铸造事业部总经理，研究员级高工。今年七一前夕，杨国利被集团公司授予“2019 年度优秀共产党员”称号。

三年里，杨国利和班子一起带着铸造人闯市场、强管理、谋发展，书写了属于他们的奋进篇章。

从“干什么”到“怎么干”

多年来，铸造事业部由于产品结构单一，且未形成其他具有竞争力的产品，一直处于发展的“鸡肋”状态。

如何盘活铸造资产，团结带领事业部广大员工走出发展困境，成为摆在 2017 年底接任铸造事业部总经理杨国利面前的第一道难题。

面对事业部严重依赖单一铸件民品的局面，杨国利凭借多岗位管理积累的经验和市场前沿历练而来的洞察力及敏锐的市场应变力，坚持问题导向，带领铸造事业部居安思危，研判风险，抢抓机遇，大力推进产品和市场结构调整，成功开发了宁波拓铁、东电、陕鼓动力等一批新客户，改变了企业铸造业务“鸡蛋放在一个篮子里”的被动局面。

产品和市场结构调整取得的初步成效解决了事业部“干什么”的问题，“怎么干”又成为杨国利和他的班子要攻下的第二道关卡。对各生产车间和员工而言，批量大品种少，驾轻就熟，谁都愿意干；频繁换品种、换工装、不出量，一线生产组织者和操作工都难免有畏难抵触情绪。

作为事业部“领头人”的杨国利先在班子层面主导达成共识，再通过调度会、班前会、个别座谈等多种渠道，与生产一线工段长、班组长、员工交换思想，分析利弊。铁杵磨针终见效。如今，主动适应市场，围绕市场特点和用户需求组织生产已成为陕柴重工铸造事业部的一种文化。

怎样才能干得又好又快

在场地、人员和设备都不可能有较大改变，但任务量急增的情况下，“怎样才能干得又好又快”是杨国利和他的班子面临的“第三关”。为激发内部潜能，杨国利和班子一起创新管理思路，引入市场竞争机制，将部分工序外包并实施精准成本核算，发挥外部竞争的“鲇鱼效应”，在内外并存的部分工序展开劳动竞赛，拆分班次，以老带新，调整激励政策，倡导多劳多得。在一系列举措推动下，铸件人均产量连年攀升，2018 年较 2017 年增长 60%，2019 年较 2018 年增长 80% 以上，两年时间翻了一番。量上去了，如果“质”跟不上，发展效益就无从谈起。从原辅材料入库把关到关键过程控制点设置见证，关键过程要素控制，杨国利发挥他出身铸造的技术优势，打出了一套强化意识、固化行为、破解难题的质量提升组合拳。

两年来，陕柴重工柴油机机身、缸盖等关键铸件均提前高质量完成，改变了过去铸件经常影响柴油机整机装配进度的现象。产量增、效率升，但铸件质量损失率却逐年稳步下降，2017 年质量损失率 7.26%，2018 年 4.2%，2019 年 3.97%。杨国利和他的团队从铸造工艺源头和日常管理入手，坚持推行峰平谷用电考核、回炉料加入比考核，推广成型树脂砂浇口杯的应用，力推铸件合理减重，消除铸件“肥头大耳”现象，减少加工浪费，降低生产成本。

此外，这个团队还高度重视科研开发工作，支持完成多项科研重点攻关项目，启动 QT500-14、QT600-10 等新材料的开发研制工作，以自主可控推动企业铸造业务发展再迈新步伐。作为企业铸造业务板块的“掌舵人”，杨国利在带队伍谋发展中锤炼党性，始终把组织的要求和群众的诉求作为自己前行的方向，用实际行动践行着自己的入党誓言。

务实有为　勇于担当

——记上海船舶研究设计院纪委副书记、纪检部主任、党群工作部主任杨建华

勤学善思，将工作做实做细

崇尚实干，凝聚团队润物细无声

“简简单单待人真诚，踏踏实实勇于担当”是中国船舶集团有限公司旗下上海船舶研究设计院纪委副书记、纪检部主任、党群工作部主任杨建华所遵循的格言，也是她一直追求的方向和目标。作为一名党员干部，她正是这样一步一个脚印，从专业技术岗位走上了党务工作岗位，把党务工作融入中心业务工作，不断为提升上海船舶研究设计院党建工作质量夯实基础，开拓创新。

做实做细党务工作

怎样让技术骨干出身的党支部书记们上好党课，保证学习质量和效果？杨建华首先想到的是，补足钙，充足电，学深悟透，才能讲得出道道来，上课才有感染力。她组织支部书记们到井冈山、遵义、兰考等地学习，聚焦党章、党史和党的十九大精神邀请专家来院授课，还为他们报名参加网络专题学习班。开展党课评比活动可以提高支部书记讲课的积极性，激发党员积极参与互动的热情，于是她精心准备，带头开讲，向支部书记和委员等党务工作者进行示范。一堂《从新民主主义革命看中国特色社会主义道路选择的必然性》的党课赢得了满堂喝彩，增加了支部书记们上好党课的信心。

怎样让兼职的党务工作者做好基层党支部建设工作，保证规定动作不走样？她首先想到的是标准化、规范化，统一思路、制定模板，面对面谈、手把手教。她带领党群工作部制订了《支部工作手册》，明确了工作任务、工作职责和流程，设计了常用的工作模板，通过征求意见、座谈交流和试行修改等过程，使《支部工作手册》更加便于支部书记和委员们全面把握，有效促进了各支部党建基础工作能力的提升。为了提高党建工作信息化程度，她还建立了党建云平台，党务干部动动手指就能随时掌握支部动态，党员

们打开手机就能学到党建相关知识。

党建品牌推动主业

支部工作做得好不好，标准就是看能不能有效推动部门发展。帮助基层支部党建工作更好融入中心工作，就是当务之急，杨建华着力推动支部的品牌创建和推广。“我为发展添一彩”活动，各党支部积极围绕院高质量发展进行研讨交流，经层层筛选，向院党委提交了 19 份优秀提案；“结对帮扶、携手共进”活动，帮助困难部门开展技术交流，解决项目难题；“一支部一亮点”活动，推动各党支部纷纷开展走出去共建、项目和特色团队创建等活动，目前支部品牌特色创建已达到全覆盖，活动内容向业务领域不断拓展延伸。

他山之石，可以攻玉。在她的倡议下，各党支部与沪东中华、中船邮轮、中国船级社等相关支部，结合产品项目开展共建，优势互补，党建引领联合攻关，发挥支部战斗堡垒作用，保证项目顺利研发设计和建造。在一次支部共建交流中，船东由衷地赞叹说：“看到了‘战斗堡垒’，我终于明白你们的研发人员特别能吃苦，你们设计的 63500 吨散货船特别能装货的原因了。”

选树典型示范引领

如何发挥示范引领作用，更好促进研发工作高质量？这是一名党务干部必须要做好的答卷。“大智”号交船之际，杨建华及时抓住智能船项目部的事迹，组织采访宣传，总结创新中心党支部在项目研发中发挥的积极作用，利用院报、微信、视频等形式，大力弘扬项目部党员勇于创新、敢于担当的精神，激发党员更加努力奋斗，发挥先锋模范作用，顺利推进智能船舶 1.0 项目研发，“大智”号、“明远”号在中国智能船舶发展史上具有里程碑意义。

因为支部工作有特色、智能船研发取得巨大成就，2019 年，创新中心党支部被国务院国资委评为“先进基层党组织”。2019 年，《锻造向海图强的智能船青年团队》支部工作案例，被中共中央组织部党员教育中心编入《基层党组织书记案例选编》，成为在全国党员教育培训中的教材。

围绕重点项目重点工作，选树典型加强宣传已经成为党群部工作的重要工作内容，微信公众号、上海船院报记载了船院人优秀事迹的点点滴滴，《我和我的祖国》《一封家书》《食堂的一天》《最美志愿者》等微视频是船院人的风采展示。

部门虽然工作量大，人手少，一向崇尚实干的她，润物细无声，在她的影响下，大家分工不分家，你追我赶，奋发有为，圆满完成各项工作。近 3 年，党群工作部 2 次获评院“先进集体”，得到了广大干部职工的支持和认可。

担当奋进的船研人

——记中国船舶集团第七〇二研究所研究员吴文伟

建立了具有我国自主知识产权的船舶声学设计综合计算体系，解决了船舶与海洋平台声学设计的核心技术

为提升我国在国际船舶行业中的话语权鼓与呼

知责任者，大丈夫之始也；行责任者，大丈夫之终也。中国船舶集团有限公司旗下第七〇二研究所研究员吴文伟就是这样一位担当奋进的“大丈夫”，他用实际行动践行中国共产党党员的初心与使命，肩负中流砥柱之责任，不将今日负初心。

自觉修养的共产党员

吴文伟自参加工作以来，一直以严格的标准要求自己，履行共产党员的义务与职责，在岗位上兢兢业业、恪尽职守。作为一名优秀的共产党员，他自觉加强修养，坚持思想政治理论学习不放松，深学笃用习近平新时代中国特色社会主义思想，深入理解和认真落实党中央、集团公司党组和所党委要求，牢牢抓住新时代发展机遇，致力于推动七〇二所科研工作高质量发展，主动协助并参加所在党支部和所里组织安排的各类思想政治学习教育活动，为推动党建工作和中心工作的深度融合发挥了积极的作用。

吴文伟严守中央八项规定精神，不断改进工作作风，作为举足轻重的全所科研管理部门负责人，公正廉洁做好科研管理服务工作，以身作则经常提醒周围的同事和下属做好廉洁自律，充分发挥了党员干部的模范表率作用。

务实奋进的管理中坚

吴文伟作为七〇二所科技处处长，殚精竭虑做好全所科研工作统筹协调和计划管理，能够站在全所乃至国家船舶科技长期发展的高度，积极谋划落实新项目新产品。他笃信："成功没有捷径，就是要认认真真一步一个脚印，才能把工作做实。"他坚持学习业务知识，秉持"三人行，必有我师"的理念，不耻下问，个人综合素养和工作能力得到不断提高。

在项目的争取和实施管理中，吴文伟勇挑重担，积极发挥带头作用，统筹协调各方资源，不仅注重把好项目的进度质量关，还能够积极谋划科研成果转化和后续项目的落地；围绕全所科研发展的重点方向和拓展领域，组织凝练技术问题、发现技术需求、谋划重大项目。作为部门负责人关心关爱年轻同事，热心和蔼，保证了团队的凝聚力、战斗力。工作中总是深入一线，主动靠前，不畏缩、不回避，直面困难，务实奋进，得到了领导和同事们的一致认可。

卓有成效的科研大咖

吴文伟作为船舶减振降噪学科带头人，同时也是多个科研项目的负责人，在繁忙的事务中他始终不忘努力夯实提升自己的科研基础能力，这使他成为一个学术思维活跃的人，丰富的学识使他能够不断地开拓新领域，并在项目中稳妥推进新技术的应用。

吴文伟曾先后主持完成"八五"到"十三五"期间重点科研项目 20 余项，通过突破宽频域、多路径船舶结构流固耦合声辐射响应计算方法等关键技术，建立了具有我国自主知识产权的涵盖舱室噪声、机械噪声、螺旋桨噪声和水动力噪声的船舶声学设计综合计算体系，开发了国内自主知识产权的船舶结构振动、舱室声学设计和水下声辐射计算分析软件，解决了船舶与海洋平台声学设计的核心技术，并成功应用于我国新研船舶、海洋工程平台以及"雪龙 2"号科考船的声学设计中，有效填补了国内空白。截至目前，他发表 SCI、EI 论文 30 余篇，出版专著 3 篇，获授权发明专利 6 项、软件著作权 5 项，获省部级科技进步奖 15 项，为推动我国船舶声学设计从定性走向定量发挥了重要作用。

2012—2014 年担任国际海事组织（IMO）船舶设计技术分委会（DE）专家期间，他就欧盟 27 国关于船上噪声控制规则强制实施要求据理力争，并参与了该法规的编制修订工作，提出的中国提案获通过，从而最大限度保护了国内行业的利益，为此获交通部"国际海事组织事务优秀提案奖"。自 2014 年起担任国际标准化组织 ISO/TC43 声学委员会和 ISO/TC8 船舶与海洋委员会专家和工作组召集人，他积极参与国际事务，先后牵头制定并发布了具有重大意义的"ISO17208-2"等国际标准 3 项，为提升我国在国际船舶行业中的话语权发挥了重要作用。

万无一失跳好“刀尖上的舞蹈”

——记中国船舶集团第七〇四研究所研究员宋旦锋

以务实的工作作风认真履职，保障装备安全可靠

承担“危险”项目，致力于打造“精品工程”

作为一名基层共产党员，同时作为党支部书记，中国船舶集团有限公司旗下第七〇四研究所研究员宋旦锋时刻以合格党员的标准严格要求自己，贯彻党的方针，严守党的纪律，始终发挥党员的模范带头作用，兢兢业业，以饱满的工作热情、务实的工作作风认真履职，保障特种装置安全可靠。

特种装置必须打造成“精品工程”

工作中，宋旦锋担任某大型二级系统副主任设计师及某型装置主管设计师。该型装置属国内首次开展研究，无相关经验可以参考，危险系数比较高，如果任何一个环节出问题，可能会导致重大质量事故和经济损失，这项“危险”又极为重要的项目，必须成为“精品工程”。

宋旦锋充分发挥个人专业优势、致力于科研，从管理、进度、加工制造、试验、检验等各个方面，充分研究，极力协调。由于该大型科研试验属于外场试验，他从试验方案论证、试验风险分析、安全评估等方面进行了分析，并且预先组织对各种安全问题、危险因素和解决措施进行了模拟，确保试验的万无一失。他攻克了多项关键技术，对每一个试验数据进行深入细致的分析，尤其是发现的加速度、压力等方面的问题，带领团队成员以仿真分析为指导，以试验数据为依据，以试验安全为底线，层层抽丝剥茧，克谨克严，最终，该大型试验获得了巨大成功。

被评为“某工程党员之星”

团队成员对科研试验的成功，并没有沾沾自喜，而是马上进行试验总结，找出可以优化和改进的地方，并投入到装备设计的工作中。

在装备进入试航阶段之后，他更是积极要求参加试航工作，善于从每一个细节当中总结经验，从而成功发现并解决了试航中的各种问题。一天的试验任务完成后，不管多么疲惫，他都利用晚上时间及时与小组成员、部队同志一起分析当天试验数据，找出试验过程中的不足，并提出改进方案，确保下一次试验的顺利开展。

由于在试航中表现优异，他被某工程现场指挥部委员会评为“党员之星”，并获“上海市科技系统优秀党员”称号。

勤奋不懈　任劳任怨

2020 年上半年，宋旦锋参与的一次试航任务受到了疫情的影响。由于不得乘坐公共交通工具，他只能搭乘面包车，经过长达 38 小时的奔袭，才到达隔离地点。在随后 25 天的隔离时间里，他始终和航保专业的成员们一起，通过线上交流等方式，关心和爱护隔离的同事；通过线上指导，加强设备的检查，为适配性试验做好准备。

隔离结束后，他又参与了近一个月的试航。由于该装置的使用要求极其严格，为了保证装置使用的高安全性和高可靠性，在每次试验前均对装置的每一个零件进行检查，以近乎苛刻的要求完成了装置的试验前检查。最终，装置经受了大频率和大工况试验任务的考验，宋旦锋圆满完成了本次在疫情期间的试航任务，得到了集团、船厂及用户的高度认可。

一想到由自己带领研制的装置马上就要交付使用，宋旦锋又紧张又激动，他说这是一场“刀尖上的舞蹈”，他很荣幸能参与到历史进程中，为这项伟大工程贡献自己的力量。

立足岗位守初心　不懈奋斗担使命

——记中国船舶集团第七〇八研究所条件保障部主任张拯

积极投入条件建设立项工作中，累计申请立项条件建设项目 3 项，累计申请国家投资数亿元

坚持不懈，眼光长远，解决多个难啃的“硬骨头”

他曾在科研设计岗位奋勇拼搏，取得了一个又一个科研成果突破。调入职能部门管理岗位后，他时刻以优秀共产党员的标准严格要求自己，恪尽职守，以饱满的工作热情、优异的工作成绩，赢得了广大干部职工的普遍好评，展现了新时代七〇八所人团结协作、不懈奋斗的姿态。他就是中国船舶集团有限公司优秀共产党员获得者、中国船舶集团七〇八所条件保障部主任张拯。

冲锋在前，促进舰船总体设计技术发展

作为一名有着 19 年党龄的“老党员”，张拯始终注意强化理论知识学习，积极参加所和支部组织的各项专题学习活动。通过学习，他努力提高自身的使命感，提高党性修养，常怀忠诚之心，自觉遵守党章，坚定理想信念。他坚持把理论武装和工作实践相结合，把做合格党员的要求体现到忠诚于党、忠诚于国家、忠诚于事业的各个方面，为七〇八所和集团公司的高质量发展不断贡献力量。

七〇八所作为中国船舶集团内重要总体院所，承担着重要的科研生产任务，各项科研试验设施是七〇八所研发一流舰船的坚强保障。作为七〇八所条件保障部门负责人，张拯面临的任务非常艰巨、事务非常繁杂，他时常加班加点，积极投入条件建设立项工作中，累计申请立项条件建设项目 3 项，累计申请国家投资数亿元，有力支撑了七〇八所研发试验能力的拓展。

2015 年，联合开展了某项目立项工作，为七〇八所喷水推进研究提供重要的试验条件。2016 年，他组织完成了某保障条件项目立项申报工作，成功申请了三维设计等建设内容，使七〇八所首次具备舰船结构振动综合测试能力。2017 年，他又组织完成了某保障条件项目立项申报，为七〇八所的能力布局调整提供了政策依据。

2018 年，张拯组织开展了七〇八所总体规划项目建议书的编制工作。建议书以新时期海军战略转型为指引，以七〇八所业务领域技术发展为需求，以增强数字化研发设计技术等能力为重点，全面提升七〇八所研发设计能力，满足较长一段期间承担的各项任务需要及适应未来技术发展的需要，有效支撑七〇八所未来发展需要。

坚持不懈，助力长远能力布局的形成

在工作中，张拯坚持不懈，眼光长远，解决了不少难啃的“硬骨头”。

世博争议土地问题事关集团公司和七〇八所的长远发展。张拯反复与市发展改革委、市规土局、市土地储备中心、市环保局等委、办、局商议，多次参加上海市领导组织的协调会议，陈述了七〇八所科研工作的紧迫性和办公条件面临的困难。经过持续不断的艰辛努力，终于获得了市领导圈阅同意，明确了“收供同步、平进平出”基本原则，为总部建设提供基本条件，使七〇八所成为后世博时期第一个取得与上海市世博争议土地实际使用权的集团内单位。

为建设好总部研发中心项目，张拯充分研究上海市政府的各项建设规定，充分利用项目背景等有利条件，与上海市建委、上海市建筑建材业管理办公室等单位反复沟通，先后尝试了 EPC、施工总承包、勘察设计施工一体化承包等方式，最终完成了项目的勘察、设计、施工一体化招标，为项目的顺利开展奠定了较好的基础。

在工程建设过程中，张拯积极协调设计、施工、监理等单位，克服了项目临近地铁、高架、隧道等重大民生设施，施工难度大的困难，按计划、保质保量完成了地下工程的施工。通过保障“2018 年春节前北区施工到底板”的阶段性大节点，突破 B 型试桩的屡次失败问题等，为项目的施工质量、整体进度的保障提供了重要的支撑。通过合理组织施工进度，他加班加点，充分利用春节修整开展基坑养护的手段，减少对周边环境影响，加快施工进度。

张拯还担任建设项目疫情防控指挥部负责人，组织参建各方坚决落实国家、上海市、集团公司和七〇八所疫情防控要求，建立防控组织、明确管理职责、保障防疫设备设施和加强日常检查，确保了项目主体结构和二结构的建设进度基本不受影响，确保工地疫情防控零事故。

做一颗永不生锈的螺丝钉

——记中国船舶集团第七一六研究所智能制造产业技术带头人徐鹏

勤于思考，练就了过硬的本领，承担了大量工程和科研项目，科技创新成果丰硕
他自认为不是金子，只是螺丝钉，不求发出金子的光芒，但必须做一颗永不生锈的螺丝钉

徐鹏，先后担任七一六所研发中心工业控制技术研究室副主任、机器人事业部总工程师、七一六所技术专家、中船重工信息科技有限公司副总工程师，主要从事工业机器人应用技术、数字化车间 / 智能工厂技术研发和装备集成研制，是七一六所智能制造产业技术带头人。

徐鹏始终以一名共产党员的严要求、高标准来约束自己、规范自己、激励自己，以实际行动体现一名共产党员的责任与担当，取得了一系列优异的工作成绩，得到了领导和同事们的一致好评，先后荣获集团公司、地方政府及七一六所多项奖励及荣誉称号。

勤于学习，永葆思想先进性

入职以来，徐鹏注重把提高自身业务素质和思想政治素质相统一，自创先争优活动开展以来，坚持不断学习党的政治理论，注重将理论与实际工作相结合，转化为推动业务工作发展和自身能力提升的强大“引擎”。

作为七一六所智能制造产业技术带头人，徐鹏坚决贯彻落实习总书记讲话精神，不忘初心、牢记使命，勤奋学习、刻苦钻研，对内深入分析党和国家方针政策和重大发展战略部署以及对智能制造的宏观需求，及时跟踪了解世界各国智能制造战略规划、实施路径以及所取得的经验教训和最新进展，以此为基础，深入思考七一六所智能制造产业发展定位和能力建设，认真履行所技术专家的责任，积极建言献策。

踏实干事，书写工作新业绩

在工作中，徐鹏始终坚持奋发进取，刻苦钻研工程技术和前沿领域知识，并应用在实际科研工作中。凭借对业务“打破砂锅问到底”的钻劲儿，勤于思考，练就了过硬的本领，承担了大量工程和科研项目，科技创新成果丰硕。参与和牵头完成的项目成果获得集团公司科技进步一等奖 2 次、二等奖 1 次、三等奖 1 次，连云港市科学技术进步奖二等奖 1 次，七一六所科技进步一等奖 3 次；参与了 10 多项智能制造标准规范的研究与编制；主持及参与完成了包括船用柴油机核心部件数字化车间系统集成及应用、燃气计量表智能制造数字化车间系统集成及应用、大型船舶分段焊接智能车间参考模型研究、面向船舶管系加工的数字化车间集成标准研究及试验验证等在内的多个国家及省部级项目的策划、申报与实施，共获得上亿元的政府资金支持。

基于多年的知识和技术积累，徐鹏在学术上提出了机器人轨迹规划方法和数字化车间布局方案的评估方法等，在国内外多个著名学术杂志上发表，被 EI 收录的学术论文 10 多篇，授权专利 20 多项。

忠诚事业，爱岗敬业乐奉献

“项目没有验收，我始终放心不下。”徐鹏不是感天动地的先锋，也不是轰轰烈烈的楷模，只是一名勤恳工作、默默奉献在一线的党员。

在船用柴油机核心部件数字化车间项目实施的三年周期里，除节假日外，徐鹏始终坚守在重庆的项目现场。在项目实施的最后一年，他带领项目团队克服各种技术难题，昼夜奋战 200 多天，保质保量圆满完成了各项任务，获得了客户和验收专家的高度评价。

苍南仪表制造生产线项目即将验收的前一天，在浙江现场已有三个月没回家的他，怀孕的妻子打来电话说：“医生让办理住院，这两天就要分娩了。”但是面临项目即将验收，他还是选择了留下，请不识字的母亲从老家赶到连云港，直到项目顺利验收完成才匆匆赶回。在妻子分娩后的第七天，他又奔赴北京组织开展智能制造标准化项目申报，临走时，他默默地对妻子说了很多遍“对不起”，恋恋不舍出生才七天的宝宝，心中愧疚万分……

作为七一六所首个 LNG 智能生产线投标项目技术负责人，徐鹏深知责任重大，面对投标时间紧、任务重、人员紧张的现状，凭借扎实的技术基础和年轻人敢闯敢拼的精神，带领项目组全体人员披星戴月，加班加点，连续奋战近一个月，用顽强的毅力圆满完成了项目投标任务。

勇立行业潮头的电磁尖兵

——记第八研究院第四研究部副主任杨康

善于捕捉前沿科技成果，努力将新知识转化为新的装备能力

善于从细微处着手，着力培养团队责任意识，以高度严谨细致的态度，做好每项工作

杨康在思想政治、岗位技能、工作业绩等方面，都能以一名共产党员的标准严格要求自己，爱岗敬业、锐意进取、成绩突出。

刻苦钻研、迅速成长

杨康专业基础扎实，富有创新精神，具备强烈的危机意识。置身于信息时代，大数据、云计算、人工智能等新概念不断涌现。他善于捕捉前沿科技成果，坚持理论联系实际，勇于探索、勤于实践，经常思考如何将新概念、新技术与电子战行业相结合，努力将新知识转化为新的装备能力。他始终认为科研是一种需要高度创新意识的工作，专业知识的更新换代很快，只有不断学习，并在学习中实践创新，才能跟上并超越国际国内一流的科研水平。

作为团队负责人，杨康努力团结并带领年轻同志从事项目研制、型号论证等工作，充分发挥一个军工人应有的吃苦耐劳精神。电子战总体工作有时候是琐碎的、繁杂的，小到确认一个接插件，大到设计整个方案。往往一个指标能否正确分解，可能会关系到整个设备方案的成败。杨康善于从细微处着手，着力培养团队责任意识，以高度严谨细致的工作态度，要求团队成员从小事做起，认真记录好每一个试验数据、校对好每一篇文稿、做好每一个科研项目的工作，致力于做一名负责任的共产党人。他带领的某重点项目团队曾连续 6 年获评八院优秀团队，团队建设成果突出。

顽强拼搏、业绩非凡

他 2011 年入职以来，参与多个型号项目的研制，分别作为项目总体人员和可靠性工程师开展工作。

2014 年 4 月，杨康被任命为某项目负责人，开展立项论证，他带领团队奔波于北京、上海、武汉等地，不断向上级机关汇报，了解用户实际需求；针对关键技术组织人员集中攻关，通过夜以继日的计算、试制和试验工作，确定了项目的总体方案；在海装机关组织的项目“竞争择优”中，击败了业内实力强劲的竞争单位，成为该型号项目的承制方。所在团队荣获单位 2014 年度市场开拓一等奖。

由于该型号被定为紧急项目，政治意义重大，因此进度非常紧迫。他带领团队成员，主动放弃周末休息时间，加班加点，不断优化、完善竞争择优方案，细化各分机模块指标，按要求高质量地完成各重要节点。2015 年 1 月至 2018 年 9 月，作为项目主师，竭力推动项目向前。型号项目由最初的纸上方案，变为初样机，最后又变为正样机；由最初一套样机，变为满足定型试验要求的多套样机。在此期间，项目团队遇到了各种各样的困难，杨康坚持驻守在一线，与相关分机技术人员研讨故障原因，寻找解决措施；在某外协厂家进度、质量均不能满足要求时，与项目主管、质量主管一同到外协方，督促问题解决；与总体人员一起奋战在艰苦的外场试验基地。2018 年 9 月至 2019 年 1 月，杨康带领团队成员不惧压力、主动作为，分别在泰州、海口、北京等地进行设计定型试验。在外场试验中，设备工作稳定，试验效果明显，获得了上级机关领导高度认可。

杨康先后荣获集团公司“优秀共产党员”“青年岗位工作能手”及扬州市“新长征突击手”等奖项荣誉，曾获集团公司科技进步三等奖，专利申请 5 项、一级国防科技报告及公开发表论文 9 篇以上……受到领导和同事的一致肯定。他兢兢业业、勤勤恳恳履职尽责，脚踏实地、扎扎实实开展工作，先锋模范作用突出，各项工作成绩显著，力求在自己所热爱的岗位上不断书写新的篇章，为祖国的国防事业做出更大的贡献！

用奋斗诠释青春

——记中国船舶集团物资有限公司材料部副总经理张绍波

奔波在供应商和船厂之间，在“采购员”和“快递员”的角色之间不断切换

坚决履行物资保障职责，成为服务造船主业的坚强“后盾”

张绍波，1986年出生，在今年防疫抗疫的关键时期，他临危受命担任疫情防控“党员先锋突击队队长”，带领团队挺身而出，干在前、想在前，守土有责、守土担责、守土尽责，在打赢疫情防控阻击战中充分发挥共产党员先锋模范作用，受到各成员单位的一致好评，诠释着“青春因磨砺而出彩，人生因奋斗而升华”的青春奋斗本质。

组织谋划，推动集团公司低值易耗品线上采购

为落实集团公司党组关于“产业发展部要组织对集团公司集中采购信息平台功能进行完善，充分发挥集中采购信息平台在成员单位物资采购方面的作用，实现信息共享、透明比价”的要求以及相关巡视整改要求，张绍波带领团队运用“互联网+”思维，按照“平台+产品+服务”的总体思路，以“中船商城”为核心服务窗口，为集团成员单位提供“低值易耗品线上采购服务”，建立统一的采购流程与供应商管理，公开物资信息，建立信息共享沟通机制及信息公开的采购平台，在降低采购成本的同时（降本超1100万元），防范采购舞弊及规避廉洁风险，实现低值易耗品采购的阳光透明。

“中船商城低值易耗品板块”于2019年9月29日正式上线运营以来，张绍波和同事们走访江南造船、沪东中华等几十家成员单位，组织召开十多次供应商培训及成员单位采购操作培训会和十余次专家评审会，通过合格供应商274家，通过安全带、安全网、口罩、工作服等20多类物资的价格评审，上架中船商城商品累计超过5100个。截至今年7月，上海、广州、江阴、广西等地区主要船企及部分其他成员单位已实现在线采购，累计在线采购金额超1.3亿元。

主动担当，全力做好防疫抗疫物资保障工作

面对新冠肺炎疫情，属于低值易耗品线上采购范畴的口罩、眼镜、手套等相关物资突然变成重要的防疫物资，各类采购渠道异常紧张，口罩的采购问题尤为突出。张绍波带领团队千方百计做好防疫物资采购和供应工作，有效满足了40余家成员单位防疫物资的急需，缓解了企业燃眉之急，全力配合各兄弟单位打赢疫情防控阻击战。

疫情肆虐期间，张绍波的手机响个不停，每一通电话都是混杂着焦急、期盼的口吻。同时，“中船商城”在船厂、研究院所、配套企业上线，集团成员单位防疫物资采购下单量猛增，货源保障压力凸显！从疫情发现前期的防疫需求，到积极向好后的复工需要，口罩始终是需求最大、最核心的紧俏物资。江南造船告急、沪东中华告急……集团公司防疫物资调配协调组来电话询问物资保障情况，整个春节假期，张绍波的手机每天响个不停。

虽然凭着职业敏感，在春节前夕得知新冠肺炎疫情的信息后，张绍波就已经开始为保障船厂节后复工所需的易耗品供应做筹备，主动联系上海和周边地区的各大船厂了解口罩等防疫物资的需求情况，主动联系3M等供应商进行采购预订，在“中船商城”平台提前下单口罩共计65.67万只，为春节期间部分船厂重点工程项目持续开展锁定了应急物资保障。但是，随着1月23日武汉宣布“封城”，全国联防联控措施不断升级，疫情发展导致以口罩为代表的防疫物资供应骤然紧张，同时全国范围的交通管制措施也导致物流速度大大延缓，突发的困难还是让张绍波他们始料未及。

挺过了春节期间“一时之需”的冲击，怎样保证复工复产的长期需求？没等假期结束，张绍波和团队就奔忙起来了，带领团队在企业复工前紧急联系3M等所有口罩供应商落实资源；在公司防疫领导小组支持下，积极争取地方政府防疫物资分配支持；甚至追踪总货源直接对接口罩生产厂，搭建起了口罩生产线到造船生产线的“点对点”口罩供应直达采购渠道。上海地区集团各企业复工复产以来，张绍波和他的同事们每天行色匆匆往返奔波在供应商和船厂之间，在“采购员”和“快递员”的角色之间不断切换，展现了一名共产党员的使命担当。

奋斗终有收获，张绍波带领团队，从1月下旬至今，为上海、广州、江苏等地区50多家集团成员单位采购配送了各类口罩超669万只，口罩滤棉超330万片，以及额温枪、消毒液、免洗手消毒液等各类其他物资，并根据集团统一调配，采购捐赠武汉地区KN95口罩5000只。沪东中华、海鹰集团分别寄来了感谢信，对张绍波及团队在成员单位受疫情冲击最困难的时候，排除万难保障了企业防疫物资需求，为重点工程稳定推进提供强力支持表示由衷感谢。在集团公司“抗疫情、保复工”的总体战中，张绍波及其团队坚决履行物资保障职责，勇于担当、主动作为，成为有力服务造船主业不倒的“后盾”。

初心如炬　在党旗下乘风破浪逐梦绽放

——记中船第九设计研究院工程有限公司建筑师樊叶波

对设计的每一个细节锱铢必较，对专业的每一项研究孜孜不倦，对项目的每一个环节亲力亲为

善于总结、勇于创新，将党的理论、国家的政策方针与岗位工作实践相结合，注重研究和钻研

在同事们眼中他就是“拼命三郎”，对设计的每一个细节锱铢必较，对专业的每一项研究孜孜不倦，对项目的每一个环节亲力亲为，“精益求精、追求极致”就是他的工作写照，他早已把工作当作事业，把事业当作追求，在他的眼里建筑是有灵魂的，而他就是那个铸“魂”人。

他是谁？他，就是中船九院优秀建筑师樊叶波，一名把初心落在行动上、把使命担在肩上的共产党员。

轻伤不下火线，再“硬”的骨头也要“啃”

近年来，樊叶波所负责的项目涉及建筑面积百余万平方米，涵盖学校、教育、司法、养老、工业等多种类型，为院所生产经营贡献了巨大的力量。至今相继完成了镇江高校园区江苏科技大学新校区总承包项目、青浦大社区一站高中、中国第一汽车集团华东运营研发中心项目、内蒙古呼市云尚养老配套公建区等近200万平方米的设计咨询项目。在中船九院最大的投融资项目“镇江市重点工程江苏科技大学新校区”项目建设中，樊叶波全身心投入。面对没有案例可循的全新挑战，樊叶波带领团队统筹全局，向镇江市领导汇报整体规划，协调好江科大与高校园区关系，从整体校园风貌、规划布局、建筑形象、功能布局、细部营造、专业协调等设计的方方面面，事无巨细关心到位，以强烈的服务意识和专业的工作态度促使方案在投标中脱颖而出。

建设过程中，近千张车票见证了樊叶波的恪尽职守。“樊工不是在镇江，就是在去镇江的路上。”同事们的一句玩笑话却实实在在反映出他忙碌的日常。樊叶波几乎每周参加一次镇江高校园区指挥部的设计讨论会，还带领团队连续驻镇现场设计，与学校领导及各部门负责人面对面沟通协调。这期间，由于工作繁重，饮食不规律，樊叶波曾两次因肠胃病入院治疗，但每次不等出院，便投入工作中。在一次交图节点十分紧张的情况下，考虑到大家加班加点工作已经相当疲惫，樊叶波揽下“连夜押运”图纸到镇江的任务，通宵晒图、组织车辆，最终将 28 包施工蓝图于节点前送达业主方。

面对各方面多层次的要求，樊叶波顶住压力，克服困难，凭借强烈的党员意识和过硬的业务水平，啃下了江科大这块“硬骨头”。

懂技术善经营，新时代企业需要“多面手”

近年来，建筑市场外部环境严峻，内部加强监管，业主建设计划紧迫，为建筑设计工作带来不小的难题和挑战。无论是设计投标还是后期深化，樊叶波一方面协调内外各方、组织落实，另一方面带领设计团队苦干实干，严把质量关。近两年，他主持设计前期咨询及投标工作，带领团队完成数十个项目设计咨询方案，取得近百万平方米的设计咨询合同。

樊叶波善于总结、勇于创新，将党的理论、国家的政策方针与岗位工作实践相结合，注重研究和钻研。近两年主持的中小学校设计和大学校园设计要点课题研究，为同类型设计工作做好知识积累及指导；认真学习习总书记的“两山”理念和乡村振兴国家战略，坚持“山水林田湖草”生命共同体理念，将建筑设计研究与社会发展迫切需要结合在一起，响应新型城镇化、美丽中国、乡村振兴建设的号召，2018 年完成的小型农庄设计要点，成为公司重要的业务知识储备；2019 年承接的青浦莲湖村乡村振兴示范村项目，将知识积累转化为了生产力。

质量就是生命，用一砖一瓦为百姓打造良心工程

项目设计质量和品质是建筑设计者的“生命”，在建设计划紧迫的情况下，为保证合同的履行及设计的质量，樊叶波严把质量关，盯紧时间节点，使得各项工作、各阶段有序进行、完成。在 2019 年的青浦莲湖村乡村振兴示范村项目中，一如既往，不畏困难，在项目参与各方领头人的协助下带领多个设计团队积极应对，统一指挥、多线战斗。

由于项目规模大、农村情况复杂、设计条件多变、设计内容繁多、时间要求极其苛刻，工作难度很大，设计小组的总数超过单个小组的组员人数，具有协调管理和设计控制的双重难度。樊叶波无畏拼搏的工作态度和爱岗敬业的职业精神鼓舞了团队中党员群众的

工作斗志和热情，大家一同迎难而上，通过百日拼搏，取得了良好的效果与评价，为中船九院践行乡村振兴添上重要的一笔。青浦莲湖村也成为上海各大媒体点赞的首批上海市乡村振兴示范村。

未来可期，让“后浪”们学会奔涌

在出色完成本职工作之外，樊叶波也特别注重对年轻同志的帮助、指导和培养。良师、益友、可靠的领导、亲切的同事，这些角色都毫无违和地并存在他身上。面对技术问题，他认真讲解，将自身积累的经验，毫无保留地教给年轻同志，并且积极整理、宣讲设计工作的相关业务知识、资料和资讯，成为“宣传员”和“排头兵”；在工作态度上，他以党员身份严于律己、身先士卒，成为团队的表率，用自己对工作的无限热情感染大家。

初心如炬，使命在肩。樊叶波是一名出色的建筑师，更是一名共产党员，他把自己的人生追求和价值目标融入事业中，在党旗下乘风破浪逐梦绽放，用忠诚干劲担当诠释对党和人民的忠诚。

永不停歇　追求卓越的“攀登者”

——记大连船舶工业工程公司技术中心副主任刘冰峰

外表冷峻、内心火热

带领团队取得了丰硕的技术成果

熟悉刘冰峰的人都说，人如其名，看似冷峻的外表下有着一颗永攀高峰的心。自 2010 年进入大连公司下属子公司大连船舶工业工程公司以来，凭借出色的工作业绩，被评为中国船舶集团优秀共产党员、大连市劳动模范；以他名字命名的刘冰峰创新工作室先后获得中国船舶集团先进班组、辽宁省工人先锋号、辽宁省职工创新工作室等荣誉称号。

作为一名共产党员，他不忘初心、牢记使命、恪尽职守。他始终坚持以一名优秀共产党员的标准严格要求自己，全身心地投入设计科研工作。凭借不断进取的开拓精神，充分调动职工“在干中学、在学中练、在练中比、在比中创”的主动性和积极性，带领团队取得了一个又一个丰硕成果。这些成果凝聚了他大量的心血和汗水。

作为一名设计人员，他一丝不苟、孜孜不倦、勇于突破。2018 年，公司承接了大连中远海运重工 30 万吨浮船坞整体改造工程。传统的施工方法，是将改造工程放在干船坞中进行，实际上相当于在岸上施工。为了最大限度降低工程全生命周期运营成本和对环境的影响，刘冰峰带领团队设计模拟了多个施工方案，最终通过采用重载运输车的方式，完成坞墙整体漂浮状态下平移，节省工期近 30 天，节省海吊费用 120 万元，节省拖轮等费用 30 万元。刘冰峰团队开创了浮船坞漂浮状态下坞墙整体平移改装的先例，并申请了发明专利。

在 6.49 万吨原油船设计过程中，针对模块数据库集成度高、功能复杂、图纸数据存储量过大等诸多问题，他带领设计人员克服各种困难，从软件、出图模式、全专业融合的深度进行全方位创新，在保证设计中心项目顺利进行的同时，也给予客户软件技术上的改良。通过严控设计质量，刘冰峰团队进一步提高了搭载效率，减少吊码用量及横向合拢缝，更大限度上减少了支撑工装的使用，更方便操作人员省力、快速地精确定位分段，从而节省吊车使用时间、缩短坞期。设计方案获得船厂的高度赞誉。

他组织完成了公司完全自主研发、国内首个海水网箱智能化养殖平台设计任务，实现了智能化、自动化、信息化为一体，融入了生物学、工学、电学、计算机、人工智能、大数据等技术，将复杂的养殖过程变得简单和精准的同时，也保证了养殖产业链的完整性，可创造近千万元的经济效益。

他始终坚持围绕船舶及钢结构设计项目开发、工法研究、工装研发、降低成本、安全生产等主题，开展技术改造和技术革新，推动公司管理水平和管理能力提升；自主开发施工工时信息系统，获得软件著作权 1 项，使施工管理实现信息化、智能化。组织开发“船舶设计后处理系统研发”大大提高了设计效率；研发并实施“造船生产工时与物量定额管理系统”，将使定额在造船数字化管理领域达到国内领先水平；在“小窑桥钢结构桥建造方案”及“船体建造工装开发”等项目中获得了 5 项发明及实用新型专利；还在核心期刊发表《基于 Tribon 的相贯线展开算法与应用》等多篇论文。

作为一名团队领军人，他以人为本、精益求精、追求卓越。身为“刘冰峰创新工作室”的领军人，他全方位拓宽设计模式，开创多元化设计方法，努力搭建成果展示平台，培养储备梯队人才，不断提高团队核心竞争力。在他的带领下，创新工作室紧紧围绕项目开发、提高效率、低碳环保、技术改造、技术创新等主题，组织开展技术攻关、技能培训、管理创新等工作，完成了十多项科技成果和发明专利，为公司科技成果转化做出了贡献。创新工作室逐渐成为集学习、工作、改进、创新于一体的精英团队，在全公司范围内推动形成创新发展的良好氛围。

“奉献不言苦，追求无止境”，正是刘冰峰在工作中勤勤恳恳、勇于担当、做事认真、甘于奉献的工作写照，他以实际行动感染着身边每一个人，用自己过硬的专业技能和严谨、勤奋的工作作风为企业高质量发展贡献力量！

奉献不言苦　追求无止境

——记大连船舶重工集团有限公司船坞总装二部工程科施工员邓仁武

善于钻研、技术过硬，坚守在生产第一线，及时发现问题，解决问题，最大限度地保证了生产有序进行

吃苦耐劳、默默奉献

作为一名主管施工员，邓仁武主要负责船只生产组织管理工作。他勤恳踏实，业务精湛，善于创新，主管的船只屡创佳绩，受到船东船检的好评。在实际的生产中，邓仁武始终坚守在生产第一线，及时发现问题，解决问题，最大限度地保证了生产有序进行，多次获得大船集团多项奖励。同时，他善于总结分析并在生产组织过程中不断优化创新，很好地完成大船集团的生产节点任务。

政治过硬，坚定理想信念

邓仁武在思想上始终保持党员先进性，政治立场坚定，思想与行动始终与党的路线、方针、政策保持一致。他勤学善思，主动自学理论知识，积极参加党支部组织的各种学习活动。在学习过程中，他注重学习与思考相结合，学习与具体工作相结合，做到了学有所思、学有所得、学有所用。他自觉查找不足，并虚心接受同事的批评和帮助，努力改进和提高自己。他通过积极参加各种学习实践活动，进一步坚定了理想信念，牢固树立起正确的世界观、人生观、价值观。邓仁武能自觉遵守党的纪律、遵守国家的法律法规，并且带头积极弘扬社会主义道德风尚，具有较强的服务意识和责任意识。

钻研技术，善于解决问题

在工作中，首制船都会有大量设计问题，为保证生产有序进行，邓仁武根据各船施工经验及时发现问题，并针对问题查图纸找资料，对问题现场给出解决方案。

邓仁武曾负责T3000–84船的生产组织工作，这是全球首只加装脱硫系统并取得A证的船舶。面对新产品新项目，邓仁武没有退缩，从设备安装开始施工策划，对新设备吊装及定位提前对照图纸查看空间大小，对未到货需要合拢开幅进的设备现场考察位置，把开幅位置由最初方案的侧面改到艉楼正上方，把施工风险等级从较大降到了一般，并降低了施工难度，大大节省了人力物力。脱硫设备调试是取得A证的关键，因为设计问题烟雾处理不好，排水取样不合格，邓仁武经过查找资料，研究图纸及现场管系走向，大胆提出增加节流板调节各支管流量，有效控制海水分布，最终解决了所有问题。84号脱硫系统交验得到船东船检认可，顺利拿到全球第一个A证，并满足了船东提前2个月交船的要求。

吃苦耐劳，甘于奉献自我

邓仁武从事配套工作两年，舾装施工员的工作12年，先后建造过21条VLCC系列30万吨级原油船，2条2万箱集装箱船，两条32万吨级矿砂船。

B300K–8#矿砂船坞内周期紧张，压载舱、空舱干舱交验严重落后于生产实际计划，邓仁武根据工程科统一安排，临时调配到8号船，主抓压载舱、空舱干舱交验。接到任务后，取消了陪家人出游的计划，为尽早熟悉舱内各舾装件位置及施工进度，他列好各舱室内的问题清单，放弃休息时间每天加班加点坚持爬完10个舱，舱室大加上是炎热的夏天，基本是上下午各换下一套衣服，衣服脱下来直接能拧出大量汗水。为了克服头疼的老毛病，他随身携带头疼药，有头疼的迹象就先吃药预防头疼。最后舱室干舱交验从落后计划15天到提前10天完成，为后续舱室油漆施工创造了有利条件。

管理到位，总结改进经验

邓仁武积累了大量管理经验，已经成长为现场施工组织的大咖，不断加强科学组织策划。作为主管施工员，邓仁武在船舶建造开工前，按照大船集团建造策划及生产实际情况，对全船所有的安装计划、调试计划都做了详细的编排，通过编排计划，找出关键工序，编制最优路径实现周期要求。T308K–1#船坞内周期短只有38天，主机舵机施工必须压缩施工周期，经过科学组织策划，全面协调舾装车间、船体车间、涂装车间，有效衔接每道工序，使施工周期缩短4天，只用了14天便完成主机舵机安装工作，是10年来周期最短的一条船。B300K–9号船受新冠肺炎疫情影响，施工周期缩短了20天，为完成水下 40 天试航任务，他精细组织主机线计划，创下了下水 2 天交验轴系找正，6 天主机浇筑的纪录，为后期机舱整体施工打下了坚实的基础。

他注重加强问题的沟通，每日积极协调生产中存在的各项问题，协调船东、船检共同探讨，寻求解决问题的方法，保证生产进度得以实现。他主持编排了 30 万吨级油轮、2 万箱集装箱船、32 万吨级矿砂船坞内及水下施工中日程计划模板，指导实际生产，各车间及外协队伍按照总体计划进行劳动力配员，对不能满足计划要求的，部内统一调整，确保计划的完成。借鉴系列船只建造经验，优化建造工序，提高施工效率，保证各阶段施工完整性，适应新的坞期要求。

“春蚕到死丝方尽，蜡炬成灰泪始干”是邓仁武作为一名共产党员对生命价值的追求，长期以来他都恪守着“奉献不言苦，追求无止境”的人生格言，在平凡的岗位上默默地奉献着自己的青春，为祖国造船事业的发展贡献着自己的力量。

传递党的声音　凝聚党的力量

——记大连船舶重工集团有限公司渤海船舶重工有限责任公司总装部生产计划科科长陈涛

始终以“咬住节点不放松”为目标，统筹克难，保质保量完成工作任务

对管辖产品加强防疫工作的同时，带领项目组精心策划组织各项生产项目

陈涛作为一名共产党员及渤船重工总装部第二党支部书记，政治立场坚定，坚决拥护党的领导，在思想上、行动上始终同党中央保持高度一致。

攻坚克难强统筹，坚定不移保节点

陈涛始终秉承“堂堂正正做人，踏踏实实做事”的座右铭，一直以“咬住节点不放松”为目标，认真做好每一项工作。

2019 年，在 210000T20# 船施工期间，渤船重工多条产品同期并行建造，对生产资源统筹调配要求极高。建造过程中也正值高温多雨季节，难度成指数增长。面对挑战，他科学统筹安排生产资源、合理调配施工人力，加强过程能力提升，全面系统梳理、解决各类问题。脱硫系统为渤船重工首次安装，排舷外异型管定位安装困难，他提出制作假体进行定位，并一直在现场进行安装指导，确保了该系统施工质量。在掣链器安装问题上，他积极想办法与船东、船检沟通，改变匝刀位置，使问题快速得到解决，保证了试验连续性。在他的带领下，该船在保质、保量完成工作任务的同时，还提前 15 天实现了柴油发电机动车、应发调试报验等多个下水前必完项目，提前 18 天实现下水节点。

开拓创新无止境，唯有实践出真知

陈涛在日常的工作中，同船东、船检和服务商建立了有效沟通渠道，取得了相互信任，刻苦钻研船舶专业知识，学习先进造船理念，不断改进工作方式方法，他策划组织实施了“传感器内外场联合交验方法”和“航行灯内场交验方法”，创造了“救助艇码头下放试验”的独特方法。以上工法的改进已得到船东、船检的认可并广泛应用在系列产品建造上。在完成工作的同时，他还积极参与开展 QC 活动，《降低管路系统腐蚀率》荣获渤船重工质量科技成果一等奖，《缩短 21 万吨散货船 62A 搭载占吊时间》荣获辽宁省质量科技成果三等奖，《缩短压载舱清理积水时间》荣获渤船重工及辽宁省质量科技成果一等奖。

同心协力铸防线，一点一滴抓落实

2020 年，面对突如其来的新冠肺炎疫情，陈涛主动放弃休假提前回到了工作岗位，第一时间投入总装部疫情防控及生产工作一线，协助部内准备防疫物资和参与部内测温工作，他说，“疫情面前不单单领导是责任人，每一个人都是责任人，尤其是党员更应该冲锋在前”。

陈涛还同时负责部内两个外包公司的防疫督导工作，为确保复工时施工人力满足生产计划需求，他主动与两家公司的负责人联系，传达葫芦岛市及渤船重工的各项要求，组织落实外包员工的动态，提前做好了复工前各项准备工作，确保了复工后的生产工作顺利开展。

在疫情复工期间，他对管辖产品加强防疫工作的同时，带领该产品部内项目组的党员和调度员精心策划组织各项生产项目。在甲板舱口围涂装施工项目上，他提前组织三家涂装施工单位进行策划，对该船 9 个舱口围同时进行除锈施工，这样的安排属于首次，为试航节点的顺利实现奠定了基础。

2020 年 4 月 10 日，210000T21# 船提前实现了试航节点。在试航期间，总装部 64 名参试人员“带着国旗出征，挥舞党旗飘扬，发挥党员作用”成立了试航临时党支部。任临时党支部副书记的陈涛以“强化服务、办实事、解难题”的工作作风，每天忙碌在试航报验的现场，全程把控主机磨合、主机负荷、航速测定等试验进度，解决了多个试验中出现的难题，被称为“航海试验活大纲、试航项目掌舵人”。

陈涛真正做到了防疫、生产两不误，用实际行动传递党的声音、凝聚党的力量、展示党员风采，以高度的责任感和使命感，为实现渤船重工上半年生产经营目标贡献着一名共产党员和基层生产管理人员的力量。

尽职守则　站好每班岗

——记大连船舶重工集团有限公司设计研究院某研究所设计员吴莹

积累设计经验、积累对规则规范的把控、积累实际问题的处理方法

一次做对、一次做好，提高设计效率，避免设计返工

吴莹，2014 年 7 月参加工作，现任大船集团设计院某研究所舾装设计室设计员。她曾获得的荣誉有 2015、2016、2017 年度大船集团政研论文一等奖，2018 年度大船集团政研论文三等奖，2018 年度设计院优秀共产党员，2020 年 4 月大船集团优秀党员示范岗责任人。

坚定理想信念，树立党员形象

在日常生活、工作和学习中，吴莹自觉地按照党章规定认真强化党性修养，通过“自重、自省、自警、自励”的方法强化党性修养，树立终身学习的观念，始终坚定正确的政治立场和方向，坚定共产主义理想信念和为人民服务的意识，时刻提醒自己保持共产党员的先进性，并将其落实在行动上，在工作生活中发挥党员的先锋带头作用。

根据设计院的统筹设计安排，吴莹在年前接到了民品项目新招商 30 万 PMA 通道生产设计建模工作。尽管在春节期间遭遇了新冠肺炎疫情，但作为一名青年党员，为了按计划节点保质保量地完成设计任务，她于 2 月 10 日复工第一天，就返回了自己的工作岗位，并始终全勤直到圆满完成 877 个舾装件的建模及布置工作，为新招商 30 万项目后续生产设计出图打下了坚实的基础。用实际行动践行初心，担当使命。受疫情及国家对疫情防控要求的影响，复工初期，舱室 PMA 通道设计人员仅有吴莹一人到岗，但她的设计工作并没有因此停滞。为了弥补由于疫情造成的时间损失，她给自己制订了严格的设计计划，争分夺秒地推进设计工作。当前期研究规范规则及设计要求的过程中遇到问题时，她就自己查找资料想办法解决，对于资料上没有记载的难题她就主动联系在家隔离的团队成员进行线上沟通交流，她坚信只要确立目标，努力拼搏，没有什么困难是无法战胜的。哪里有突击攻坚，哪里就有党旗飘扬；哪里有困难，哪里就有党员的身影。

此外，吴莹一直秉承“和谐、拼搏、精细、创新”的团队精神，在平时的工作中善于发现团队其他成员身上的闪光点，并向其学习，自身在设计工作中积累到的经验和新的想法也乐于和其他团队成员分享，期望与团队成员在沟通交流中共同成长。工作中得到团队成员的一致认可，树立了良好的党员形象。

脚踏实地，做好本职工作

吴莹从事外舾装设计已有 6 年时间，在工作中，她认真负责，勤奋刻苦，兢兢业业，认真完成组织和科室交给的各项任务，一丝不苟，精益求精。

在工作时，吴莹十分注重积累，积累设计经验、积累对规则规范的把控、积累实际问题的处理方法……并认真做好笔记，同时对关键常用部分进行了索引以方便后期使用时进行快速查找，她坚信量的积累终将产生质的飞跃，在岗位中点点滴滴的积累终将大幅提高工作效率，对有效规避设计风险提供了有力的保障。

同时，吴莹也十分注重总结创新，当量变上升到质变，工作效率得到提高，她会对成果及时进行总结提炼，跳出固定思维看看完成任务的步骤是否能进行精简，方法是否能进行优化，争取进一步提高工作效率。她的工作笔记上满满记录着从各项工作中总结提炼出的要点方法。

在工作的每个环节，吴莹都尽其所能做到最好，为后续的工作打好基础做好铺垫，争取一次做对、一次做好，提高设计效率，避免设计返工，为有效规避交船风险贡献自己的一分力量。在完成本职工作的同时，吴莹热心为大家服务，例如在防疫期间，她往返于食堂和办公室之间为出勤的同事领取午饭，她定时打开窗户为办公室进行通风，她牺牲午休及下班后的时间对工作场所进行消毒，她按时到达指定位置对进入舰船所办公楼的人员进行测温，尽职守则，站好每班岗。

作为一名基层共产党员，吴莹始终对自己高标准、严要求，努力以“全心全意为人民服务”为宗旨做好各项工作，把党的事业作为自己最大的职责和最高的使命，在工作、学习中充分发挥先锋模范作用，受到党员群众广泛赞誉。

不忘初心　浇筑匠心

——记渤海造船厂集团有限公司船舶设计研究院院长刘晓一

始终把“高标准、严要求”工作标准落实到每一项任务，带领团队敢于超越自我、挑战极限

尊重知识、尊重人才、尊重创造，让各类人才都有广阔的发展平台、发展空间

刘晓一，渤船集团设计院院长，型号总工艺师。曾荣获集团公司“优秀青年科技工作者”“有突出贡献专家”“高新工程建设突出贡献奖”，辽宁省第九批“百千万人才工程”中“百人”层次荣誉称号，被授予“辽宁省学术头雁”荣誉称号，2020 年 7 月获集团公司“优秀共产党员”称号。

勤学苦练，涵养匠心。当他还是一名普通技术人员时，就特别能吃苦，能战斗，白天同师傅们奋战在生产一线摸爬滚打，晚上钻研专业理论知识，全面提升自己的工作能力和水平。每天虚心请教现场师傅们，磨炼和总结经验。在主持某系统及轴系技术工作时，为了确保产品满足用户要求，他全身心地投入产品建造中，深入现场了解掌握工程进展情况，与车间工人一同加班干活，全程指导工人操作，及时处理生产中发现的难题。通过全过程的监测、工装研发和重点工艺研究，攻克了主机与轴系对中定位高精度控制关键工艺技术，为产品动力系统高精度安装建造提供了工艺技术保证。

精益求精，打磨匠心。作为一名共产党员，刘晓一说：“不论是执着还是责任，我所理解的工匠精神就是对技术的坚持和钻研，对工艺的极致追求，以及对本职工作的精益求精。”他始终把“高标准、严要求”工作标准落实到每一项任务。“精益求精，追求卓越”，他一直执着地践行着这种理念，并以先锋模范的实际行动带领团队攻坚克难。在码头供汽系统研制过程中，作为项目负责人，不论风吹雨打，每天第一个到办公室的是他，下班后最后一个回家的是他，急难险重任务面前挺身而出的还是他。他忙碌的身影像一面旗帜，总是出现在最关键、最需要的地方。在高新技术领域，国内技术资料匮乏，刘晓一带领团队，几乎每天工作 12 小时以上，在一些关键节点上，通宵达旦也是家常便饭。付出终有收获，他带领团队敢于超越自我，挑战极限，以永不服输的勇气和精益求精的工匠精神，首次突破设计及工艺制造关键技术，创造了布置关键技术，填补了国内空白，

节约了 6~8 个月的占用船坞周期，提高了建造效率，取得了巨大的经济效益；同时该成果性能参数优于国外先进同类产品，该项目成果“某装置码头供汽系统研制”获中船重工集团科学技术一等奖。

勇于创新，添彩匠心。对技术创新的执着追求和共产党员永不退缩、永不服输的精神一次次激励着他攻破一个个技术难题。刘晓一放弃所有周末和节假日休息时间，坚持和团队设计人员一起“白加黑”“五加二”常态化加班，带着这一股攻坚克难的精气神，带领科研团队突破了与总段模块化相适应的全三维数字化样机设计、高强度复杂结构制造安装、大型模块精确定位装配等一系列核心技术，编制了 3000 多份工艺文件，研制出一批数字化、智能化先进工装设施，为我国工程的研制成功起到了关键作用；带领团队开展了大量声学试验验证和工艺研究，研究出建造工艺参数对声学特性的影响规律，为型号设计和建造的声学质量控制提供了指导性依据，为建造能力快速发展做出了重大贡献，科技创新硕果累累。“基于全三维样船的数字化工艺设计及建造技术研究”获中船重工集团科学技术进步二等奖，《一种大排量静音蒸汽疏水阀》《一种减振器安装性能控制方法》获发明专利，发表一级国防科技报告 10 篇、二级 2 篇；EI 收录论文 6 篇，SCI 收录 1 篇。

言传身教，传承匠心。设计院是渤船集团人才高地和工艺技术源头，走上管理岗位后，刘晓一以公司“抓党建、抓改革、抓创新、保军工”的总体思想为指导，尊重知识、尊重人才、尊重创造，让各类人才都有广阔的发展平台、发展空间。在繁忙的工作中他坚持给党员讲党课，坚持中心组学习，关心青年同志的成长，坚持与青年人才谈心谈话，细心呵护、倾力培养。加强培训，因材施教，通过师徒结对等方式，培养青年人才对工作一丝不苟的匠心精神，促进他们成长成才。他拓宽选人用人的视野，完善人才评价和激励分配机制，根据特长调整干部岗位，根据工作业绩调整岗级，实行轮岗交流制度，做好人力资源柔性调配，加强人才教育、管理和监督，加强高层次专业技术队伍建设，将设计院建设成为渤船集团高技术人才水源地。

二十多年的风雨，改变的是容颜，不变的是初心。选择军工事业，就注定要在拼搏中书写使命和忠诚。刘晓一始终把兴装强军当作自己的光荣使命和奋斗目标，用知识和汗水诠释着渤船人的担当。

是汉子　就“焊”一回

——记渤海造船厂集团有限公司船体部工人刘海波

每一处疤痕都被他注入一段奋斗的过往，在他心中，这些痕迹都是成长的勋章、是拼搏的犒赏、是青春该有的模样

从普通工人到技术骨干，只能靠不断学习、练习

傍晚夕阳的柔光渐渐淡去，夜幕低回，生产厂房的灯光同天上的星光逗着趣儿，鸣叫了一整天的知了也累了，躲在树荫里浅吟低唱着，像是发牢骚……

厂房里，一个不太壮实的背影，在弧光中忽明忽暗，焊接时的“吱吱”声响不时入耳，节奏平缓而淡定，一如那个背影，无视夜已来……

这个笃定的背影正是刘海波，渤船集团船体部焊接工。

集团公司“技术能手”“中央企业青年岗位能手”“辽宁省技术能手”“葫芦岛市优秀共产党员”，每一个奖项都明亮耀眼，一如他焊出的焊道。

2011 年，刘海波焊接专业毕业后，进入渤船集团，成为一名焊接工人。生长在普通家庭的孩子走进“国”字大厂，刘海波的心里乐开了花，随即立下志向：“我立志，一定要学好技术，一定要成为技术骨干，用自己的能力开拓一片天！”

三分钟热度和盲目的自信，往往伴随着年轻人的青葱岁月，而现实也总会在这段岁月里泼点冷水。上个月还昂首挺胸立志的刘海波，过了一个月便没了精神劲儿，工厂要学的知识远远多于学校，学校里老师的夸奖变成师傅严厉的训诫，急于参与生产发光发热的心情不得不服从枯燥的现实……这些都让刘海波陷入情绪低谷，“在学校学习焊接时，老师总夸我焊得好，还说我有天赋，但到了船厂后，我发现，我就是一个工厂‘小白’，啥都不懂，更别说被师傅夸了，空有理想，却蜷在小隔断里天天焊试板”。刘海波心里不爽，但求知的本质没有因此受到影响，他还是认真地学，努力地练。

有一天，师傅找到了他，一席话改变了他的态度：“焊接技术是一门复杂而深奥的学科，学好弄通这门技术绝非那么容易，绝不能好高骛远，也不能看轻了自己，你底子好，是个好苗子，脚踏实地地干，成个技术骨干肯定没问题。”多年后，刘海波也不曾忘记师傅当年的肯定和激励。此后，刘海波重新审视自己，调整了心态，坚定了目标，扎下心从基础学起练起，一把焊枪、几块废弃的铁板，成了他每天下班后的“必修课”，练习中遇到问题，就在第二天请教老师傅，认真学习新知，他还给自己加大工作强度，在生产实际中思考领悟、积累经验……就这样，他的焊接技术得到了飞快的提高，成为焊接岗位上的青工明星。

“发挥光和热”的志向听起来老套，但对于一个志向远大的焊工却很合适，因为“光”与“热”都是焊接的产物：幽蓝的弧光从不像它的颜色那般优雅，打了眼睛要付出流泪整夜的代价；焊接释放的热量也从不温和，灼伤的痛绝对刻骨铭心。他指着身体上很多地方说：“这是一次合拢焊接时烫的，那时工期紧、任务重、质量要求高，我带领五个技术不错的兄弟组成青年突击队，歇人不歇机，轮流上阵，吃饭在现场，加班到深夜，顺带还攻克了送丝不流畅、引弧时打导电嘴、机器黑屏死机等问题，连续奋战两天三夜，最终超前完成任务，并且探伤三项检验合格率均是100%！”“这是那次埋弧焊接实验时搞的，当时在那个分段上遇到了很多焊接问题，一时阻碍了我们的进度，我们探讨分析，发现了焊接未熔合是影响焊后质量的最主要原因，我查了很多资料，想了很多办法，经过多次实验，最终通过改进焊接设备和优化工艺方法，解决了所有问题。”……

2017 年 4 月，第十三届全国工程建设系统职业技能竞赛在陕西举办，整个系统都高度重视，认真对待，经过集中培训和层层选拔，刘海波成为代表集团公司参赛的选手之一，凭借着多年练就的娴熟技艺，在比赛中他取得了优异的成绩，获得了“全国工程建设系统优秀焊工”荣誉称号。同年 6 月，国际焊接大赛在上海召开，这是焊接领域的国际重大赛事，他再一次代表集团公司参加比赛，并夺取了“混合气体保护焊个人单项二等奖”“最佳试件奖”两个奖项。大赛过后，刘海波可谓声名鹊起，掌声和鲜花开始批量涌入他的世界，他忽然迷茫了——下一步该迈向何方？

其实，他心中早有答案。他屏蔽了所有褒奖的声音，跟随初心和志向，走进了焊接培训中心，走进了焊接实验室。他当起了兼职焊接培训教师，把自己所学、自己的经验传授给焊接新人；他参与到科技团队中去，把自己的技能、自己的本领用在推进企业焊接技术发展上。两年间，他培养了近百名新入厂青工，带出了十余名青年生产骨干，为企业发展注入了一股股动力强劲的新鲜血液。他参与的船舶产品研发实验项目更是为企业新焊接时代的加速到来提供了坚实助力。当一个人将格局打开，懂得去传承、去发扬、去服务教育、去服务发展，而不是搂着荣誉沾沾自喜时，才能证明，这个人真的成长了。

傍晚夕阳的柔光渐渐淡去，夜幕低回，厂房里，那个背影在弧光中完成着一条条光滑的焊道，诉说着简简单单几个字：“是汉子，就‘焊’一回！”

疾风知劲草　拳拳赤子心

——记大连船用阀门有限公司党委委员、副总经理许毅

不求轰轰烈烈，但求问心无愧，满怀激情去干事、不遗余力去成事

我一定要做一个好干部，一定要对得起广大员工的信任和期望

5520个小时，230天，8个月，这些看似很简单的数字，对平常人来说只是平凡一年的三分之二，这同时也是一名分管公司经营工作的党员干部一年之中在外出差拼搏奋斗的时间，也是作为丈夫、父亲一年中最愧对家人的时间，但这也是许毅从事经营工作20年的年平均出差时间。

面壁十年图破壁，难酬蹈海亦英雄

许毅将高质量发展作为公司经营工作的核心，在工作中全面贯彻“大力拓展军品市场，巩固夯实民品市场，强力进入其他行业高端阀门市场”的发展战略，全力推进公司进行市场结构、行业结构和产品结构调整。在船舶市场环境复杂严峻，阀门行业竞争日趋激烈的环境下，带领经营人员枕戈寝甲、披荆斩棘，克服重重困难在2019年拿下了4亿元合同订单，为公司高质量发展提供了坚强而有力的保障。

为践行保军首责，在国家重点项目上，他带领团队积极担当、主动进取，公司顺利成为各大院所合格供方，并实现了在关键核心产品上的阀门供货；参与竞争性研制项目23项；参加××船阀门竞优，目前已竞优成功12个项目；协同相关部门积极参与某重点工程配套科研项目，公司作为牵头单位申报的“××阀”项目通过国家有关部门立项评审。

在传统民品市场上，他带领团队与国内几十家规模以上船厂保持密切合作，始终保持主力船型蝶阀较高的市场占有率；积极参与了国内首艘豪华游轮项目；研发的低温阀门应用在国内首艘极地凝析油轮上，经住了北极零下50℃极端环境的考验；与国内主要压载水、脱硫装置厂家建立合作；蝶阀产品首次应用于韩国市场。

碧海青天夜夜心

“也许我不是一个好儿子、好丈夫和好父亲，但我一定要做一个好干部，一定要对得起广大员工的信任和期望。”因为工作需要，许毅每年出差天数都在 230 天以上。不出差的时候，又要经常加班，照顾年迈的父母、上学的女儿和家中的琐事的重担都落在了妻子身上，这些事情都让他深感愧疚。

女儿收到研究生录取通知书的那天，向他提出一个小小的愿望，希望他能送自己去学校报到，但因为一个重点项目的提前启动，他不得不又一次食言，也许对女儿来说，已经习以为常，但这件事情也成了他心中的一块心病，每次提起都内疚不已。

2018 年，为了确保某重点项目合同及时交付，许毅“5+2”“白加黑”不分昼夜地工作，在与对方签订合同的过程中，他突然感觉上腹疼痛，但仍然坚持着工作，当合同签订完成时许毅的衣服已经被汗水浸透，疼得已经站不起来了。紧急送往医院检查，结果是由于长时间得不到很好的休息突发了急性胆囊炎。在一系列治疗后，进行了胆囊切除手术。

勇于担当一身正气，清正廉洁两袖清风

许毅坚决抵制不良思潮的影响，坚持原则，秉公办事，廉洁自律，凡是规定不准做的事坚决不做，不利团结的话不说，不利团结的事不做，时刻维护着党的纯洁和尊严。他以张进、七六〇所抗灾抢险英雄群体等优秀共产党员为榜样，始终带着虔诚的使命感投入工作，用自己的实际行动影响和带动身边更多的员工，拥有敢于接受挑战的自信和担当。他主动听取来自领导和同事们的意见和建议，不断改进工作，认真开展批评和自我批评，时刻维护着一个共产党员的良好形象。

在群众眼里，他既是工作起来一丝不苟的好领导，又是对每名员工关怀备至的“许哥”。他多年在生产一线工作的经历，让他很容易和基层员工打成一片。在生活上，他主动关心和帮助困难员工，把党组织的温暖通过自己传输给每位员工。

雄关漫道真如铁，而今迈步从头越。作为一个军工人，许毅始终怀着对党和人民的无限忠诚，对造船事业的无限热爱，以出色的工作业绩和严谨的工作作风赢得了干部职工的肯定和尊重。他不求轰轰烈烈，但求问心无愧，满怀激情去干事、不遗余力去成事，踏踏实实，勤勤恳恳，以一颗永不满足的赤子之心在新时代高质量发展的路上奋斗不止。

春来潮涌东风劲　扬帆奋进正当时

——记中国船舶集团第七六〇研究所科研一部主任助理龙军

多次突破技术瓶颈，解决了重大技术难题

整个行业的发展之路漫长而曲折，早已做好为军工事业发展奋斗终身的准备

履职尽责创佳绩

现年35周岁的龙军不仅仅是七六〇所的中流砥柱，更有望成为我国船舶行业某关键技术领域的新一代领军人物。近两年来，业务能力突出的他作为项目负责人牵头完成了6项重大试验，承担国家重要基础加强、国家基础创新等科研项目10余项，年均出海30余航次，多次突破技术瓶颈，解决了重大技术难题，数次收到上级领导、机关、合作单位的表扬信和感谢信。

他结合科研任务开发了多个数据分析软件，形成了多参数、规范化的集中分析软件平台，实现了大数据的集成化分析，大幅缩短了数据处理周期，解放了人力资源；针对国家需求，他承担了相关技术的科研攻关，用丰硕的科研成果为应用单位提供合理化建议，取得了良好成效；参加了多个重大建设项目以及专业技术发展规划的论证工作，牵头完成了某测试技术发展纲要论证，明确了专业发展的技术路线和攻关重点，为我国船舶行业某关键技术实现跨越式发展提供了有力支撑。

攻坚克难无止境

外场试验工作条件十分艰苦。科研团队夏日里战高温斗酷暑，冬天里搏风霜击严寒，龙军从不抱怨，即使偶尔生病受伤也依然坚持工作在一线。家中父母年迈、稚子尚幼，他舍小家为大家，主动放弃婚假、产假，只因肩负着军工人的使命担当。

每次试验前需进行测点安装，龙军始终亲力亲为，在难以想象的狭窄空间里摸爬滚打、穿舱走线，日积月累练就了一身特殊本领。在他的影响和带动下，科研团队数次刷新了在有限时间内完成测点安装调试任务的纪录。试验时，常常多个项目连续开展，通宵达旦在所难免，他始终一丝不苟、废寝忘食地投入工作。遇到多地、多任务交叉进行的情况，他便刚刚完成一个项目，立即又马不停蹄地奔赴下一个战场，24 小时连轴转成了他的家常便饭。

团结协作当表率

龙军作风严谨，生活上勤俭节约，工作中脚踏实地，从不因业务繁重而放松了思想政治学习。他以黄群、宋月才、姜开斌等抗灾抢险英雄为榜样，具有坚定的共产主义理想信念，时刻牢记全心全意为人民服务的根本宗旨，不谋私利、不存私心，时刻以集体利益为先、以集体需求为重，不为私心所忧，不为名利所累，不为物欲所动，俯仰之间无愧于天地。

他时刻以优秀共产党员标准严格要求自己，充分发挥先锋模范带头作用，影响并鼓舞着科研一部整支队伍。这支“能打仗、打胜仗”的队伍，工作足迹遍布了祖国的大江南北、江河湖海，团队中已有多人成为能够独当一面的业务骨干。他们披荆斩棘攻坚克难，乘风破浪永不退缩。只要国家有需要，他们就甘于以血肉之躯铸造水下长城，以凡人之力创造不凡伟业！

“虽然近年来我们取得了不俗的成绩，解决了多个关键问题，但整个行业的发展之路仍然漫长而曲折。我早已做好为军工事业发展奋斗终身的准备。”龙军这样勉励自己。

用行动为党旗增辉

——记天津新舟劳动服务有限责任公司党支部书记、经理尉迟伟

坚守疫情防控一线，筑起坚固的后勤保障服务线

深入了解、耐心疏导，推动制度改革平稳落地

开过早会，布置完当天的工作，他戴上安全帽到施工现场检查各艘在建船舶的动能供应情况，这是一天忙碌工作的开始；员工用餐、住宿协调、厂区绿化、卫生清整、垃圾处理……繁杂的各项后勤服务任务，皆是工作，在他的带领下，各项工作都开展得井井有条，忙而不乱。他就是中国船舶集团有限公司所属天津新港船舶重工有限责任公司旗下新舟劳动服务有限责任公司党支部书记、经理尉迟伟。

奋战，坚守疫情防控第一线

2020年春节期间，新冠肺炎疫情袭来，新舟公司的党员骨干在尉迟伟和新舟公司领导班子的带领下，对疫情防控相关工作进行周密安排，认真落实防疫工作各项举措，严防死守，连续奋战15个昼夜，有时甚至24小时均处于紧张的工作状态。

充分准备防疫物资是开展疫情防控工作的保障，尉迟伟提前谋划采购防疫物资，确保疫情防控工作顺利推进。大年初二，市场上的防疫物资已经十分紧缺，一些供应商店关门歇业，为采购物资，尉迟伟不仅自己千方百计寻找购买渠道，还发动同事寻找联系渠道，凭借事不办成，决不罢休的决心，尉迟伟带领团队最终将各类防疫物资及时采购进厂，为天津新港船舶重工开展防疫工作提供了保障。

2月14日，天津新港船舶重工开始分期分批复工复产，大量外协员工陆续返厂，安排协调外协员工上岗前隔离观察的场所以及正常上岗工作后的住宿成为当时防疫工作的重中之重。面对这一局面，尉迟伟带领新舟公司班子成员认真研判，及时与天津港保税

区疫情防控部门进行了多次沟通，及时协调出临港明湾公寓、东方星城宾馆等隔离场所，安置先期复工人员1500余人。与此同时，尉迟伟带领团队积极组织协调对原老厂单身宿舍、原职工医院、新舟公司招待所等住宿资源进行修缮升级改造。此外，尉迟伟还带领新舟公司10余名宿舍管理人员对住宿管理模式进行了改进，精准统计返津复工人员的信息，开拓更多的住宿房源，协调安置住宿人员5000余人，有效解决了外协人员返津复工上岗的住宿问题，为确保公司劳动力稳定做出了贡献。

并肩，守好后勤保障服务线

作为后勤服务企业，新舟公司承担着天津新港船舶重工全体职工、外协员工等8000余人的供餐工作。疫情严重期间，食堂的就餐模式调整为分餐配送，工作任务量陡然增加。当时新舟公司在岗的60多名职工要解决8000余人的就餐问题，一日三餐的制作、分餐、送餐以及餐具订货采购等工作量庞大，面对巨大的挑战，尉迟伟以身作则，合理调配各工作环节的人手，从餐具订货、采购、菜品制作到分餐、配送，严抓各个环节，确保全体职工吃上安心餐、放心餐。尉迟伟还发挥了党员干部的先锋模范作用，与员工并肩作战，协助保障全体职工就餐。在他的带领下，新舟公司全员参与食堂工作，保证了天津新港船舶重工职工准时安全用餐。

担当，助力推动制度改革

作为支部书记，尉迟伟在抓好党支部建设，加强自身学习，积极提高党员思想政治水平的同时，注重抓好职工的思想教育，主动解决职工的思想疑惑以及生活工作中遇到的各种困难。2019年5月，天津新港船舶重工全面实施干部、员工定岗定编定员、择优竞聘上岗的依法合规深化改革。在这项工作中，尉迟伟把“不忘初心、牢记使命”主题教育与改革工作相结合，积极做好宣传引导，讲政策、讲法规、讲形势，有序、平稳地开展工作，对退伍、残疾、家庭困难等人员进行深入了解、耐心疏导，合理安排无岗人员，该工作开展期间，未发生任何不稳定事件，为天津新港船舶重工三项制度改革的顺利推进做出了应有的贡献，也树立了党员干部的良好形象。

作为一名共产党员，尉迟伟始终对自己高标准、严要求，把“全心全意为人民服务”作为自己的座右铭。他表示，在今后的学习、工作和生活中，将进一步加强学习，严于律己，不断提高自己的思想政治水平和业务能力，把党的事业作为自己最大的责任和使命，为共产主义事业奋斗终身。

把忠诚融入科研事业

——记风帆有限责任公司研究院产品开发部产品设计室副主任张志伟

“虽然我们是产品设计人员，但同样也肩负着满足客户需求的重任。”

用实际行动履行共产党员的职责，用刻苦钻研践行研发人员的使命

作为一名共产党员，他始终扎根产品设计和研发一线，兢兢业业、甘于奉献，做好每项工作；作为一名研发人员，他勇于挑战，迎难而上，攻克了一道道技术难关，为公司的产品升级做出了突出贡献。他就是中国船舶集团有限公司旗下风帆公司研究院产品开发部产品设计室副主任张志伟。

勇挑重担显身手

“虽然我们是产品设计人员，但同样也肩负着满足客户需求的重任，客户需要什么功能的产品，我们就去设计什么产品，全力满足顾客需求。”这样简单的一句话的背后，是比常人更多的付出。

随着我国汽车产业的快速发展以及国家不断加大节能减排力度，越来越多的汽车厂商开始采用起停系统，然而此项技术却长期被国外车企垄断。为尽快实现打破垄断，张志伟主动承担起新型起停用 AGM 电池的开发任务，面对新产品、新工艺、新设备等诸多需要克服的开发难题，他不畏困难，钻研技术，虚心向他人请教，带领团队攻坚克难。在新产品开发试制阶段，为了保证样品电池的质量，加班加点成为张志伟的常态，已经记不清有多少次他凌晨才回到家中；在各种型号起停系统用 AGM 电池开发过程中，他和困难“赛跑”，不断进行技术钻研，将一道道难题“甩”在身后。经过数次试验、测试和调整，他和他的项目小组成功开发出 60AH、75AH、80AH、92AH 等十余款起停系统用 AGM 电池，实现了起停电池的国产化，结束了奥迪、奔驰、宝马等高端汽车产品只能使用进口起停电池的历史，且电池产品综合性能均达到国际先进水平。

要想获得奥迪新车型的配套资格，需先通过德国奥迪厂商总部对风帆 AGM 产品的解剖及认可，为此，张志伟和同事们精心准备了各项资料，并针对认可过程中可能出现的各类异常情况准备了应对预案。在解剖及后续讨论过程中，张志伟从技术专业角度出发，和奥迪的厂商专家共同分析，沉着应对其提出的各类问题。最终，奥迪公司不仅对风帆产品给予了高度评价，还对风帆 AGM92 AH 电池 BMG 产品表示了认可。2017 年年初，风帆 AGM 电池分别获得德国大众、奥迪、奔驰、宝马等国外高端汽车厂的产品认可，为公司今后的转型产品顺利配套奠定了坚实基础，风帆公司也成为中国国内唯一一家获得上述公司产品认可的起停电池生产厂家，进一步巩固了其核心竞争优势。

立足岗位建新功

“作为一名产品研发人员，就必须立足岗位，亲力亲为，掌握第一手技术数据资料，干的就是这项工作，在研发过程中累点、苦点都不算啥……”一提起产品研发，张志伟就滔滔不绝。

在产品研发过程中，张志伟坚持学用结合，创新为先，提出将特殊工艺引入蓄电池板栅制造。为验证技术方案，在生产设备尚不能满足研发需求的情况下，他又提出了人工干预模拟试验的方案，为掌握第一手资料，他主动承担了此项任务。为了让压带设备稳定运行，他一头扎进设备优化中，每天不停地在现场、操作台、控制室之间穿梭；为了捕捉一个数值的变化，他在电脑前一盯就是半天；为了彻底解决半成品毛刺问题，他协同项目组人员，对重达几吨的铅带进行手工处理，其间不小心手被扎破了，他仅仅简单处理一下，就继续弯腰投入工作。经过多次不懈的努力，张志伟带领项目团队比原计划提前一周完成产品设计任务。

与此同时，他还在现有的产品研发基础上大胆创新，申请了多项专利。新设计的负极铅膏配方，大幅提高了起停电池的静态和动态充电接受能力；在生产中首次引入信息化重量控制系统设计，极大提高了产品的一致性；采用高安全性、高密封性的精准开闭阀的密封栓，因开阀压力偏差小，有效防止了使用过程中的水损耗，保证电池长寿命。

一分耕耘，一分收获。张志伟团结群众，廉洁自律，刻苦勤奋，精益求精，用自己的实际行动履行了一名共产党员的职责，用自己的刻苦钻研践行了一名研发人员的使命，赢得了公司领导和同事们的充分肯定。

（邸双喜）

舰船导航事业的领航者

——记天津航海仪器研究所副总工程师张崇猛

建设强大的人民海军，是初心，更是使命

强化专业人干专业事，促进知识管理从“无形经验”向“有形成果”转化

他是中国船舶集团有限公司旗下天津航海仪器研究所具有关键技术攻关和系统工程管理能力的复合型领军人才，主持和参加了国家一系列装备研制工作；他先后荣获军队、国防、集团公司、天津市等省部级科技进步奖9项，被授予全国优秀科技工作者、集团公司“船舶贡献奖”、天津市优秀共产党员、天津市劳动模范等11项国家和省部级荣誉称号，荣膺2013中国科学年度十大新闻人物并入选2013年度CCTV科技创新人物候选人。他就是中国船舶天津航海仪器研究所副总工程师张崇猛。

为建设强大的人民海军奋斗终身

1993年，从踏入大学那一天开始，18岁的张崇猛就暗暗立志，要为建设强大的人民海军奋斗终身。进入工作岗位后，在导航系统研制初期，无研制经验、无设计规范、无图纸借鉴，张崇猛站了出来，他不忘初心使命，不忘党员身份，勇挑重担、潜心科研，提出“精确导航、精准定位、精密授时、精益求精”的系统研制目标，攻克了一项项技术难关，反复验证每一个设计和试验环节，为天津航海仪器研究所导航系统高质量发展奠定了基础。

作为一名党员领导干部，张崇猛切实把“两个维护”内化为对舰船导航事业的忠诚与热爱，转化为推动舰船导航事业发展的实际行动。

主动担当　强化管理

在国家某重大工程项目中，作为现场导航党支部书记，张崇猛坚持把党建融入现场各项工作中，用一面党旗、一本党章把工程现场党员凝聚起来。面对进度严重压缩等不利因素，他身先士卒、冲在一线，坚决贯彻“集中精力、精心策划、周密组织、精益求精”的系统研制目标，带领项目组发挥“技术 + 管理”优势，完成导航系统总体设计和关键技术攻关，做到零问题通过验收。

作为一名管理者，张崇猛通过建立“一次做对、两次简化、三次固化”的工作模式，实现内部管理制度化、流程化，强化专业人干专业事的工作氛围。他制定详细的系统发展和专业提升规划，完善专业规范体系和信息化建设平台，瞄准基础和前沿技术，将项目完成情况、专业成果、团结合作、工作态度和成果共享等纳入管理，促进知识管理从“无形经验”向“有形成果”转化。

立足岗位　争造一流业绩

——记天津修船技术研究所保密办主任闫萌

严谨认真、勤勉务实，以高度的责任全身心投入工作

虚心请教，刻苦钻研，不断提高履职能力

他坚守初心，拼搏奋进；他兢兢业业、求实创新；他出色地完成了各项工作并取得优异成绩；他积极肯干，作风扎实，获得领导和员工的一致好评；他恪尽职守，永葆清正廉洁的政治本色。他就是中国船舶集团有限公司旗下天津修船技术研究所保密办主任、办公室副主任、人力资源部（组织人事部）副主任、综合党支部委员闫萌。

坚定信念，廉洁自律

闫萌时刻以一名优秀共产党员的标准严格要求自己，他政治立场坚定，在思想上政治上行动上同以习近平同志为核心的党中央保持高度一致。他认真学习贯彻落实习近平新时代中国特色社会主义思想和党的十九大精神，不断增强“四个意识”，坚定“四个自信”，用实际行动践行“两个维护”。他始终保持严谨认真、勤勉务实的工作态度，认真落实“一岗双责”，严格按照规章制度办事，树立了良好的党员干部形象。

闫萌在工作中塑造清正廉洁的本色，作风扎实，在政治上坚定、思想上清醒、工作上有为。他严以律己，宽以待人，注重率先垂范，身体力行。他为人谦虚谨慎，善于听取他人意见，对下属既严格管理，又关心爱护，能够及时了解部门员工的思想动态和工作想法，帮助其解决实际困难，在群众中树立了较高威信。

爱岗敬业，履职尽责

作为一名中层干部，闫萌立足本岗，勇于争先。虽然承担的岗位多、任务重，但对

于分管的每一项工作他都以高度负责的态度全身心投入，努力创造一流业绩，近三年干部考核成绩均为“优秀”。

工作中，他勇挑重担、开拓进取、认真履责，出色完成了2019年各项工作任务。一方面，他注重夯实日常管理，在制度建设、干部人事、公文机要、档案管理、信息化建设等方面开展大量工作并收到明显成效；另一方面，他善于总结梳理，创新工作方法，提升管理水平。面对急难任务与专项工作，闫萌敢啃“硬骨头”，善于计划安排与组织协调，紧盯进度节点，确保任务目标完成。

围绕集团公司部署和研究所工作重点，闫萌不断强化体系建设。他组织编写了国家安全保密工作制度体系，创新性地绘制了《保密管理流程图册》，有针对性地组织开展了各项培训教育与监督检查活动，以定密、涉密人员、计算机网络等为重点开展了一系列工作，进一步强化了全所员工的思想意识，提升了安全保密工作的规范化、流程化水平。近年来，研究所安全保密工作得到上级单位的充分肯定，闫萌还受天津市国家保密局邀请，在全市保密系统培训会议上做经验介绍。

2019年，闫萌围绕自身分管的保密、行政、人力等工作，补短板、抓规范，全年起草或组织起草制度27项，进一步健全制度体系，为研究所合规化管理提供了充分依据。他认真开展政策研究，结合单位实际情况，起草了《考勤管理办法》《中层干部考核实施细则》《高级人才考核管理办法》《专业技术人员聘期考核办法》等多项重要制度，为强化用工管理，规范员工行为，科学评价业绩、合理分配薪酬提供了有力依据。此外，在制度方面还初步形成了人员能上能下、员工能进能出、薪酬能增能减的运行机制。

面对突如其来的新冠肺炎疫情，闫萌第一时间结束休假返回工作岗位，在多名外地干部返津居家隔离的情况下，主动承担值班任务，统计员工节假日出行及返津情况，每天组织各部门进行员工健康信息排查，并配合集团公司与地方政府开展信息采集报送工作。他还起草了研究所疫情防控《应急预案》《复工复产期间工作指南》等重要文件，撰写疫情防控与复工复产新闻稿件，配合领导做好宣传工作，及时传达党中央和上级党组织的重要指示精神与单位疫情防控工作要求，为安全复工复产做好充分准备。

刻苦钻研，提升能力

作为一名年轻干部，闫萌始终将学习提高放在重要位置，他虚心向领导与同事请教，利用业余时间刻苦钻研业务，不断提升履职能力，在信息化、保密、行政、人力资源管理等方面积累了较为丰富的理论知识与实践经验。

档案管理方面，闫萌牵头编制《天津修船技术研究所档案分类、归档实施细则》，解决了档案“分类难、由谁归”的问题，明确了归档工作流程、操作方法，年度归档总量因此较上一年增加 125%。除做到当年档案“应收尽收，应归尽归”外，他还组织收集此前未按规定范围及时归档的文件共 9 卷 673 件，不仅解决了历史遗留问题，还让研究所档案管理迈上了新台阶。

公文机要方面，闫萌组织修订《公文处理办法》，优化公文传递流程，实施印章台账管理，开展公文业务培训与公文大检查活动，提升了公文管理的规范性和实效性。

信息化管理方面，闫萌克服所内专业人员较少的困难，充分发挥专业特长，认真组织开展 IT 运维、技防建设、网络安全防护等工作，顺利完成了 IPv6 升级改造、财务信息化、企业微信搭建等专项任务，为业务部门提供了稳定高效的信息化办公环境。

人事管理方面，闫萌紧密对接各部门用人需求，通过校招、社招等多种方式，积极开展员工招聘，无论是签约数量还是学历分布，2019 年都较往年有一定提升，进一步充实了青年人才队伍，为各部门发展注入活力。

技术过硬的工人先锋

——记广船国际有限公司总装部叶平华

扎根基层，言传身教，提高生产效率，提升成员能力

善于管理，增强归属感，对待班组就像对待家庭

他扎根生产基层，用奋斗书写最美的青春，他不忘初心，用青春谱写无悔的人生。他勤恳、敬业、钻研，为生产效率的提升奠定基础，为团队成员的进步贡献力量。他在平凡的岗位上选择坚守，用实际行动践行初心和使命。他就是中国船舶集团有限公司旗下广船国际有限公司总装部二工段电工三班班长叶平华。

攻坚克难　力创工序前移提效率

叶平华扎根在生产一线，迄今已超过 15 年，有着非常丰富的工作经验，无论是散货船、油船等普通民船，还是特种船等高技术船舶，他都能灵活运用生产资源，通过合理策划推进工序前移，及时解决出现的问题，同时将新工艺、工法积极运用到实际工作中，实现了多艘船舶上建总段吊装前的完整性突破。叶平华负责建造的 FMG26.1 万吨散货船系列 2 号船，实现了广船国际南沙厂区首次上建总段吊装前完整亮灯；其负责的 Vista7.5 万吨 1 号船，上建吊装前安装完整性接近 100%，部分照明系统报完船东。上建总段的工序前移可以极大提升施工效率和施工质量，减轻后续码头系泊的实验压力，叶平华带领他的班组不断攻坚克难，为提高广船国际生产建造效率奠定了坚实的基础，在他的带领下，这支队伍也变得越来越有战斗力和执行力。

言传身教　打造“勇攻坚、善突击”铁军

工欲善其事，必先利其器。作为班长，叶平华始终认为做好班组员工培养，提升整个班组的战斗力是生产效率提高的关键，也是他的重要责任。叶平华积极参加各类专业技术培训，自己融会贯通后就将学到的知识和掌握的技能经验传授给班组员工，并带领大家学以致用。无论生产任务有多繁重，只要到了叶平华的班组，都能顺利高效地完成。在他的精心培养下，班组有 5 人通过了高级工考试，班组高级工比例也从 26.3% 提高到 52.6%，快速地提升了班组的技能水平，为生产攻坚储备了人才。

与此同时，叶平华积极发挥党员的先锋模范作用，通过自己的言传身教，充分调动班组人员的工作热情，打造了一支执行能力强、工作效率高、突击能力强的基层队伍。在他的带领下，近年来，电装课二工段电工三班完成了各项工作任务，多次被评为电装课月度“优秀班组”。

常抓不懈　“细、实、严、活”强管理

叶平华班组是广船国际“三公开”和“标准班组建设”基层班组，为了促进生产效率的提升，他坚持推进“三公开”工作。推行初期，班组成员存在不少的顾虑和疑惑，针对这些问题，叶平华不断向班组成员讲解“三公开”的优势，并主动了解成员意见，第一时间与成员进行深入沟通，及时消除其顾虑，有效推行了班组“三公开”工作，使班组员工的工作积极性明显提高，实现了从“要我干活”向“我要活干”的转变。通过班组全体成员的努力，结合“党员标兵班组 / 项目组”和“全国质量信得过班组”的创建，叶平华班组工时效率由 2017 年到 2019 年人均月蓝本工时连续两年提升比例超过两位数，双周计划完成率从创建前的 78%，提升至 95%，班组生产效率大幅提高，执行力明显提升。

此外，叶平华还建立了具有自身特色的班务管理和班组文化，在部门及公司的班组建设活动中，多次取得佳绩。在班组房布置、物品摆放、班组看板、学习资料及台账整理等方面统一规范配置，定期组织检查评比，让班组成员养成良好的工作习惯，像对待家庭一样对待班组，增加班组成员的归属感。

多年来，叶平华扎根基层，情系班组，给生产建造提升效率，给班组成员带来知识和力量。他曾在 2017 年、2019 年广州市二类技能比赛中分别获得第二名和第一名；被评为广船国际 2017 年、2018 年“技术能手”和“技术创新能手”，2018 年获“最佳员工”称号；2019 年荣获集团公司广州地区“优秀共产党员”称号。他所带领的班组于 2017 年获得广船国际“先进集体”称号；2018 年获得广船国际首批“党员标兵班组 / 项目组”称号，是公司的“质量免检班组”；2019 年获得“全国质量信得过班组”称号。

敢闯能干的调试高手

——记中船黄埔文冲船舶有限公司造船事业三部调试作业区作业长李真刚

关键时刻，挺身而出，决心一搏

不仅关键时刻冲得上去、紧急关头顶得住，也能科学管理、团结同事、携手奋进，带领团队不断前行

自2008年参加工作以来，他积极参加历次党员学习教育和日常思想政治学习，注重坚定理想信念、提高思想觉悟；他长期扎根基层、奋战一线，爱岗敬业、刻苦钻研，业务精湛、素质过硬，在黄埔文冲多个生产建造项目中发挥了关键作用；他以身作则、正身率下，培养出了一支优秀的调试技能人才队伍。他就是现任中国船舶集团有限公司旗下中船黄埔文冲船舶有限公司造船事业三部调试作业区作业长李真刚。

攻关夺隘显担当

2018年11月27日，黄埔文冲建造的HAVYARD 832型平台供应船2号船主推在马来西亚发生故障，船东紧急向黄埔文冲发来保修要求。当时，该船正计划前往迪拜开展石油勘探作业，一同参与该项目的还有四艘船舶以及一百多名工程作业人员。晚修复一天，船东就会多承担50多万美元的经济损失。当李真刚接到公司让其只身前往执行保修任务的要求后，他急公司、船东所急，二话没说就回家简单收拾了几件换洗衣物，带上护照等相关证件便赶往机场，搭乘最近一趟航班前往马来西亚，于凌晨5点多抵达码头，并立即乘坐快艇于上午8点登船。李真刚一上船就迎来了船东的怒火与质疑，他耐心安抚船东："我了解你们的心情，请相信：船就是我们的孩子，我比你们更着急！"顾不上吃饭、休息，他第一时间详细了解故障症状，紧急进行故障排查，迅速诊断确定主推变频器故障是由整流单元引起。在更换备件、重装系统、配置参数后，当天下午5点多，李真刚就排除了故障，收获了全船的欢呼和称赞。由于该船是库存积压的海工产品，不少设备都在运行中出现问题且均已超过保修日期。为了做好售后工作、维护公司品牌，李真刚反复斟酌后决定随船护航、随船保修，在经过公司同意后，他随船前往迪拜，一路排除故障、关闭手尾。其间，船东被李真刚精湛的技术和忘我工作的态度深深地折服。2018年12月10日，经过11天航行，该船按期抵达作业水域，为船东避免了巨额经济损失。

2020 年 5 月 5 日，黄埔文冲建造的首艘 Mini Cape 型 12 万吨散货船经过 5 天试航已基本完成海上试验项目，但脱硫系统这一关键项目却因可编程控制器（PLC）与 4 台主海水泵通信故障而迟迟无法报验。意大利服务工程师在经过一周的努力后表示放弃，建议先返航待故障排除后再进行第二次试航。关键时刻，李真刚挺身而出，决心最后一搏。他向服务工程师借来一台工程电脑，通过检查一道道命令行、一个个通信点，发现 PLC 给出的命令已经到达了变频器，但变频器却不动作。李真刚第一时间认为是变频器出现了问题，经过进一步分析、诊断，发现有两台泵浦的故障原因是控制网口未被变频器识别、另一台泵浦的故障由阀门控制逻辑联锁导致，最后一台则是厂家在查找通信故障的过程中改乱了控制代码导致故障。找到病灶，自然很快药到病除。故障排除后，李真刚又带领调试人员连夜进行脱硫系统的调试与报验，在最后关头完成了航行试验。

在国内首制 3000 米水下作业多功能支持船“海洋石油 286”号的建造过程中，李真刚参与完成了国内首次实船中压短路电压降穿越试验，参与编制国家标准 4 份，为该项技术推广应用做出重要贡献。

善带队伍敢引领

2008 年参加工作以来，李真刚给领导同事留下的印象一直是兢兢业业、严谨求实、勤奋刻苦、创新创效。从一名普通的调试员到调试主管再到作业长，一路走来，李真刚参加过 5 万吨半潜船、深水工程勘察船、多功能水下工程船、钻井平台、风电安装平台、饱和潜水支持船等多艘国内知名高端海洋工程船及多型散货船、集装箱船的调试工作，他不仅关键时刻冲得上去、紧急关头顶得住，也能科学管理、团结同事、携手奋进，带领团队不断前行。

“公司管理千条线，作业区管理一根针”，李真刚注重管理方式的改进提升，以安全、质量、进度、班组建设等职能一体化管理、一体化推进为出发点，探索实施“以体系建设为基础、以书面制表管理为手段，以积累更新完善为方式，以提升作业区管理为目标”的作业区管理新模式，成为黄埔文冲基层管理的典范。他着眼长远，不断建立健全员工作业规范，组织梳理施工隐患 300 多项，并要求每名员工牢记于心，经常检查考核。在李真刚的带领下，他所在的作业区多次获评公司先进集体，作业区班组两次获评“国家先进质量班组”、获得四次“广东省质量先进班组”及多次公司“标兵班组”“先进班组”称号。行动迅速、要求严格，作风优良、能力突出，敢打硬仗、能打胜仗，是船东、船检对调试作业区的一致评价。

李真刚多次获得公司“十杰”“百佳员工”“优秀党员”等称号，5 次获得“总经理嘉奖令”。但这些荣誉和成绩并没有让他骄傲自满，他认为自己只不过做了一名企业职工、党员应做的事情。在 HAVYARD 832 型平台供应船保修时，船长曾想以每月 7000 美元聘请他，但他毫不犹豫地拒绝了：“我在公司成长成家，只要公司还需要我，我就一天不会走！”

初心不改、奋斗不息，就是李真刚职业生涯的真实写照。

（黄斌华）

坚守平凡岗位　绽放生命光彩

——记中船广西船舶及海洋工程有限公司所属桂江造船有限公司总装车间电装二班班长王劲峰

扎根基层，默默奉献，平凡岗位，发光发亮

从普通电工到高级技师，成长的每一步始终秉持不怕辛苦和勇于创新的军工精神

自参加工作以来，他一直扎根在船舶工业的基层班组，练就高超技能、培养优良作风；他在一线默默工作二十五载，对待每一份任务始终兢兢业业；他努力在平凡的工作岗位上，发光发亮，绽放光彩，他就是中国船舶集团有限公司旗下中船广西船舶及海洋工程有限公司所属中船桂江造船有限公司总装车间电装二班班长，船舶电工高级技师王劲峰。

勇创新，迎难而上保效益

从一名普通的电工变为高级技师和班长，王劲峰的成长始终秉持不怕辛苦和勇于创新的军工精神。2017 年，中船桂江造船某型舰船电缆拉放铺设过程中要求严格控制电磁干扰，这就需要进行消磁作业，工作难度随之增加。王劲峰主动带头攻关，把主干电缆分为两类，并尽量分束铺设；主干电缆铺设完成后立马铺放主船体的局部电缆，而局部较短的电缆则等到接线或出线时再铺设。通过调整施工工序，王劲峰和他的团队出色完成了电缆铺设任务，并符合技术要求。2018 年，中船桂江造船为澳门海事及水务局建造的 25 米双体救援船接近交船期，但由于该船计划安装的液压泛光灯装置的特殊性以及供货的不确定性，船舶按期交付受到较大影响。为确保按合同履约交付，中船桂江造船决定由车间自行研制液压泛光灯装置。王劲峰带领班组中的几名骨干积极投入该装置研发，在时间紧、任务重的情况下，他全力以赴，日夜奋战。由于泛光灯灯体较大，而下面液压装置安装位置较小，需不断进行改进，王劲峰带领相关人员反复进行试验，最终攻克技术难关，成功研制出泛光灯装置，既保证了交船计划，又为公司节省了十多万元。

善管理，班组建设有力量

幸福是奋斗出来的，工作是依靠大家共同完成的。王劲峰通过带领班组成员学政治、学文化、学技术，不断增强班组的凝聚力和战斗力。在海军某型艇的电气安装任务中，前期因外部因素导致施工进度滞后两个月，为保证生产节点，实现按要求交船，中船桂江造船向王劲峰班组临时发出突击战任务，要求克服一切困难，抢回工期。王劲峰接到任务后马上带领班组成员研究工作方案，积极调配人员，合全班组的力量完成电缆的拉放和应急电板、充放电板、岸电箱、岸电稳压装置、驾控台、蓄电池、变压器等配套设备的安装接线工作，为该产品抢回 1 个多月的生产时间，赢得公司上下的高度赞扬。

作为有着十几年班长工作经验的技能骨干，王劲峰不仅自己带头学技术、提技能，还经常培训新员工并对班组成员开展技能培训。面对新产品，他总是先消化，掌握好技术要点，再组织班组成员共同研究，把自己掌握的技能不厌其烦、毫无保留地教给他们，带领成员共同成长。王劲峰班组曾先后获得全国总工会授予的“工人先锋号”称号，原中国船舶工业集团有限公司授予的“先进班组”称号，广西区总工会授予的“五一劳动奖状”、中船桂江造船“质量信得过班组”等荣誉称号。2020 年，他还被评为中国船舶集团“优秀共产党员”。说起王劲峰，班组人员都会竖起大拇指：“我们的班长，好样的！”

敢拼搏，立足岗位闪光彩

王劲峰时刻铭记自己是一名共产党员，努力在平凡的岗位上发光发亮。他在一线默默工作二十五年，对待每一个任务始终兢兢业业，面对艰难苦累的任务，他总是站出来、主动担当，带领班组完成各项工作任务。2019 年上半年，4000P 拖船 –2#、20 米海事巡逻艇 –2#、4# 船，60 米海巡 2# 船及海军两型舰等产品的船电工作，周期都较短，任务压力较大。但生产计划就是作战指令，为保证完成任务，王劲峰带领电工二班加班加点抢时间，毫无怨言、铆足干劲去战斗。在公司两艘精品工程产品施工中，王劲峰认真负责对待每一项工作，以最佳的状态和高技能的水平执行任务，由他负责的所有项目都通过了评审，并得到公司和船东的一致好评。

自 1995 年进入中船桂江造船那一天，王劲峰就融入这个大家庭，在军工央企默默奉献。他始终坚守在平凡的岗位上，兢兢业业、精益求精，以工匠精神坚守初心，以高超的技能、优良的作风践行使命。

学习，永不停止的脚步

——记中船重型装备有限公司生产制造部技术主管余汉伟

从“零”开始也能成长为技术“顶梁柱”

成绩属于过去，未来等待挑战

他时刻以一名优秀党员的标准严格要求自己，在工作中，严谨求实、兢兢业业、刻苦学习，是公司党员们心中的一面旗帜。在转型发展中，他凭借自身的努力，几乎从一名技术“小白”成长为技术能手，他严谨的工作态度、扎实的工作作风、优异的工作成绩，得到领导与员工的一致好评，是团队成员们眼中的一个技术标杆。他就是中国船舶集团有限公司旗下中船重型装备有限公司生产制造部技术主管余汉伟。

突破瓶颈进阶技术大拿

中船重型装备有限公司前身为广州中船船用柴油机有限公司，2012 年开始转型发展以盾构机、顶管机为代表的“地下空间工程装备”业务，2015 年与广州中船船舶钢构有限公司资源整合重组更名为中船重装。2010 年加入中船重装大家庭的余汉伟不仅一路见证了公司的转型发展，也完成了自身的技术进阶之路。在转型发展初期，公司主营业务大幅度转向盾构机，但余汉伟此前积累的技术都与船用柴油机有关，这意味着他在技术上一切都得从“零”开始。为快速掌握盾构技术，他给自己制订了学习计划，在车间跟着老师傅从认识盾构机的零配件开始学起，并想方设法弄懂每一张盾构设计图纸的设计原理。经过不懈的努力，如今，余汉伟已经成长为中船重装的技术“顶梁柱”。

“扩展思路，不断提升”是余汉伟对自己的要求，在做好并扩展专项工艺的同时，他还致力于研究盾构机整机装配工艺。为了提升车间产品质量、生产效率，余汉伟组织策划了盾构机装配工艺的编制工作，从数据及信息的采集到装配工艺的最终定稿，他带领团队加班 3 个月，翻阅了数百张图纸，拍摄了上百张照片，最终以图文并茂的形式完成了 6260 泥水平衡盾构机的生产工艺编制。“高度负责”是余汉伟对公司、对制造车间、对班组及同事始终坚持的态度，他深入了解和认识每一台在公司新造装配和维修的盾构机，他熟练掌握公司每一台盾构机的生产计划、生产协调等工作。

此外，余汉伟还正在学习盾构机调试方面的知识。盾构机是十几个系统高度集成化的设备，盾构机装配质量到底好不好，最直接的验证办法就是进行整机调试，但其调试要涉及机、电、液、控制等多个方面，其难度可想而知。面对这样高难度的挑战，余汉伟没有退缩，他迎难而上，在自身已有的工作经验基础上，不断学习，不断了解，不断进步，现在已经能独立完成整台盾构机的调试工作，并已在厂内及工地现场完成多台盾构机调试。他常说：只有掌握了盾构机的基础调试技能，才能回过头来验证自己的装配质量。

解决难题提供坚强保障

余汉伟在专项工艺方面有较深的造诣，在他的带领下，车间团队先后攻克了主驱动定位安装工艺，主驱动试压工艺及方法，液压阀块优化及其模块化装配、刀盘开挖量精确测量、中心回转体预总装工艺等十余个专项工艺，为车间盾构机关重零部件的安装提供了坚强的技术保障。

除了担任技术主管，余汉伟还是工法小组副组长。他一直致力于车间盾构机生产过程工装、工具的改进，带领车间团队自主设计完成了土压传感器试压工装、维修拆销工作、螺旋轴测量工装、液压管切管机与剥皮机改造、尾盾注浆管疏通工装等一系列测量及维修专用工装。余汉伟还跟工法小组成员一起先后完成了盾体托架、台车支撑架、推进油缸定位工装、推进油缸起吊工装的制作，其中部分工装正在申请专利。工装工具的设计及制作，极大提高了车间的工作质量、工作效率及生产过程中的安全性，为车间盾构机生产和维修工作带来了极大便利。

作为技术能手，余汉伟除解决厂内遇到的各种难题外，还多次被派往盾构机工地解决盾构机在现场装配及掘进过程遇到的各种问题。一次某工地盾构机主驱动问题急需处理，业主的要求、公司的信誉一瞬间如千斤重担压在余汉伟肩上，他不惧困难，带领团队克服空间狭小、精度要求高的难题，挂起了 22 个手拉葫芦，连续奋战 26 小时，最终完成抢险任务，赢得了各方好评。还有一次南方某工地盾构机需带压换刀，风险指数极高，在刀盘掌子面承受压力的同时还需完成 15 个 500 公斤滚刀的清洁、拆卸、更换，他带领团队展示了十八般武艺，最终圆满完成公司首次带压换刀工作，为公司的业务发展积累了宝贵经验。

十年来，余汉伟在中船重装的业务发展中做出了突出贡献和成绩。但他总说：成绩属于过去，未来等待挑战。相信他在未来的工作中会以更高的标准和要求锻炼自己，不断提高产品质量，不断提高自身及团队成员的质量意识和工作质量，为公司改革脱困转型发展再次做出自己的贡献，不忘初心，继续前行。

热血青春志　军工报国情

——记广州船舶及海洋工程设计研究院船舶工程总体技术骨干张恭

成功没有捷径，只有脚踏实地的努力，才能离成功更近

刻苦钻研、攻坚克难，报效祖国、建设家乡

“我对祖国最深沉的热爱，表现在我愿意将生命中的每一天，都献身于建设和保卫社会主义现代化事业、献身于祖国统一的事业。”这是他回顾自己“军工报国梦”时的真情告白。他就是中国船舶集团有限公司旗下广州船舶及海洋工程设计研究院船舶工程总体技术骨干张恭。

男儿铁石志，总是报国心

从古至今，任何一个民族繁荣的背后，都离不开强大国防力量的支撑。张恭自幼有感于祖国屈辱的近代史，梦想成为一名军人，虽然在高中阶段遗憾未能成为一名国防生，但父亲告诉他，在人民解放军飒爽英姿的背后，还有一群军工科研工作者，他们甘于奉献、默默付出，也是祖国富强安康的基石。张恭由此便树立了军工报国的梦想，刻苦读书，最终凭借优异的成绩考入上海交通大学。

大学毕业后，张恭就进入了广州船院工作，虽有着名校出身的光环，但他仍始终秉持“成功没有捷径可走，只有脚踏实地的努力，才能离成功更近”的人生信条。他从最基本的舾装零件图设绘开始，为自己积累了扎实的基本功。怀着发展海洋强国事业的信念，他每天都在繁忙的工作中度过，总是感慨时间不够用，希望把每一分钟都掰开来用。工作中的他，踏实勤奋、积极主动、任劳任怨，有思路、精业务、肯钻研；生活中的他，对同事毫不保留、关心团队建设，是大家公认的热心肠。正是多年在设计一线的锻炼经历，让张恭逐步从一个沉不住气的新兵，成长为一个成熟的高级工程师；从幕后羞涩的青年，蜕变成台前独当一面的产品负责人。

突破自主困境，争做时代担当

天道酬勤，在不懈努力之下，张恭先后担任了十余个船舶设计、科研和产业化的项目负责人，在高性能船设计、海洋科学考察船、装备保障等领域取得了优异的成绩。值得一提的是，张恭协助广州船院争取到了国内最大电子设备试验船“电科 1 号”设计建造总承包项目。

近年来，我国从国外进口高科技产品的限制越来越多，这给国内军工科研队伍敲响了警钟。当前，国产军事装备对自主配套的要求趋于严格，大到成套机械，小到电子元器件，都要求尽量国产。然而，赶超西方并非一蹴而就，高科技电子设备研制所需的条件也十分苛刻。中国电子科技集团有限公司作为我国舰载雷达、通信、导航的主要军工生产单位，并没有专业的船舶试验平台。以往为了试验产品，该集团往往只能租用非专业船舶，但存在航行条件差、数据处理速度慢、试验周期长等诸多问题。为改变这一现状，张恭针对中国电科集团的现实需求开展广泛的调研论证，带领团队设计开发了一艘海洋电子综合试验船。该船型方案一经汇报，立刻得到了该集团的高度认可，最终为广州船院成功拿下“电科 1 号”设计建造总承包项目。“电科 1 号”的顺利交付，也让中国电科集团摆脱了缺乏成套系统设备专用试验平台的困境，打破了长期制约我国工业部门海洋信息产业发展的瓶颈。

秉承军工匠心意，不负白山黑水情

张恭是一个地道的东北人。他常常不经意提起：“我是喝松花江的水、吃黑土地粮食长大的孩子。然而上大学后就到了南方，再也没能回去建设家乡，真是愧对家乡父老的养育之情。”每当读到国家振兴东北老工业基地的新闻，他的这个心结都会凝重几分。

苍天不负有心人，张恭终于等到了一个机会。2018 年，张恭接到了陆军新一代边防艇的竞优研制任务。在明确技术要求后，张恭便一心投入方案开发中。他带领团队跨越几千公里的国土，深入边境地区开展调研，充分了解该地区的气候与水文条件；通过与边防战士座谈，掌握官兵对船艇的实际需求。在与边防区域的邻国舰艇装备数量与船型进行比较后，张恭暗下决心，一定要出色完成此次任务，向边防部队提供一个性能优良、外形威武的设计方案，研制出新一代中国人民解放军边防艇，让它们在中国边境大放异彩！

经过潜心钻研，张恭和项目组最终拿出了一套出色的船型方案，并在竞标中如愿赢得研制合同，张恭也随之成为一名年轻的军品型号负责人。在研制过程中，项目组良好解决了船艇的环境适应性问题，实现了内河浅吃水、高航速、长续航的性能指标要求。张恭常常自勉：“这型船一定要成功，让解放军满意，让家乡人民满意！”

牢记爱国情，践行复兴梦

习近平总书记曾指出：“爱国主义是中华民族精神的核心。爱国主义精神深深植根于中华民族心中，是中华民族的精神基因，维系着华夏大地上各个民族团结统一，激励着一代又一代中华儿女为祖国发展繁荣不懈奋斗”。张恭作为舰船部党支部宣传委员，总以他的爱国情怀感染着身边的每一个人。自入院以来，他始终以军队需求为己任，把工作当事业，把付出当快乐，把责任记心间，将“科技强军，舰船报国”的光荣使命扛在肩上。为了心爱的船舶事业，他牢记“国家利益高于一切”的核心价值观，不求名、不逐利、不计个人得失，在无怨无悔中书写青春华章。

（聂琳 / 张恭）

于无声处书写奉献

——记武昌船舶重工集团有限公司某研究院副院长刘祎

“关键时刻必须上”，是最直白的心声，也是心底里的信仰

默默奉献，扎根军工，用实际行动践行入党时的铮铮誓言

面对寒冷刺骨的海水，他没有丝毫犹豫，果断“下海”；坚守生产现场，他与一线工人打成一片，熬夜加班早已习以为常；为达指标攻坚克难，他不急不躁，举全厂之力集智攻关，默默驻守基地 700 个日夜，他就是中国船舶集团有限公司旗下武昌船舶重工集团有限公司某研究院副院长刘祎。

知行合一　主动担当

寒冬腊月，地标大连，蔚蓝的大海，扬着星星船帆，船舶正出海进行专项试验，一切井然有序。“突突”声戛然而止，随即船速慢了下来。“怎么回事？”“螺旋桨转速出现异常，船舶失去机动能力！”“迅速排查原因！”……

试验组初步判断船舶撞上线列阵，螺旋桨可能被绳索、电缆缠绕。如果不尽快排除险情，可能还有其他意想不到的事情发生。刺骨的海风肆无忌惮地叫嚣着，冰冷的海水无情地拍打着岸礁，天逐渐暗了下来，试验组人员焦急徘徊，不知如何是好。

“我下海去！”一个声音划破宁静，果敢而坚决。这个声音的主人就是这艘船的技术负责人刘祎。

2018 年年底，刘祎接到任务，随船出海参与专项试验保障任务。他明白，试验结果将直接影响项目评价等级，意义重大。面对突发险情，他没有丝毫犹豫，主动请缨，带上两名水手，套上救生衣，拿上割刀、电缆钳、手钜、应急灯等工具，一跃跳上充气橡皮艇，顶着风浪，冒着严寒，快速靠近船艉螺旋桨区域。经过仔细勘察，他发现螺旋桨根部缠绕着 4 根电缆，在两名水手的协助下，刘祎小心翼翼地一段一段剪除电缆，历时一个小时，螺旋桨缠绕物终于被清除干净，试验恢复了正常。

零下 15 摄氏度的恶劣天气，高达 2 米的海上风浪，焦急等待在船上的每一个人都胆战心惊。当刘祎乘坐小艇返回的那一瞬，试验组所有人员提着的心终于落地。而此时，小艇内海水已没过脚踝，刘祎一行三人也全身湿透，不停地哆嗦，被冻得说不出话。“多危险啊！”“害怕吗？”“出了事怎么办？”事后，每每面对大家的关切与疑问，刘祎总是微微一笑：“没想那么多，我是党员，又是这艘船的技术负责人，我必须下去！”

“关键时刻必须上！”这就是刘祎最直白的心声，也是他心底里的信仰。

攻坚克难　默默奉献

一个不顾一切跳下刺骨海水抢救险情的人，没有什么困难能阻止他前行的脚步。曾记得，刘祎作为某首制船轮机专业技术负责人保障试验试航时，客户提出了 1200 项意见及改装项目，他二话不说，带领技术人员对项目逐条进行落实。在技术保障、试验指导时，他常驻现场，和一线工人打成一片，常常一干就到了凌晨；面对图纸及试验方法中存在的技术问题，他随叫随到，反复研究，及时解决，得到现场工人们的交口称赞。在刘祎的带领下，全体技术人员严谨实干、一丝不苟，首制船航行试验技术状态完善、新增试验项目、客户改装意见等难题一一得到解决。坚守基地生产一线，竭尽所能研究最佳方案以缩短试验周期、提高产品质量，刘祎用自己的实际行动践行着入党时的铮铮誓言。

曾记得，为达到某产品的声学改进指标，刘祎组织武船集团技术力量，协同总体所，全面开展优化改进攻关，组织成立了“整改工程”工艺技术攻关组，系统梳理研制过程中减振降噪方面的经验和教训，充分利用武船集团的技术储备，举全厂之力集智攻关，推行工艺技术创新，开展了 × 部焊接精度控制研究、大型设备进舱工艺研究、有限空间内施工流程研究等。

该项目历时多年，仅首制船就在航行试验期间整改 2 年、进坞多次，并在进坞后补充进行了几十次海试验证。经过充分论证，刘祎带领团队积累了大量数据，形成了优化改进整改方案，保障了该型船最终满足设计要求并圆满交付。驻守基地一线 700 个日夜，最长的一次试验技术保障横跨 4 个年头。默默奉献，扎根军工，刘祎“无声”，却拥有无穷的力量。

一腔热血勇往直前，牢记初心乘风破浪。这就是刘祎，关键时刻硬核担当，技术引领助力国防，用一言一行诠释铿锵的誓言；这就是刘祎，坚定信仰，默默奉献，却又总能在那么一瞬，让身边的人为之仰望，用一举一动彰显精神的力量。

（刘婷）

船台建造的领航舵手

——记武昌船舶重工集团有限公司军船公司船台车间副主任孙勇

用心做事，全力投入，就一定潜力无限

换位思考、共情理解、主动推动

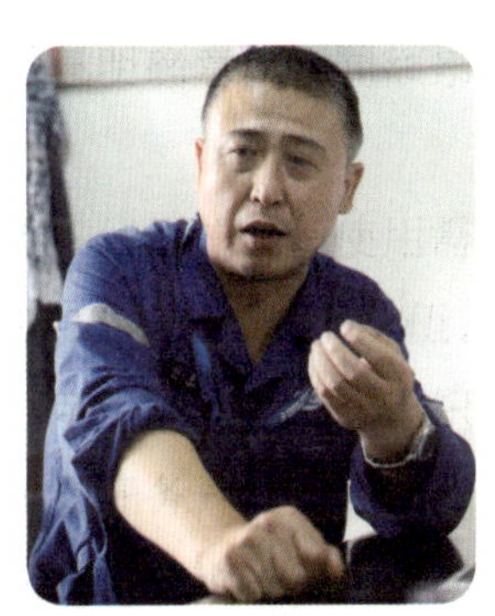

他说，超常态化工作，要以十二分的积极性和干劲，加班加点；他坚持，事关质量安全，绝不敢有一丝懈怠，也绝不容一点马虎；他认为，理解是双向的，遇到情况，要及时反馈、沟通，他这样说，也是这样做的。他就是中国船舶集团有限公司旗下武昌船舶重工集团有限公司军船公司船台车间副主任孙勇。

以身作则，深挖潜力

受新冠肺炎疫情影响，武船集团多个在制产品工期滞后，复工复产后，集团公司、船东等各方都对建造工期、节点和质量提出了更高、更快、更好的要求。作为总装部门，船台车间面临的情况更为复杂紧迫。

“在目前工期极其紧迫的情况下，做好人员、工序、资源和时间的协调，是一个很大的考验和挑战。”对于孙勇而言，协调管理是常态化的工作，自有解决方法，但目前面临的关键难点是生产任务超负荷。

由于疫情导致工期滞后，军船公司车间任务排期已到2021年，人均负荷已达180%~200%。调动员工积极性，凝聚团队力量，超常态化工作，是孙勇认为跑赢时间、夺取胜利的关键点。“所谓超常态化工作，就是要以十二分的积极性和干劲，加班加点，赶工！”

自3月18日军船公司局部复工以来，作为首批复工人员，孙勇始终坚守现场，基本以厂为家，只要车间还有一名员工，他就不会独自下工。

除外协人员外，船台车间正式职工有210余人，分为电焊和装配两大工种共18个专业小组。但船台作业的远不止本车间人员。如何在复杂作业环境中，最大化发挥两大工种衔接效率，深挖配合潜力，是孙勇不断思考的问题。“要调动工作热情和积极性，一方面，是去讲，讲形势！讲任务！”他说道。

“把形势讲清、问题讲明、任务讲实、目标亮明，引导员工正确认识和了解当前形势和主要任务，增强危机、忧患意识，明确责任，全力推动各项工作高质量高速度进行。”这是自复工以来，孙勇每天都强调的内容。

“另一方面要加强制度管理和激励。”孙勇表示。军船公司船台车间推出了工时绩效奖励制，有效提高了员工工作热情和积极性，转被动为主动。孙勇相信，只要每个人都发挥潜力，就没有解决不了的问题。用心做事，全力投入，就一定潜力无限。

与时间赛跑，更与安全相伴

安全，是企业发展之基；质量，是企业发展之本。在提速度、抢工期、保节点的同时，孙勇更明白保安全质量的紧要性。每天，他都要巡视车间、检查产品无数遍。事关质量安全，他绝不敢有一丝懈怠，也绝不容一点马虎。

某在制产品配置的一关键设备，采用的全新焊材对焊接环境温度要求极其严苛。一旦温度超标，将严重影响产品质量。孙勇认为，确保焊接技术达到技术标准和要求是保证焊接质量的前提，于是选派了8名焊工接受新焊材焊接技术再培训。“首先自己技术要过关，再对施工方案进行研究设计。”孙勇说。通过与供方、船东代表、船检、工艺所等多方沟通，孙勇和他的团队还设计了一套完整的监测施工流程。

首次施工时，由于日间室内外空气温度较高，施工风险较大，孙勇与供方、工艺所等人员从下午6点坚守现场直至凌晨3点。由于准备充分，施工方案完善，现场监控、协调得当，该任务圆满完成，报检一次通过。

孙勇在每一次任务中都坚持“质量安全无小事”，在现场巡视安全和质量的过程中，他最容不得的是做不到位或犯低级错误。一旦出现这种情况，平时性格温和的他，也能秒变“喷火龙”。“搞军工、安全生产管理、质量监督，就是不能怕得罪人，有时候发火，也是为大家好，一旦发生点什么事，对谁都不好。”孙勇说。正是由于这种韧劲儿和较劲儿，自复工复产以来，即使任务重、时间紧、作业环境复杂，船台车间的一切工作都开展得安全有序。

现场协调，最需“理解心”

对船台车间而言，由于现场作业环境立体交叉，多工种、多工序、多点同步进行，内外多部门、多单位协同作业，为确保安全、质量和效率，现场协调工作就显得至关重要。

“为了抢工期，都想尽快把自己的环节做到位。但有时各工序间会有相互影响，比如激光测量时，电焊花对精度有影响，这时相应作业点的电焊就必须暂停。”孙勇举例介绍现场协调工作。

除正常协调外，有时还会遇到“特别”情况。一次，某上道工序因有关设备不到位，导致工期滞后。一名后道工序人员急了，跑到孙勇面前“摔帽子”。“这时候，就需要理解。理解他们的要求和心情。同时，也要给他们讲明情况，让他们也理解。”孙勇说，“理解是双向的，遇到情况，要及时反馈、沟通。”

不光自己理解别人，也要让别人理解自己。换位思考、共情理解、主动推动，这就是孙勇的现场协调之道。据了解，自复工复产以来，军船公司船台车间氛围好、热情高、主动性强。虽一直处于“超常态”负荷工作状态，但在他的带领下，大家始终拧成一股绳，聚成一股劲儿，理解特殊时期行特殊之令，誓要奋力保军保产、完成任务。

“特别能吃苦、特别能战斗、特别能奉献、特别能攻关、特别能创新”的五特铁军作风，在孙勇和他船台车间的工友们身上，展现得淋漓尽致。

（谢金谷）

匠心不改　深耕军工第一线

——记武汉船用机械有限责任公司特种机械部高级技师李国胜

在平凡的岗位上做出了不平凡的业绩

不屈不挠，精益求精，以担当负责的实际行动诠释军工精神

从毛头小子到核心技能骨干再到集团公司技能专家，三十余年的钳工岗位上，他刻苦钻研业务，熟练掌握阀件装配技能及调试相关知识；他勇挑重担，先后参与主持多个型号军品装置装配、调试及多个型号装置原理样机研制；他多次参与舰艇装备调试试验、深水试验、设备修理等。2017 年，他带领的钳工班组获得“全国工人先锋号”荣誉称号，他也被集团公司授予“高新工程建设突出贡献奖”“集团公司技能专家”称号。他就是中国船舶集团有限公司旗下武汉船机特种机械部高级技师李国胜。

抗疫保军，尽职尽责

高效保军是军工人的天职。2020 年 4 月，武汉船机接到中国人民解放军某军械修理厂的紧急通知，要求派出一名熟悉某型装置的调试人员前往现场参加专项修理会议并对设备进行维修。李国胜临危受命，与技术人员立即赶往该军械修理厂，在做好自身防护后立即投入工作。他克服维修现场环境差、空间狭小、光线昏暗等困难，对设备进行逐项检查、拆装、反复试验，最终找到问题原因，与技术人员共同制订出解决方案，确保了某装备按计划执行任务，得到了军方领导的充分肯定和赞赏。

攻坚克难，勇攀高峰

“把人民海军全面建成世界一流海军”是习近平总书记对人民海军的重要指示。制造一流装备，军工人责无旁贷。李国胜积极投身先进武器装备研制，完成肩负的使命，创造一流的业绩。在一次研制中，他承担了某新型装置的预研项目，目前国内仅开展了概念设想和理论研究，从未公开发表文献资料，更没有进一步开展原理样机的研制工作。2016年，武汉船机开始首次研制该样机，这是一项时间紧迫、工程量大、要求高的系统工程，很多零件选材、尺寸方面的问题只有在总装试验阶段才会充分暴露出来。李国胜从项目开始就融入其中，分析技术图纸要求，他对项目进行了初步设想、对可能遇到的问题进行判断，结合以前的经验总结，细心研究琢磨，以充分的准备应对所有困难。在联调试验过程中，他仔细观察、认真分析，将之前的各种设想和问题判断聚焦于实施过程中，并凭借自己多年积累的联调试验经验提出改进方案，从而解决了该样机研制中的很多疑难问题，保障了联调试验顺利进行，得到了部队领导和技术人员的高度评价，为我军先进武器装备研制工作做出了突出贡献。

导师带徒，传道授业

作为班组长，李国胜主动了解小组成员的业务需求，帮助青年员工做好职业发展规划，并结合产品生产装配过程，开展针对性业务技能培训，以主动承担军工生产任务为带动，通过“结对子”“压担子”等方式，为年轻员工的成长成才提供机会和平台。在部门的有力支撑下，他所带的3个徒弟杨浩、项鹏、陈小平通过师徒共同努力，全部被评为高级技师，均在武汉市职业技能大赛中取得前十名的优异成绩，并在承担的重点项目中发挥着骨干作用。目前，召之即来、来之能战、战之必胜的“李国胜班组”已成为武汉船机钳工班组的标杆代言人。

李国胜以不屈不挠的意志、精益求精的态度，秉承着对军工事业的深切情怀，以担当负责的实际行动诠释着一名优秀共产党员的精神品质。在建设世界一流海军，提升现代化装备水平的号角声中，他正勇往直前、义无反顾大踏步迈上保军强装的新征程……

（杨玉亮）

坚守初心的实干者

——记武汉重工铸锻有限责任公司技师戚波

能干事就努力把事干成，能干成事就更努力把事做好

把初心写在行动上，将使命落在岗位上

作为一名军工人，他深知肩上的使命与责任，长期战斗在生产一线的他，通过"比"来找差距、通过"学"来补短板、通过"赶"来促提升、通过"超"来亮业绩。他就是中国船舶集团有限公司旗下武汉重工铸锻有限责任公司锻造厂锻压三班的横班主任戚波。

勇挑重担　提升效率效益

他勤学习、爱钻研，善于通过思考解决难题，始终保持学习的热忱和对新知识的渴望。在公司某型连杆半模锻技术研究中，戚波凭借多年的一线生产经验，创新思维，提出优化生产工具工装的意见，有效提升了钢锭利用率，缩短了锻造工时和机加工周期。在超大钢锭生产中，钢锭重量超过操作机最大负荷，在产品投产前，戚波多次向技术人员、设备人员、水压机司机、操作人员了解设备情况，研讨操作方法，他积极参与技术交底会，预判生产中可能会遇到的各种问题，提前制定对应措施，最终顺利完成该超大件产品生产。

他胆大心细，在关键产品的锻造生产中，总是身先士卒，勇挑重担。戚波参与了多项重点产品的生产，在他的带领以及团队的共同努力下，成功解决了某型曲轴错拐难、管模锻件长于芯棒等棘手问题；简化了八拐曲轴锻造工序，降低了曲轴生产的复杂性，为公司提升效率效益，实现高质量发展做出了积极贡献。

授人以渔　80后的“老师傅”

“年轻人有很多自己的想法，多与大家交流能迸发新的方式方法，也是自我学习提升的过程，我的年龄跟他们差不了多少，大家也愿意和我聊。”戚波是一名80后，是锻造厂最年轻的一名横班主任，但他却已经是一名“老师傅”了。提升整个团队的操作技能和生产水平，是戚波主抓的重要工作之一，他始终坚信“授人以鱼，不如授人以渔”，他组织开展了系列“传、帮、带”活动，毫无保留地把自己多年积累的经验和锻造技术教给青年锻工，鼓励大家多学、多问、多实践。在他的带领下，一批又一批青年锻工逐渐成长，成为武汉重工发展的强大后备力量。

主动靠前　永葆党员本色

2020年上半年，受新冠肺炎疫情影响，武汉重工停产近两个月。作为一名党员，戚波主动靠前，时刻发挥党员先锋模范作用，为公司常态化疫情防控和复工复产贡献自己的力量。他尽职尽责，主动报名参加公司疫情防控工作，带领团队对工厂进行全方位消杀；他担当作为，购买消杀工具困难，就将自家的消毒用具贡献出来；他乐于奉献，在交通尚未恢复时，他主动开车接送团队成员上下班，被大家戏称为“爱心车司机”。

参加工作17年来，戚波一步一个脚印，学技术、提技能、攻难题，从一名学徒逐步成长为公司锻造技术骨干，把初心写在行动上，使命落在岗位上。他先后荣获“武汉市青年岗位能手”“武汉市技术能手”“公司质量标兵”“公司先进职工”等荣誉称号。自2005年起，在公司举办的每一届“青工比武”活动中，前三名里总有他的名字。

“能干事就努力把事干成，能干成事就更努力把事做好。”戚波是这样说的，也是这样做的。坚守初心，实干笃行，在他看来，路一步一步走，事情一项一项做，难题一个一个攻，披荆斩棘，不断奋斗，为公司实现高质量发展贡献全部力量，是他矢志不渝的目标。

严谨求实　尽担当之责

——记宜昌江峡船用机械有限责任公司研发设计员、高级工程师姜归鹤

开拓思路，不断创新，在攻坚克难中一路砥砺前行

勤奋踏实，敢于钻研，坚守初心，不忘使命担当

作为新产品开发设计人员，他努力学习新技术、新方法，拓展视野，敢于钻研，勇于创新；作为项目负责人，他合理分配任务，安排项目工作计划，完成相关管理及检查工作。他始终坚持以“服从安排、协作友爱、精艺求实、奉献企业”的准则鞭策自己，他就是中国船舶集团有限公司旗下宜昌江峡船用机械有限责任公司产品研发部设计员、高级工程师姜归鹤。

爱岗敬业　履职尽责

自参加工作以来，姜归鹤一直识大体，顾大局，勤奋踏实，爱岗敬业。近几年间他完成了公司 10 多项科技项目的立项攻关，申请专利近 30 项，其中发明专利 9 项；申报省级科技成果 3 项，国内领先 2 项，国内先进 1 项；在公司创新创效活动中，先后 7 次荣获创新创效成果奖项，其中特等奖 1 次，三等奖 4 次。

在新产品设计方面，姜归鹤先后主持并完成了土耳其 220T 电弧炉项目、中国船舶七一〇所 ××× 系统、自动控制负压封闭引流仪、中国船舶七一九所武汉地铁二号线集成冷冻站、越南 90T 电弧炉项目钢包车、共振破碎机、武汉乾冶张力辊、污水处理刮泥机、七一〇所总装调试台设备、2500T 热模锻压力机项目、生活污水处理一体化设备等产品的设计工作。

在产品制造方面，姜归鹤带领团队完成了新疆八一钢厂工业炉装出炉辊道、八钢 120T 氧枪、武钢辊道、津西辊道、横移装置及冷床、土耳其 220T 电弧炉项目、福建福

欣辊道、中冶赛迪工业炉炉底机械、攀西项目、越南 90T 电弧炉、七一九所矿用可移动式救生舱及其他自主研发产品的制造工作；完成了天津铁厂转炉、宁波钢铁有限公司转炉、七一〇所 ××× 系统等产品的售后安装调试现场技术指导服务工作。

攻坚克难　创新开拓

在 2500T 热模锻压力机研发项目中，姜归鹤作为项目负责人，负责 2500T 热模锻压力机项目的研发设计及样机试制工作。从图纸设计、外协厂商调研到样机制造、调试，姜归鹤全程参与，在项目研发生产中，定期组织召开会议，检查合作各方项目工作进展情况并落实整改措施；协调压力机开发过程中合作各方的工作分工和进度；组织设计评审、工艺评审，与相关单位进行技术交底，在样机试制过程中进行技术服务指导，并对项目进行总结和结题验收。他带领团队越过一道道难关，应对一个个挑战，开拓思路，不断创新，在攻坚克难中一路砥砺前行。

热模锻生产线设备对宜昌江峡船用机械而言是一种全新的产品，作为大型高集成度的高精设备，2500T 压力机结构复杂，包括机械、电气控制、润滑、气动及液压等系统，精度要求高，设计难度大。在图纸设计过程中，俄方提供的俄文 PDF 参考图纸存在缺图、中文翻译、材料转换、标准转换、CAD 图转换、采购件规格转换等问题。针对以上问题，姜归鹤及时收集相关标准，制定图纸转换规范和要求，合理分工，主动加班加点，最终在规定时间内完成了机械部分图纸的转化设计，共完成施工图设计 2000 多张。图纸设计完成后，姜归鹤还组织相关单位和专家对设计图纸进行了设计评审，确保设计正确性。

针对主要大型铸锻件关主零件，姜归鹤多次对毛坯外协厂家进行现场调研，对外协厂家的设备制造能力，工艺水平以及质量管理进行考察并签订相关技术协议，以确保 2500T 热模锻压力机的产品质量。

在首台样机制造过程中，姜归鹤对关主零件、复杂零件、装配工艺及工装等部件组织了多次工艺评审，对工艺设计的正确性、先进性、可靠性、可行性、安全性和可检测性进行分析、审查和评议；针对复杂零件的制作及样机的装配和调试，姜归鹤及时设计专用工装，在零件进入装配阶段前，多次组织装配车间相关人员进行装配工艺讲解和沟通，确保装配工作顺利进行。

今年年初，受新冠肺炎疫情影响，压力机样机调试计划受阻，合作方调试人员无法在规定时间进厂配合调试工作，姜归鹤主动深入调试现场，亲自操作，并及时与专家沟通，顺利完成了样机的试运转调试工作。

平凡岗位守初心　矢志不渝酿匠心

——记中船重工中南装备有限责任公司机电事业部技师邹华强

唯有刻苦钻研技能，精益求精地完成每一个任务，才能在平凡岗位上成就不平凡的价值

坚持一种对自己、对工作、对单位、对社会负责的态度，凡事脚踏实地去做，用自己的一言一行来践行一名共产党员的先进性

“加工中，我们要时刻提醒自己，生产的不仅仅是一个零件，而是一件装备中必不可少的一部分，任何一个疏忽，都可能导致严重后果，给公司和国家造成损失。作为一名车工操作人员，唯有刻苦钻研技能，精益求精地完成每一个任务，才能在平凡岗位上成就不平凡的价值。”中南装备机电事业部技师邹华强在班组会议上，总是这样和大家说。

平凡岗位也当心存高远

邹华强 2003 年进入中南装备从事车工工作，一个最普通的工种，却是一步一个脚印，从公司先进生产工作者到宜都市“金牌工人”、湖北省五一劳动奖章获得者，再到集团公司“优秀共产党员”，在平凡岗位上成就了自己不平凡的价值。

勤奋刻苦、不断提升是邹华强成长道路上的基本品质。N6 产品是中南装备近两年开发的一种高端外贸产品。为适应市场需要，公司专门组建了 N6 产品生产线，邹华强担任 N6 产品车工班的首任班长。作为班长，每次面对生产任务，邹华强都以身作则，带头放弃周末双休，坚持每天晚上加班 3 小时，有时甚至加班至凌晨，确保抢在分厂要求的节点前完成任务，为后续工序赢得时间。正是在他的影响之下，一支平均年龄 27 岁的年轻队伍，迅速成长为一支朝气蓬勃、不怕吃苦、敢打硬仗的优秀团队，成为 N6 产品生产的中坚力量。

攻坚克难方能酝酿匠心

当学徒时，遇事爱动脑筋、善于创新的邹华强多次得到师傅的夸赞。那时，师傅们车削用的合金刀具很漂亮，但是切削刃一磨损就需要换新刀具。邹华强觉得挺可惜，就查找书籍，学习刀具切削角在不同材料加工应用方面的知识，尝试着自己修磨角度重新利用，磨着试着，自己也快速成长为了一名师傅。

敢于担当、不断创新的优秀品质也伴随他一路成长，为他在工作中不断攻坚克难打下了坚实基础。

某种偏心零件，公差极难保证，当时分厂不敢接，怕精度达不到，但此零件利润高，分厂不想放弃，就想到了邹华强，让他来试加工，进行假样试制。他设计了 4 套工装，摸索加工，经过 3 天努力，成功地加工出合格的产品，各个尺寸公差均符合图纸要求。还有一次，某薄壁零件，车加工变形大，他改变车工使用轻夹、定性处理、增加夹头长度等传统的防变形方法，自制工装、优化工艺，解决了技术难题，加工效果良好，并提升了加工效率，为分厂加工类似零件提供了技术保证。

践行使命何意朴实无华

邹华强在平凡的岗位上，始终如一做好自己。他主动加强政治理论学习，提高了政治素养、思想觉悟和理论水平。二十多年来，无论做事还是做人，他始终坚持一种对自己、对工作、对单位、对社会负责的态度，凡事脚踏实地去做，用自己的一言一行来践行一名共产党员的先进性，得到了领导和同事的一致认可。

面对一次又一次的成功，一道又一道的光环，邹华强说，“借用一句网络语言：一切过往，皆为序章。公司给了我实现价值的平台，车工岗位是我施展拳脚的舞台，无论什么时候，我只有立足岗位，不断地钻研技术，认真完成每一件工作，实现自身价值，才能更好地回报公司多年的培育，更好地为实现强国梦做出自己应有的贡献”。朴实的话语，却是满满的赤子之情！

近期，邹华强所在的事业部根椐市场需求，组建了长杆生产线。由于事业部一直以加工小零件为主，对于大型的长杆件加工缺乏经验，零件在试制过程中出现许多问题。关键时刻，事业部将邹华强从 N6 产品车工班调到了长杆线，着手分析解决生产难题。面对这个新的课题，邹华强毫不推诿，与技术工艺人员投入新的工艺开发之中……

奋斗点亮青春　坚持成就梦想

——记中国船舶集团第七〇一研究所某研究室热能工程科副科长赵观辉

长期扎根科研一线，成绩背后是无数个行色匆匆、辗转反侧的日日夜夜

将科研项目作为自己的艺术品，精雕细琢

赵观辉，中共党员，2013年进入七〇一所工作。入所以来，长期扎根科研一线，现为国家某大型重点项目负责人之一、某重大基础科研项目技术负责人、某重点试验项目负责人、某重要系统主任设计师，获评中国船舶集团优秀共产党员、湖北省工办优秀共产党员，所带领的研保团队荣获中国船舶集团最美突击队光荣称号。

迎难而上，用创新铺就成长之路

所有光鲜亮丽的背后，都透着无比的坚持与努力；所有的横空出世，都是无数个艰辛日夜的叠加。某舰船前沿专业保障条件建设为国内首创，无经验技术、无成熟规范、无原始数据，建设难度极大。作为国家某特大型建设项目负责人之一，赵观辉赴十余个城市请教行业专家里手，加班熬夜阅读大量文献资料，充分借鉴国际先进的技术和理念，瞄准该领域技术短板，针对重要试验设施方案开展反复论证。他带领团队一次次修改技术框架，一点点充实方案细节，在国内首次创新性提出了多项保障条件建设方案，构建了完整的系统研制保障能力体系，填补了国内该领域空白，获得了由多位院士及总师领衔的专家团队的高度认可。

勇挑重担，用实干践行铮铮誓言

肩负的重担，不但包含着单位的信任、领导的期许，也预示着以后无数个行色匆匆、辗转反侧的日日夜夜。作为某重点试验项目负责人，从进场到结束的200多个日夜里，赵观辉始终坚守一线，全程组织了数百台套外协设备的技术比选、方案评审、出厂验收及安装调试。为确保设备按期完工到场，他牺牲了国庆假期及周末双休，辗转多地开展节点检查与验收。现场台架施工任务重，涉及上百型设备安装，射线探伤近500条，试验测点超过300个，他带领团队连续加班，仅用2个月就完成所有台架建设任务。试验间的日与夜，项目组的里与外，那些加班的脚步、拼搏的汗水见证了他的无怨无悔。长期的坚持和努力，终有水到渠成、开花结果的一天。目前该项目已圆满结题，在总结大会上，专家评价该项目成果为该重点工程迄今为止取得的“关键性里程碑成绩”。

前沿探索，数字化风口的“弄潮儿”

随着所负责产品的技术指标要求不断提升、系统复杂度持续增长，前沿技术探索与应用诉求强势袭来，赵观辉凭借敏锐的技术“嗅觉”，积极探索数字孪生、大数据智能分析等前沿技术，并结合到系统创新研制中。他在所负责的试验项目中深度融入数字化技术并取得突出成效，作为第一完成人荣获中国船舶集团科技进步奖。同时，他立足系统发展需求，创新性提出了基于数字孪生的数字化设计平台概念方案。该研究应用CPS深度融合、RFLP构型设计等前沿技术，可为该系统技术水平的跨越提升提供有力支撑，目前已作为国家重大基础科研项目获批。赵观辉作为主要技术负责人之一，正逐步成长为数字化风口的“弄潮儿”。

初心不改，追梦不畏任何艰难

在映聚着微亮晨曦的凝露滑落的滴答声中，他已在踽踽而行；夜静如斯，灯光下的倒影斑驳但步伐坚定。这就是赵观辉，上班很早、下班也晚，周末常在的人。

作为一名共产党员，他始终坚守初心，在攻坚时刻积极发挥党员先锋模范作用，带领支部多次荣获七〇一所“优秀党支部”称号。执着坚守的“拼命三郎”也有柔情，幼女高烧住院，他在现场无法尽责照顾；父亲手术，他因参加试验总结会而无法陪伴。缺席这些需要至亲在身边的“大事”，如今想起来，依然让他心存愧疚，虽家人在心，但他深知责任在肩。为了心中的家国理想与追梦情怀，他只能一次又一次把自己小家的事情往后推。他常说，只有“大家”好，“小家”才会更好。整装再出发，赵观辉仍将继续前行，为信仰不懈，为梦想勇敢，为成功坚持，为幸福奋斗！

我还在所里呢，你怕什么？

——记中国船舶集团第七〇一研究所后勤服务部党总支副书记兼卫生科科长杨雪春

自疫情初期就住到卫生科办公室，70 余天未回家

50 余天接复电话 3500 多个

杨雪春，现为第七〇一研究所医疗卫生部门负责人。面对突如其来的新冠肺炎疫情，他第一时间向所领导提出本单位疫情防控建议，并及时组织卫生科人员制订防控方案，落实防控安排。他住到了卫生科办公室，70 余天未回家。他组织开设简易门诊，守护慢重症患者健康。在武汉市疫情防控由应急性超常规防控向常态化防控转变后，他迅速组织恢复卫生科诊疗秩序，为七〇一所复工复产提供保障。

奋战疫情防控一线

自 2020 年 1 月 23 日始，杨雪春就开启 24 小时电话值班模式。随着疫情的迅速蔓延，许多病人就医无门。他直接住进了卫生科长达 70 余天，奋战在疫情防控一线，联系医疗机构、宽慰患者情绪、筹措防疫药品。

早上 6:30，一位疑似新冠肺炎患者焦急地给杨雪春打来电话。"我还在所里呢，你怕什么？别出门，等我电话。"很快，他根据患者的描述为其调配了药品，交到患者手中。

一边不停宽慰患者，一边联系医疗机构，杨雪春日夜不停为患者就医找路。强烈的责任心、赤诚的守护家园情怀激励他忘我工作。日均接复电话 71 个，最多一日 147 个电话，50 余天来，共接复电话 3500 多个，安排确诊患者住院 9 人，赴医院 6 次，外出为患者购买药品 10 余次。

为严控疫情蔓延，杨雪春组织成立体温检测小组 6 人，采取 2 人一班，一班 5 小时的工作方式，从 1 月 26 日到 2 月 13 日，在七〇一所紫阳湖所区西门站岗值班，检测进

出人员体温，日均检测百余人次。他还紧急采购储备急用药品和防疫物资，在全市物流中断的情况下，带领卫生科协同车队人员，采取自提、自运、自卸的方式，连续5日，驱车几十公里，赶到医药公司仓库、化学品仓库等，长时间排队，购买药品、消毒用品、防护用品等共计百余件。

守护慢重症患者健康

受疫情影响，武汉市众多医院不得不对非新冠肺炎的普通疾病及重症（慢病）患者停诊。

患者的需求就是命令。杨雪春果断决定开设简易门诊，为高血压、糖尿病等慢性重症患者提供诊疗和药品服务。后勤服务部卫生科医生、药剂师、护士等闻令而动，设计了无接触式的问诊—配药—发药流程。为减少药物流通环节，因地制宜地把30号楼1层东侧改造成临时简易门诊。为保证安全，医务人员穿隔离服问诊，虽然看不到对方的脸庞，却能看到大家坚定的眼神；没时间过多地交流，却默契配合，将健康送进每一个家庭。

门诊开设期间，卫生科通过各种渠道，及时从医药公司补充急需药品。杨雪春多次克服市内交通停运困难，为有需要的患者外出采购特殊用药，尽最大可能满足职工及居民的需求。

保障复工复产安全

杨雪春心系七〇一所复工复产准备工作，根据湖北省防疫指挥部防治指南，于3月初采购3500人份中药组方制剂，并加班加点完成独立分装，为全体职工人手一份预防药品及复工复产做好医疗保障准备。同时，杨雪春主动作为，参与编写、修订《七〇一所应对新型冠状病毒疫情防控指南》及《新冠肺炎疫情防控健康承诺书》等，供全所疫情防控使用。

根据疫情防控形势变化，4月13日，杨雪春决定恢复诊疗秩序，为全所职工、居民提供医疗服务。这是卫生科在开设了66天简易门诊后的再度重启。

为筹备复诊，杨雪春组织卫生科对诊室、药房、输液室等场所和医疗器械进行了严格消毒，为医护人员配备必要的个人防护用品。进入医疗区域前，安排医护引导患者有序就诊，实行流量控制，避免聚集，保障就医环境的健康与安全。

29年党龄的老党员杨雪春在疫情防控的关键时刻挺身而出，用医务工作者的无畏和基层党员领导干部的担当，在战疫一线谱写了忠诚于人民，恪尽职守的美丽篇章。

以实干赢口碑　用行动树先锋

——记中国船舶集团第七〇九研究所系统软件部副主任阎昊

有干劲、肯钻研、善打硬仗

不仅个人能力突出，带队伍能力更加突出

“有干劲、肯钻研、善打硬仗。”这是阎昊在同事们眼中的印象。他常年奋战在软件研制与科研管理一线，秉持“为用户提供一流装备”的使命，以信仰力量淬炼党性，用扎实的技术功底和自身的人格魅力影响、感染着周围的人。

这为他赢得了中国船舶集团科技进步一等奖、国防科工委科技进步二等奖、中国船舶集团优秀共产党员等多项荣誉称号。

以身作则，信念坚定

作为80后党员干部，阎昊始终用习近平新时代中国特色社会主义思想武装头脑，切实将“两个维护”转化为履行兴装强军使命的具体行动。“做事先做人，万事勤为先”“做软件是要能打仗的”是他常挂在嘴边的话，也是他坚守的信念。作为系统软件部副主任，他恪尽职守，以身作则，带头深入研究作战业务，在急、难、险、重任务面前，听号令、当先锋、打头阵，时时处处起模范带头作用，用实际行动交付管用软件、践行入党誓言。作为一名投身国防科研事业的奋斗者，他有着强烈的责任感和事业心，脚踏实地，无私奉献，不仅个人能力突出，带队伍能力更加突出，培养出来的技术骨干个个本领高强，是大家学习的榜样。

攻坚克难，勇担重任

危急关头敢接招。最近两年，阎昊承担多项重要研制任务，时间紧、任务重、规格高、难度大。面对人力资源调配、关键技术攻关、实装试用检验等工作任务，他带领“硬核”团队，常年以高强度工作模式连续作战，聚力攻坚，均按节点要求力保各项任务高质量完成。

时间窗口虽有限，软件设计需充分。2018 年，作为某项目负责人，阎昊在试验现场带领 60 多人的软件研发队伍，面对需求多、难度大、任务急等困难，采取自下而上、由点及面、自主可控、迭代演进的研制模式，前期设计多用心，后期开发少费力，仅半年多时间共计完成新研软件 215 项，具备面向众多型号实施推广建设条件，向总体单位和用户交出满意答卷。

贴近用户靠前研制，敏捷开发快速迭代。2019 年初，针对使用需求，瞄准新兴方向，阎昊牵头开展某重点工程任务系统研制工作，带领 20 多人的团队，贴近用户，靠前研制，采用敏捷开发模式，小步快跑，在 3 个月窗口期内，初步构建了某工程应用体系，形成了一批应用分析工具，奠定了七〇九所在该领域的行业地位。目前已明确意向合同额累计达 3000 余万元。

瞄准需求打造精品，用户使用评价良好。2019 年下半年，瞄准一线用户明确使用需求，以实现一套切实得到用户认可的某系统为研制目标，阎昊带领 20 多人的研发队伍，分三个阶段，通过贴近一线用户，采用靠前研制、共同研究、相互牵引的工作模式组织实施，目前已实现前两个阶段任务目标。一阶段成果，已结合某重要任务开展试用，研制成果得到用户高度评价。二阶段成果，正在结合某任务开展实装技术验证，初步反馈体验较好。

真抓实干，成效显著

阎昊配合部门领导完成内部组织机构重要调整，作为主要策划人构建了技术和产品两条主线。在组织层面，他牵头构建了软件需求与软件集成总体等逻辑组织架构，明确了主要人员工作职责和人员间的对应关系，鼓励有能力的员工站出来，在一定程度上激励了员工积极性、激发了员工潜能，提高了部门管理效能，为部门内围绕该软件产品线有序、有效开展软件研发工作打下坚实基础。

“幸福是奋斗出来的，市场是打拼出来的，软件是设计出来的。”作为新兴市场两项重要任务牵头负责人，在阎昊的带领下，两项任务软件研制工作均取得突破性进展，不论是行业地位，还是市场份额，已经成为业务转型阶段新的经济增长点。

驰骋于创新路上的党员先锋

——记中国船舶集团第七一〇研究所 103 事业部高级工程师覃月明

多次在项目面临巨大压力和挑战时主动担当，扭转不利局面

在两年时间内，率领团队一举攻克三大技术难关，成功实现某核心技术突破，达到业内先进水平

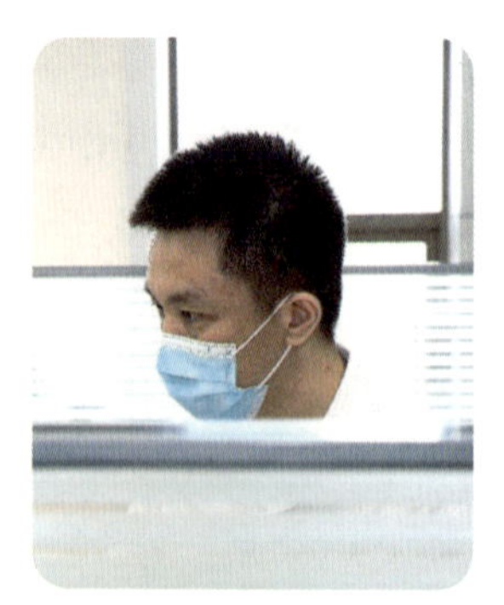

这是奋进者的新时代，更是创新者的大舞台。

唯创新者强，唯创新者胜。但创新绝非一路坦途，没有“坐冷板凳”的坚韧毅力和“打不倒”的顽强勇气，根本无法触及成功的曙光。

他多次在项目面临巨大压力和挑战时主动担当，扭转不利局面。

他在两年时间内，率领团队一举攻克三大技术难关，成功实现某核心技术突破，达到业内先进水平。

在他眼里，技术研发充满魅力。白天与同事们交流探讨，在办公室、调试间来回忙碌，晚上在电脑前伏案思考。透过深邃的双眼，散发的是一名共产党员与“硬骨头”做激烈碰撞的火花，迸发的是想干事、敢干事的工作激情，闪耀的是豁得出来、顶得上去的坚定与担当。

他就是覃月明博士。

自入所以来，他就一直奋战在技术创新研究的前沿阵地上，不论道路多崎岖，依然以攀登者的姿态向目标进军。作为事业部预研副总师，他主持或参与了 10 余项课题的争取工作，成功立项 7 个。每一次课题大优势获选的背后，都是拼尽全力的奋斗印记。

勇于担当，有这样的执行力，铁！

在申报某总体集成项目过程中，恰逢“五一”劳动节，假期第一天，仔细准备好申报材料。第二天，突然接到通知，要求节后第一个工作日现场提交全部材料。这么多文件需要确认盖章，而且合作单位分布在不同城市，要不要请上级通融下，晚几天？

“根本没时间迟疑，腿脚就催我马上行动了。这是拿到项目前的第一个考验，必须完成！”他事后回想起斩钉截铁地说道。

不谈条件，不讲困难，只有“白加黑”埋头急行军，硬是赶在假期结束前办妥了一切手续。可恰逢小长假最后一天，坐飞机时间对不上，赴京动车票也已售罄，这种特殊情况上级应该会理解吧？

可他当即决定购买站票，一“站”到底，不仅按时完成了任务，也收获了口碑，更赢得了信赖。

敢于担当，有这样的项目牵头人，稳！

某研究项目进入竞优阶段，作为竞标牵头负责人，编写报告到深夜是常态。当需要与合作单位当面确认技术细节时，他还频繁往返于相距近400公里的两座城市。由于赶时间完善方案，有好几次路过家门而不进，只是停下脚步注目数秒钟，就转身起行。同行的合作单位人员见状，振奋地说道：“有这样的项目牵头人，我们这次肯定能行！”

项目答辩前一夜，覃月明检查完所有待评审材料后，直觉告诉他专家提问环节的准备并不充分。他随即组织合作单位人员进行了一次模拟答辩，梳理完50多条问题时，已经是凌晨一点。可正是这种竭尽全力想做事，精益求精干成事的态度，才使得他们在最后答辩中脱颖而出。

善于担当，有这样的领跑者，胜！

无人艇是七一〇所重要专业领域，具有广阔的市场前景。然而“无人艇自主航行控制”方面的核心技术一直没有得到突破。

从课题正式立项，到带领项目团队进行攻关，说干就干，几乎没有任何迟延，因为技术攻关路线图早经反复推演并烙印在覃月明脑海中。

既然是攻关“卡脖子”技术，就不要幻想走捷径。面对行业技术壁垒，没有标准答案，没有指导性意见，甚至可行性都是一个问号。

当行业内某专家指出某技术在水面探测中不会奏效时，覃月明并没有尽信权威，反而在查阅大量国内外相关资料后，大胆决定迈开步子尝试。与其说他对该项技术“出奇地”抱希望，不如说是他长期保持着对前沿技术敏锐的“嗅觉”，和对团队“啃硬骨头”

能力的坚信。

为了获得珍贵的第一手数据，他愿意在炙热的船甲板上“兜风”，他愿意在滴水成“冰”的数九寒天值岗；为了第一时间实现算法的优化，他能三天三夜雷打不动地待在屋子里调试代码；为了能从十几型产品中筛选出最合适的供项目组应用，他心甘情愿忍受海上颠簸并逐一测试，经常是早上半碗粥管到半夜。

历经一年转辗湖海的高强度试验，大量数据显示，距离成功攻克某项关键技术仿佛近在咫尺。

可就在 2019 年初，一股异常猛烈的寒潮突然南下，恶劣的环境，复杂的雨雪雾气候给襁褓中的关键技术研发带来巨大挑战与考验，现场工程应用和理论预估存在出入，团队承受着很大的压力。

身为试验现场临时党小组组长的他，迅速召开党小组会，带领骨干集智攻关，分析实际困难和安全风险，制定应对措施。从那刻起，风虽大，却再也无法熄灭团队迸发的创新火花；风虽寒，却再也无法冷却团队攻坚决胜的奋斗热情。

就这样，倾全项目组之力，完美地将该项技术的最难点一举突破。该成果后续成功应用到某型无人艇，并参加挑战赛，夺得了傲人的成绩，为实现七一〇所无人艇技术跨代发展做出了响当当的贡献。

但凡文化都是见微知著，覃月明博士时时处处事事身体力行，以铁打执行力、高度敬业心、独到创新力诠释了七一〇所精神的新时代内涵，彰显出七一〇所文化的蓬勃力量。

科研尖兵　模范先锋

——记中国船舶集团第七一二研究所船舶电气事业部技术部部长汪伟

沉下心来专心搞起了软件，一干就是十几年

不寻常的钻研劲头，不服输的拼搏精神

汪伟，2004年进入七一二所工作，现在是船舶电气事业部的一名核心技术骨干。作为一名有着近20年党龄的“老党员”，汪伟有作为、敢担当，时刻以优秀共产党员的标准严格要求自己，充分发扬了党员的先锋模范作用。

自强不息，深研技术

汪伟入所后即进入某变频装置项目组，主要负责变频控制软件。这是七一二所首次进行变频器的研究，为开发我们自己的船舶电力推进系统奠定研究基础，意义重大，难度也很大。

正所谓“初生牛犊不怕虎”，汪伟欣然接受了挑战，充分利用每天中午的休息时间，在实验室唯一的一台小比例原理样机平台上进行调试，逐行逐句理解软件代码的含义；晚上在家人休息后，继续学习理论知识和国内外先进的理论和算法。功夫不负有心人，某技术难题得以解决，该项目获得集团科学技术奖三等奖。

勇于创新，精益求精

随着工作的不断深入，汪伟认识到，软件是七一二所未来机电产品的核心。于是，他沉下心来专心搞起了软件，一干就是十几年。

2007年至2009年，汪伟和同事一起将所里第一款DSP软件应用于装备。他们共同开发出异步电机和永磁同步电机变频控制软件；成功搭建了软件平台，包括仿真平台、试验平台和软件开发平台，构建的知识库得到广泛应用；结合实践经验编写“控制软件规范”，为同事们编写控制软件提供了有力支撑。创新之花结出累累硕果。汪伟和同事潜心研究的PWM整流控制技术成功应用于某型充放电机民品项目和测试仪等衍生产品，提高了网侧功率因数、降低了总谐波畸变率。该类产品在2019年实现了产值过亿元。

在某控制类基础科研项目中，汪伟团队突破了多项技术瓶颈，夯实了七一二所在船用电力推进控制技术方面的基础。

勇挑重担，砥砺前行

2012年以来，汪伟先后担任事业部的民品项目、动力专项控制类基础科研项目及科研型号项目经理。在某验证项目中，负责控制系统设计的汪伟参加了连续数月的可靠性试验，并在外场负责海上冲击试验。历经三个春秋，在领导的带领下，他和同事们顽强拼搏完成了新一代核心产品的研制。

随后，汪伟牵头负责某永磁推进电机的装船及试验工作，和项目组同事不惧舱内炎热高温和电焊烧蚀的灰尘，放弃国庆、中秋等节日，开展连续几十天夜以继日的安装及调试，先后完成工况试验的88个具体试验项目考核，顺利交付，为新一代装备的实战化用装及批量推广做出了突出的贡献。

最令汪伟自豪的是参加了南海检阅，并圆满完成了保障任务。

2018年至2019年，汪伟承担多台套永磁推进电机的生产试验任务，将质量管理体系、软件管理体系和项目管理办法融为一体，形成了一套行之有效的、可复制的、流程化的永磁推进电机及配套控制设备试验方法，打破了试验作为影响永磁推进电机年生产能力的这项瓶颈。

2019年11月至2020年3月，汪伟参加某演练活动，承担永磁推进电机等设备的伴随保障任务。在整个航程期间，他始终保持高度的责任心和警惕性，严格遵守各项规章制度，严守政治底线、组织底线、保密底线和安全底线，以专业的工匠精神保障了永磁推进电机等设备的安全可靠稳定运行。永磁推进电机的高可靠性和汪伟的精心保障受到客户的高度称赞和嘉奖。

作为军工人，汪伟凭着对事业的热爱，有一股不寻常的钻研劲头，成为七一二所优秀的技术中坚；有一种不服输的拼搏精神，先后取得了11项专利、5项科技成果奖。他用自己的实际行动诠释了一名共产党员的使命，展示了共产党员的果敢担当。

踏实进取做表率　乘风破浪创佳绩

——记中国船舶集团第七一三研究所第九研究室高级工程师高治华

始终保持强烈的事业心、进取心和责任感，兢兢业业、任劳任怨

勇挑重担、勇克难关，面对难题敢于突破

高治华现从事大型舰船特种装备专业，担任某系统主任设计师、高级工程师，曾任某项目副主任设计师、新一代安检系统自动回筐分系统主任设计师。工作以来，他处处严格要求自己，立足本职，爱岗敬业，恪尽职守，勤奋工作，诚恳待人，积极发挥共产党员的先锋模范作用，被评为河南省国防科技工业系统“优秀共产党员”。

志存高远，是信念坚定的追梦人

高治华在日常工作和生活中，重视理论学习，将其作为提高能力素质、开阔眼界思路的重要途径，积极参加组织生活，并主动通过“学习强国”和“七一三智慧党建”等App进行线上学习，深入学习党的创新理论，坚持以习近平新时代中国特色社会主义思想指导自己的工作，用党的十九大精神丰富自己的政治头脑，牢固树立正确的世界观、人生观和价值观，坚定共产主义信念。作为一名青年同志，坚定不移听党话、跟党走，敢于有梦、勇于追梦、勤于圆梦，把优秀党员当作自己的镜子，不断增强党性观念，加强党性修养，增强“四个意识”，发挥自主创新潜力和乐于奉献的精神，不断提高综合素质和业务能力，用心完成党和单位的各项任务。

在与同事相处时，他总是“与人为善”，在工作中积极协调、沟通，同时，指导年轻人承担重要任务，与年轻人勤探讨、勤询问，共同解决遇到的问题。生活中，他主动关心、问候，尽最大努力为大家排忧解难，与同事建立了良好的关系。

勤学苦练，是本领高强的排头兵

高治华在岗位上一直保持强烈的事业心、进取心和责任感，兢兢业业、任劳任怨，坚持“干一行、爱一行、钻一行、精一行”，扎实完成本职工作，经常加班加点，毫无怨言。参加工作以来，他主要从事大型舰船特种装备的研发工作，先后参与和组织完成了多个项目。在负责的某样机设计项目中，面对安装舱室结构形式多样状态和装配舱层高低的限制，他调整/优化安装方案，实现了舱室设备占用空间小、结构尺寸小、承载能力高的设备转运，有效提高了舱室空间利用率和设备综合效能。在负责某系统研制项目中，面对贮存密度和保障效率提高的需求，他组织完成了多层立体贮运结构形式的系统正样机研制，实现了舱内自动化及集装化贮存、转运、管理和监控，提升了船上自动化保障水平。在组织完成的智能旅客安检系统自动传输分系统研制项目中，面对国内民航较落后的安检设备降低空防安保水平、增加机场运营压力等问题，他组织研制了旅客行李自动识别、跟踪、分拣、回传和管理的自动化系统，重点解决了旅客与行李信息可靠绑定、减少占用空间资源和现场适装性问题。

通过参加多个项目的研制，高治华掌握了较全面的科研程序和相关技术规定，提升了产品设计和分析解决问题的能力，使自已真正成为行业急需的行家里手、时代需要的骨干精英。

勇挑重担，是责任担当的实干家

工作以来，高治华勇挑重担、勇克难关，面对难题敢于突破。在负责的多型产品组部件设计项目中，面对时间紧的进度要求，他在较短时间内掌握了相关产品的工作原理和结构特点，并通过认真分析产品要求和加班加点工作，按时完成了多型产品的设计，现已交付使用。在某系统研制项目中，针对产品调试中出现的问题，他组织项目成员并协调相关专家进行认真分析论证，确定并验证了解决方案。该产品已签订合同，正在开展生产调试。在智能旅客安检系统自动传输分系统研制项目中，他克服时间紧、任务重、人员少的困难，协调多方资源，在较短时间内完成了两轮样机的研制，目前该项目已在北京大兴机场、石家庄机场、厦门机场、大连机场等地进行了应用，合同额近 8000 万元，带来了较好的经济效益。面对各型任务，他善于创新、大胆探索、担当作为，为海军装备现代化建设和所军民融合发展做出了重要贡献。

物资保障线上党徽红

——记中国船舶集团第七一七研究所物资部物资管理处处长王永亮

将认真把关每一种物资的采购质量作为践行军工使命的检验场

利用信息化手段建立计划、订单、合同动态数据库，加强采购实施过程监控，有效保障实施进度

有道是“兵马未动，粮草先行”。一个个军工产品，由成百上千个零部件组成，离不开物资保障工作者的严格把关。第七一七研究所物资部物资管理处处长王永亮，参加工作14年来，一直奋战在军工战线条件建设保障和物资采购线上。他兢兢业业，默默保障装备研发、生产工作，在平凡岗位上彰显党员先锋。

敬业——十四年如一日

十四年来，王永亮经手过上万种物资，与近千个供货商打过交道。跟他接触过的人都知道，他是最细心的人。他将认真把关每一种物资的采购质量作为践行军工使命的检验场。每一批次商品，他除了反复比价、询价，更会从一线技术员的反馈中获取信息，不断提高采购质量。长年累月地不断汇聚，他的办公电脑上的数据表格里，汇集了普通元器件配套、关键核心器件和成套试验设备供应商的相关供货质量追踪情况。

近年来，王永亮负责重要科研项目的条件建设采购工作。其采购的设备是否可靠顶用，关系到科研项目是否达到战技指标要求，容不得半点闪失。他带领团队，利用业余时间，努力学习相关专业知识，争当光电和导航物资保障领域的行家里手。

在重大任务面前，王永亮冲锋在前，带领团队参与8个固定资产投资项目、近10亿元投资额实施与审计验收，圆满完成各项工作，受到上级机关的一致好评。

2019年，王永亮带领团队完成了近千余台套、百余项设备仪器采购和千余台设备仪器的验收工作，保障了多型重要装备生产急需，任务量较往年增加近三成。特别是超额完成一重大基础创新项目相关的系列设备的采购工作，实现了当年采购、当年生产、当年发挥作用的可喜成果。

很多人不知道，这是若干个日夜不眠不休换来的最终收获。更少有人知道，在身体多次亮红灯的情况下，他仍然坚持在一线突击任务，加班加点推进物资采购进度，不断优化服务提升效率。

创新——破解系列难题

因为出色的工作业绩，2017 年 3 月，王永亮走上领导干部岗位。随着七一七所承担的科研生产任务逐渐增多，王永亮带领团队不断创新思路、优化服务，为保障重要产品研制倾注心血。

他主导推行“以项目为牵引、以订单为主线”的计划管理模式，利用信息化手段建立计划、订单、合同动态数据库，加强采购实施过程监控，有效保障实施进度，近三年节约采购成本 1320 余万元。同时，针对重点项目、风险物资实施周报制度，提高过程管理的精细程度，提前识别风险，及时制定措施，应对化解风险。

2019 年，面对物资采购、配套瓶颈，一方面，王永亮和团队主导推行数字化仓储建设，利用信息化手段解决物资存储、加快物资存储周转。另一方面，他充分发动青年员工，主导并建立“物资周转配套青年突击队”“数字化仓储建设党员先锋队”，有力贯彻落实所党委关于融入中心抓党建，实施“党建 + 重点任务”的有关要求，激发全员积极性。

在数字化仓储建设和物资保障推进的双重压力下，王永亮带领物资周转配套青年突击队，完成了百余台套装备、科研、自研、备件等项目的配套任务，共计出入库分拣物资百万余件，接收物料需求表 208 份，更新及发布缺件信息 69 次，全面完成了 2019 年的全年物资配套工作。

为了高效推进数字化仓储系统建设进度，王永亮带病完成数字化仓储系统调研，坚持白天交流学习，晚上整理细化方案，确保方案最优、投入最低。2020 年 3 月以来，为保证顺利上线运行，他带领团队吃住在所，通宵达旦测试，确保系统顺利运行，为提高物资采购、存储、分发管理效率，降低物资采购和使用成本发挥了积极作用。

忠诚——冲在防控一线

2020 年春节，面对突如其来的疫情，王永亮全力响应七一七所工作部署，把疫情防控物资采购作为重大政治任务，迅速动员并发起成立“抗疫物资采购保障党员先锋队”。王永亮放弃休假，带领物资保障团队夜以继日奋战。从 2020 年 1 月 26 日起，他便进入战时状态，带领先锋队成员，冲锋在前、连续作战，以最坚决的态度、最坚定的决心、最快的速度投入到防疫物资采购攻坚战中。2 月 12 日起，所重点工作逐步由“疫情防控”转为“疫情防控 + 复工复产”。王永亮主动迎难而上，带领团队在做好疫情防控物资采购的同时，提前安排落实科研生产用物资采购。

面对全国性的防疫物资严重短缺，在武汉全面封城的特殊时期，每天，他通过电话、微信、视频会等方式不断追踪货源、沟通信息、安排任务，几百个电话不停歇……每天晚上 8 点，他组织先锋队员们召开视频会议，汇总采购信息，编制工作日报，安排第二天工作，常常工作至凌晨。为抢购物资，他自己垫付货款，及时订货。在面对武汉封城、交通中断的难题时，他不顾个人安危，和团队成员一起，多次前往武汉三镇各个仓库提货。3 月 11 日起，他干脆搬到所区倒班宿舍开展工作。

“千磨万击还坚劲”，王永亮用行动展现担当，在物资保障线上闪耀更加夺目的光彩……

丹心铸坚盾　深海践忠诚

——记中国船舶集团第七一九研究所首席专家、某部室主任陈虹

一头扎进了深海尖端装备研制的“瀚海”，做科研、搞创新、带团队、育新人，二十八年如一日

在埋头苦干攻克一道道技术难关的同时，坚持抬头看路，时刻关注世界科学技术的前沿动态，努力探索创新之路

文质彬彬，待人谦和。陈虹给人的第一印象，大抵如此。

但听过他讲课的人，见过他在技术分析会上侃侃而谈的人，不得不承认，他的见解、他的睿智、他的创新理念，常常让人叹服。

少年大学生，曾获集团公司优秀青年科技工作者、有突出贡献专家、科技进步特等奖等十余项奖项……一路走来，陈虹收获光环无数。成功的背后，是秉承铸就大国重器的使命担当，是二十八载矢志不渝的辛勤默默耕耘。

书香门第，结缘深海

陈虹出生于教师家庭，自幼受书香熏陶，喜好科学。1987 年，年仅 14 岁的陈虹凭借优异的成绩考入上海交通大学少年班，毕业后进入七一九所工作，从此与船结下不解之缘。

干惊天动地事，做隐姓埋名人。在黄旭华、张金麟院士等老一辈七一九所人无私奉献精神的感召下，陈虹一头扎进了深海尖端装备研制的“瀚海”，做科研、搞创新、带团队、育新人，二十八年如一日。“党和国家将这么崇高的事业交给我们，为我们提供了这么好的平台，不拼命干，都感觉对不起自己。”这是陈虹及其团队成员的高度共识。

如今，作为所首席专家、部门主任，陈虹每天七点半准时转入高效运转的工作模式。在方案研讨、技术交流、组织协调、进度审查等时总能看到他匆忙的身影。但凡他在办公，门前定会“车水马龙”，各项目组轮番汇报，都需要他拍板并及时解决棘手的技术问题。在出差的旅途中，也常常看到他利用零碎的时间思考面临的科技难题，回复各方面

反馈的信息。

“处事不惊、从容应对、快速响应”成为同事们对陈虹的共识，也是陈虹在工作中表现出的最鲜明特点。

“一息尚存，报国之志不可稍懈”“把事情做到自己力所能及的最好”，这是陈虹工作自律的格言，他也一直用忘我工作在践行着这两句格言。

国之重器，创新是魂

每一次突破，都需要艰难勇敢的尝试；每一次创新，都是智慧和汗水的结晶。作为部门主任，陈虹带领团队在埋头苦干攻克一道道技术难关的同时，坚持抬头看路，时刻关注世界科学技术的前沿动态，努力探索创新之路。

2016 年，AlphaGo 击败世界顶级围棋棋手李世石引起了广泛关注，陈虹敏锐地捕捉到这一前沿动态，迅速组织团队探索人工智能技术。他专门牵头成立了 AI 技术小组，汇聚年轻才智，刻苦攻关。面对 AI 这一新事物，团队成员都是首次接触，一头雾水。见此情况，陈虹组织大家研读大量专业文献，定期组织 AI 学术沙龙。在陈虹的指导下，历经 3 年的努力，AI 技术小组崭露头角，取得了可喜成果，并获重点科技创新项目支持。

2018 年底，陈虹被任命为首席专家，以更高的视角和要求向着新的深蓝目标开始了逐梦之旅。陈虹敏锐洞察到深海装备研究的重大价值，专门创建“创新创智”小组，紧扣新要求，构建先进构想和总体方案，并立足未来需求提前布局，以能力提升和体系协同为抓手，分析提出了发展战略与规划中的重大问题。为了获得立项支持，陈虹亲自撰写“项目论证报告”，字字斟酌，句句推敲，从战略、技术、经济层面做出细致的分析论证，获得了专家的高度认可。

目前，在陈虹的主持下，装备体系发展与创新技术研制实施工作取得了诸多阶段性进展。他带领的团队在多项国防重点计划中取得突破，先后获“全国工人先锋号”和“湖北省国防科技工业年度先进基层党组织”等集体荣誉，其本人获国防科技进步、技术发明奖 10 余项，获授权专利 40 余项。

在家奋斗，硕果累累

2020 年初，疫情突袭武汉。多项创新课题被耽搁，周密科研计划被打乱，陈虹被困在家里，急在心里。为实现“疫情防控和科研复产两手抓”，他激励部门员工向奋战在抗疫一线的英雄们学习，在属于科研人员的战场奋斗，因地制宜灵活在家开展工作，并率先 24 小时待命，随时讨论解决技术问题。在一次计算仿真中，程序发生报错，大家讨论了很久都找不到端倪，陈虹亲自查验并修改了算法源代码，顺藤摸瓜找到了程序症结，顺利完成了算法调试。

“问渠那得清如许，为有源头活水来。”坚持学习是陈虹创新思路不竭的源泉。参加工作后，陈虹先后获华中科技大学交通运输工程硕士、控制科学与工程博士学位。2011 年入选“湖北省新世纪高层次人才企业研发人才工程”,2018 年获某国家级青年基金资助。

“盖有非常之功，必待非常之人。”陈虹带领团队不断学习，疫情肆虐期间也未曾荒废年华，完成了数篇论文和 1 部专著的撰写，其中 4 篇论文已经被 SCI 录用。AI 技术兴趣小组也顺利攻克了基于深度卷积神经网络的信号识别难题。

开拓创新、一往无前。陈虹正带领他的团队，竭尽全力书写我国海洋装备事业的新篇章。

（何鹏）

勇挑重担　砥砺前行

——记中国船舶集团第七二二研究所某部高级工程师李贤明

处处敢挑重担，带领团队潜心钻研

善于利用集体智慧思考和解决问题，谦虚谨慎、乐于助人的品性和勤于学习、善于协调的能力得到大家充分认可

李贤明，高级工程师，长期从事重点设备研制工作，具有丰富的项目经验。他始终坚定理想信念，脚踏实地、求真务实，用实际行动践行着军工人的使命与担当。

持之以恒，敢挑重担

从事重点设备研制工作近 20 年间，李贤明始终守初心、担使命，处处敢挑重担，工作任劳任怨。2014 年，他担任某重点系统研制副主任设计师。该项目属开创性工作，没有现成的知识经验可供借鉴。“虚心请教、勤于学习，倾情投入、不畏挑战”是他鞭策自己的箴言。自投入该项任务，几乎所有节假日，他都在加班潜心钻研，经过近 7 年的奋力攻坚，黑发变得花白，最终确保系统及设备论证、研制方案、技术设计等关键节点一个个按计划实现。

正当该系统紧张开展系统技术设计之际，另一项重大项目也开始立项论证。尽管任务十分繁重，李贤明在关键时刻勇敢挑起重担，带领团队攻坚克难、忘我工作，有效推进两个项目的顺利实施。

舍小顾大，倾情投入

李贤明曾对身边的年轻同事说：“我们有幸参与国家重点项目，要倾情投入。能力是基础，态度决定一切！”他是这样说的，也是这样带头践行的。

2018年初夏，李贤明的孩子正处小升初之际，各种模拟考试和功课补习纷至沓来，而他正忙于组织外场试验，扛着设备爬山坡、顶着烈日架天线、随试验车奔波千里，几乎无暇顾及孩子的功课辅导。高强度的工作下，一度身体强健的他也病了——患肾结石和腰椎间盘突出。因为研制和论证工作急需人手，稍事治疗，他又投入忙碌的工作中。

还有一次，李贤明临时受命，负责某重点项目的保障任务，却并未向所里提及其父病重在床，而是含泪辞别病榻上的老父，背着行囊，在海上奋战几十个昼夜，圆满完成了保障任务。可当他踏上码头后，噩耗传来，其父已在三天前病逝。他跪在老父墓前，黯然泪下……“职业就得专业、爱岗还得敬业”，李贤明正是以这种精神时刻鞭策着自己，也鼓舞着同行。

团结协作，攻坚克难

“百般艰辛千般难，集体智慧岂等闲。”李贤明在工作中善于利用集体智慧思考和解决问题，他谦虚谨慎、乐于助人的品性和勤于学习、善于协调的能力得到了大家的充分认可。在某重大工程项目研制中，项目组成员几度更换，给工作的连续性带来了不少困难，致使落在李贤明肩上的压力更大了。面对现状，他没有选择退缩，而是带领项目组成员马不停蹄四处调研，多方汇报，一起集体攻坚、忘我投入。寒冬腊月之时，深夜还在进行技术研讨；炎炎夏日之际，冒着高温酷暑组织外场试验……历经多年艰辛努力，一个个里程碑节点均按计划圆满完成。

成绩属于过去，拼搏才能永恒。李贤明一步一个脚印走来，始终保持着积极上进、追求卓越的工作作风。他将每一项荣誉视为新的起点，心系蓝色海洋，在国防科研之路上孜孜不倦追求，不断书写新的篇章。

党旗下的海绵钛行业“排头兵”

——记中国船舶集团第七二五研究所洛阳双瑞万基钛业有限公司党支部书记、副总经理、工会主席许伟春

潜心技术研发与创新驱动

靠着有点“强迫症”的认真，带领团队突破多项关键核心技术

许伟春，现任第七二五研究所洛阳双瑞万基钛业有限公司党支部书记、副总经理、工会主席，是中国管理科学研究院学术委员会特约研究员，曾获河南省国防科工委“优秀党务工作者”和洛阳新安县“五一劳动奖章”、第 11 批“拔尖人才”等荣誉称号。

近年来，许伟春把做合格党员的要求体现到忠诚于党、忠诚于国家、忠诚于事业的各个方面，充分发挥共产党员的先锋模范作用。作为公司管理者，他坚持高质量发展，致力于海绵钛产品创优，参与建设包括国家级在内的五个技术研发平台，为推动金属钛在航天、航空、航海、高端医疗以及国内重大工程等方面的应用做出了卓越贡献。作为技术人员，他刻苦钻研工艺技术，潜心技术研发与创新驱动，获得国家授权专利 3 项。作为支部书记，他以过硬的政治素质充分发挥党建工作“领头雁”的作用，创新开展支部党建“八化”工作法，把党建工作与中心工作深度融合，取得了良好效果。

坚持创新，要搞就搞成世界一流

“我们要记着，作了茧的蚕，是不会看到茧壳以外的世界的。”李四光的这句名言时刻提醒着许伟春，做企业要创新，不要故步自封。双瑞万基在建厂之初就引进了国际先进的多极槽电解技术，效率高、能耗低。但是，许伟春并没有满足于现状。通过对全球海绵钛工业发展的不断思考和多年生产实践经验的不断总结，他深信，该工艺还存在很

大的改进提升空间。说干就干，双瑞万基型第二代超级电解槽技术攻关拉开帷幕。许伟春与项目组成员扎根生产一线，在反复琢磨中确定方向，用清晰的思路拨开迷雾，在不断试验中收获成效。通过一槽一槽的生产实验、一点一滴的数据积累，终于探索到更加优化的生产工艺，并收获了创新的成果——双瑞万基吨镁电耗从 1.2 万度降到了 1 万度以内，日产量提升 57%，年新增效益 600 万元，使电解技术达到国际最先进水平。

精益求精，工作中就要有点“强迫症”

一个人有了目标，人生就有了前进的动力。近年来，许伟春认真践行高质量发展，刻苦钻研工艺技术，潜心技术研发与创新驱动。在日常的工作中，许伟春的认真大家是有目共睹的，甚至到了有点“强迫症”的程度。

2009 年，许伟春主持完成某引进消化吸收再创新科研项目，使得该项技术达到国际先进水平，获得科研支持 1000 万元，在国内率先实现四氯化钛生产过程废水废渣循环利用。在此基础上，2018 年，他又组织实施二期沸腾氯化和精制技术改造。这对双瑞万基公司跨越式发展有着极其重大的意义，但是困难重重。面对困难，党员不干，谁来干？许伟春一头扎进改造项目，在生产现场一遍遍检查，确认各种设备、管线、阀门务必处在安全状态。在试验场地，他一次次组织技术人员、车间负责人、实验操作工等，一遍遍探讨实验工艺参数是否合理，对产品质量出现的问题进行分析，提出切实可行的改进措施，并逐一督促落实，有任何一点点问题不落实到底，绝不轻易投运，对这一原则的坚持已经到了“强迫症”的程度。就是靠着这种精神，许伟春带领团队突破了沸腾氯化多项关键核心技术，并取得了多项技术创新，实现了二期 1.5 万吨 / 年海绵钛节能技改项目还蒸—电解—沸腾氯化全流程贯通，产品综合能耗仅为国内传统工艺的 60%。其生产出高品质的航空级海绵钛，产品质量达到国际一流水平。

党建引领，切实做好“领头雁”

“做好党支部书记，就要发挥‘领头雁’的作用。”2015 年 7 月，许伟春担任党支部书记。如何把党建工作与中心工作深度融合，在促进公司高质量发展中发挥党建的巨大作用呢？爱思考的许伟春又一次开始了头脑风暴。通过实地调研和向系统内优秀单位学习，双瑞万基创新开展支部党建“八化”工作法，即党建工作制度化、党政工作融合化、“两学一做”精益化、“三会一课”规范化、党群关系和谐化、纪检工作系统化、风险岗位重点化、打击违纪严厉化；同时，开展全员全方位质量冲顶提升创新创效活动，聚焦提质增效，强化创新改善，为双瑞万基高质量发展提供强大的动力和保障。

2019年第二季度，双瑞万基公司总经理因病休假，许伟春受公司董事会委托，全面代理公司工作。深知肩上的担子之重，他放弃全部节假公休日，全身心扑在工作上，每天一早深入生产现场各岗位，认真巡查生产运行情况，现场办公解决实际问题；经营管理中持续推进精益生产和创新改善，抢抓市场机遇，强化市场营销和开发；进一步强化全员安全环保红线意识，认真排查隐患，抓整改，促落实。在许伟春的带动下，双瑞万基上下齐心协力，锐意进取，第二季度海绵钛产量同比增幅达到41%、营业收入增幅25%、利润增幅455%，同时打赢了生产、经营两场硬仗。

参加工作30年来，许伟春始终不忘自己的初心和使命，以务实的作风、对事业的高度责任心，做到了在各种困难面前不畏惧、不退缩，勇当海绵钛行业“排头兵”，为海绵钛产品创优做出了卓越贡献，展现出了新时代共产党员的风采。

坚守信仰　不忘初心

——记中国船舶重工集团应急预警与救援装备股份有限公司科技研发部工程师王永涛

一年出差300天，勇挑科研重担

一个背包、一支笔、一个本，成了他长期辗转于赤壁研制现场和武汉的三件必需品

王永涛，2010年7月参加工作，现任中国船舶重工集团应急预警与救援装备股份有限公司科技研发部工程师、研发三部技术带头人。

一年出差300天，科研项目挑重担

2018年，公司启动了部队某项目研制工作，没有成熟的技术可借鉴，是目前公司最为复杂的项目。面对压力，王永涛犹豫过，彷徨过。但面对领导的信任，他毅然挑起重担，担起重托！

该项目底盘转向、机、电和气均由项目组设计调试，上装功能性部件为超大构件，各构件组合功能性实现较困难，研制过程现场问题较多。为快速解决问题，王永涛随项目组把办公地点设置在研制一线，第一时间发现问题、解决问题。为确保项目研制进度，他作为现场跟产主要负责人，近一年的时间都在现场做技术服务。一个背包、一支笔、一个本，成了他长期辗转于赤壁研制现场和武汉的三件必需品。

2019年是项目研制的关键一年。王永涛在大年初四就提前回到生产一线进行现场技术指导工作。在赤壁生产基地出差工作将近300天，随时解决研制过程中的问题。2020年年初，受疫情影响，很多工作无法正常开展，而该项目又处于出厂试验的关键阶段。为保证研制进度，2020年3月6日，作为项目组副组长的他克服多重困难，第一时间从河南老家赶到现场，成为公司外省返鄂的技术第一人。

理论联系实际，项目攻关迎突破

经过一年多的项目跟产技术服务，王永涛深感理论设计和生产环节需要密切配合才能更有效地完成项目研制。面对科研项目关键技术多、系统复杂、协调面大的特点，他从型号论证开始至今，全身心地投入系统顶层策划、总体方案论证、关键技术攻关和试验工作中，放弃了无数个节假日，承受了巨大的工作压力。项目试验过程中，经常与油、水、钢铁打交道，夏天要忍受炎炎烈日和蚊虫叮咬，冬天要顶住阴寒湿冷的自然环境，常常一站就是五六个小时，连续工作十几个小时是家常便饭。凛冽的寒风无情地穿透衣服，有时候冻得他哆嗦着连话都说不出来。他从来没有一句怨言，直到准确取得第一手数据与资料。

荣誉高于一切，责任重于一切，而行动决定一切。在他的努力和坚持下，项目组连续攻克了系统总体技术难题，在项目的关键技术上取得了重大突破，顺利完成了多项工厂试验。他用自己坚定的身影、坚实的脚步，展现了一名共产党员的风采。

学用相互结合，创新实践促发展

王永涛热爱学习，经常关注一些前沿科技及动向，接触了解新奇的事物，并能灵活运用于实际工作中。

自从进入公司设计部门以后，他主要从事车辆悬架和改装车辆方面的设计及研发。通过学习，他不断开阔眼界、拓宽思路，注重个人能力的提高，特别是近两年研发的几个科研项目，均采用了国内先进的技术且取得了一定成果。其中，某半挂车悬架系统设计及应用通过了可靠性试验，某项目双横臂独立悬架设计和超长半挂车转向技术，对于车辆设计及核心前沿技术有示范作用。通过不断参与大型科研项目，他不断积累专业知识，为公司后续新产品的开发做好铺垫。

艰苦的努力，务实的工作，使王永涛很快成长为部门业务骨干，成为一名真正的技术带头人。对于成绩，他永不自满；对于困难，他永不服输；对于工作，他永不放松。他以饱满的工作热情、踏实的工作态度、辛勤的汗水和亮眼的成绩单，赢得了领导和同事们的一致认可。他用十年孜孜不懈的追求，真实诠释了一名党员努力奋斗、不留遗憾的炫彩青春！

努力奋战在技术战线的青年党员

——记重庆川东船舶重工有限责任公司设计院工艺项目室主任高旭

任劳任怨，刻苦钻研专业技术

电气专业理论知识扎实、技术经验丰富

高旭，2006年7月参加工作，2010年6月加入中国共产党，入职以来一直从事技术工作，工作勤恳踏实，任劳任怨，刻苦钻研专业技术，先后完成多型多用途船、不锈钢化学品船、沥青船、加油船、公务巡逻船等川船重工重点船舶产品的电气专业及项目技术主管工作，快速成长为川船重工电气专业学科带头人、中国船舶集团青年岗位能手，为川船重工技术工作做出了突出贡献。

加强学习，不断提升政治素养和专业能力

高旭具有坚定的共产主义信念，认真学习领会习近平新时代中国特色社会主义思想，增强“四个意识”，坚定“四个自信”，做到“两个维护”。他自觉加强政治理论知识学习，积极参加党的十九大精神、张进事迹、时代楷模等学习活动，并充分利用报纸杂志、电视、手机等媒介，加强对国内外时事和新闻的了解，进一步坚定了政治立场和理想信念，不断改造自己的世界观、人生观和价值观。

高旭大学所学专业是自动化，参加工作后也一直从事电气专业技术工作，具有较扎实的电气专业理论知识、较强的电气专业技术功底和较丰富的电气专业技术经验。此外，他还主动加强相关专业技术知识的学习和研究，掌握了船体专业和轮机专业知识，为项目船机电总体把控、机电一体化设计奠定了坚实基础。

刻苦钻研，为推动公司技术进步不懈努力

2019 年，高旭出色地完成了某巡逻船建造技术项目管理、交船技术服务和船员培训工作，配合川船重工经营部门组织完成九段沙科研执法船、海事系统沿海巡逻船、俄罗斯 7250 吨杂货船等 10 余项船舶建造投标技术文件编制及全船技术规格书消化工作，组织完成“川东 507 轮”年检大修技术配合服务及 6000 吨江海直达沥青船售后技术服务工作。

当年 3 月，川船重工实行两级工艺技术管理，新组建工艺项目室。高旭作为科室负责人，带领团队积极开展项目一级工艺及项目技术管理相关工作，组织编制各项目船舶产品建造技术方案、设计策划、原则工艺，开展工艺技术交底、培训及评审等工作。在某巡逻船建造过程中，他经过充分论证分析后，推行了超轻质 A 级耐火胶泥在电缆贯穿件密封中的应用，在减轻船舶重量、保证船舶总体性能的同时，提高了施工效率。

在完成相关技术任务的同时，高旭还组织编制《电气专业案例库》，开展电气专业技术培训、项目管理体系知识培训，将经验教训、新工艺、新工法、新设备和新材料等与广大电气技术人员共同分享，努力提升公司电气设计整体技术水平。他参与了《降低单船电气设计废返损失率》QC 活动，并获得了重庆市一等奖。

不仅如此，高旭积极参与国家工信部《内河 500 客位以上客船节能环保示范船开发》《绿色智能内河船舶创新专项》及涪陵区《高性能公务执法船设计建造关键技术研究及成果转化应用》、环保成套设备等项目科技研发，其中《高性能公务执法船设计建造关键技术研究及成果转化应用》按期获得涪陵区科委批准顺利结题。

项目研发最能考验人。在某环保设备上，高旭充分运用自身专业技术，优化电气系统设计，开发了自动控制系统，从烦琐的手动操作简化为“一键操作”，大大提升了设备的操控性和实用性。2017—2018 年，高旭负责设计研发的《深远海智能综合养殖平台》《船用可倒桅装置》等项目获得国家专利授权共计 9 项。2019 年《深远海智能综合养殖平台》《风电齿轮箱高效换油装置》获国家专利授权共计 4 项，其中《风电齿轮箱高效换油装置》获国家发明专利，为提升川船重工自主创新能力做出了突出贡献。

十多年来，高旭认真对待每一项工作，以讲求工作方法、注重工作效率、提高工作质量为目标，出色地完成各项工作任务，较好地发挥了共产党员的先锋模范作用，多次被评为公司先进工作者、劳动模范和优秀共产党员，为广大青年树立了学习榜样。

勇于作为　当好技术攻关“领头雁”

——记重庆江增船舶重工有限公司技术中心副主任文鑫

8 年里，从一名“愣头青”成长为“领头雁”

每一次工作的尝试，都是一次学习的开始

从 2012 年到 2020 年，文鑫从一名“愣头青”学徒，成长为江增重工名副其实的技术创新“领头雁”。

8 年来，每每遇到难啃的“硬骨头”，文鑫总是凭着“硬碰硬”的倔劲儿，带领团队先后攻克了离心式蒸汽压缩机、低速直驱蒸汽压缩机、滑动轴承高速电机直驱压缩机等撑起江增重工产业规模“半边天”的叶轮机械产品设计研发和产业化推广难题。

九层之台，起于累土。8 年来，文鑫始终躬耕技术研发一线不怠慢，踏实肯干，诠释着“唯改革者进，唯创新者强，唯改革创新者胜”的深刻内涵，书写着“不待扬鞭奋自蹄”的生动故事。

2012 年 7 月，从西南石油大学毕业的文鑫怀揣着理工男的梦想，进入江增重工这个拥有国家级实验室的国有军工企业，从事技术研发工作。用他自己的话说，“一名刚从学校毕业的‘愣头青’，进入这样一个有着浓郁技术氛围的企业工作，尽管刚开始对岗位职责有点无所适从，但心底还是很踏实的！”

作为一家依靠船用涡轮增压器生产研发起家的国家高新技术企业，江增重工紧紧依托涡轮增压器核心技术优势进军透平压缩装备等新兴产业，屡屡在应用产业领域崭露头角。文鑫赶上了这趟技术创新驱动企业发展的快车，在新产品研发过程中，为公司“军转民”叶轮机械产品的产业化做出了贡献。

在文鑫的带领攻关下，江增重工蒸汽压缩机依靠先进的技术水平和优异的性能，连续多年稳居国内销量第一，蒸汽压缩机销量占业内“半壁江山”。他牵头设计研发的机械式蒸汽再压缩（MVR）系统高速离心式压缩机组打破国外垄断，完全替代了进口产品。

破茧成蝶的蜕变往往需要经历短暂的阵痛。在单级高速离心式蒸汽压缩机投入市场运行之初，遭遇了国外进口产品的无情打压，还面临着用户不信任国内已具备此类高精尖设备的设计及制造能力的困局，蒸汽压缩机市场推广受到严重阻碍。

面对激烈的市场竞争阻力、技术人员储备不足等困难，文鑫临危受命，承担起了推广蒸汽压缩机市场应用的这份“技术活”。他一边如饥似渴地给自己不断“充电”，潜心研究蒸汽压缩机专业技术，掌握了压缩机气动、结构设计以及 MVR 系统设计技术；一边走访各地客户，为客户“私人定制”蒸汽压缩机，逐渐得到客户的信任，努力撬开了国内市场，成功替代进口产品。

近年来，面临激烈的市场竞争，新产品成本压力剧增，“降本创效”势在必行。文鑫结合市场需求和公司实际，创造性地提出了蒸汽压缩机系列化思路，主推 6 大机型覆盖整个 MVR 市场，将以往单机单配的设计制造模式转为了批量生产模式，节约了生产成本，缩短了交货周期，为公司蒸汽压缩机产业化发展奠定了坚实基础。经过近几年的发展，蒸汽压缩机市场国内占有率超过 60%，连续多年在国内高速离心式蒸汽压缩机市场“独占鳌头”，成为支撑公司高质量发展的一大产业支柱。

作为未来压缩机研究发展方向，直驱压缩机较传统压缩机节能 10% 以上。为响应国家节能环保要求，文鑫牵头攻关直驱压缩机研制项目，夜以继日埋头苦干，克服了人手短缺、无设计经验的困难，完成了低速直驱机组整机结构设计，突破了闭式叶轮气动设计、大轮盘细长轴转子设计等关键技术，成功研发了公司首台低速直驱蒸汽压缩机，为蒸汽压缩机后续发展拓宽了市场领域。

依托强大的透平研发能力与系统集成能力，江增重工产业多点开花，成功开发了一系列具有自主知识产权的透平式膨胀机与 ORC 系统。作为该项目负责人，文鑫带领团队研制了国内首套兆瓦级有机工质膨胀机，先后实现了 1.5 兆瓦、3 兆瓦发电机组的商业应用。此外，他还牵头完成了机组自动防喘振保护系统设计，参与完成了高速电机、高速直驱压缩机、超临界二氧化碳透平发电机组等新产品的设计。

值得一提的是，今年 3 月，江增重工成功研制国内首台 6 兆瓦超临界二氧化碳透平压缩发电机组，综合性能达到国际领先水平。在该产品的设计制造过程中，文鑫和技术中心技术员一道，全程跟踪紧盯验证数据，确保了零件加工零风险。

有人问文鑫：“做纯粹的技术工作不觉得枯燥吗？干这些工作不觉得累吗？”他说：“每一次工作的尝试，都是一次学习的开始，虽然工作很忙也很累，但在工作中充实了很多新的知识，工作能力也得到了提高，这是最大的收获。”

一枝独秀不是春，万紫千红春满园。作为一名复合型技术骨干，文鑫在做好本职工作的同时，还将自己积累的技术知识和经验分享给新同事，带领蒸汽压缩机团队共同进步，培养了一支技术过硬、敢打硬仗的技术团队。

坚定理想信念　践行青春誓言

——记重庆齿轮箱有限责任公司风电事业部机加车间镗铣班班长郑俊强

取得多项创新创效成果，每年为公司节约刀具使用费用 6 万元

攻克了箱体大直径推力面和推力孔平面度和垂直度等一系列技术难题

参加工作 15 年来，郑俊强先后在机加公司、风电事业部机加车间担任镗铣班班长，主要承担中国船舶集团有限公司旗下重庆齿轮箱有限责任公司重点工程和风电齿轮箱箱体、行星架加工任务。他一直不忘初心、砥砺前行，严格按照优秀共产党员标准要求自己，充分发挥了党员的先锋模范作用，在平凡的岗位上创造出了不平凡的业绩，得到广大党员和职工群众的普遍认可，多次荣获“优秀共产党员”“优秀青年岗位能手”“优秀班组长”“先进工作者”“公司标兵”“工匠能手”等荣誉称号。

攻坚克难，勇挑重担

重点产品箱体加工是公司的重难点项目，由于其体积大，对镗孔的位置度、光洁度和相对位置公差要求极为苛刻，从粗镗到精加工成品对工艺要求极高，在交付工期和产品质量双重要求下，加工任务不容出半点纰漏。他主动请缨，充分发挥党员的先锋模范作用，攻坚克难，勇挑重担，通过对产品的图纸工艺进行前期的分析，对难点重点加工工序进行提前消化，大干实干加巧干，自行对刀桥系统进行改造，运用挠度补偿方式加工，攻克了箱体大直径推力面和推力孔平面度和垂直度等一系列技术难题，使两项数据达到 0.02 毫米、0.03 毫米，完美匹配了图纸设计要求，为确保年均产出目标做出了突出贡献。

近两年，公司提出了要将 5 兆瓦增速箱打造成台台是精品的品牌提升计划。在最初加工样机时，面临了诸多加工难题，郑俊强又一次挺身而出，主动申请加工 5 兆瓦最困难的行星架任务，凭着过硬的技能水平、靠着永不言败的拼搏精神，通过不断的试验，反复多次进行试镗孔、三坐标检测，认真分析对比试镗结果，不断调整切削参数和转速，严格制定行星孔的加工顺序等工艺方法，努力降低机床精度造成的误差，最终成功完成了首件试制。然而他并没有满足于首件试制成功这点成绩，立即投入批量生产工艺优化过程中，经过不断努力，最终使得 5 兆瓦行星架生产效率提升 20%，独创的箱体装夹三压两顶方式，提升箱体加工效率 40%，5 兆瓦增速箱从最初的月产 2 台提升到月产 10 台，满足了市场需要。

创新管理，凝聚力量

自担任镗铣班班长以来，郑俊强始终做到立足岗位、处处率先垂范，利用业余时间，学习班组管理知识并运用到实践中去，创新班组管理思路，运用爱波瑞精益管理知识，制定班组管理标准，提升班组现场 6S 管理；采用目视化管理手段，利用形象化、图表化以及视觉感知信息促进班组管理提升；创新机长带班模式，在班组内以机组为核算单元，将生产、质量、成本等指标层层分解，落实到每个责任人肩上；坚持班组早、晚会制度，利用早晚会时间对每天的生产任务进行布置、实施、检查、总结，强化班组每一个人的责任意识；注重班组员工能力水平提升，定期开展技能培训工作，鼓励员工积极创新，取得多项创新创效成果，每年可以为公司节约刀具使用费用 6 万元。

在班组成立的 8 年时间里，郑俊强积极进取，创新管理，不仅带领班组员工一次次圆满完成了高精度零件加工任务，而且还为公司锤炼了一支敢打硬仗、能打胜仗的青年铁军队伍，班组员工平均年龄 29 岁，技师以上高技能人才 4 人，班组连续六年获得公司级“优秀青年文明号”、连续四年获得公司“标兵班组”、多次获得“红旗班组”“工人先锋号”称号；2015 年获得“重庆市工人先锋号”称号；2017 年获得“重庆市青年安全示范岗”“全国工人先锋号”“中央企业青年文明号”称号；2020 年获得“中国船舶集团青年文明号”称号等荣誉。

郑俊强对党忠诚，爱岗敬业，始终不忘自己的初心和使命，始终以踏实的工作态度、务实的工作作风，践行入党时候的铮铮誓言，不断追求，勇挑重担，时刻发挥党员的先锋模范作用，为国防事业的进步、为公司的高质量发展做出了积极的贡献。

深耕厚植一线　谱写党员本色

——记西安东仪科工集团有限公司精密机械制造车间加工中心组组长徐增军

在生产一线树立起了党员模范旗帜

通过“传、帮、带”的方式，与大家共同进步

他中等身材，说话比较慢，走路却很快，眼镜后面是一双善于思考的眼睛。有人找他说话，他先会腼腆一笑，若是下班将近，大家都在收拾东西准备交班，玩笑也罢，聊天也罢，都不关他的事，他要么紧盯数控加工中心的屏幕继续思索，要么巡检车间设备，捡拾废角料试着做成工装。也许，那些废角料是别人弃之不用的废旧刀具，但到了他手里，经常变废为宝，在经过砂轮机的打磨之后，变成了产品粗加工的好料。熟悉他的人都知道，他性格内敛沉静，做事踏实认真，他就是中国船舶集团有限公司旗下西安东仪科工集团精密机械制造车间加工中心组组长徐增军。

以身作则，冲锋在前

唯有扎根，方能成长。自 2008 年参加工作以来，徐增军在十二年里勤耕耘、潜磨砺，凭着初心和韧劲全身心地投入机床操作工作中，成为生产一线的技术骨干。他始终保持共产党员的先进性，干一行、爱一行，作风严谨、踏实奉献，为确保各项军工任务顺利完成，坚持以身作则，冲锋在前，带领小组成员主动承担各类急难任务，个人年度加班超过 600 小时，军民品工时合计超过 12000 小时，保质保量保节点完成多型号军品指令性任务。尤其在复工复产过程中，更是拼时间、抢进度，以点带面，切实发挥了党员先锋模范作用，在生产一线树立起了党员模范旗帜。

唯有打磨，方能成才。对每一位船舶人来说，工匠精神，就是要在技术上精益求精，在工作态度上追求完美。而这些一直被徐增军牢记心头。他敢于攻坚克难，尤其善于解决机械加工过程中的“疑难杂症”，扎根一线十几年，作为党员示范岗，他努力践行“工匠精神”，主动承担了多项关重件的加工任务。特别是在某壳体内腔球面加工中，他积极查阅文献资料，建模编制程序，依据产品特点设计自制专业工装，总结最优加工方案，既保证了产品质量，又使加工时间大幅缩短，效率提高了 3 倍以上，此加工方法一直使用至今；在某产品壳体生产过程中，原有加工条件无法满足精度要求，他认真消化图纸工艺，研究类似加工类型，自行研制创新了一套加工方案，成功解决了这一难题，大大提高了生产效率，增强了质量可控性并节约了成本；在某复杂结构难加工件加工中，由于常规加工难以保证产品的形位公差，他提出设想，反复钻研，通过多次尝试，最终有效解决了关键部位的加工难题，改进了加工工序，产品交验合格率得到提高，生产效率提高了 2~3 倍，使科研生产任务提前完成。

唯有无私，方有作为

唯有专注，方能卓越。生活中的徐增军比较“闷”，喜欢宅在家里上网潜心学习和钻研一些专业的加工视频和课件，上班后再投入实践操作中。久而久之，练出了自己的“独门绝活”，在他看来技艺的提升有时候就像一层窗户纸，唯有专注认真的学习实践，厚积薄发才能轻松点破它。在公司聚焦主责主业，积极参与“陆空天警”领域横向军品试制任务中，某次出现了如果采用传统的数控加工方法就难以加工出符合精度要求的合格产品，他坚决不放弃，挖潜设备，探索创新，根据产品结构特点和加工精度要求，进行仔细研究分析，调整加工工序，改进工艺路线，成功克服了重重难关，用卓越的产品质量，得到用户认可及好评，为公司后续进一步开拓市场打下坚实基础。

作为加工中心组组长，他深知一个人的能力终究有限，能让更多的人掌握精湛的操作技术，才是真正为国家船舶事业做了贡献。他总是通过言传身教，毫无保留地将自己的独门绝活、心得诀窍传授给身边组员，对组员进行技术指导交流，将自己的成果和经验与大家共同分享。他通过“传、帮、带”的方式，与大家共同进步，小组成员业务水平均得到显著提升，特别是他所带的多名学徒现已是公司关键岗位人员和新一批技术骨干。所在班组也曾多次荣获公司先进班组、劳动竞赛优胜班组、精神文明号等荣誉。

路虽远行则将至，事虽难做则必成。数十年沉淀积累，徐增军没有骄傲自满，作为新时代的船舶人，他将践行使命，在平凡岗位上坚定信念，勇于担当，始终保持共产党员先进本色，扎根一线，攻坚克难，精益求精，敢于创新，为集团公司高质量发展做出自己的一份贡献。

（陶顺波）

焊接技能攻难关　言传身教带徒弟

——记山西汾西重工有限责任公司首席技师杜孟开

在焊接技术问题上，他用心钻研，攻克了一个又一个难题

脸上时常挂着汗，心里装着党，手上握着质量，肩上担着责任

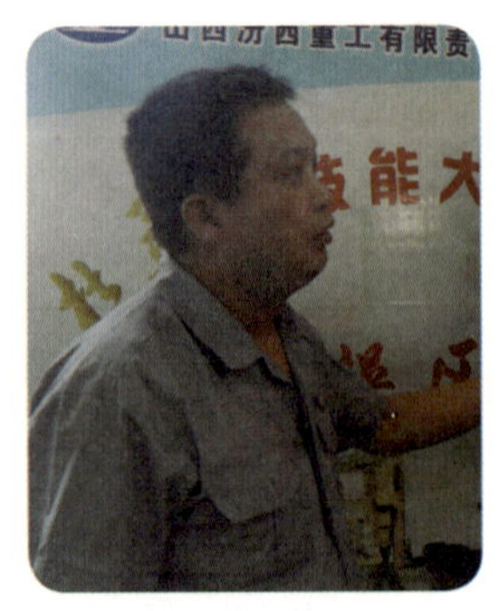

眉清目秀、温文尔雅，无论你在车间碰到他还是在路上遇见他，都可见他满脸挂着笑容，给人一种很亲切很温暖的感觉。他就是中国船舶集团有限公司旗下山西汾西重工有限责任公司首席技师杜孟开。他于1992年进入汾西重工从事焊接工作，至今已在汾西重工工作25年。2018年1月，他被聘为中国船舶集团水中兵器技能专家，2019年被中国船舶集团评为优秀共产党员。他在追逐梦想的道路上从未停止过对知识的渴望，始终把精力和智慧投入钻研业务和提高焊接技能水平中，在平凡的岗位上留下了浓墨重彩的一笔。

扛好肩上责任　牢记心间使命

熟悉杜孟开的人都知道，他是个极其热心且极富责任心的人。项目攻关有他忙碌的身影，现场协调有他急促的脚步，创新工艺有他倾注的心血。他爱岗敬业，勤奋好学，思想先进，作风优良，勇于承担责任。作为焊接组组长，他的技能水平、公平公正、身先士卒，大家有目共睹。作为一名共产党员他能够坚定“四个自信”，不断增强“四个意识”，坚决做到“两个维护”，充分发挥了共产党员的先锋模范带头作用。

2017年12月，杜孟开技能工作室成立。他作为工作室的带头人，深知重任在肩，将使命牢记心间，负重前行。带领工作室12名成员，攻坚克难，取得了一系列的成绩，申请发明专利23项，获中国船舶集团科技进步奖1项，公司级科技进步成果8项，工艺创新9项，技术革新56项。参与多项公司重点科研产品研制，突破大型水下无人航行器的焊接技术瓶颈，实现主产产品先进焊接工艺的全面应用。他精心组织工作室成员完成工艺路线、材料定额的编制，及时完成 ERP 系统信息录入并进行校对。

在项目进展中，为提高产品的生产进度，实现企业精益生产，针对部件初样进行返修，他扎根车间，对照产品图纸，清点数量，整理明细，为该部件后续顺利返修做好准备。杜孟开精益求精，认真负责，每一件焊接品，从下料尺寸到机加工艺，再到精加工时的余量以及焊接坡口的设计，都一一考虑，为生产现场节约出很多时间。他先后荣获汾西重工优秀共产党员、党员先锋岗、劳动模范、质量信得过个人等多项荣誉称号。其中，2005 年荣获国家级“高新工程特殊贡献奖”，并入选国防科工委 511 人才工程；2008 年取得“国际焊接技师”资格证书；2019 年被列入山西省三晋英才支持计划。

勤思考善专研 生产一线展身手

新时代是奋斗者的时代，更是实干家策马扬鞭的舞台。杜孟开对工作兢兢业业，心无旁骛，一心雕琢着自己的焊接本领，多次在生产一线这个舞台上攻克难关，展示身手。在焊接技术问题上，他用心钻研，攻克了一个又一个难题。

在工作中，他勤于思考，善于总结，尤其是对有色金属铝合金的焊接工艺有着自己独特的见解和方法。在某产品研制生产过程中，有色金属铝板焊在校形时出现了焊缝开裂的现象。杜孟开和同事们废寝忘食，天天挑灯夜战，不断钻研，不断总结，终于找到了原因——焊缝剖面内层与层之间未熔合且夹渣、缺陷较多，造成焊缝强度严重不够，导致在校形过程中大量开裂。他通过查资料，采用了 MC 焊、ϕ1.6 焊丝、大电流（300A 左右）层与层之间充分清理的办法，使焊缝层之间充分熔合，强度达到了要求。

在产品的试制过程中，某部件材质为奥氏体不锈钢，因为大型框架结构受图纸和工艺要求所限，该产品需要进行连续焊接，但由于连续焊接热输入量集中，会造成产品变形大和耐腐蚀性变差的后果。他带领小组成员进行了大量的试装，将焊接参数进行优化并采用了合理的焊接顺序和自制工装，解决了产品的焊接变形问题，提出了在焊接过程中采用水冷工艺辅助方案，降低了焊缝在焊接过程中碳析出的问题，提高了焊缝的耐蚀性，完美解决了产品的生产难题，焊缝探伤一次合格率 100%，该产品形位公差满足了图纸要求。

在产品试制中，由于产品直径高达 2500 毫米且壳体壁厚达到了 40 毫米，远远超出了车间设备环焊缝焊接能力的极限，在车间大多数人都认定只能采用手工焊接方案的情况下，他力排众议提出了对车间某闲置埋弧焊设备的改造方案。通过对车间目前闲置的埋弧焊进行测绘，对专机主框架、滚轮架等设备进行利用，并增加了焊接支架等辅助部件，最终实现了超大直径壳体的半自动焊接。

一花独放不是春 百花竞放春满园

非学无以广才，非志无以成学。杜孟开是个爱学习的人，他有一个做笔记的习惯，上面密密麻麻写满了他在工作中的一些感悟和方法。

杜孟开常常说，一花独放不是春，百花竞放春满园。在完成本职工作的同时，他时常与同事们交流工作中的焊接问题，他利用班前会、组织培训、业余时间和出现场时帮助其他同事学习专业知识，尽自己所能悉心相传、倾囊相授。面对今年的新冠肺炎疫情，他主动组织员工严格消毒，做好防护，合理倒班，克服疫情带来的不利影响，保质保量完成公司的军民品任务，做到疫情防控与生产两不误。

作为一名老党员、老班组长，他在做好本职工作的同时，很好地完成了传帮带工作，无论在生活中还是在工作中，他都会积极培养徒弟，毫无保留地将自己所学最大限度传授给他们。在潜移默化中培养徒弟良好的品德，在言传身教中让徒弟牢记“德高为师、身正为范”的训言。

杜孟开脸上时常挂着汗，心里装着党，手上握着质量，肩上担着责任，目光里含着坚韧。他以实际行动向祖国表达忠诚，以工作成绩向党表述忠心，以默默奉献向公司表白真情。他始终保持共产党员的先进性，一如既往地在提升技能的路上勇敢向前，默默无闻地为集团公司的高质量发展贡献力量。

（史瑞清）

扎根一线　攻坚克难

——记中国船舶集团第十二研究所锻造分厂厂长孙跃飞

哪里有困难就在哪里盯住解决

哪里有难题就在哪里扎根化解

“作为一名共产党员，要强化担当意识、强化奉献意识、强化攻坚意识，切实发挥表率作用、不负研究所和职工的重托。”这是中国船舶集团有限公司旗下第十二研究所共产党员孙跃飞经常说的一句话，在工作中，他更是用实际行动积极履行自己的诺言。

加强理论学习，坚定理想信念

作为一名党员，孙跃飞不断加强理论学习、强化党性修养、筑牢信仰之基。他结合分厂实际，加强了锻造专业技术以及生产经营开发等方面业务的学习，持续在学中干、干中学，不断提升自身能力，带领分厂持续健康发展。作为党委中心组成员，他积极参加政治学习，深入学习了党的十九大精神、《习近平谈治国理政》、《习近平关于“不忘初心、牢记使命”重要论述选编》、《中国共产党党内重要法规汇编》等多种图书，不断增强“四个意识”，坚定“四个自信”，坚决做到“两个维护”。

带头攻坚克难，发挥表率作用

在“某型系列接头锻件”研制生产任务、“某型合金结构件在成型过程中易产生裂纹和缺陷”等多次紧急任务面前，孙跃飞主动担当，亲自带领分厂党员、技术骨干深入现场分析问题、查阅资料、召开研讨会，从原材料选用、技术要求细化、工艺过程设计、生产过程准备、人员安排等方面制订了详细的工作方案。在他的带领下，项目组经过日夜奋战和艰辛探索，先后攻克了压制接头、浇铸接头等系列产品的技术难关，按节点顺利完成了研制生产任务，保证了型号研制进度，受到了总体研制单位的高度肯定，成功解决了裂纹和缺陷问题，解决了顾客的燃眉之急，得到了顾客的赞誉和好评。

“哪里有困难就在哪里盯住解决，哪里有难题就在哪里扎根化解。”这就是扎根一线的孙跃飞的工作干劲和拼搏精神。

聚焦兴装强军，聚力成果转化

随着武器装备升级换代，制造过程的技术难题凸显，孙跃飞不忘军工人初心和使命，带领分厂技术人员攻坚克难。多年来，经过分厂干部职工的不懈努力，先后对多项科研成果进行了成果转化。成功解决了某机型钛合金大型轮毂的精密成型问题、某型铝合金薄壁壳体锻造成型多年的粗晶等多项核心关键技术难题，成功试制出高性能的复杂合金模锻件、某型柴油机全纤维锻造等产品，对 400 余件各型柴油机锻件的工艺、模具进行了系统的革新，高质量完成了各项科研生产任务，不断提升了分厂的市场竞争力。

管理促进提升，军民齐头并进

作为分厂厂长，孙跃飞经常组织班组长和骨干员工针对市场、产品结构、工艺优化等问题开展讨论、拓展思路、制定措施，不断提升产品质量。多年来，分厂积极开展与地方企业的合作，利用军工优势支持地方企业的发展，先后研制开发了法士特轴类锻件数百种，攻关了大高径比复杂轴类锻件、多台阶轴类锻件、大型轴类锻件成型工艺等技术难题，满足法士特要求的工程标准，提高了部分零件性能。分厂已成为多家客户的合格供应商，市场竞争力显著提升。

疫情防控期间，孙跃飞在落实好疫情防控各项要求的同时，积极推进分厂复工复产，先后为船舶、兵器、航空、航天、陕汽、法士特等多家用户解决了急需产品的生产问题，实现了“两手抓、两手硬”。

孙跃飞先后在全国性学术期刊发表专业论文 10 余篇，先后荣获集团“优秀党务工作者”“保密工作先进个人”，西船公司“优秀党务工作者”，十二所“先进中干”等荣誉称号。

用青春书写兰台新篇

——记中国船舶集团七六所信息中心副主任王福耀

在创新工作上从不敢停下脚步

把有限的生命投入无限的事业中，将美好的青春奉献给无悔的工作

王福耀于2008年7月参加工作，现任中国船舶集团有限公司旗下七六所计算机信息中心副主任，为中国船舶集团档案信息化专家，兼任郑州航空工业管理学院校外创新培养基地硕士研究生导师。

立足岗位　聚焦主业

作为中国船舶集团档案信息化专家，王福耀参与了集团档案信息化顶层设计工作。参与了《集团公司档案工作“十三五”规划》《集团公司数字档案馆（室）推进计划》等多项集团档案工作和档案信息化顶层规划文件和制度规范的起草和拟定，协助组建集团首批档案信息化专家队伍，参与了组织集团档案管理系统选型、数字档案馆室建设方案评审、数字档案馆室建设评价等工作，协助集团有关部门开展数字档案馆（室）建设试点工作，为建设单位提供技术支持和咨询指导。

作为技术档案馆数字档案馆建设办公室副主任，王福耀参与起草技术档案馆数字档案馆建设方案、实施方案，起草并负责实施馆藏档案数字化扫描工作方案和工作计划，完成馆藏数字化室网络部署，累计扫描馆藏档案120万页。他主笔起草了《集团公司技术档案馆“十三五”信息化发展规划》和14项数字档案室管理标准规范，部署七六所数字档案室平台，迁移目录和全文数据，为本所数字档案室建设提供有力技术支撑。他组织并参与集团公司总部等十七家单位档案数字化工作，累计扫描档案1000多万页。他多次在档案进馆培训会上授课，指导成员单位数字档案进馆，导入、迁移进馆档案目录数据200多万条。

深耕学术　注重创新

在本职业务工作之外，王福耀还对档案科技创新和学术研究有着极大的热情。“现在数字化、信息化是大势所趋，我们必须要紧跟时代的步伐”，正是对如今的形势有着清晰的认识，他在创新工作上从不敢停下脚步。

他参与了国防科工局技术基础科研项目——××投资项目档案管理与电子文件归档标准体系研究。作为项目具体实施负责人，他参与了集团公司科技创新项目《数字化管控基础平台开发与示范应用》某专题立项建议书、项目任务书、项目预算书的编制及专题研究工作，还参与了集团公司数字档案中心项目可行性研究及实施工作。他以第二作者身份与郑州航空管理学院曾祯、王聪颖合著《知识管理背景下的档案管理模式》一书，由辽海出版社发行。他的1篇论文被评为2017年全国青年档案工作者学术论坛优秀论文，5篇论文在国家公开出版的学术期刊上发表。他参加的历年机电兵船档案学会论文评选中，获一等奖5篇，二等奖6篇，三等奖3篇。

勇担重任　无私奉献

作为档案数字化工作负责人，王福耀通过开展档案数字化服务，为诸多成员单位数字档案馆室建设、创新档案管理模式等方面提供了技术服务，也弥补了单位经费不足。在本所首次取得军工涉密业务咨询服保密条件备案工作中，他带领信息化团队加班加点、攻坚克难，为顺利通过保密条件备案审查做了大量工作，充分发挥了一名青年党员的模范带头作用，得到领导和同事的一致好评。

对各个成员单位开展档案信息化业务指导，也是王福耀的重要工作之一。他曾受邀为集团档案工作部分协作组和多家成员单位开展档案信息化建设培训，促进了集团档案工作人员业务水平的提升。

档案信息化工作耗时费力，任务繁重，出差和加班是工作常态。某项原计划3个月完成的工作，因故突然需提前完成。在王福耀的带领下，统筹安排、加班加点，17天没有离开过办公室，顺利完成了所有任务。

人的生命是有限的，而把自己有限的生命投入无限的事业中，将美好的青春奉献给无悔的工作，这是杰出者对生命价值的诠释。王福耀以执着的追求、朴实的作风、强烈的责任感，将自己的青春和智慧全部融入集团档案信息化建设工作中，积极践行着一名共产党员的职责使命。

主动请缨担重任　顽强啃下“硬骨头”

——记昆明船舶设备集团有限公司云南昆船烟草设备有限公司魏峰

这个项目交给魏峰我们放心

要问魏峰现在在哪儿？没错，还是在现场

每年平均出差 230 天以上，出差现场每天平均工作长达 12 小时；2018 年安阳卷烟厂就地技术改造项目，60 天完成 20 台套设备安装大修、制丝线整线电控系统软硬件更换升级；2019 年铜仁卷烟厂异地技改项目连续 12 天高强度调试，确保项目顺利交验；2020 年 2 月玉溪卷烟厂技术改造项目，带领 9 名队员逆行出发背水一战，严格按用户要求的时间节点完成设备安装调试并投料试车……这个长年奔波在用户现场的硬汉就是中国船舶集团“优秀共产党员”、中国船舶集团有限公司旗下云南昆船烟草设备有限公司工程部主任魏峰。

四处奔波的“救火队员”

在昆船烟草设备公司各项目施工现场，每当施工设备出现难以解决的问题时，大家第一时间想到的就是魏峰，而他总会毫不犹豫地火速赶往现场，用他那坚韧的身躯，为各个项目的安装、调试工作撑起一片天，且一撑就是二十五年。

2020 年大年初二，新冠肺炎疫情悄悄蔓延，怀揣着对客户的承诺，魏峰主动放弃春节假期，带领安装队员逆行向玉溪卷烟厂施工现场出发。由于疫情快速发展，安装队刚动手施工，就遭遇了长达十余天的停工。逐步复工复产后，魏峰面临更为棘手的问题，用户通知项目工期不予顺延。耽误了 10 多天的工期，设备仍然按原计划于 3 月 2 日投料试车。突如其来的变故，让身经百战，成功拿下过永州、铜仁等攻坚工程的老将魏峰感到心底拔凉。他带着现场 9 名队员，身先士卒、率先垂范，拖着不再年轻的身板儿，和大伙儿一起在设备上爬上爬下，哪怕累得直不起腰，仍然争分夺秒与时间赛跑。

在魏峰带领下，各项工作有条不紊地进行。然而电工、焊工无法及时到位，又成为安装进度的拦路虎。用户的需求容不得犹豫，魏峰凭借自己掌握的电气知识，带领设备安装人员干起了电路桥架施工、甩线布线的活。由于魏峰前期准备工作充分，电工、焊工进场后，两天就完成了 300 多根电缆的接线任务。十多天连续挑灯夜战抢进度，加班加点赶工期的高强度施工，终于在 2 月 25 日具备上电条件，进入电气调试阶段，为项目如期投料试运行奠定了重要基础。

正当大家为玉溪这个“硬骨头”工程歇口气的时候，魏峰已经悄悄踏上了海南红塔安装现场的土地。作为海口市人民政府督办的重点项目，一个要求比原计划提前一个月完成的攻坚战项目，现场又出现了大家熟悉的身影——魏峰。尽管玉溪现场的身心疲惫尚未消除，但他仍打起百分百的精神头，坐镇现场、有序指挥。12 天工期，20 多台设备，面对几乎不可能完成的任务，魏峰再一次展现了一个共产党员的先锋模范作用，关键时刻冲锋在前，团结带领全体安装队员协同作战，发扬吃苦耐劳、战天斗地的精神，全速推进项目施工，最终以提前 1 天的超级速度完成全部设备安装、电气施工等工作，再一次经受住了严峻考验。

刻苦钻研的创新能手

魏峰在急、难、险、重的用户现场项目施工中抢着上，同事们口中“那是不可能完成的任务”被他屡屡攻克。而在自身工作技能和项目管理水平提升学习上，魏峰也毫不含糊。参加工作以来，他三十年如一日，一步一个脚印地干好本职工作，渐渐成为身边员工眼中的元老级人物，在安装、调试和管理工作中有着举足轻重的地位。2019 年年初，魏峰组织制定了《工程项目安装调试责任制实施办法》，逐步推行用户现场项目安装调试承包制，搭建了通过内部竞争提高安装效率、体现多劳多得、降低安装成本的有效平台。经实践，项目施工费用不同程度降低，个别项目降幅达到 50% 以上，同比上年安装费用降低约 200 万元。灵活机制激发员工活力，为员工提供了展现自我和提升自我的机会，营造了积极、分享、共进的工作氛围。魏峰常说：“给我一份信任，还您一份真心！”简单朴实的言语，透露着他对待工作最真挚的情感。正是凭借着对工作的热爱，对技术、设备的努力钻研，以及在多个现场练就的一身过硬本领，他出色完成了一个个急、难、险、重，在同事们眼里“不可能完成的项目”，他展现出了罕见的敢干敢拼，敢啃“硬骨头”的精气神。

“这个项目交给魏峰我们放心！”——这是公司领导对他的最高评价。

勇挑重担守初心　创新立业担使命

——记昆明船舶设备集团有限公司机场装备事业部总经理崔鸿刚

将科研成果在实际项目中推广应用，成为推动产业发展的有力武器

在平凡的岗位为上不负韶华、砥砺前行

崔鸿刚现任中国船舶集团有限公司旗下昆明船舶设备集团有限公司机场装备事业部党总支副书记、总经理，研究员级高级工程师。多年来，他作为昆船烟机电控和机场行李装备产业的带头人，以高度的责任心潜心钻研，带领员工干事创业谋发展，努力践行共产党员的初心和使命，先后获得“国务院政府特殊津贴专家”“云南省有突出贡献的优秀专业技术人才”“昆明市中青年技术带头人”“云南省云岭先锋优秀共产党员”等荣誉称号。

关键时刻显本色

2009 年，昆船公司烟机电控产业发展遇到了前所未有的困难，全年仅中标 1 个 1000 万元级的项目，市场形势非常严峻。时任昆船研究院副总工程师的他认真分析原因，查找问题所在。技术开发上他带领专业团队研发面向烟草加工生产线的柔性控制系统、设备状态检测系统等新技术；市场开拓上他背着便携机到全国各大烟厂进行技术交流，取得用户的信任与支持；项目投标上带头加班加点，认真组织撰写标书，把每个细节做到最好；项目实施上他率领团队在用户现场“5+2”“白加黑”一干就是几个月，最终将昆船烟机电控产品培育为市场占有率高，年合同额过亿元的产业。

履职尽责勇担当

2017 年 4 月，崔鸿刚调任昆船机场装备事业部担任总经理。面对机场装备项目实施受阻，市场开拓乏力，专业人才流失等困难，他一上任就立即奔赴武汉天河国际机场T3行李系统施工现场，面对项目技术复杂、进度节点紧迫等巨大压力，他带领团队顶着40多摄氏度的高温和现场大量粉尘，每天工作十五六个小时，完成近4000台套设备的安装调试任务，确保机场一夜转场成功，在行业内创造了武汉速度，受到业主高度赞扬。项目实施压力初步缓解后，崔鸿刚带领团队走访客户交流技术，针对目标项目与团队一起讨论细化解决方案。通过不懈努力，机场事业部2017年实现新增合同1.07亿元，2018年2.2亿元，2019年4.2亿元，年均增长率近100%，2019年全面超额完成公司下达的任务指标，取得良好经营业绩。

通过三年的不懈努力，昆船机场板块逐步摆脱困境，形成了系统总包、设备配套和运维服务三大业务板块，成功实施昆明长水国际机场、武汉天河国际机场、北京大兴国际机场、广州白云国际机场、海口美兰国际机场、成都天府国际机场等多个国内大型机场枢纽行李系统建设的同时，走出国门将市场延伸到安提瓜巴布达VC伯德国际机场、俄罗斯符拉迪沃斯托克国际机场、新加坡樟宜机场、印度尼西亚巴厘岛机场等16个国家和地区，为国家“一带一路”建设做出了积极贡献。

务实创新结硕果

抓好内部管理和产业开拓的同时，崔鸿刚刻苦钻研、积极承担科研任务，并将成果在实际项目中推广应用，成为推动产业发展的有力武器。2003年，完成国家烟草专卖局“新世纪制丝线”项目，该线的鉴定验收标志着我国烟草制丝线设备已达到国外先进水平，确立了昆船公司烟机产品在烟草行业的领导地位。2004年，参与完成的原国家计委“企业集成自动化”项目，树立了烟草行业的应用标杆，先后获得云南省科技进步一等奖和集团科技进步一等奖。2007—2015年，先后主持完成“应用于烟草制丝生产线的分布式智能控制系统”“烟草设备状态监测和预测维护系统研究”“面向分组加工及订单生产的柔性制造系统”和“卷烟分组加工制丝线柔性控制系统的开发”等多个国家科技支撑计划、国家烟草专卖局合作项目的研究工作，其中“卷烟分组加工制丝线柔性控制系统的开发”获云南省科技进步三等奖；“面向分组加工及订单生产的制丝线协同调度系统的开发”获得昆明市盘龙区科技进步一等奖。

凭借长期的工作积累和实践经验，崔鸿刚取得了丰硕的科研成果：获得省部级科技进步奖一等奖2项、三等奖2项，市级二等奖1项，区级和公司级特等奖2项，一等奖6项，二等奖2项；发表论文8篇，其中核心期刊5篇，EI收录2篇；发明专利已授权2项，实用新型6项，软件著作权20余项。

率先垂范做先锋

今年，突如其来的新冠肺炎疫情打破了人们正常的生活和工作，作为北京大兴、首都 T3 航站楼和武汉机场的驻场维保单位，昆船机场装备事业部承担着保障机场行李系统正常运行的任务，特别是处于疫情震中的武汉天河机场，承担着抗疫救援保障任务，必须万无一失确保行李系统正常运行。

恰逢疫情肆虐、工作繁重的关键时候，崔鸿刚的母亲突发重病不幸去世，他强忍悲痛，积极谋划、靠前指挥，想方设法调集抗疫物资和人员做好服务保障工作。武汉封城前和解封后两次赴现场安排工作，通过周密细致的工作，既出色完成服务保障任务又实现现场所有员工零感染，武汉机场集团向昆船公司发来热情洋溢的感谢信。疫情缓和后，崔鸿刚积极组织复工复产，在外购件配套件短缺、国内外物流停滞、施工人员不能及时到位的情况下，通过精心调配、合理安排、稳步实施，保障成都天府机场、昆明长水国际机场航站区改扩建行李系统工程建设等国家重大建设项目顺利推进。

事业重如山、名利淡如水，作为企业基层党员领导干部，崔鸿刚同志始终坚持对自己高标准严要求，在平凡的岗位上不负韶华、砥砺前行，充分展现了一个优秀共产党员的责任担当。

锐意进取，勇于担当，为军工生产保驾护航

——记九江海天设备制造有限公司高级技师（船舶电工）冯传德

立足本职岗位，始终坚持实践实干实效，在细微之处诠释忠诚，于平凡之中彰显精彩

冯传德于1971年12月出生，1992年7月参加工作，2008年6月加入中国共产党，现任中国船舶集团有限公司旗下中船九江海洋装备（集团）有限公司所属九江海天设备制造有限公司军品事业部维修班班长、高级技师。他曾先后多次被评为公司劳模、优秀共产党员、创新能手和设备管理先进个人，2018年入选九江市“双百双千”人才工程高技能人才培育计划，2019年入选九江市首批“九江工匠”，2020年获得九江市政府特殊津贴。

锐意进取，锤炼过硬品质

冯传德理想信念坚定，坚持自觉加强政治学习，深刻领会习近平新时代中国特色社会主义思想和党的十九大精神，增强“四个意识”，坚定“四个自信”，做到“两个维护”，守纪律讲规矩，坚守党性原则，站稳政治立场，严守政治纪律。

多年来，他始终以一名优秀党员的品德和党性提醒自己，充分发挥共产党员先锋模范作用，把做合格党员要求体现到忠诚于党、忠诚于国家、忠诚于事业的各个方面。他坚持以公司生产大局为重，团结带领维修班全体成员创新创效，攻坚克难，顺利处理了一起又一起设备故障，最大限度地减少了设备停台时间，为生产经营保驾护航。

刻苦钻研，练就高超技能

冯传德性格沉静，善于学习。自参加工作以来，他坚持自学专业理论，不断刻苦钻研业务，熟练掌握焊接设备、起重设备、数控加工中心等设备电气控制系统维修技能。

尤其是近年来，公司陆续购进了十多台套数控加工设备，他为了尽快熟悉其性能，

认真收集设备相关资料，工作之余，注重研究分析数控设备的电器图纸，熟悉了解设备参数和设计原理，通过网上查阅数控设备的相关资料，吸取先进电气方面科学知识，了解国内外先进的控制系统工作原理，加强知识储备。维修过程中及时做好维修保养记录，配合整理制定数控设备操作规程及维修保养手册，为新型数控设备的维护保养奠定了良好基础。他撰写的多篇设备维修论文还在《江西造船》上发表，向业内人士分享了维修经验心得。

2009 年，冯传德荣获江西省职工职业技能大赛优秀奖；2013 年，荣获“江西省技术能手”称号，取得人力资源和社会保障部电工高级技师技能等级证书；2016 年，取得集团公司船舶电工高级技师技能等级证书；2017 年，荣获集团公司首届青年“五小”创新创效成果优秀奖。他经常说的一句话是：“现在的数控设备大都是几百万甚至上千万的设备，如果是因故障不能及时排除而造成停台，耽误军工生产，损失太大，影响太大。”

创新创效，创造一流业绩

冯传德爱岗敬业，锐意进取，勇于担当，敢于争先，带领维修班攻坚克难，创造一流业绩。

他先后主持完成了公司数十台 70 年代生产的进口设备电气系统国产化设计与更新改造；主持 70 年代产 B1016A 型刨床高耗能直流发电机组节能改造，每年为公司节约用电约 10 万度；主持完成 70 年代俄罗斯产 2A656 型、捷克产 W160 型等多台大型镗床坐标数显系统的升级替换改造，提高了加工精度和稳定性，保证了产品加工质量。

他主持完成九江市“双百双千”创新创业资助项目《大型数控设备松夹刀改造》的设计和施工，并对四台大型数控设备松夹刀编程技术升级与改造，降低了劳动强度，提高了生产效率，每年可节约生产成本 20 多万元。

他主持完成 FBC200R 镗床查堵漏节能降耗项目，解决了设备工作台严重漏油问题和主轴丝杠轴承易碎问题，每年可节约成本费用 10 多万元；主持完成了 XK2130A 型龙门镗铣床地下静压站排水系统的自动化设计与改造，彻底解决了地坑积水问题，提高了设备运行的安全性。此外，他还主持完成桥式起重机多极滑触线的单极化改造，车间照明系统节能改造，降低了设备故障率和维护成本，每年可节约用电约 20 万度。

他先后圆满解决 XK2130A 龙门镗铣床 X 轴主动编码器出错报警故障、FBC200R 镗床频发性主轴附件牙盘夹紧不到位，夹紧放松指令不执行等故障、XK776A 铣床 Y 轴及 CK5250/1 立式车床伺服系统故障等数控设备疑难杂症问题，保证设备正常运行。

甘于奉献，深受干部职工好评

二十多年来，冯传德一心扑在工作上。他立足本职，甘于奉献，时刻牢记入党初心使命，严格遵守党纪党规，以实绩实效积极践行社会主义核心价值观和军工精神。在同事心中，他是一位良师益友。他牢记党的宗旨，紧密联系职工群众，乐于助人。他不仅坚持提升个人技能，还致力于加强班组建设，热心带徒传艺，推行班组内部学习交流，带领组员深入分析设备故障，研讨维修方案，充分发挥其个人理论和实践经验，言传身教，累计培养技师 4 名、高级工 3 名。同时，他经常为九江公司其他兄弟单位解决数控设备的疑难故障，受到了上级领导和兄弟单位的一致好评。

冯传德理想信念坚定，工作勤奋敬业，主动担当勇挑重担，始终保持饱满的工作热情和高昂的工作斗志，立足本职岗位，始终坚持实践实干实效，锐意进取、攻坚克难，平常时刻看得出来、关键时刻冲得上去，在细微之处诠释忠诚，于平凡之中彰显精彩。

践行船舶科技工作者的使命担当

——记中国舰船研究院某研究室副主任于钺

以工作为重，以外场为家

用实际行动践行着新时代军工人的责任担当

于钺，一名80后青年科技工作者标兵，一位具有11年党龄的老党员，长期从事电子信息系统顶层规划、总体设计、预研课题、型号工程等研究工作。作为重要技术骨干，他先后参与完成了某信息系统总体设计、系统仿真、系统试验等重点工程项目的科研论证及预研课题研究，为我国电子信息系统顶层研究贡献应有力量。

坚定理想信念，争做军工报国的追梦者

科研工作，需要的是一份坚守，科技工作者必须肩负起祖国、时代赋予的使命。于钺主动将个人命运融于祖国发展，始终把“兴装强军、兴船报国”作为使命追求。自参加工作以来，于钺带着强烈的使命感与责任感，投身多项重大装备研制任务中。这些项目研制周期长、调试难度高、战略意义重大。为了圆满完成工程，他多年奋斗在科研一线、试验一线，以工作为重，以外场为家，用实际行动践行着新时代军工人的责任担当。

在某电子信息系统研制期间，于钺潜心研究，翻阅文献资料上百份，最终完成系统设计，形成国军标1份、国防报告2份，有力支撑了该项目顺利进行，为形成相关技术标准，规范信息系统科研发展提供有力技术支撑。在某重点工程建设期间，于钺多方组织协调联调试验工作，勇于担当，敢于作为，组织解决了多网络配置不匹配，网络信息互通不畅等多重技术难题，保证了装备顺利交付。在某战区行动中，于钺克服时间紧、任务重、领域陌生等困难，紧急攻关、全力推进，牵头圆满完成船舶集团部署任务并取得实际战果，获得了战区机关和任务部队的好评。

躬身科研实践，力做船舶事业的探索者

一名共产党员，在科技实践的征途上，只有比别人吃更多的苦、流更多的汗，才能对得起鲜红党旗下的庄严承诺。于钺牢记自己作为军工科研工作者的神圣职责，在船舶科研领域奋力攀登，以真才实学服务舰船事业，以砥砺笃行贡献国家发展。

只有钻进去、才能干出来，只有沉下去、才能浮上来。于钺面对电子信息系统总体工作涉及专业要素多、关系复杂、难度大、要求高等特点，始终以强烈的紧迫感潜心学习，积极拓展知识领域，通过多种资料的学习和现场试验的实践，掌握了电子信息系统基础理论，了解了我国电子信息系统实际特点。

作为项目技术骨干，在项目攻关关键时期，于钺冲得上、顶得住，克服爱人刚生小孩、自己身患带状疱疹等困难和病痛，舍小家为国家，坚守试验一线。于钺的辛勤付出保障了重点项目的顺利进行，他用突出的业绩和过硬的作风，展现了船舶军工人拼搏奉献的时代精神。

扛起责任担当，勇做攻坚克难的搏击者

于钺长期工作在电子信息系统科研一线，他立足本职岗位，以技术本领自立，以科技创新自强，以追求卓越自律，勇做舰船事业的建设者。

于钺作为某重点工程项目副总师，集智攻关，组织项目团队 20 余名共产党员并带领青年突击队在学中干、在干中学，利用方案研讨、装备安装调试、联调试验、技术协调等攻坚技术难题、提高专业能力，他们克服了高温、高湿、强太阳辐射的恶劣自然环境，聚焦主责主业系统梳理装备类别、作业区及装备安装单体，建立拉单挂账制度，紧抓落实，确保各项工作稳步推进，发挥了共产党员的先锋模范作用。在装备建设过程中，于钺前出 4 次，累计超 8 个月的时间在条件艰苦的前场工作，一次性驻场工作超半年时间。“千淘万漉虽辛苦，吹尽狂沙始到金”，经过多年努力，某重点工程项目顺利完成交付，项目团队以“每一份奉献都是力量，每一份辛苦都是砺剑”的战斗情怀，以对国家、对民族、对历史高度负责的态度，用实际行动践行自己的入党誓言。

新时代新征程，建设世界一流海军的时代号角已经吹响。作为一名党员，作为一名科技工作者，于钺拥有坚定的政治信仰，掌握过硬的能力本领，具备优良的工作作风。他热爱工作，团结同志，联系群众，能够坚持原则、吃苦耐劳，具有全局观念、集体观念和良好的协作精神，是国防科技一线共产党员的典型代表，是身边党员群众学习的优秀榜样。

巾帼战疫　纤而有力

——记中国舰船研究院六七二医院感染三病区护士长张琦

她成了护士们的“主心骨”和患者们的“贴心人”

在这场没有硝烟的战斗中努力奉献自己的力量

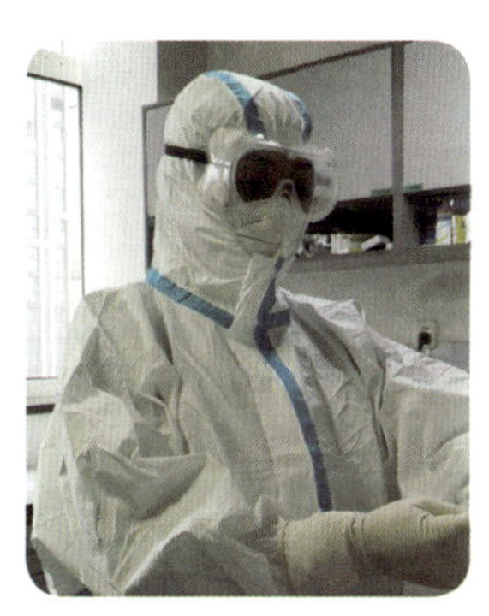

2020 庚子开年，新冠肺炎疫情在武汉肆虐，中国船舶集团有限公司旗下中国舰船研究院武汉科技开发中心湖北六七二中西医结合骨科医院感染三病区护士长张琦冲锋在前，带领科室 16 名护士奋战 48 天，收治患者 103 名，为武汉地区疫情防控做出了突出贡献，彰显了医者仁心的崇高境界和船舶军工人勇于担当的责任使命，是当之无愧的巾帼战疫先锋。

大敌当前，主动请缨

1 月中旬，六七二医院被确定为新冠肺炎患者定点收治医院，正处于骨折康复期的张琦毅然向医院递交了请愿书，申请上阵一线。由于六七二医院是骨科专科医院，为收治患者，所有病区都要进行改造。在院长李绪贵的指导下，张琦忍着疼痛，和全科 16 名护士全力投入紧张的病房改造工作中，争分夺秒，仅用 3 天时间就完成了艰巨的改造工作。1 月 31 日，张琦带领护士们进入“战场”，“战斗”正式打响。

武汉战疫初期，医院诊疗秩序和防护措施还没有“步入正轨”。每天，科室里重复最多的一句话就是：“张护士长在哪儿？张护士长呢？”张琦从早忙到晚，几乎没有时间休息，安排保障物资领用、督查护士防护、指导护士护理工作、查看危重疑难病人、给患者进行心理疏导以及生活照顾等。她成了护士们的“主心骨”和患者们的“贴心人”。

医者仁心，专业护理

战疫期间，张琦带领感染三病区 16 名护士，收治患者 103 名。护士们普遍年轻，传染病护理和自我防护经验都比较缺乏，面对生死考验，在工作中有些恐惧心理，危急时刻，张琦总是冲在最前面。当时，医院收治了一名 42 岁的男性患者，入院当天状态挺好，但第二天就病情加重，抢救无效去世。护士们有些恐慌，不知如何处理，张琦刚从隔离区出来，她又立即穿好防护服进去，按消毒隔离要求，做好了逝者的料理工作。

然而，更严峻的考验还在后面。在该患者去世的第二天，有名护士就确诊了。“护士们当时知道了这个事，有些崩溃，哭成了一团，我也没忍住躲在楼梯间哭了。其实我内心也慌，一方面担心确诊的护士；另一方面，担心病人这么多，护士们心态崩了，怎么开展工作？”张琦说，“我只能强颜欢笑安慰护士，那段时间真是挺艰难的。”

人一紧张就会瞎想，护士们一丁点儿小事都会叫“护士长，护士长”，张琦就到处“救火”；每次护士们进入隔离区前，张琦都仔细监督检查，确保她们穿戴好防护服。“在整个战斗中，我们的护士从害怕恐惧到沉着冷静，从未退缩；工作很累，她们还要抽时间学习，快速熟练掌握呼吸系统疾病和传染病相关知识，竭尽全力做好各项工作。”张琦说。

感染三科收治的患者大部分心理压力都很大，张琦带领护士们在做好常规治疗护理、照顾生活不能自理病人工作基础上，积极开导、鼓励患者，和他们一起唱歌、绘制卡片，把捐赠给医护人员的牛奶和水果都给病人，用细致贴心的服务消除患者的心理恐慌，帮助其树立战胜病魔的信心。一位 80 多岁的老人出院时，热泪盈眶，拉着张琦的手，深深鞠躬，并说等疫情结束后一定要到医院来，看看照顾她的张护士长长什么样。

张琦带领全科护士奋战在武汉抗疫一线，不眠不休，与时间抢生命，救治患者 103 名，完成武汉市洪山区新冠肺炎治愈后合并基础性疾病患者延续医疗服务任务，协助参与武汉“十天大会战”全市核酸筛查并承担了集团公司在汉成员单位职工及家属，以及国际合作项目巴基斯坦友人的防治指导工作。

张琦的付出也得到了认可和肯定，她被评为“全国卫生健康系统新冠肺炎疫情防控工作先进个人”“中国船舶集团优秀共产党员”。对待荣誉，她说：“其实荣誉应该是大家的，单凭我一个人不可能扛过这么艰难的阶段，护士们可能比我付出的更多。我们团队每天不断地相互加油鼓劲，同时，患者的康复也激励着我们的工作干劲，最后我们都坚持了下来。”

援外抗疫，为国争光

随着武汉地区疫情防控工作不断巩固稳定，苦战了48天的感染三科正式关科，战斗暂时告一段落。但是，张琦的脚步没有停歇，她向医院提交了请战书，原地待命，计划奔赴巴基斯坦战疫前线。

在抗击疫情的战斗中，六七二医院累计收治新冠肺炎患者847例，治愈出院578例。为帮助巴基斯坦抗疫，医院组建了医疗队，待命赴当地一线支援，张琦是其中之一。她在请战书中写道："作为党员干部，我更应该积极响应上级号召，发挥模范带头作用，特此申请去援外抗疫一线，我保证不负使命，圆满完成工作任务，为祖国争光。"

"万众一心，没有翻不过的山；心手相牵，没有跨不过的坎。医院的每一名工作人员，都在这场没有硝烟的战斗中努力奉献自己的力量。"张琦说，"我们电梯间有一件'白衣战袍'，奋战在一线的党员都在上面留下了名字，这对我们来说时刻是一种激励。"

巾帼战疫，纤而有力。张琦牢记初心使命，在武汉抗疫战斗中展现了医者大美和巾帼大爱，用实际行动书写了新时代共产党员的担当。

“疫”不容辞保交付 强军首责勇担当

——记中国船舶工业系统工程研究院四所某室副主任杨森

立足国产芯片和软件开发平台，潜心研究数字智能驱动模块，成功实现设计、开发、生产、测试环节均自主可控

皱纹和白发也许带走了他的青春与岁月，但带不走他的梦想和情怀。

2012 年参加工作的杨森，现任中国船舶集团有限公司旗下系统工程研究院四所某室副主任。作为一名党员，他始终不忘初心，使命在肩，充分发挥党员在各项工作中的先锋模范作用，事事处处以身作则。先后获得 2017—2018 年度中国船舶集团青年岗位能手称号、系统工程研究院“十二五”优秀科技成果三等奖、2016 年度系统工程研究院 / 中船电子科技有限公司科研生产奖等荣誉。

自入职以来，他一直奋斗在综合电力领域业务开拓的一线，寒来暑往，奔波不息。疫情期间，杨森带领团队在支部成立“党员突击队”，远赴试验现场，全力保证某重点型号的装备交付任务，充分体现出共产党员关键时刻“站得出来、冲得上去”的优良作风。他带领团队不断强化基础研究，勇于创新，逐步摆脱对外部技术的过度依赖，形成以变频控制见长的特色专业，有效支撑了系统工程研究院的高质量发展。

不惧疫情保交付，争做最美逆行者

2020 年是某重点型号的装备交付年，需完成大小百余套设备的集中交付任务。为了满足交付进度，也为了让同事过个安稳年，杨森作为项目负责人主动提出大年初二独自奔赴现场开展调试工作。然而，新冠肺炎疫情打乱了所有计划，一个个封城令、停工令接踵而至，他心急如焚，焦急地等着、盼着疫情的好转，一直等到大年三十晚上接到暂缓出差的通知，才无奈把车票退掉。

等到2月下旬疫情趋于稳定，他再次主动请缨，成立了“试验场区党员突击队”逆行奔赴前线。出行前，他简单地说了一句话“请领导放心，我们一定按时完成交付任务，也一定把兄弟们平安带回”。此话虽朴实无华，但字字铿锵有力。在隔离期满后的第二天，杨森就在现场备齐了折叠床、方便面、体温计、酒精、消毒液等生活用品和防疫物资。为提高调试效率，他科学筹划，打乱调试顺序，见缝插针，环环相扣，最大限度地压缩调试周期。为节省时间，他重新编排了试验小组，轮班休整，连吃方便面的时间都全部错开。就这样，他带着团队连续数月工作到凌晨，与时间赛跑，全力追赶进度，确保设备如期交付，得到了船厂的高度赞许和致信表扬。

其间，面对家人的抱怨和不解，他深知作为家里顶梁柱的责任和压力；面对凶险的疫情，他清楚感染的风险和后果；然而他更知道作为一名军工科研人员的神圣使命，一名共产党员关键时刻迎难而上的初心与誓言。

敢啃“硬骨头”，拼搏有担当

某动力应用上船对动力系统的稳定性和匹配性带来极大挑战，该船型对设备特殊性能提出了极为严苛的考核要求，项目难度之大不言而喻。

杨森作为项目负责人毅然扛下重任，带领项目组埋头苦干，与总体单位共同完成多项关键电气指标的论证工作。他和团队认真分解每一项功能性能，从技术方案、结构设计、材料选型等方面，反复仿真计算和试验验证。研制期间，为满足某一重要指标，项目组先后生产多套样件，优化了数十版设计方案，最终得以满足要求，设备性能进一步提升。

当团队核心骨干无法忍受每年离家多达200天的外场试验时，他告诉他们，只有扛得起责任、耐得住寂寞、经得起摔打的人，方能涅槃。

自强破困境，潜心解难题

仅仅依赖与外部优势资源深度合作，不足以支撑中国船舶集团和系统工程研究院在新领域高质量发展。因此，他带领团队持续发力变频控制领域，逐步摆脱对外部资源的技术依赖，形成以变频控制为特色的优势专业。

当自主可控成为我国科技工作者面临的当务之急时，针对本专业某些模块受制于人的现状，他带领团队立足芯片和软件开发平台，潜心研究数字智能驱动模块，成功实现设计、开发、生产、测试环节均自主可控，从根本上解决了“卡脖子”问题，并与相关单位共同开展某重大工程的科研攻关，有效支撑国产器件在舰船领域的快速应用，同时提升了数字化设计和智能化水平，促进综合电力系统核心模块自主化能力再上一个新台阶。

如今，33 岁的杨森长满了与年龄不相称的白发，从一名不经世事的毕业生成长为综合电力领域多个型号 / 科研项目的负责人。在同事眼中，杨森是乐观向上，想为敢为能为的“拼命三郎”。然而，在家人眼中，他却是一个“暮婚晨告别，无乃太匆忙”的丈夫，是一个不曾为女儿庆生过一次的父亲，是一个连春节都无法陪伴老人的儿子。他深知，既然选择了军工，那就选择了孤独与忍耐，选择了牺牲和奉献。在大家和小家之间的权衡中，在大爱和小爱之间的取舍上，他无悔于自己的选择，无愧于共产党员这个光荣身份。前进的道路虽然崎岖不平、充满荆棘，但路上的风景值得克服千难万险去欣赏，只要心中有梦，只要他还能走得动，将会永远在路上。

皱纹和白发也许带走了他的青春与岁月，但带不走他的梦想和情怀，杨森用行动诠释共产党员的初心与使命，用付出彰显共产党员的责任与担当。

笃志扬帆　磨砺前行　潜心科研铸卓越

——记中国船舶工业综合技术经济研究院副总工程师雷贺功

长期从事前沿技术、装备创新等领域决策咨询研究，具有突出业绩和行业影响力

甘于奉献淡泊名利，无悔人生献国防

雷贺功现为中国船舶集团有限公司旗下综合技术经济研究院副总工程师、科技委副主任、党支部书记。他长期从事军工科技战略、前沿颠覆性技术研究，脚踏实地、一步一个脚印地从普通科研人员磨砺成长为中国船舶集团学科带头人。“耕耘不辍、奋战一线”是他的常态，“勇挑重担、敢于创新”是他的标签。十几年来，他凭借饱满的工作热情、谦和的工作态度、扎实的研究功底、开阔的战略视野和始终如一的拼搏实干，先后完成了多项重大战略咨询研究任务，取得较大工作业绩和行业影响力，以实际行动持续发挥党员的先锋模范带头作用。

理想信念坚定，政治素质过硬

雷贺功立场坚定，思想进步，坚决拥护党的领导，坚持党的基本路线。入党以来，他始终保持着一颗不断进取的心，不断提升理想信念、战略思维、领导能力。

作为支部书记，他坚持“干在实处，走在前列”，以提升战斗力为主线，努力锻造战斗堡垒。一是抓实基层党建，夯实思想基础。严格执行“三会一课”制度，集中组织开展政治理论学习，并将思想意识形态教育纳入年度工作计划。二是做实队伍建设，打牢发展根基。对表现优秀且积极要求入党的同志，落实专人结对联系，做好教育、引导；强化专业建设，以党员骨干为带头人，组建技术体系、颠覆性技术等 7 个核心技术团队，取得突出成效。三是抓实学习型党支部建设。坚持“集中地学、深入地学”，以“三会一课”、主题党日为抓手，强化支部党性学习；坚持“实践中学、走出去学”，精心策划并派员参加国防科技50人论坛等，增强团队专业本领。2018年，他所在的党支部获中国船舶集团先进基层党组织称号。

扎根军工科研一线，工作业绩显著

雷贺功长期从事前沿技术、装备创新等领域决策咨询研究，具有突出业绩和行业影响力。

攻关能力突出，获多项奖励。他发表论文50余篇、著作30多部，成果发挥重要引领和支撑作用；获23项科技成果奖，包括全国企业管理现代化创新成果奖二等奖1项、国防科技进步奖二等奖1项、国防科技进步奖三等奖2项、中国船舶集团科技进步奖二等奖7项、中国船舶集团科技进步奖三等奖7项、国防科技工业企业管理创新成果奖一等奖1项、国防科学技术信息学会三等奖1项等。此外，他还获中国船舶集团科技创新突出贡献个人、中国船舶集团贡献奖等多项荣誉。

承担多项重大战略研究任务，长远谋划装备方向和攻关重点。作为权威专家，雷贺功承担多项军队和政府重大战略编制，谋划长远发展和技术路径，多项成果报中办国办军委，有关内容在国家规划中体现。他发挥专家作用，做好技术基础学科带头人，承担集团《技术基础规划》《中长期发展战略》《科技创新指导意见》等任务，研提发展重点和对策建议。

探索和实践新型服务模式，推进成果转化落地。2018年，雷贺功团队联合军内外国防科技实验室、实体企业、投资机构等，发起组建国内首家“国防科技创新基地战略联盟”，主办首届高峰论坛，被新华社、光明网、《中国船舶报》等媒体报道。同时，以打造高水平合作交流和协作创新平台为目标，倾力打造实验室开放日等品牌，积极对接地方政府、金融机构等，切实推进科技成果转化，为产学研用全链条创新做出贡献。

创新研究模式和方法，推进转型。他创新性研发“大柳树决策支持系统”“国防技术知识树”等，探索和构建国内首家面向国防科技前沿、具有自主知识产权的国防战略前沿技术自动扫描、识别、预警、分发和服务系统，知识树节点超过2000个，专业数据量超过15T，为打造行业品牌，实现业务转型升级，奠定了技术手段、方法、模式和技术基础。

打造行业智库，提升决策影响力。作为主要负责人，他积极推进集团海洋防务装备战略研究中心运行；打造“大柳树防务研究所”国防科技智库品牌，坚守“支撑政府军队决策，引领国防科技发展”的使命，实质推进管理体制、用人机制、研究模式、产品体系、合作交流的改革创新，助力一流国防科技智库建设。

甘于奉献淡泊名利，无悔人生献国防

“我们最缺的不是能力，而是时间”，这是雷贺功常挂嘴边的一句话。从事科研 15 年，雷贺功舍小家、顾大家，忠诚于祖国、忠诚于党、忠诚于事业，长期坚守一线岗位，从未休过一次带薪假，工作日的晚上和周末，都可以看见他忙碌的身影。曾经，他连续 22 天封闭攻关，每天仅睡 2~3 个小时。

生活中，雷贺功乐观勤奋、认真负责，严于律己，遵守党纪党规，廉洁从业，践行社会主义核心价值观和企业理念，树立了良好的党员形象；积极听取和反映群众意见，帮助解决实际困难，在群众中享有较高威信，其工作和所做贡献得到广泛认可和好评。

近些年，雷贺功获得不少荣誉，多项成果获国家领导人和首长批示，引领、推动和支撑了相关领域发展，但他不骄不躁、淡泊名利、宠辱不惊，坚持高标准、严要求，主动承担更多科研任务，始终脚踏实地、认真敬业，以高度的使命感、责任感和专注度，投身军工科研事业。

用改革工作　推动集团高质量发展

——记中国船舶集团战略规划部改革处处长蒋日富

面对突如其来的新冠肺炎疫情，他积极落实疫情防控措施，加班加点克服疫情带来的不利影响

蒋日富现任中国船舶集团有限公司战略规划部改革处处长。1996 年，他考入大连理工大学动力工程系热能工程专业。2007 年进入第七一四研究所工作，在经济研究中心从事船舶行业研究和战略规划咨询服务，2008 年晋升主任工程师，2010 年获高级工程师职称。

有效规划　助力集团高质量发展

2011 年 6 月，蒋日富从七一四所调入原中国船舶重工集团公司规划发展部，担任规划一处副处长，组织开展中长期规划、三年滚动规划及专项规划编制、军民品固定资产投资和对外投资管理、对外战略合作协议起草及推动实施、各类材料撰写等工作。在此期间，组织完成了“十二五”及“十三五”两个五年规划（草案）及各年度三年滚动编制；完成部分军工建设投资项目论证申报和立项批复，组织开展声隐身能力建设等专项论证，为集团公司“十二五”获得军工能力建设投资位居军工集团前列做出了贡献；组织完成部分民品固定资产投资项目审批工作，对口联络国家有关部门争取各类资金支持，助力了民品产业发展。

2016 年 6 月，原中国船舶重工集团公司总部职能部门改革，规划一处改组为改革办公室，蒋日富留在改革办工作；2017 年，经竞聘担任改革办副主任，协助领导组织开展 2017—2019 年企业发展规划编制，组织推进完成“压减”、子企业功能界定与分类、混合所有制改革、内部企事业单位重组整合、股权激励等改革以及国家改革试点工作，组织召开改革会议、总结报告、信息报送等工作，组织完成股权投资项目审批及管理办法制修订、对外战略合作、军民融合等工作。2017 年，他通过与处内同志的共同努力，超额完成了国资委“压减”任务，为集团公司获国资委考核加分做出了贡献。

2019 年 7 月以来，蒋日富参与完成了两船重组请示方案报国家审批并配合完成新集团公司注册等工作。特别是在今年新冠肺炎疫情肆虐期间，他积极落实疫情防控措施，同时克服疫情带来的不利影响，坚持加班加点，配合领导组织完成集团公司重组整合总体方案论证上报以及船海服务业企业、中国船舶报社重组整合方案论证批复；阻止完成两户企业申报“科改示范行动”及其改革总体方案论证，完成一户企业改革总体方案批复等工作；组织完成新集团公司股权激励管理办法制定印发等工作，为新集团重组设立贡献了微薄之力。

不忘初心　尽职做好本职工作

2017 年 3 月以来，蒋日富担任了原中国船舶重工集团公司规划发展部党支部宣传委员。工作中，他尽职尽责，参与组织规划发展部认真开展了“两学一做”学习教育活动、反腐倡廉教育宣传月活动、“学张进、当先锋、做表率、比贡献”主题活动等相关活动，组织学习、贯彻、落实党的十九大精神，推动了规划发展部承担的规划、全面深化改革、固定资产投资管理和其他综合性工作的顺利进行。

蒋日富具有较强的团队工作意识，在改革办公室组建初期，由于新进的同事比较多，他尽心尽力帮助新进同事尽快熟悉工作，共同努力做好各项工作；在业务工作中以团队工作为重，能做到先人后己，把处内同志提交的办理事项先处理好，再完成自己独自承担的工作，加班较多。

蒋日富的工作得到了组织和领导的肯定。2007 年工作以来他曾获得中国造船工程学会科技进步奖三等奖、中国企业改革发展优秀成果一等奖，获得正高级工程师职称，先后被评为七一四所先进工作者和优秀共产党员，2018 年被评为原中船重工集团 2017 年度优秀共产党员，2017—2019 年期间连续三个年度被评为原中船重工集团优秀员工。

改革工作要求很高，既要熟练掌握国家政策，也要熟悉集团公司企业实际情况，更要有改革担当精神，有积极抓落实精神。面对这些要求，蒋日富对自己提出了今后的努力方向：一是进一步加强政策学习研究，熟悉和深入把握国家政策，做好与国家改革部门的沟通汇报。二是进一步加强调查研究，深入了解集团公司企业实际情况，提升改革工作的科学性和可操作性。三是进一步提升自主工作意识，改进工作方法，提高工作效率，高质量完成本职工作。四是进一步提高基础业务素质，掌握良好的沟通协调能力，依法依规处理好各种矛盾，把握好各种风险，提高服务能力和水平。

二、优秀党务工作者

践行工匠精神　抓好党务工作

——记江南造船（集团）有限责任公司党委工作部部长助理张波

坚持专注的“工匠精神”

抗击疫情的“隐形战士”

基层党建工作涉及面广、标准高、要求严、责任重，在工作中不可避免地会面临诸多矛盾困难和复杂问题，这时就需要由精益求精的“工匠精神”和“千磨万击还坚劲，任尔东西南北风”的坚韧平直去战胜困难，解决问题。

作为一名从事基层党务工作已有13年的老党务工作者，张波始终保持对组织工作的专注和钻研精神，紧盯新形势，落实新要求，拓展新路径。同时，在抗击疫情这场没有硝烟的战争中，党委工作部作为牵头部门，她在前期的大数据采集和分析、组织协调基层党组织落实公司党委防疫工作各项要求，确保防疫“零目标”方面，用实际行动诠释了一名党员、一名党务工作者的初心和担当。

坚持专注的“工匠精神”

作为专职党务工作者，加强政治理论学习是本职中的本职，按照“先学先研，更实更严”的要求，张波自觉学习马克思主义基本原理和经典作家原著原文，紧跟学习习近平系列重要讲话精神，用习近平新时代中国特色社会主义思想武装头脑，坚定理想信念，增强“四个意识”，坚定“四个自信”，做到“两个维护”。

张波参与构建了江南造船“学、研、用”三位一体的中心组学习机制，在深度学习、凝聚共识、推动发展方面做了很好的探索：建立了“12347”的党建工作体系，为公司党建工作补足短板、创新特色、引领发展奠定了坚实基础；建立了“1344”大项目党建体系，使来自四面八方的党员在一面党旗下共同为国防建设攻坚克难，确保了工程试验在极其困难的客观条件下顺利实现节点目标；推进了党建信息化建设，为公司党建工作的规范化和高效率提供了支撑；完善流动党员管理机制，引导劳务工党员在生产经营和劳务工群体中主动发挥示范引领作用；试点开展“共产党员工程”，充分发挥了江南红色引擎的作用。

抗击疫情的“隐形战士”

2020 年，一场关系到全国人民生命健康的疫情防控战打响。春节前夕，随着疫情的加剧，防控形势空前严峻。张波每天要对公司两万人的大数据进行统计和分析，为公司防疫领导小组做决策提供数据支撑，组织协调基层党组织落实公司防疫领导小组的各项决策，并要检查完成情况。就这样每天只能睡上 3 个小时的她，终于累倒在办公桌前，家里孩子老人更是完全顾不上，孩子经常问：“妈妈你什么时候才能在家陪陪我？”在这场疫情防控战中，她用实际行动诠释了一名党员、一名党务工作者的初心和担当。

以高质量党建引领企业研发设计工作乘风破浪

——记沪东中华造船（集团）有限公司研发设计院党委书记夏勇峰

在实践中不断锻炼队伍，发展队伍

对待关键问题直面挑战，攻坚克难

夏勇峰是沪东中华造船（集团）有限公司研发设计院党委书记。拥有16年党龄的他，有着坚定的理想信念和扎实的政治理论基础。专业上，作为一名企业高级管理干部和重大项目主任设计师，他具有丰富的管理经验和扎实的专业知识。这些年来，他倾注最多心血的还是党的建设工作，在全面从严治党不断向基层延伸的当下，他积极思考并深入践行“造舰强军，造船兴国”的军工央企核心使命，以高质量党建引领企业研发设计始终走在时代前沿，助力沪东中华在高质量发展征程中蹄疾步稳。

政治过硬，严守纪律和规矩

夏勇峰严于律己，宽以待人，在日常工作和业务交往中，坚持把政治纪律和政治规矩挺在前，把责任和使命扛在肩。去年，他以“不忘初心、牢记使命”主题教育为契机，坚持问题导向，针对出图效率、质量等问题组织开展“精益求精、创新超越”的学习研讨会和专题辅导会，统一思想，凝聚上下心力；针对新型船舶研发组织开展专题调研，寻“招”破题，实现2019年经营承接217亿元重大突破；针对年度重点产品设计攻坚任务组织党员设计攻关团队，连续苦战完成节点目标。

业务精通，创新方法和实践

结合实际，融入中心，创新实践，一直是夏勇峰秉持的工作理念。他积极将党建工作融入中心，聚焦某新型军品船、LNG 船、23000TEU 双燃料集装箱船等年度重点产品，把业务能力强，在重点产品、国家重大攻关项目上表现突出的技术骨干人员发展为党员，为党组织增添强有力的新鲜血液，不断建强党员队伍。近年来，通过党建“四创”工程和项目制党建工作、“团结奋战保节点，苦练内功降成本”党内主题活动、“帮学促”活动、党员示范岗和责任区等活动的开展，他在实践中不断锻炼队伍，发展队伍。夏勇峰担任研发设计院党委书记后，加强党员、干部经常性纪律教育，利用党组织“三会一课”平台组织廉政专题学习，以典型案例为镜鉴，开展敏感岗位人员廉洁谈话以及节假日前廉洁提醒等形式，增强员工廉洁自律意识；抓各级干部“一岗双责”落实情况，把党风廉政建设和业务工作相结合，在部门年度工作策划、月度工作会、重点产品项目例会上坚持业务和廉洁“三同时”。

作风正气，敢于担当和作为

对待关键问题直面挑战，攻坚克难，一直是夏勇峰的风格。多年来，培养人才、留住人才、壮大队伍一直是困扰研发设计部门的难题，更是基层党组织严格履行“党管干部，党管人才”的重要使命。在担任研发设计院党委书记以来，他重点策划、组织编制了研发设计院未来 3 年人才队伍建设报告，并与行政部门一起梳理和调整研发院骨干人员，通过设计项目和绩效分配手段来进一步确保研发设计骨干队伍的稳定，按照“对标市场薪酬、聚焦核心骨干”的原则，制定《骨干稳定和激励方案》，并对骨干人员实施稳定激励措施，突出岗位贡献度和工作业绩为导向的激励考核目标；与人力资源部门一起对员工岗位晋升模型中的人员职责、能力等指标进行优化设置，体现研发设计岗位的特点，优化晋升通道，调整部分设计岗位价值，淡化原理设计和生产设计的岗位差异；规范主任设计师的聘、评工作，按要求进行年中和年度的考评和评优工作；疫情肆虐期间，研发设计院积极组织与生产部门和协作合作单位，特别是国外船东船检、合作单位的联系，有效保证了公司的连续生产和有序施工，确保全年工作“目标不变、任务不减”。

夏勇峰认为，把事情做得更好是一名共产党员应有的人生追求。只要坚持、努力、矢志不渝，很多困难就会迎刃而解，很多不可能就会变成可能。他坚信，中国一定能实现造船强国梦。

扎根一线夯实党建责任　立足岗位践行初心使命

——记上海外高桥造船有限公司制造一部党支部书记、部长郑志波

开创“0、1、2”学习法，创新实施“积分制”，确保队伍先进性

党建工作深入科技业务，重视人才建设

在上海外高桥造船有限公司，提起制造一部党支部书记、部长郑志波，几乎每个职工都会竖起大拇指。因为他始终以饱满的工作热情和永不停歇的进取精神，恪尽职守、辛勤工作，出色完成上级交办的各项任务；始终以抓铁有痕的工作劲头和踏石留印的工作作风，勇于创新、奉献进取，立体诠释了党支部书记的责任与担当。

牢记初心使命，确保党建责任抓实抓细抓落地

郑志波在思想上紧跟形势发展和工作需要，不断提高政治理论水平，加强党性修养。作为一名党员，他带头参与党组织的各项学习活动和组织生活，深刻领会党的理论、方针和政策。作为一名党支部书记，他积极研究新形势下党建工作的新要求，严格落实党建责任制，团结带领班子成员推进各项工作。作为部门负责人，他恪守“一岗双责”，不断提高自身管理能力，为部门谋发展、促改革。

“抓好党建就是最大的政绩，党建好生产经营一定好”是郑志波的座右铭。他结合部门生产经营任务特点和党员职工队伍状况，提出把“两学一做”学习教育、高质量发展、提质增效、建模 2.0 等新元素融入“三会一课”制度，开创了独特的“0、1、2”学习法。“0”即支委会先学“定方式”、“1”即 1 次党课“指方向”、“2”即 2 次交流体会和行动总结“验效果”。他把学习成果切实转化为基层党建工作的实践，开创了党建融入中心的新局面。

建强战斗堡垒，推动部门生产高速高质高绩效

随着首制大型邮轮项目的推进，部门业务发生了重大变化，作业区域和作业人员急剧扩大，业务范围更趋复杂，部门年度生产任务十分艰巨。面对挑战，书记、部长一肩挑的他迎难而上，深化“抓党建从业务出发，抓业务从党建入手”的工作理念，围绕党建融入中心工作整体布局，组织支委领导班子聚焦生产中的重难点问题，开展专题调研，认真研究部署落实，实现党建与中心工作同频共振。针对“FAST4WARD”新型 200 万桶 FPSO 首制船生产计划紧、生产任务繁重的实际情况，他成立 FPSO 建造突击队并亲自指挥。通过精心组织、分解目标、平衡资源、吃透标准，严控计划，FPSO 分段平均制作周期压缩了 5.7 天，计划对应率提升了 3%，部门电焊效率也从 11.3 米 / 小时提升为 14.5 米 / 小时，整体效率提升至 15 小时 / 修正总吨。面对新工艺工法推广难题，他制定党员督导员管理办法，组织党员与现场班组结对，利用空余时间进行辅导，运用“一人四机”的方法，大幅提高焊接效率，有效缓解电焊工短缺问题。面对大型邮轮首制船技术应用难题，他带领支委组织邮轮工艺策划、风险防控专题学习。在部门人才队伍建设中，他注重发挥劳模工匠带头作用，参与、指导部门劳模工作室建设，鼓励部门工匠、技师、优秀青年骨干在技术科研攻关中建功立业。在他担任部门党支部书记的四年时间里，部门共计 74 个项目获得了国家专利，完成科研课题 69 项，17 篇论文在行业刊物上发表，连续 3 年节约成本 500 万元以上。

周密部署落实，确保防疫复产两手抓两手硬

郑志波在疫情中主动扛起组织部门 2200 名员工返岗复工的重责，放弃春节假期，连续 24 小时在线统筹协调生产防疫两手抓工作。通过顶层策划、全面部署、职责分解，协调联动、重点落实，建立起“九到位”疫情防控和生产复工网络，以防护宣传、信息摸排、防疫消杀、巡查监督、就餐分流、应急处置、生产部署为抓手，树立多道防疫管理闸门。

面对疫情，郑志波提出以“保节点、促生产”为核心的管理目标，全面落实民船、海工、邮轮建造，对全年生产任务“划重点、指方向、寻出路”。通过建立“交互式”沟通平台，充分挖掘内部潜能，鼓励各区域建立产能调配机制，整合人力资源，加强区域联动、深化前后道衔接。短短 3 个月，部门复工复岗率就达到 100%，综合生产能力全面恢复，民船生产有序进行，海工 FPSO 系列陆续开工，大型邮轮按计划连续建造，各项生产经营指标圆满达成。

潜心船舶动力事业的笃行者

——记沪东重机有限公司风险监督党支部书记肖强

一位潜心船舶动力事业的笃行者，精心谋事、专心做事，确保工作件件有落实，不出成绩不松手

开展支部大讲堂，创建支部品牌，学做结合，积极作为

肖强，中共党员，沪东重机有限公司纪委办公室、纪检部主任兼风险监督党支部书记。2019 年 7 月，他荣获上海船舶系统优秀党务工作者荣誉称号；2020 年 7 月，荣获中国船舶集团优秀党务工作者荣誉称号。

融入中心，履职尽责

自担任基层党支部书记以来，肖强紧紧围绕沪东重机年度工作指南及转型发展工作要求，结合支部内纪检、审计、法务等职能条线工作特点，通过主题教育开展、廉洁风险防控、专项监督检查等工作的持续推进，扎实推动党支部工作制度化标准化规范化建设。

作为基层党支部书记，肖强结合党支部各管理部门的工作特点，积极邀请党员干部走上讲台，结合工作中的所思所想，每月开展一次“支部大讲堂”活动，将党的理论知识与日常监督工作实践相结合，有针对性地开展党风廉政文化建设。此外，他将支部品牌创建工作与中心工作紧密结合，联系支部内纪检、审计、法务工作实际，组织动员党员干部积极投身到反腐败协调机制建设、合规体系建设、内控体系建设等工作中去，推动形成监督体系，进一步提升了风险防控水平和能力，助力沪东重机持续健康发展。

作为基层纪检干部，他每天都要面临纷繁复杂的党风廉政建设、问题线索处置、专项监督检查等方面的工作，工作量大，加班加点是常态。长期的纪检工作磨炼出他“使命高于荣誉，责任重于泰山”的精神，时刻牢记“纪检工作无小事”，以实干和担当的勇气自觉培养严肃认真、一丝不苟的态度，锤炼严谨细致、深入务实的作风，努力把工作做深做实做细做好。

学做融合，克己奉公

在工作中，肖强结合岗位工作要求，积极利用中心组学习、“三会一课”等形式组织支部党员干部开展学习讨论，结合主题教育各阶段工作逐步推进，加深了对习近平总书记关于“三个强国、两个一流”和国企改革发展党建等方面重要论述的理解。

在推动支部工作中，肖强坚持“学”“做”结合，积极探索创新中心组学习的形式和方法，依托支部品牌建设、党员工程、党员先锋岗等相关工作的开展，充分发挥支部党员的先锋模范作用，坚持服务生产经营不偏离，为推动党风廉政建设贡献自己的力量。

在推动主题教育过程中，他紧密联系个人思想和工作实际，认真总结自身各方面的工作情况和参加“两学一做”学习教育情况，找出差距，明确努力方向。工作中做到坚持党的宗旨意识不动摇，坚持履职尽责不懈怠，坚持遵规守纪不变通，正确处理好岗位与职责、权力与责任的关系，始终坚持用党员领导干部的标准严格要求自己，自觉遵守党员行为准则和各项法规制度，加强风险防范和制度约束，既保持了干部自身的廉洁，又塑造了良好的外部形象，工作质量和效率也不断提高。

担当奉献，积极作为

目前，沪东重机正处在转型发展的关键时期，特别是面对新冠肺炎疫情带来的冲击，肖强一如既往地发扬奉献精神，发挥了表率作用。他知行合一，主动作为，落实好了疫情防控各项工作部署和监督检查工作。作为支部书记，他动员组织支部党员干部严格落实各项疫情防控措施，积极聚焦维护正常生产经营管理秩序，做好返程返岗人员健康观测等工作，并主动报名参加志愿者队伍，认真落实门岗执勤、餐食发放等具体工作。另外，结合沪东重机疫情防控工作的总体要求，组织纪检人员实地检查各单位疫情防控措施落实情况和复工复产情况，确保各项防控措施落实落地。

肖强是一位潜心船舶动力事业的笃行者。多年来，他始终坚持做到了立足本职、扎实工作，勤勉敬业，始终保持对组织负责、对岗位负责的态度，精心谋事、专心做事，把嘴上说的、纸上写的变成具体行动，确保各项工作件件有落实，不出成绩不松手，以一流的业绩赢得领导和广大党员干部群众的认可和支持。日常工作中具备不比待遇比奉献、不比升迁比业绩的品质，以优良的作风塑造基层党务工作者的良好形象。

恪尽职守　兢兢业业

——记大连船舶重工集团有限公司山海关船舶重工有限责任公司党委书记张晓丹

出色完成党组织交给的各项工作任务，为企业的党建工作和改革发展稳定做出了突出贡献

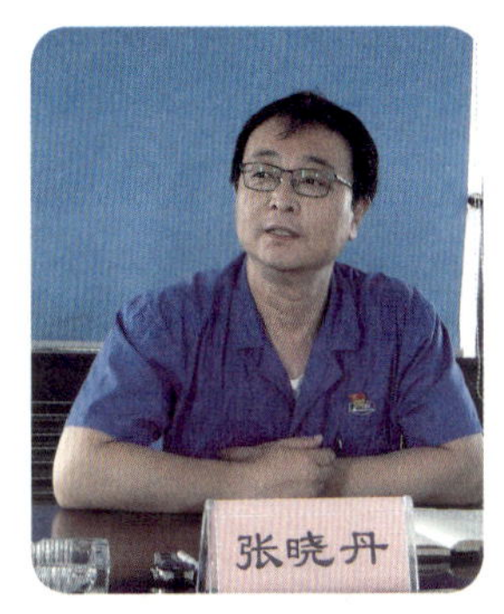

张晓丹，现任中国船舶集团有限公司旗下大连船舶重工集团有限公司总经理助理、山船重工党委书记。参加工作以来，他从事党务工作的时间长达 8 年，多年来对党忠诚、恪尽职守，兢兢业业、辛勤工作，出色完成了党组织赋予的各项工作任务，为企业的党建工作和改革发展稳定做出了突出贡献。

他注重思想政治学习，努力提高政策理论水平。在他的领导下，党委中心组以每月集中学习、个人自学和早会学习等形式坚持理论学习。2019 年，按照上级党组织部署组织开展“不忘初心、牢记使命”主题教育，打牢增强“四个意识”、坚定“四个自信”、做到“两个维护”的思想政治根基。

他注重领导班子建设，充分发挥企业班子的合力。“不忘初心、牢记使命”主题教育中，在他的带领下，领导班子成员深入各自分管基层认真开展调研工作，聚焦公司军工生产、改革发展、处僵治困、生产经营、以案促改等重点工作，找差距、查不足，对各方面查找出来的问题进行系统梳理，组织落实整改。2019 年民主生活会上，班子成员共查摆出思想政治学习、党建工作、干事创业等方面的 10 类问题，细化制定 15 项整改措施，确定时间表和责任人。这些举措增强了企业的凝聚力和向心力，赢得了员工的信任和拥护，形成了干群同心、共谋发展的良好环境，确保了企业改革发展的顺利进行。

他注重制度建设，不断提高企业规范化管理水平。根据大船集团“法制大船”的总体安排部署，他组织修订了《山船重工党费收缴使用管理办法》《山船重工“三重一大”决策制度实施办法》《山船重工扶贫工作管理办法》《山船重工基层党组织工作规则》等党建工作制度，进一步明确职责、理顺流程。他组织对标大船各项管控体系，分别从党建工作、制度体系、管理工作等方面入手，梳理了 15 个业务类别 103 项管理流程，建立了重大事项审批备案、非重大事项的授权管理制度。他坚持把严肃制度执行贯穿于日常工作，提高广大员工遵章守纪的自觉性，做到凡事有章可循、凡事有法必依。

他注重构建反腐倡廉体系，深化党员干部作风建设。组织认真贯彻落实大船集团党风廉政建设和反腐败工作会议精神和各项工作部署，落实中央八项规定精神，作风建设驰而不息。提出 2019 年是山船重工的“作风建设年”，紧抓节假日、重点时段，及时预警，重点防范；强化对党员干部监督，防止“四风”反弹；坚决破除形式主义、官僚主义，推动各级管理人员工作作风的转变，深入实践，从实际出发，提高服务质量、工作质量和效率。在全公司组织开展警示教育，以身边事教育身边人，筑牢拒腐防变思想防线。制定下发了《山海关船舶重工有限责任公司巡察工作制度》《山海关船舶重工有限责任公司经济责任审计工作暂行办法》，自 2018 年起每年制订计划开展内部巡察工作。

他注重文化宣传工作，弘扬主旋律，传递正能量。以大船精神为引领，进一步弘扬山船精神。加强新闻宣传工作，关注《山船人》报纸，充分发挥山船重工网站、微信等平台作用，围绕中心任务策划《山船人》，把握正确导向，鼓舞士气。加强对外宣传工作，针对山船重工交付的第 100 艘船舶，在《山船人》开设“船舶风采”“百船征文”栏目，讲述山船发展历程，展现山船文化精神。要求新闻宣传部门做到大事要闻不漏报、不错报，把握正确舆论导向，鼓舞员工士气，参与谋划开辟降本增效、技改创新、共产党员工程、党员示范岗、党建风采等栏目，参与编撰“百船画册”“百船论文集”，认真组织基层支部参与思想政治研究，参与制作山船重工宣传片。在他的主导下，山船重工的网上党建栏目已经全面上线，在不到半年的时间里，覆盖了 48 个基层党支部，实现了大船集团党委将每个支部建在网上的工作要求。

他注重发挥党建工作优势，助力企业生产经营工作。始终按照“抓党建从工作出发，抓工作从党建入手”的工作方针，创新活动载体，充分发挥基层党组织的战斗堡垒作用。几年来在关键、重要、全局、创新等工作中创建“共产党员工程”100 多个，在管理、服务岗位中创建“党员示范岗”，在生产现场创建“共产党员责任区”，组织制定管理工作实施细则，规范立项、实施、评估、验收等程序，加强创建工作策划，提高创建工作质量。2019 年以庆祝交付第 100 艘新造船为契机，开展“百舸争流，携梦前行”主题系列活动。各党组织主动开展志愿服务活动，以“学张进、当先锋、做表率、比贡献”“接力沈汝波，为民做好事”等活动为载体，每月开展一次主题党日活动已成常态。

在他的领导下，山船重工工会、团委的各项工作活动充满生机活力；武装、统战工作平稳有序；近三年没有新增信访案件；科协已纳入大船科协管理体系，取得了可喜成绩；定点扶贫工作取得阶段性成效；2018 年结合保密资格认定工作，重新构建安全保密管理体系，一次性通过二级保密资格认定。

抓实基层党建　履职担当尽责

——记大连船舶重工集团有限公司钢加公司党委书记包顿江

始终把提高企业效益、增强企业竞争实力、实现国有资产保值增值作为基层党建工作的出发点和落脚点

大力推进制度建设，规范重点业务流程，推进管理规范化，强化制度执行过程中的审核把关

包顿江，大船集团钢加公司党委书记，先后获得大连造船厂优秀共产党员、大连造船重工优秀党务工作者、大船集团尊师重教先进个人等荣誉称号。

抓实基层党建，推进党支部规范化建设

包顿江积极贯彻落实全国国有企业党建工作会议精神，把党建工作要求纳入公司章程，落实民主集中制各项制度，建立健全公司党委会议事规则、《“三重一大”决策制度实施办法》等文件，确保科学民主决策，把方向、管大局、保落实。坚持建强基层党组织不放松，宣贯落实《中国共产党支部工作条例（试行）》和《中国共产党党员教育管理工作条例》，深化党支部“三基建设”，提高党内组织生活质量，积极推进党建质量体系、网上党建、党员活动阵地、外协党建等特色党建工作开展，创新党的活动方式，激发基层党建工作活力，通过月度党建管理考核和每半年到各党支部进行现场工作调研，检查评估督导支部党建工作，持续推进党支部规范化建设达标，不断提高党的建设质量。

党建工作落地见效，助力中心工作开展

坚持服务生产经营不偏离，包顿江始终把提高企业效益、增强企业竞争实力、实现国有资产保值增值作为基层党建工作的出发点和落脚点。坚持专业、务实精神，为使党

建工作与生产经营工作紧密融合，包顿江通过深入一线调研、总结实践经验梳理形成具有较强操作性的共产党员工程、党员示范岗活动实施方案，指导各党支部围绕生产经营工作中的重点、难点任务，大力开展共产党员工程、党员示范岗创建活动，抓好责任措施落实，强力跟踪推进，增强共产党员工程、党员示范岗创建工作针对性、实效性，党组织和党员在生产经营过程中充分发挥示范引领作用，高效解决了生产经营过程中存在的重点、难点问题，成效显著。

加强思想引领，构建和谐企业文化

针对疫情影响下的复工复产延迟，钢材到厂滞后、不齐等给有序生产、按需配送带来的巨大挑战，包顿江一方面与班子成员一道研究贯彻落实大船集团疫情防控各项措施，建立疫情防控常态化工作机制，另一方面及时开展全员形势任务宣传教育，要求党员带头树立大局意识，克服困难，落实责任、措施，做到有信心、勇担当、有办法、践行动，把损失的时间抢回来，全力保障大船集团整体生产需求计划。此外，他按照大船集团精神文明建设方案部署，积极推动社会主义核心价值观、思想道德、职业道德、法制观念、业务素质等精神文明教育进科室、进班组，提高干部职工文明素质，发扬光大团结协作的优秀团队文化，为钢加公司实现高质量发展提供思想保证、精神动力和道德支撑。

加强纪律建设，落实“一岗双责”

包顿江认真落实党风廉政建设责任制，注重加强党风廉政建设宣传教育，积极开展反腐倡廉教育宣传月系列活动，通过开展警示教育、党纪党规学习答题、完善廉洁风险防控措施等活动，使全体党员和各级管理人员明底线、知敬畏、存戒惧，及时做好节假日绿色预警要求传达。他落实党员干部“一岗双责”，加强日常教育和提醒，推动全员法治意识教育，努力打通“最后一公里”。他大力推进制度建设，规范重点业务流程，推进管理规范化，强化制度执行过程中的审核把关。他组织对“三重一大”决策制度执行情况、采购招标全过程、外协外包、班务“三公开”、废钢销售等重点环节进行监督检查，开展内控自评价等工作，不断提高钢加公司内控管理水平。

胸怀大局　勇于担当

——记渤海造船厂集团有限公司党委办公室主任张世良

积极转变思维，以新理念谋划新思路、展现新作为，不断提高党建工作科学化水平

临危受命，敢为人先、冲锋在前，昼夜奋战在抗击疫情第一线

从基层分团委书记，到基层党组织书记，再到如今的公司党委办公室主任，张世良一直工作在党务工作战线上，至今已有 22 个年头。一路走来，张世良始终注重强化党的意识，牢记自己的第一身份是共产党员，第一职责是为党工作，胸怀大局、勇于担当，以实际行动谱写了一曲动听的央企基层党建“交响曲”。

坚持学习，筑牢党建工作基础

党委办公室负责组织起草公司重大会议报告工作。张世良每天早上七点钟就来到办公室，熟悉党的规章制度，领会党建工作要点，把《中国共产党支部工作条例（试行）》《中国共产党国有企业基层组织工作条例（试行）》等熟记于心，日积月累，使自己逐渐成长为一名党务工作的专家。在提高理论素养、打好理论根底基础上，围绕改革发展大局和重点工作进行深入研究、出谋划策，努力为公司发展、为公司党委领导班子多出大主意、好主意，贡献自己的智慧，做到“身在兵位，胸为帅谋”。他组织起草了公司党建工作会报告、年度工作会报告、职代会报告，特别是在“不忘初心、牢记使命”主题教育中，起草公司党委到集团公司为党组成员作的专题党课等一批重要文稿，得到了有关领导人员的肯定，产生了较好反响。

在“不忘初心、牢记使命”主题教育中，张世良认真领会中央和集团公司党组精神、要求，结合公司实际，按照公司党委部署做好主题教育的顶层策划，组织协调各项工作的具体实施，保证了主题教育开展得紧张有序、效果显著，完全达到了中央和集团公司党组的要求。

党建创新，为党旗添光彩

党的十九大对新时代党建工作提出新要求。张世良积极转变思维，以新理念谋划新思路、展现新作为，不断提高党建工作科学化水平。他组织起草了《渤船集团党建专项奖励基金管理办法》，用好每年100万元的专项奖励基金，奖励为公司党建做出突出贡献的组织和个人，不断增强党建工作活力；牵头组织制定渤船集团党建管理体系文件，努力提高党建工作制度化、标准化、精细化水平；强化党建工作计划管理，制定党建工作绩效考评办法，按月编制公司党建工作计划，把党建工作完成情况与部门绩效挂钩，实现党建工作与业务工作两促进、两提高；成功组织策划协调了“6848”批示51周年纪念活动和庆祝新中国成立70周年、“9·29”重要指示发表5周年大会等大型活动，传承新时代渤船军工精神，激励广大干部职工为海军装备现代化建设再立新功。

临危受命，勇于担当做表率

面对肆虐的新冠肺炎疫情，张世良临危受命，敢为人先、冲锋在前，昼夜奋战在抗击疫情第一线，为公司疫情防护和复工复产做出突出贡献。

张世良作为公司疫情防控领导小组办公室主任，主动放弃春节休假，做好疫情防控领导小组办公室工作的同时，负责协调公司8个疫情防控工作组开展工作，组织编写疫情防控领导小组重要通知、文件60余份，收集、整理、汇总各类表格信息不计，组织全体干部、党员、团员青年、职工群众为疫情防控捐款80余万元。在抓好疫情防控工作的前提下，他积极推进复工复产。他积极与地方政府疫情防控部门沟通，采取包车等方式点对点将省内未返回职工接回，协调组织总体所、服务商、施工承建队伍来葫，努力把疫情对生产的影响降到最低，做到防疫、生产两不误。公司近万名职工未出现一起感染或疑似病例，是辽宁省首批复工企业。公司疫情防控和复工复产工作得到了地方政府防指部门的高度认可，认为公司行动迅速、措施有力、制度齐全、运行有效，是葫芦岛市企业典范。

张世良作为一名普通的党务工作者，以高度的政治责任感、优秀的业务能力、扎实的工作作风、良好的个人素质，在平凡的工作岗位上扎实耕耘，将继续努力探索新时代央企基层党建工作新思路和新方法，为党的建设伟大工程添砖加瓦、贡献力量！

俯首奉献十八载　凝心聚力谱新篇

——记河北汉光重工有限责任公司机械工程事业部党总支书记范俊杰

倾听职工的意见和建议，主动做好解疑释惑工作，充分发挥思想政治工作的效能，调动职工的积极性、创造性

注重完善制度和发扬民主，发挥好集体功能，工作中既相互监督，又相互尊重、相互合作

范俊杰，河北汉光重工有限责任公司机械工程事业部党总支书记。他扎根基层，善于做群众工作，在急难险重任务中带领党员冲锋在前。今年的疫情防控工作中，汉光重工承担了关键医疗物资生产研制专项任务，范俊杰所在的机械工程事业部承担了主要的生产任务，作为党总支书记，他靠前指挥，带领全体党员干部职工连续一个月驻扎在车间，昼夜奋战几十天，保障了数十套一次性平面口罩机、KN95 折叠口罩机和压条机的顺利生产交付，为公司高标准高质量完成应急生产专项任务做出了突出贡献。

注重积累，党务经验丰富

作为一名党总支书记，范俊杰十分注意个人言行的影响，严于律己、以身作则、处事公正，自觉遵守党员干部廉洁自律规定，以自己的言传身教，示范引导职工。他带头执行党和国家现阶段的各项路线方针政策，模范地遵守纪律，自觉接受监督，积极开展批评与自我批评，勇于改正缺点，具有创新精神。在平时的工作中，范俊杰能自觉按法律法规办事、按制度办事、牢记宗旨，自觉锤炼，具有不断增强做好组织工作的能力，积累了较为丰富的党务工作经验。他自觉遵守党章，严守党的纪律，密切联系群众，模范执行党的路线方针政策和中央、集团和公司的各项决策部署。

扎根基层，抓好支部工作

担任机械工程事业部党总支书记以来，范俊杰严格按照公司党委《党支部（总支）工作规范》《民主评议党员工作规范》《发展党员工作规范》的要求，规范党总支和各党支部建设，创造性地开展工作，狠抓“三会一课”制度落实，严格落实“三重一大”决策制度；认真履行党建工作职责，积极研究新时期、新形势下党建工作的新情况、新问题，坚持党务工作服务生产经营工作不偏离，把党支部工作优势转化为完成任务的强大动力；针对不同时期、不同任务以及不同职工中存在的思想反映和问题，坚持做好深入细致的思想工作；注意倾听职工的意见和建议，主动做好解疑释惑工作，充分发挥思想政治工作的效能，充分调动职工的积极性、创造性，把职工的主要精力引导到生产工作上来。近年来，在公司党委的领导下，他以公司军品专用件生产管理、质量提升、6S管理升级、降成本、外协规范化管理、生产经营急难任务等工作为活动载体，全面贯彻落实习近平总书记重要指示和国有企业党的建设工作会议、集团公司党建工作会议精神，严格按照公司党建工作会和职代会提出的各项任务要求，紧紧围绕事业部生产经营工作的重点和难点谋划和开展党总支、党支部各项工作，扎实开展了“不忘初心、牢记使命”“两学一做”等主题教育活动，围绕中心工作，先后开展了“降本、提质、增效，加速转型升级”主题实践活动、“比拼搏、赛干劲、讲奉献，全体总动员；提效率、抓齐套、保进度，奋战一百天”、“学张进、当先锋、做表率、比贡献”、“学英雄、勇担当、践行动、促发展”、职业道德示范岗等多项主题实践活动，将学习教育与中心工作紧密结合，努力使每个党员干部都成为爱岗敬业、真抓实干的先锋模范，使每个党支部都成为作风过硬、能打“胜仗”的战斗堡垒。

攻坚克难，强化班子建设

范俊杰把班子团结放在重要位置，注重领导班子整体作用发挥，打造高效团队，推动事业部各项工作的有效开展。他要求事业部班子成员时时刻刻都要坚决执行党的方针、政策和国家的法律、法规，并经常开展批评和自我批评，对待工作要具有强烈的责任感，强烈的开拓精神和创新意识。范俊杰还非常注重完善制度和发扬民主，发挥好集体功能，工作中既相互监督，又相互尊重、相互合作，积极参与事业部重大问题决策，坚持开好班子民主生活会和办公会，保持班子在处理重大问题上的统一，保持目标的一致性，维护班子集体的权威性。

坚定信念忠于党　矢志强军敢担当

——记中国船舶集团第七一八研究所第五研究室党支部书记李海平

团结带领支部党员干部，在重大项目、重大工作和急难险重任务中勇挑重担，奋勇争先，圆满完成了多项军工科研、生产、保障任务

李海平，七一八所第五研究室党支部书记，1988 年入所工作后，一直奋斗在军工科研生产第一线，从一名基层技术研发人员逐步成长为一名中层管理者。2017 年担任支部书记以来，李海平扎实开展支部建设工作，强化基层党支部战斗堡垒作用和党员模范带头作用，让党旗高高飘扬在军工科研一线，团结带领支部 54 名党员干部，在重大项目、重大工作和急难险重任务中勇挑重担，奋勇争先，圆满完成了多项军工科研、生产、保障任务。

党建业务“两手抓”，理论学习“不打烊”

505 办公室，一摞厚厚的书堆放在整洁的办公桌上异常醒目，《习近平谈治国理政》《习近平新时代中国特色社会主义思想学习纲要》《党的十九大报告辅导读本》……已经翻皱的封皮，内页满满的标记、注释，每本书都有反复翻看的痕迹。

担任支部书记以后，李海平深感理论学习对于寻找工作思路、指导实践的重要意义，积极组织班子和支部委员通过多种形式学习党的最新理论，不断增强做决策、抓管理的原则性、系统性、预见性和创造性，以党建为引领扎实开展业务工作。

锤炼硬作风才能练就真本领。李海平创新管理，将党员责任区细化至项目组，使党员承诺书与完成科研生产任务和全室生产目标相挂钩，给党员压压担子，确保压力层层传递，责任逐级落实，一批青年党员也因此得以快速成长。

李海平习惯把工作中闪现的灵感、阅读中收获的金句随手记在本子上，与党员们一起分享。在日常工作中，他常常号召大家带着问题思考，聚焦重点进行学习，力求做到学以致用、用以促学、学用相长。在李海平的带动下，第五研究室党支部掀起了浓厚的学习热潮，全体党员理想信念更加坚定，履职担当干劲十足，圆满完成了各项科研生产任务。

攻坚克难冲锋一线，为党员群众树立好榜样

作为一名党员干部，同时又是深耕某军工技术领域30余年的技术专家，李海平能够率先垂范、冲锋在前，团结带领团队攻克一个又一个技术难题，保障重大项目进展。

在研制、生产及调试过程中，李海平作为负责人之一，组织精干人员，和同志们一起摸爬滚打，持续奋斗在一线。时间紧，他们争分夺秒，不眠不休也要把进度追回来；任务重，他们统筹协调、各个击破，确保了各型装备的按期交付。

李海平经常深入船厂调试现场，了解重点工程的项目进展情况，和总体所、总装厂协调解决现场问题。冬天，作业现场冰冷的海风顺着领口灌进脖子里，冻得人发抖，到了夏天，连续不断的高温又把船体晒得滚烫。换上工装，他和员工挤在集装箱设立的狭窄的临时办公点同吃同住，和调试人员一起爬底舱、隔离舱，逐点安装、调试设备。他恪守责任担当和对工作精益求精的态度感染着团队的每一个人，在同志们的共同努力下，第五研究室较好完成了七一八所承担的各项设备的现场调试及保障工作，受到船厂和部队的一致好评。

在关心职工上“下功夫”，凝聚团队正能量

受新冠肺炎疫情影响，每一批军工保障人员进入船厂都要就地隔离14天。为了节省人力，保障工作正常有序开展，员工在船厂一待就是3个月。他们有的是年幼孩子的父亲、有的是父母的独子、有的是家中唯一的顶梁柱，时时刻刻牵挂着家里。

李海平了解情况后，即刻组织人手开展摸底排查，了解每位员工家庭状况，组织人员上门慰问。有家属不理解员工为什么长时间出差，有些“闹情绪”，他一遍又一遍解释原因，征得家属的谅解；有员工家庭困难需要帮忙，他组织人员积极帮助，为在前方拼搏奋斗的员工解决“后顾之忧”。

“平易近人”“体恤员工”，第五研究室的党员群众这么评价李海平。有员工情绪不高无法全身心投入工作，他第一时间找员工谈心谈话，帮助疏导情绪；单身员工居家隔离期间，他通过电话、微信关心员工身体状况，帮助解决生活难题。

抓实党建思想政治工作
助推全面从严治党向纵深发展

——记广州船舶工业有限公司党群工作部主任叶枫

持续推进管理提升，根据公司融合发展的实际，开展规章制度的“立、改、废”工作

构建地区大党建工作格局，增强对集团公司部署工作的上传下达、沟通协调、汇总上报、推进落实等工作

叶枫，广州船舶工业有限公司党群工作部主任、公司工会副主席。作为公司党建部门负责人，叶枫政治思想素质高，业务能力强，善于创新，具体负责集团公司党建群团工作部署在广州地区的协调落实督办等工作，同时负责落实做好公司关于党建思想政治工作和工会工作的各项工作部署。

加强学习，增强本领，坚守初心使命

作为一名国企党建工作部门负责人，叶枫注重加强政治理论学习，注重人力资源、党务工作实操等各方面的业务学习，勤思好学，具备优良的政治、业务素质和较高的政策水平，适应全面从严治党的工作需求，不断地增强工作本领，适应新时代的要求。

在推进“不忘初心、牢记使命”主题教育工作中，作为地区公司党建部门负责人，担任了集团公司第一批主题教育第五巡回指导组（指导 8 家单位）和第二批第二巡回指导组（指导 5 家单位）的联络员。作为巡回指导组联络员，叶枫认真研究开展主题教育的文件要求，掌握指导单位的进展情况，协调指导组与各单位的工作衔接，具体落实巡回指导工作重任，较好地履行了联络员的职责，圆满完成了巡回指导任务。在做好巡回指导组联络员的同时，抓实公司开展主题教育的具体工作，协调督促公司所属单位分批参加主题教育，具体做好方案策划，组织落实集中学习研讨、调研、讲党课、检视问题、民主生活会等具体工作。

抓实党建，夯实基础，助推公司全面从严治党向纵深发展

作为党群工作部主任，叶枫在全面从严治党工作中充分发挥好党委和党委领导的参谋助手作用。在公司党委的领导下，落实公司党委的日常工作，负责党委会、党委中心组学习的前期组织及落实会议决议，制定推进措施落实公司党委决策部署，形成党建会、工作会任务清单，统筹全面从严治党在本单位落地的策划与实施，落实公司和子公司、事业单位党建工作要求进章程工作。

严肃党内政治生活，认真做好公司民主生活会的组织策划，严格党支部的组织生活会和民主评议党员，实行双月支部书记例会制度，推行“主题党日”活动，规范支部工作手册填报。抓实基层党支部建设，2019 年广州公司、广船公司融合发展以来，结合公司的实际，推进 15 个基层党支部的撤、并、改、建工作，实现“四同步四对接”，并同步谋划群团组织建设；优化公司党费的收缴和管理工作；建立和落实“党建工作联系人制度”，助推全面从严治党向纵深发展。

持续推进管理提升，根据公司融合发展的实际，开展规章制度的“立、改、废”工作，重新制修订《党委工作规则》《党支部工作规则》《党建工作考核评价办法》等系列工作制度和工作机制，把党建工作与公司生产经营工作深度融合，把党的领导融入公司治理各个环节。2019 年发布了公司企业文化理念体系，提炼出核心价值观、企业使命、企业精神等，增强文化引领。组织策划了庆祝新中国成立 70 周年系列活动，举办“壮丽七十年，扬帆新时代”中国船舶集团广州地区庆祝中华人民共和国成立 70 周年文艺汇演，展现地区企业形象，促进文化交流。2019 年成立了公司党校，进一步强化党员教育培训，进一步巩固“不忘初心、牢记使命”主题教育成果。

对接集团，落实责任，推动地区党建工作上台阶

构建地区大党建工作格局，履行集团公司派驻机构职能，增强对集团公司部署工作的上传下达、沟通协调、汇总上报、推进落实等工作，促进集团公司对党建工作的部署在地区得到及时有效落实。督促地区各单位开展好“不忘初心、牢记使命”主题教育，组织地区交流会、开展两轮巡回指导，及时了解学习教育情况并汇报集团公司。统筹协调组织中国船舶集团广州地区所属广东广西共近 6 万职工的 10 家成员单位开展党建各项工作，督促、帮助和服务地区企业经营生产和党建思想各项工作。

注重收集和掌握地区各单位情况，协助集团公司严肃认真地落实对地区各单位党建工作考评、对地区各单位领导班子的综合考评工作；根据集团公司部署，协调组织落实好各单位民主生活会，并及时指出存在不足，帮助整改提高，助力各单位班子建设。落实好集团公司关心关注的重点工作要求，服务企业的改革发展。加强党群共建，地区党工部长、工会主席、团委书记不定期学习交流研讨机制运作顺畅，各专题学习交流活动促进了地区单位间的学习共进。

认真组织推优树先工作，组织地区“两优一先”评比表彰工作，选树学习典范。自2016年起，作为扶贫具体工作的主要负责人，落实党中央、广东省和集团公司关于脱贫攻坚决策部署，巩固好有关精准扶贫工作，重点推进广东徐闻县和安村产业扶贫项目，深入调研、制订计划、筹措资金、选派干部驻湛江和安村落实广东省委下达的第三轮扶贫工作，帮助该村尽快实现脱贫。

“党建 + 人才”助推企业实现高质量发展

——记中船华南船舶机械有限公司党群工作部主任、人力资源部主任胡平

积极探索职工思想政治工作新思路新方法并推进实施

将党建工作融入公司改革发展大局、业务工作实际开展，努力提升党建工作成效

胡平，华南船机党群工作部主任、人力资源部主任。自2009年开始从事党务工作以来，胡平积极探索职工思想政治工作新思路新方法并推进实施，引入项目管理及绩效管理理念，坚持将党建工作与公司发展大局紧密结合，将党内开展的主题教育与公司企业管理提升改进紧密结合，将解决群众的需求与调动员工积极性工作紧密结合，将党员作用发挥与人力资源管理开发工作紧密结合，将党支部作用发挥成效与中层干部绩效考核相结合。“五个结合”推进华南船机党建工作取得较好成效。

胡平曾获广西区思想政治工作先进工作者称号、集团公司广州地区优秀党务工作者称号；在担任机械加工部党支部书记期间，机械加工部党支部曾获集团公司先进基层党支部称号；撰写的《党建与人力资源管理工作融合对接浅探》等多篇论文在广州公司、集团公司获奖。

真抓实干，坚决完成各项政治任务

胡平理想信念一贯坚定，扎实开展“不忘初心、牢记使命”主题教育、严格落实巡视整改各项工作作为重大政治任务强力推进。在各项整改工作中，组织制订整改方案，协调推进整改落实，推进整改通报宣传，持续跟踪检查，将“五个结合”理念贯彻党建及各项整改工作中，赢得各部门各党支部工作支持，促进了公司改革发展及各项管理提升工作顺利进行。2019年，在集团公司巡视“回头看”专项检查中，实现了中央巡视整改、“不忘初心、牢记使命”主题教育整改、集团巡视反馈整改近百个问题多条整改措施全部整改完成，群众对各项整改满意度较高的良好成绩。

担当作为，党建工作成效明显

胡平抓党建工作注重全局，将党建工作融入公司改革发展大局、业务工作实际开展，努力提升党建工作成效。注重顶层设计及制度建设。2019 年共组织制定或修订相关制度 49 份。以落实党建工作责任制为核心，以强化制度建设及党务干部培训为基础，以推动党支部党建工作规范化、标准化为重点，以检查考核通报及奖惩为手段开展工作。融入中心搭建平台，充分发挥党支部、党员作用，提升党建工作影响力。2019 年，结合公司深化改革发展及重点工作实际组织开展了 38 项支部先锋领航项目、304 项党员素质提升计划、44 个党员安全巡查岗（点）等主题活动，将公司全年深化机构及分配制度改革、新产品市场开拓、降本增效、1200T 起重机等一系列大型新型产品研制攻关、高层次人才培养、党建标准化建设、提升本质安全等一系列重难点工作分解至党支部及党员个人，积极引导党支部围绕部门重点难点攻关，开展支部特色品牌及共建联建活动，使每位党员每个支部工作紧密围绕公司改革发展、管理改进、重点攻关项目实际开展，确保工作有重点有目标有落实有考核，推动了党建与中心工作深度融合。引导党支部党员围绕公司深化改革发展大局献计献策担当作为。围绕公司高质量发展规划、部门绩效考核改革、全公司各类人员薪酬分配制度改革、高层次人才培养、公司降本增效成本管理等多个主题组织主题党日活动，组织党员充分讨论，献计献策，统一思想，引导舆论，为公司各项重点工作推进奠定了良好基础。

率先垂范，凝聚稳定骨干人才队伍

胡平结合党建及人力资源中共性问题，组织建立和督促实施了“1235”思想政治工作机制，即让一名党员带一名群众，从思想、工作、学习、生活中进行帮扶；让每个党支部每年为职工办两件实事；做到员工生病住院必访、家庭遇到较大困难必访、困难职工重大节假日“三必访”；对管理有抵触者必谈、对思想情绪有波动者必谈、对职工之间有矛盾者必谈、对出现违章违纪操作者必谈、对员工晋升降职必谈等“五必谈”，并通过党支部月度报表形式进行跟踪落实考核。

胡平在工作学习生活中尤其注重自身示范引导作用，在 2019 年深化人事制度及分配制度改革、全面完成主题教育及各项巡视整改任务中，带头加班加点，冲锋在前，带领部门员工严格按照既定的目标努力工作，树立了组织人事部门、党群部门以原则性强管理、同理心强服务、责任心强绩效的良好形象。胡平也因出色的工作表现，在 2019 年度全公司中层管理人员年度民主综合测评中名列第一。

军工战线上的“铿锵玫瑰”

——记武昌船舶重工集团有限公司原军工部党支部书记张学军

巾帼本色，实干先锋

坚持以“任务牵引、强化准备、内外协调、保障一线”为原则，领导干部全力在“前面带动人”，变“给我上”为“跟我上”

张学军，武船集团原军工部党支部书记。从1984年进厂到2020年，张学军把最好的青春倾注在了她热爱的事业上，青丝变成了白发，也从一名少女成长为军工战线上独当一面的核心管理人才。

作为一名有33年党龄的党务工作者，张学军在担任军工部党支部书记期间，坚持党建引领，不断创新，发挥基层党组织战斗堡垒和党员先锋模范作用，所在支部连续三年获得公司先进基层党组织，本人多次被评为优秀共产党员。

党建引领，真抓实干创业绩

张学军始终将基层党组织建设放在首位，常抓不懈、切实增强党组织战斗力、创造力和凝聚力。2019年，在她的带领下，军工部党支部认真开展了“不忘初心、牢记使命”主题教育，为了将主题教育活动深入人心，让每个党员同志能够真正得到一次洗礼，采取线上与线下相结合，理论学习与工作实践相同步的方式，使得支部全体党员进一步坚定了理想信念。

张学军坚持融入中心抓党建，坚持以“任务牵引、强化准备、内外协调、保障一线”为原则，领导干部全力在“前面带动人”，带领广大员工变“给我上”为“跟我上”。2019年，军队改革工作逐步落地，装备系统内部调整较大，新机构、新人员、新流程、新制度，对军工经营、生产、成本管控等提出了更高要求，同时外部竞争环境也日益激烈。面对严峻的军工经营形势，张学军充分发挥党员领导干部的先锋模范作用，主动请缨，从4月起，带领党员先锋团队，连续开展多个项目的投标工作，签订合同额同比增加140%。

在某后续船标书编制过程中，张学军带领支部党员通过深入学习解读招标文件，吃透相关文件精神，从全局考量文件中的各个关键点，对招标文件逐一进行分析，从管理、技术、质量、风险、价格等方面进行细致分工，分组同步启动标书编制。面对最重要最困难的最后一道关，张学军亲自负责，组织进行近2000页标书的汇编工作。为了保质保量提前一周完成汇编工作，张学军将自己锁在办公室里，连续三天日夜鏖战……整个投标小组成员都被她这种顽强拼搏、分秒必争的精神状态感染，主动加入标书整体自查中，仅用一天检查出各类问题19项、80余处，并在半天内全部修正完毕。最终，该标书在评标过程中得到了专家的一致好评，确保公司成功中标。

考验面前，勇于担当敢为先

2020年初，一场突如其来的新冠肺炎疫情席卷武汉。1月23日凌晨，武汉市发布封城指令，此时正值春节假期，有数支接装部队驻扎武船，突然的变故令人措手不及，防疫物资短缺、生活物资没有着落。张学军毫不犹豫挑起“大梁”，冒着疫情风险，多次与军代表室、大型商超沟通协调，通过各种渠道为接舰部队筹集防疫物资，并协调专人专车为接舰部队购买运送生活物资。面对部队官兵家属生病等突发情况，她又连夜协调车辆、并与医院联系，确保病人第一时间能够就诊。4月2日，疫情刚刚有所缓解，接装部队就给她送来了感谢信，感谢她和党支部为接装部队生活保障做出的努力。

3月疫情尚未过去，大多数人因为封城无法返汉，公司军工生产经营压力巨大，军工重点产品复产复工逐步提上日程，张学军身先士卒，积极组织支部内在汉的党员领导干部率先开展复工复产准备工作，3月15日，部分重点岗位复工，为外地返汉人员办理相关手续；3月23日，班子成员全部复工，各科室主任复工，军工部各项工作逐步恢复正常；3月30日，基层党员领导干部全部复工，军工部生产经营管理工作全面恢复；4月6日，支部全体员工复工，各项工作走上正轨，业务流程恢复正常。军工部党支部复工复产走在了公司最前面，为公司重点军工产品的生产经营工作提供了有力的保障，为公司高质量发展保驾护航。

张学军充分发挥了共产党人立足本职岗位，不务虚功、干在实处，主动担责、全力尽责，以实干创造实绩的精神，在关键时刻和危急关头豁得出、顶得住，把理想信念时时处处体现为行动的力量，在军工战线广大党员干部心中树立了良好的榜样。

守初心、担使命，当好基层党建“领头羊”

——记中国船舶集团第七〇一研究所某党总支书记李甫杰

要想当好基层党组织书记，必须提升主动学习的能力

党建工作要选准切入点、把握振奋点，突出凝聚力、提高战斗力

李甫杰，研究员，现任中国船舶七〇一所某党总支书记、所纪委委员。2013年调任总支任书记之后，李甫杰注重调动全体干部职工和广大党员无畏困难的雄心和斗志，推动各项工作蓬勃发展，使得部门步入高质量发展快车道。

抓学习、提素质，理论学习有收获

李甫杰常说：“要想当好基层党组织书记，必须提升主动学习的能力。”从书本上学，跟着老师学，向同志学，他不断地参加各种理论学习，提高自身素养。

李甫杰认真参加了所党委组织的10次集中学习、总支组织的14次集中学习；深入一线开展调查研究，开展谈心谈话40余人次，掌握一手资料；召开主题教育专题民主生活会，深入剖析检视问题，制定整改措施，抓落实。他认真阅读《共产党宣言》，深入学习马克思主义思想；通过各种媒体和书籍学习“四史”，李甫杰把学习领悟密密麻麻地记满了笔记本，在党总支、在党支部、在工作组，为党员同志讲党课，通过自己的亲身经历，谈认识、谈体会，让大家工作生活充满积极性和战斗力。

作为所纪委委员，受所党委委托，李甫杰担任所首轮巡察工作第一巡察组组长，准确把握政治巡察定位及要求，以强烈的使命和责任担当，履职尽责，圆满完成第一轮巡察任务。任务结束后，李甫杰说：“通过一次巡察，自己的理论水平有了质的飞跃。”

强组织、促发展，破解“2+2>4”方程式

李甫杰常说：“党建工作要选准切入点、把握振奋点，突出凝聚力、提高战斗力。”

选准切入点。李甫杰扎实做好抓基层工作，大力加强党支部标准化、规范化建设，形成的《科研院所基层党支部作用发挥路径和机制探析》政研成果获湖北省基层思想政治工作优秀研究成果一等奖。他建立党支部评价体系，通过量化“数据库”将“软任务”转化为“硬指标”；组织制作《党建360——党支部工作指导手册》，一图读懂基层党建工作，严格规范党内组织生活。

把握振奋点。几年来，党总支针对不同时期所面临的形势，每年突出一个主题，先后开展了“砥砺奋进新时代、舰船报国新担当”“居安思危、奋发有为”“对标世界一流、聚力攻坚决胜”等活动，引导全体党员对标先进、精准施策，积蓄硬核攻坚力量。

突出凝聚力。李甫杰提出以品牌创建为抓手，创新主题党日活动，引入“单点党课”，将党建理论切碎提炼；创新打造“学习有声”微端学习平台，90余名党员及青年代表以“朗读者”身份倾情领学，300余名党员通过读原文、听音频、看视频、答题目等方式实现每天打卡学习，达到深化理论学习的目的。打造“建功国防，感谢有你”文化品牌，在全所第一个开展邀请家属走进七〇一，暖心的活动使每个家庭都成为强军事业的坚强后援。

提高战斗力。面对高质量发展，李甫杰注重以党建促发展，以“融入式”党建为主线，不断提升组织战斗力。结合全年形势任务，适时开展劳动竞赛，尤其是2020年，为了夺取疫情防控阻击战和科研生产攻坚战“双胜利”，党总支带领群团，发起号召，组织为期8个月的劳动竞赛。五一期间，许多职工主动撤销五天长假“空格键”，启动奋战“快进键”，拼速度、出成绩，全力向既定目标展开冲刺。

成立党员突击队、党员责任区等团队，设立“蓝海楷模先锋岗”“优秀共产党员示范岗”，李甫杰号召并率领广大党员艰苦鏖战在急难险重第一线，进一步发挥党组织战斗堡垒作用和党员先锋模范作用。

通过“两点＋两力”的党建工作方法，收到了事半功倍的效果。型号任务捷报频传，装备建设取得突破性进展，为支撑国防建设奠定了坚实基础；拓展国际市场，某军贸项目获得集团青年创新创效成果金奖。创先争优出佳绩，部门荣获全国工人先锋号、全国优秀质量管理小组，党总支荣获集团公司先进基层党组织，党支部获集团公司先进基层党组织。近年来，李甫杰先后荣获集团公司优秀党务工作者、湖北省国防科技工业优秀党务工作者；连续近十年考核优秀；获得国家科技进步特等奖1项，省部级科技进步特等奖1项、二等奖1项、三等奖4项。

作为军工人，李甫杰以大海般广阔包容、澎湃不息的精神发挥基层党建作用，凝聚基层党员力量，为实现“强军梦”“中国梦”不懈奋斗！

党务如家务 平凡见赤诚

——记中国船舶集团第七〇九研究所系统软件部党支部书记、主任罗康义

做好“勤务兵”，当好“指挥棒”

秉持“党务无小事”的思想，求真务实，开拓进取，积极探索党建工作新思路

守初心，方能砥砺作为；担使命，方能争创业绩。对于罗康义来说，聚焦主责主业，坚持围绕中心、服务大局，用心浇灌党建工作“责任田”，打造一支政治过硬、本领高强的党员队伍，就是他的初心和使命。

理想坚定工作务实，树立表率带动全员

“作为一名党务战线的‘勤务兵’，一名部门负责人，必须具备优良的政治素养、业务素质和理论水平。”罗康义如是说。

从普通党员到支部书记，历经中国船舶集团有限公司旗下第七〇九研究所20年高速发展历程，见证行业内外风云变化，罗康义始终恪守“身份在转变，学习不能变”的信条，坚定理想信念，坚持学思践悟，在政治理论学习中淬炼党性，砥砺初心。

为了进一步熟悉精通党务工作，他的办公桌上常备《中国共产党章程》《中国共产党支部工作条例》等书，关注时事政治，实时了解党中央决策部署，成为他工作之余的“必修课”。他将理论所学应用到具体工作中，逐步形成能够指导实际工作的独特方法，通过开展经常性交流和宣讲，在支部内掀起“党建工作方法”学习热潮。

作为部门负责人，他坚持高标准、严要求，以极强的事业心和高度的政治责任感，当好“指挥棒”“主心骨”，培养出来的技术骨干，个个工作出色，人人能挑重担。面对竞争择优新形势，他转观念换打法，带领部门职工开展软件标准化研制，推动软件研发模式成功转型；围绕传统业务和新兴方向，集中力量办大事，推进各条产品线团队集中攻关，保障重点项目，重要试验顺利开展，圆满完成各方高度关注的任务保障，推动新

产品研制工作取得突破，积极开展新市场各项试点建设和项目需求对接。

党建工作求变求实，业务工作紧密融合

党务工作事无巨细，标准高、要求严、任务重。罗康义始终秉持“党务无小事”的思想，求真务实，开拓进取，积极探索党建工作新思路，推动支部党建工作规范化、本地化、融合化。

“规范化”严肃基层组织生活，切实筑牢党建工作基础。“基础不牢、地动山摇。”在罗康义看来，要发挥党支部战斗堡垒作用和党员的先锋模范作用，必须抓实基础，打牢“压舱石”。他以支部规范化建设为基础，组织修订部门《员工手册》，将支部工作10余项制度纳入其中，做到党务、业务工作有章可循，规范管理。他把对军工品质的苛刻要求运用到支部组织生活中，确保“三会一课”按照标准要求执行不走样。针对存在廉洁风险的事项，他坚持一事一提醒，坚持重大决策问题集体讨论、民主决策，有效防范决策风险，营造风清气正的部门环境。

“本地化”务实推进党建工作，努力形成一支部一特色。“党建工作说到底是做人的工作，尤其是要把党组织的关心关爱送到群众心里。党员群众的思想工作做好，业务工作自然就抓得轻松。”罗康义努力将党建工作做成一份有爱有温度、有情怀有高度的工作。在他的推动下，党支部通过一对一交流、部门领导每季度定期沟通、重要事项专题研讨等多种形式深入开展谈心谈话。2019年，他亲自谈心谈话超过70人次，安排支委对职工谈心谈话实现100%全覆盖，收集意见建议305条，并及时反馈或制定相应解决措施，架起与职工群众真诚沟通的“连心桥”。

“融合化”有效促进中心工作，形成引领更好发展局面。党建只有融入业务，才能杜绝“两张皮”，才能焕发出强大的生命力。罗康义努力在“融合化”上下功夫，积极探索党建引领中心工作的方式方法。他用心找准支部工作推进方向，把党建工作深度融入部门人才培养、质量管控、科研生产等业务中，调整组织运行模式，变革绩效管理；以质量流程为试点，开展全流程质量管理；弘扬把“支部建在连上”光荣传统，在重大任务攻坚现场建立临时党小组、党员突击队，充分发挥党组织战斗堡垒作用；将学习教育与中心工作深度融合，通过分析形势，查找差距，确定了部门“改打法、提要求、变考核”等一系列工作举措。

在罗康义的带领下，该部门近两年顺利完成10大类31小类260项计划内工作，主动承担了270项临时任务，年度业绩考核近三年稳居七〇九所前两名，囊获各项所级重大奖项。

在基层党建工作中绽放芳华

——记中国船舶集团第七一二研究所燃料电池事业部党支部书记、副主任方晓

16 年，是坚持，更是热爱

做好党务工作就是要有一颗恒心，既要“目中有人”，又要“心中有情”，久久为功

自 2000 年进入七一二所工作，方晓便将 20 年芳华献给了中国船舶集团有限公司旗下第七一二研究所，其中，在党务战线已工作 16 年。

16 年来，荣誉加身。方晓曾荣获“中船重工优秀党务工作者”称号，多次荣获湖北省国防科技工业系统“优秀党务工作者”称号，所在党支部荣膺 2019 年七一二所“先进基层党组织”，连续三年荣获湖北省国防科技工业政研论文一等奖，其中，《以学习促转型　以升级促发展》获得湖北省国防科技政研论文一等奖、湖北省政研会论文二等奖。

16 年来，躬身笃行。方晓曾在七一二所内负责组织开展群众路线教育和“三严三实”专题教育，推进“两学一做”学习教育常态化制度化和“不忘初心、牢记使命”主题教育等；通过央视《新闻联播》《新闻直播间》等宣传科技创新成果，组织开展企业文化建设统一视觉形象标识等工作，对内提升精气神，对外塑造良好形象。

2019 年元月，已经在七一二所党委办公室主任岗位上工作 7 年的方晓，轮岗到燃料电池事业部担任党支部书记、副主任。面对职业角色的转变，她欣然接受并迅速投入其中。在她看来，这是一个新的起点，基层事业部党建工作大有可为，把之前积累的知识和经验运用到基层党组织建设中，此时正是最好的时光。

坚守初心　高度引领

2020 年 2 月，湖北武汉的新冠肺炎疫情防控正处于吃劲阶段。虽然春节假期前，燃

料电池事业部职工分散到了全国各地，但在湖北各地的仍有 81 人。随着小区的持续封闭，恐惧、担心、焦躁等各种情绪都向已经一个多月不能出门的职工们涌来。

作为党支部书记，方晓想到的是，越是困难的时刻越要把大家带动起来、凝聚起来、发动起来，互相关心和帮助，积极抗疫。经过支委会讨论，燃料电池事业部决定通过网络召开一次特别的主题党日活动，号召全体党员，提高政治站位，带头靠前担当作为，带头关爱群众，带头凝心聚力，打赢疫情防控阻击战和科研攻坚战。

“发挥好基层党支部的战斗堡垒作用，要加强政治引领，在一定的高度上去把握，才能把党员群众真正地团结起来。”方晓深深体会到这一点。

受疫情影响，燃料电池事业部 2 月、3 月的主题党日活动、“三会一课”都是在线上云集，这种模式一直延续到复工复产后。复工后，方晓组织在事业部内成立了志愿者服务队，党员、青年等陆陆续续 20 余人加入其中，协助后勤部门开展服务、组织职工理发等。燃料电池事业部 96 名职工也悉数返岗，全体人员积极投身到复工后的科研“加速跑”中。

保持真心　深度“落地”

多年的党务工作经历，使方晓意识到，基层党建工作任务只有真正“落地”，才能发挥作用。想要“落地”，就要在“深度”上下功夫。

燃料电池事业部是一个从事新型技术研究的创业型团队。如何让党建融入中心，经过一番认真思索，方晓提出了“以提升党支部的组织力为根本，以提升基层党建质量为重点，构建拓展融合型党建模式”的工作思路，在实际工作中，深度“落地”。

一次，一个细节错误，导致实验失败了。方晓当晚就组织研究室人员召开组织生活会，着重刀刃向内，从思想上找原因。通过这次组织生活会，大家吸取了经验教训，在几天后的实验中取得了成功。事后，技术人员感慨地说到，原来总是就技术谈原因谈问题，这次从思想根子里找原因，收获颇丰。

要提升组织力，势必要加强党支部工作的规范化水平。方晓组织制订了《事业部党支部工作实施细则》，规范了班子议事决策、新闻宣传、发展党员等工作流程，坚持“三会一课”，每月召开主题党日活动。2020 年，方晓还制订了《事业部党员评星定级》方案，工作更加深入“落地”。

常持恒心　温暖感人

方晓善做思想政治工作，她常说，只有将心比心、见人走心，才能深入人心、打动人心，做好党务工作就是要有一颗恒心，既要“目中有人”，又要“心中有情”，久久为功。

刚来到事业部，方晓看到办公条件比较简陋，赶紧在楼梯间过道边铺上绿植，安排人员在卫生间里安装上漂亮的窗帘，配上洗手液。她说，美才是看不见的竞争力，只有在美的环境氛围里，才能更好地激发创造力。她好好地“打扮”了事业部的“燃电小家”，这小小的“职工之家”成了职工们最爱去的地方。

新冠肺炎疫情期间，有一名科研人员被确诊为新冠肺炎患者，入院治疗。她每天通过微信或鼓励或询问病情，直到看到职工已经能下床走路锻炼了，她才放下心来。疫情期间，她仍然不停歇地投入党支部工作和小区志愿服务中。

方晓的工作得到了上下一致认可。燃料电池事业部全体职工拧成一股绳，已然形成了齐心协力、干事创业的良好氛围，为实现氢能事业发展、建设美丽中国贡献着自己的力量。方晓也在基层党建工作中，绽放芳华。

党建引领强基础 履职尽责显担当

——记中国船舶集团第七二二研究所产品工程部党支部书记、主任陈浩

用一面党旗、一本党章，把现场党员组织起来，形成强大凝聚力和战斗力

融入中心抓党建，创新方法，着力把党的建设优势转化为竞争优势和发展优势

作为中国船舶集团有限公司旗下第七二二研究所产品工程部党支部书记、主任，陈浩在担任党支部书记的4年间，曾先后被评为中国船舶集团、湖北省国防科学技术工业办公室和七二二所“优秀党务工作者”，带领产品工程部党支部荣获湖北省国防科技工业系统“先进基层党组织”称号、多次荣获七二二所“先进党支部”称号。

作为一位80后支部书记、部门主任，陈浩善于创新工作方法，针对部门产品数量多、出差人员多、青年同志多的“三多”特点，以“建堡垒、创特色、增活力”为目标，将党建工作有效融入科研生产工作中，充分发挥党支部的战斗堡垒作用和党员先锋模范作用。

融入中心 争当先锋

作为支部党建工作第一责任人，陈浩严格履行职责，扎实开展“不忘初心、牢记使命”主题教育，深化推进“两学一做”学习教育常态化制度化。他十分重视支部组织生活制度的落实，每次“三会一课”，都结合部门特点，精心准备、认真开展，使支部党员从思想上不忘强军初心，在工作中牢记军工人使命，把学习贯彻习近平新时代中国特色社会主义思想落实到科研生产一线，着力解决生产、工作、学习和生活中的实际问题。

陈浩以项目化管理的思路，大力推进“融入式”党建。在重点试验外场设置临时党小组，用一面党旗、一本党章，把现场党员组织起来，形成强大凝聚力和战斗力。开展“党员先锋岗”创建活动，由各专业领域的骨干人员组成“党员先锋岗”，定期开展工作和学

习交流，有力推动了项目完成。成立多个“党员技术攻关”小组，采取“头脑风暴”的模式，发挥群策群力的优势，攻坚技术难题。党员在舰船出访、远洋护航、演习保障等急难险重任务中挺身而出、冲锋在前，先锋模范作用突出。

凝心聚力　攻坚克难

产品工程部是负责该所大批量装备生产及售后服务的部门，日常生产呈现“产品种类多、批次多、工期紧”的特点。陈浩将优化产能结构、提质增效作为主攻方向，在管理工作与项目工作相结合的过程中，坚持“把协作的事做得更好”的理念，快速推进批量化生产管理，动员支部党员带头“敢啃硬骨头、善于攻难关”，通过党员队伍完成业务开拓期的攻坚，再逐步推广到全部门。在人员规模不变的情况下，扩大了部门项目规模。近年来，该部门产值每年增长25%，整体运营效率得到进一步提高。

为克服新冠肺炎疫情带来的不利影响，加快推进科研生产工作，在陈浩的策划下，产品工程部党支部联合多个业务紧密的党支部，以“支部共建，共同打赢复工复产攻坚战”为主题，开展支部间结对子。通过强化党建引领，从计划管理、项目实施、物资采购、加工生产等方面强化管理，实现项目信息数据资源共享，工艺流程顺畅，物流过程高效。支部共建有力保障了多个重点项目的按期保质交付。

关心一线　培养人才

产品工程部出差人员多且在外时间长，长期出差的同志无法现场参加集体活动，对于集体交流与组织关心的感受较弱。陈浩定期组织与外场员工连线沟通，仔细询问他们在工作、生活、家庭中的困难，及时解决问题、开展心理疏导；通过网络平台组织亲子文化创作类活动、跨地域同步开展主题学习并交流心得体会，让出差在外的员工切实感受到组织的关怀和温暖。

该部门青年同志多，35岁以下年轻员工超过80%。陈浩结合部门业务工作特点，制订了“一专多能”青年人才培养计划，将综合能力提升作为重点内容，积极落实“导师制”“项目责任制”等，激励党员带头参与复合型人才培养工作，营造出“比、学、赶、帮、超”的良好氛围，促进了全员技能水平的提升，推动了部门整体业务水平的提高。

“支部工作要融入中心工作、汇聚力量，融入党员群众、凝聚人心。”这是陈浩的口头禅，也是他工作中深入践行着的理念。通过融入中心抓党建，创新方法，陈浩着力推动把党的建设优势转化为竞争优势和发展优势，处处彰显着榜样的力量。

辛勤耕耘在后方的“战士”

——记重庆川东船舶重工有限责任公司政工部部长、工会副主席张利华

学思践悟，半生岁月奋战党群战线

尽责履职，毕生精力谱写敬业华章

1971 年出生的张利华如今已近知天命的年纪，其人生的二分之一岁月，皆是和党务工作联系在一起。自 1996 年 10 月从事党务工作以来，张利华二十几年如一日战斗在党群战线，积累了较为扎实的党建理论知识和丰富的实践经验，成长为政治强、业务精、作风好、肯奉献的党务工作者。现作为中国船舶集团有限公司旗下重庆川东船舶重工有限责任公司政工部部长、巡察办主任、工会副主席（主持工作）的他，依然是一名在党务战线辛勤耕耘的“战士”。

亲力亲为，高效完成各项工作。川船重工在 2016 年改革时，将党群部门整合成立政工部，负责该公司党建、干部管理、老干部服务、新闻宣传、企业文化、统战、工会、共青团及人事档案管理等多项工作。面对管理幅度宽、人手紧张的局面，张利华统筹谋划，在部门设置 AB 角，每人既独立负责每项工作，又相互配合，分工不分家。工作中，张利华亲力亲为，经常加班加点，既承担方案的起草编制，又具体组织推动，出色完成了各项工作。

加强职工思想建设，凝聚改革发展共识。2016 年，川船重工改革前夕，张利华牵头组织开展了“我为公司做了什么、我们怎么办？”主题讨论活动。2017 年，在该公司扭亏脱困关键时期，张利华再次牵头组织开展了“解放思想、转型调整、改革发展”大讨论活动。在讨论活动中，张利华编写宣讲材料，组织职工学习讨论、建言献策，为川船重工改革发展、扭亏脱困、转型调整提供了坚强的思想保障，助力该公司积极稳妥推进改革。

建章立制，规范公司党建工作。为进一步加强党建工作制度建设，近年来，张利华

组织制（修）订了公司党委《中层干部管理办法》《关于推进“两学一做”学习教育常态化制度化实施方案》《党建工作责任制实施考核办法》《异地施工项目党建工作规则》等20多个党建工作制度，促进川船重工党建工作有章可循、规范开展。

党建与生产经营工作融合开展，积极探索异地施工党建工作。张利华注重将党建融入生产经营工作之中，将党建工作纳入经济责任制和年度方针目标考核范畴。每年组织开展“创先争优”、党团劳动竞赛、党员示范岗创建等活动，助推该公司生产经营工作顺利开展。近年来，结合异地施工实际，张利华先后组织在云南滇池海事船等项目现场成立异地施工项目临时党支部，带领职工顽强拼搏，克服异地施工的恶劣环境和各种困难，推进各项工作顺利完成。今年5—6月，川船重工大力开展“奋战60天，夺取‘双胜利’”全员劳动竞赛活动，促使职工打破传统思维，抢时间、赶进度，努力将疫情影响降到最低。

抓好党务工作者、党员和通讯员的教育培训，提高综合素养。张利华充分发挥较为扎实的党建理论知识和丰富的党建工作经验优势，每年在川船重工举办党务工作培训班、宣传思想工作培训班，为专兼职党务工作者、通讯员讲解党建和新闻宣传知识。2019年，张利华分5批对该公司256名在岗党员进行了集中轮训，为党员讲解党章党史、中国共产党支部工作条例等知识。

组织开展巡视整改、内部巡察及“自查自纠”工作，提升公司基础管理水平。2019年，张利华牵头组织开展了集团内部巡视整改、“以案促改”、主题教育专项整治，落实中央巡视整改和川船重工“自查自纠，查找影响公司生产经营效率问题”专项行动，起草编制该公司各项整改方案，并严格按方案实施，整改工作取得阶段性成效。今年，川船重工党委将巡察工作职责调整到政工部，张利华兼任巡察办主任，目前已完成该公司今年第一轮3个党支部的巡察工作。

一分耕耘，一分收获。张利华在党务工作岗位上辛勤耕耘，被各级党组织授予多项荣誉。2010年、2013年、2015年，张利华均被评为川船重工“优秀党务工作者”；2013年，被评为重庆船舶工业公司“优秀党务工作者”；2014年，被集团公司授予“优秀党务工作者”荣誉称号；2016年，被评为集团公司“法制教育先进个人”。

敢想敢做守初心　冲锋在前担使命

——记重庆红江机械有限责任公司人力资源部（组织人事部）支部书记、部长陈勇

为重庆红江组建了第一个博士科研团队，破解人才之困

在组织有需要的时候冲锋在前，发挥引领、示范、带头作用，践行共产党员的初心和使命

2020年2月的一天，重庆市江北区某偏僻地段，上午9点，陈勇带领员工在这里守候，他不断地拨打电话，时而高兴，时而焦急，几十个电话打下来，已是下午5点，终于，他抢购到了10支额温枪。另一地，重庆市黔江区高速公路出口服务区，陈勇派出的同事还没看到运输车的踪影，耳边回响着陈勇“死守，必须买到货”的嘱托。从早上9点到第二天凌晨3点，同事们终于等到运货的车辆，抢购到9000个口罩，虽说数量比预先约定的少得多，但如果不等在高速路口进行截买，恐怕连这点口罩都买不到。

作为中国船舶集团有限公司旗下重庆红江机械有限责任公司新冠肺炎疫情防控领导小组办公室副主任，陈勇发动一切社会关系购买抗疫用品，为复工复产提供了物资保障。因为他明白，作为一名共产党员，必须紧跟党中央要求，坚决打赢疫情防控阻击战与科研生产攻坚战。

加强学习　党建业务两手抓

自2011年起，陈勇便开始担任重庆红江人力资源部党支部书记。作为党支部书记，他利用各种时间不断学习党的政治理论知识，以习近平新时代中国特色社会主义思想武装头脑、指导实践。他狠抓支部党员学习培训，带头讲党课，开展以“共话入党初心、凝聚发展力量”为主题的党日活动，以新闻宣传工作为抓手，广泛传播党的声音，传播正能量，所在支部先后两次获得重庆红江“新闻宣传工作先进集体”称号。

在实际工作中，陈勇推动党建工作与中心工作深度融合，两手抓两手硬。作为人力

资源部部长，他为重庆红江的人才引进做出了突出贡献，解决了长期困扰该公司的人才断档难题。他撰写了“十二五”期间高校人才引进方案，在高校和社会进行急需人才招聘，创新性地让与该公司已签订就业协议的博士在校园内就开始组建科研团队，一边进行项目研究，一边吸引更多的人才加入，为重庆红江组建了第一个博士科研团队。

作为组织部长的他，还要负责党员发展、中层干部选拔任用考核等工作，建立起了从中层到公司级领导后备人才库体系，并实行动态管理，为该公司高质量发展提供人才保障。

公道正派　职工群众信任

陈勇办事公道正派，群众基础好，实事求是的工作作风得到公司员工的一致赞扬。

在工作生活中，陈勇全心全意为职工服务，关心职工。他协助重庆红江党委建立起“企业年金”交纳制度，对提高职工退休后的生活质量，吸引和留住人才发挥了作用。在重庆红江重组整合过程中，他带领团队建立了一套科学合理的薪酬体系，对职工们关心的薪酬改革、岗位职级等热点问题给予耐心解答。在退休人员社会化移交工作中，他耐心地为退休职工讲政策、讲道理，使他们成为移交工作的宣传员。

他对自己要求更为严格，严格遵守中央八项规定精神，不仅自身清正廉洁，还通过部门大会、党员大会、谈心谈话等多种形式经常地进行廉洁提醒。

甘于奉献　打赢“两大战役”

2020年初，新冠肺炎疫情肆虐。疫情防控期间，陈勇兼任重庆红江新冠肺炎疫情防控领导小组办公室副主任。他不忘共产党员的初心和使命，走在该公司疫情防控的最前沿，为打赢疫情防控阻击战与科研生产攻坚战做出了贡献。

陈勇放弃春节假期休息，制定了疫情防控应急预案等系列文件，带领部门人员全力做好疫情防控工作；建立新冠肺炎知识题库，在重庆红江网络学习平台推出“新冠肺炎知识答题PK竞赛”，短短两天，职工参与率就达到80%；组织人员对300多名外地返岗职工进行排查，建立一人一档的健康档案，严格执行隔离政策，受到当地领导和督查组高度赞扬；主动担责，配合街道办事处，严格进行家属区管控，圆满完成了社区交办的防控任务。

（周丽梅）

善学爱钻　敢啃“硬骨头”

——记山西汾西重工有限责任公司电机股份公司技术中心党支部书记郭永红

严管厚爱，“婆婆嘴”常念“紧箍咒”

勇挑重担，将党建工作与科研工作深度融合

在家人眼中，他是一名体贴入微的暖男；在朋友圈里，他是一名妥妥的技术宅男；在同事眼里，他是一位值得尊敬的基层党支部书记。30多年来，他扎根电机技术一线，在平凡的岗位上做出了不平凡的业绩。今年，他又荣获了中国船舶集团“优秀党务工作者”称号。荣誉面前不停步，初心不改永坚守。

“婆婆嘴”的书记

自2017年起，郭永红便担任中国船舶集团有限公司旗下山西汾西重工有限责任公司电机股份公司技术中心党支部书记兼副主任，主管电机技术中心党支部工作，分管电机技术中心相关质量管理、风电等电机产品整体设计、结构设计和工艺制造研究等工作。工作中，他严格要求自己、以身作则，在注重加强自我学习，努力提升自身素质和工作能力的基础上，对照党章开展检视分析，以正视问题的自觉和刀刃向内的勇气，逐一对照查找问题，解决问题。他总是在大会小会上反复提，要落实好“一岗双责”，把管思想、管工作、管作风、管纪律结合起来，抓好日常教育监督，防止“小病”拖成“大病”、小错酿成大过，多点“婆婆嘴”，常念“紧箍咒”，体现严管厚爱，时刻警惕鸵鸟政策、好人主义的危害。

在郭永红的带领下，支部工作和技术工作都取得了出色的成绩，该支部多次获得汾西重工“先进党支部”和山西省国防科学技术工业办公室“先进基层党组织”称号。

“爱死磕”的设计者

作为项目负责人，在该公司立项的“风电塔上更换 L 件”难题攻关中，郭永红又发挥了“爱死磕”的精神。他不怕艰险、勇于承担，带领项目组仅用 100 天的时间就攻克了重大难关。此项目获得了国家发明专利，实施几年来共为该公司节约塔上风电维修成本费用 3000 万元以上。

在研发过程中，郭永红带领项目组编制完成冲压、机加、电工、装配、试验等 24 套专业工艺规程和 170 余套专业工装，确定新工艺验证试验 16 项，“死磕”了电枢铁芯向心斜槽冲制和叠压、5 米长 10 吨重的空心转轴加工、大型拱形换向器制造、“人”字形电枢线圈制造、多匝数主极线圈制造等 10 项关键技术，打通了生产各环节加工渠道，使汾西重工具备了生产大中型交流电机和直流电机的工艺和装备。该项目的成功试制使汾西重工首次踏入重点型号大型水下主电动力推进领域，样机试制达到国内领先水平，对该公司可持续发展起重大支撑与引领作用。

“爱较真”的普通党员

作为从事电机产品设计 30 年的老员工，郭永红将部门的“党建 + 业务”党员实践活动主题确定为“强化新产品研制，持续提升产能”，制定了 7 条具体措施，并付诸实施，将本部门党建工作与电机新产品研发工作深度融合，充分发挥党支部战斗堡垒作用和党员先锋模范作用。

工作中，郭永红将“军品工艺品，民品高颜值、零缺陷”作为电机产品工作目标和工作标准，针对产品设计过程中的问题，他会就关键点和相关人员反复论证。技术人员每次提起他就说，书记“爱较真”，一定要把问题弄清楚了才行。也正是因为他的“爱较真”，“高速飞轮储能电机”“4.8 兆瓦鼠笼异步海上风力发电机”“供开山 7 兆瓦电机”等多型国内领先、替代进口高水平电机研制一次成功。同时，他完成了“扩大风力发电机产能提升、质量可靠技术方案”策划实施，为汾西重工支柱产业电机产品高端研发、批产保驾护航。

郭永红“爱较真”的劲，也体现在对自己的要求上。多年来，他始终以一名合格党员的标准严格要求自己，不断加强自身修养，严格遵守纪律，做到了两袖清风，一心为公。

他常说，“畏则不敢肆而德以成，无畏则从其所欲而及于祸”。

责任就是担当，就是付出。郭永红用最平凡、最朴实的方式，以肯吃苦、肯奉献的优良品格对待每一项工作，不论是工作生活中的“婆婆嘴”，还是支部党建工作中的“鞠躬尽瘁”，都是军工人的真实写照，都是为助推中国船舶集团高质量发展奋斗不止。

（周维　史瑞清）

勤奋工作勇于担当　扎根基层逐梦深蓝

——记七五〇试验场党群工作部/国家安全与保密处党支部书记、党群工作部副主任（主持工作）、团委书记崔思明

在工作中树立榜样，在扶贫中绽放初心

当党组织需要的时候，挺身而出，用行动交出自己的答卷

崔思明现任中国船舶集团有限公司旗下七五〇试验场党群工作部/国家安全与保密处党支部书记、党群工作部副主任（主持工作）、团委书记，曾于2013年获云南省“优秀共青团员”、2016年获中国船舶集团旗下昆明船舶设备集团有限公司“优秀共青团干部”、2018年获场级“优秀共产党员”、2019年获场级“保密工作先进个人”“先进工作者”“优秀党务工作者”等荣誉称号。在她从事党务工作期间，七五〇试验场团委于2017年获得集团公司“五四红旗团委”荣誉称号，其所在支部于2018年获得集团公司及昆船公司“先进基层党组织”荣誉称号。

加强理论研究，提升党务工作水平

身为党支部书记，崔思明理想信念坚定，能够在思想上、政治上和行动上同以习近平同志为核心的党中央保持高度一致。无论是组织政治理论与业务知识学习，还是举办有关党务活动，她都能站在党员群众前列，充分调动党员同事们的积极性，很好地发挥了党员的先锋模范作用。

作为一名党务工作者，崔思明深知必须要具备优良的政治素质和业务水平。为此，她不仅主动学习党中央各项会议精神并认真组织落实，而且勤于思考、善于研究，于2019年完成了集团公司政研课题《国有企业党建工作品牌化研究》，并于2020年申报并获批课题《建党以来国有企业党建思想政治工作经验研究》。在她的感染和带动下，部门其他同事在理论研究方面也取得了一定的成果，间接带动了部门整体业务技能的提升。

注重以上率下，寓“工”于乐实现多赢

在平时的工作生活中，崔思明始终将自己首先是一名党员，其次才是一名领导干部的理念牢记心底。她深深地知道，作为领导不只是行使相应的权利，更应该履行好肩上的义务——以上率下，要求员工做好的，自己有必要做好；要求普通党员做到的，自己更应该做到。正是因为有这样的觉悟，在平时的工作生活中，她总是严以律己，时刻以一名优秀共产党员的标准严格要求自己，用自身行动感染身边的同事，起到表率作用。

抓住科技时代的红利，积极将新型办公元素植入传统办公方式。平时借助网络加强党（团）员互动，疫情期间通过网络平台提高网上办公比重，凭借这些举措，崔思明既达到了创新工作方式的初衷，也在很大程度上激发了青年党（团）员的工作积极性，实现了用“后浪”活力助推党群工作后劲儿的目标。除此之外，她善于发现工作中的乐趣并及时与同事分享，在分享的过程中让大家体验到工作中待发现的乐趣，感受寓“工”于乐的真谛，从而进一步提高员工的积极性，营造出了领导和员工、部门和个人之间的多赢局面。

牢记光荣使命，在扶贫中绽放初心

在脱贫攻坚战场上，七五〇试验场承担了部分对口扶贫任务。崔思明所在的党群部正是负责具体实施帮扶工作的部门。

在扶贫工作中，她多次奔赴交通不便的偏远山区，看望慰问贫困群众，了解脱贫攻坚进展。在她的大力争取和推动下，多项扶贫项目和资金得以在帮扶贫困村落地生根，村集体经济有了长足发展，群众收入得到大幅提高。定点扶贫地鹤庆县松园村于 2018 年年底实现脱贫摘帽，七五〇试验场也因此获得鹤庆县 2018 年“扶贫先进单位”称号。此外，崔思明还高度重视贫困地区教育事业的发展，积极组织各方力量为松园村和中国船舶集团帮扶的丘北县、勐腊县等地的希望小学捐资助学，提升基础教育的软硬设施，推动教育质量提升。

她经常对青年团干们说：“吃苦在前，享受在后，并不只是说说而已，当党组织需要我们挺身而出的时候，我们应该用行动来交出自己的答卷。”对于这一点，崔思明做到了。在扶贫过程中，她经常用入党时的初心和使命来鞭策自己、鼓舞同事。对她来说，每次扶贫踏上归程都不是结束，而是在扶贫之路上新的开始。

甘为平凡事　永葆敬业心

——记中船九江海洋装备（集团）有限公司消防事业部党群工作部室主任姚岚

以支部党建工作考核为着力点，积极探索新思路，推动党建工作与中心工作相融合

锤炼自身业务素质，关注员工个人发展，成为党员职工的贴心人

朋友眼中的她，性格温和，善解人意，是一位传统的贤妻良母；同事眼中的她，业务精，水平高，讲原则，对待工作认真负责；领导眼中的她，政治观念强，理论素养深，是党务工作的行家里手，能干、肯干、实干。她就是中国船舶集团有限公司旗下中船九江海洋装备（集团）有限公司消防事业部党群工作部室主任姚岚。

加强基层党建，以考评促发展

面对新时期、新形势下党建工作出现的新情况、新问题和新要求，姚岚积极探索新思路、新方法、新途径。受三湾改编“支部建在连上”伟大实践经验的启发，她和分管领导、同事们一起分析研讨企业党建工作现状，决定从加强基层党组织建设入手，以支部党建工作考核为着力点，“把支部建在连上”，将党的建设要求嵌入国有企业改革发展事业中。通过强化基层党支部的政治功能和组织力，严格落实各项组织生活制度，严格党员教育管理监督，促进党支部参与所属部门重要问题研究决策，发挥党员在部门中心任务中的骨干带头作用，努力把基层党支部建设成国有企业改革发展的坚强战斗堡垒。

2016 年，她以坚持从严治党、全面加强党的建设为原则，以坚持过程管理、量化记实为原则，以坚持改革创新、形成长效机制为原则编写了《党支部党的建设工作考核评估实施办法》。每季度末，各党支部根据考核评分内容进行自评并提供相关支撑材料，再由相关业务部门组成考评小组深入支部现场进行核实评分。考评结果通过党建工作“看板”进行晒促，对考核排名前两名的党支部及党支部书记给予奖励，对各党支部推荐的一名季度表现突出党员给予奖励。加强考核结果运用，“两优一先”表彰的先进党支部、优秀共产党员原则上从季度党建考核中受到奖励的党支部和表现突出党员中产生。

2018年，为进一步加强对考核结果的运用，她对2016年以来的季度考评结果进行综合排名，报经党委审议，批准综合排名第一的党支部全体党员赴延安开展主题党日活动。以上举措有力激发了党支部的活力和党员的工作热情及创造性，推动了生产经营工作的开展和各项改革发展举措的实施。

因时因势而动，推动党建工作与中心工作相融合

作为考评工作小组的主要成员，姚岚在每季度考评过程中注重发现支部工作存在的问题和不足，提出书面改进建议，并在下一季度考评中逐条检查反馈问题整改落实情况。她建议将党支部例会开到支部现场，请考评第一名的党支部书记现场交流好的经验和做法，帮助排名靠后的党支部找差距，迎头赶上。该项工作促进了支部委员作用的发挥和党建工作与中心工作的逐步融合，并成为消防事业部党建工作的品牌和亮点，工作经验也为兄弟单位所借鉴。

一张考评表，把看似虚无的党建工作融入企业发展各环节。其中，落实职工思想动态季度分析机制考评项，促进支部把思想政治工作延伸到生产经营管理各环节，对职工关心关注的热点难点问题开展调查研究，对涉及职工利益的问题高度重视稳妥解决，实现了思想政治工作与中心工作的衔接。

2020年初，受新冠肺炎疫情影响，员工普遍存在焦虑情绪，对各项经济指标保持高速增长信心不足。各党支部针对这些问题深入开展形势任务教育，成立疫情防控志愿服务队，每天坚持为职工测量体温，督促职工正确佩戴口罩，监督办公及公共场所消毒工作正常开展，为职工营造安全的科研生产环境。同时，通过微信群、部门例会等方式强化对中央、中国船舶集团各项决策部署和会议精神的传达学习，极大提振了全体干部职工坚决打赢疫情防控阻击战和科研生产攻坚战的信心和决心，把支部和党员、把党员和群众紧密连在一起。

随着全面从严治党不断深入，对新时代党建工作提出了更高要求，姚岚深知自己的责任和使命，深知自己的一言一行在一定程度上代表着基层党组织的形象。在工作和生活中，她严于律己，讲规矩守纪律，坚持全心全意为职工服务，用自己的实际行动赢得了组织的肯定、信任和同事们的尊敬。

牢记初心耕主业　凝心聚力求发展

——记中国船舶工业系统工程研究院总体部党总支书记、副主任沈玉玲

抓关键、盯要点，用心用情将基层党建工作做实做细

树典型、建示范，推动党建工作与业务工作充分融合

沈玉玲，现任中国船舶集团有限公司旗下中国船舶工业系统工程研究院总体部党总支书记、副主任。2018年至今，国内外形势风云变幻，面对建设一流海军的使命要求，行业传统格局也随之重塑。系统工程研究院海上总体部处于行业变革的风口浪尖之上，不仅面临生存与发展的巨大压力，而且任务要求与资源配置之间的矛盾异常突出。在这些时间里，沈玉玲作为部门党总支书记，同时也作为业务干部，主动思考、兢兢业业，勇于创新党建工作方法，为支部建设倾注了大量心血，为稳定部门队伍、提升集体战斗力发挥了核心作用。

求真务实、开拓进取，用心探索党建工作新途径

沈玉玲认真履行党总支书记职责，严于律己、勤于学习。在实际工作中，注意抓关键、盯要点，一是加强部门班子建设与团结，扎实召开民主生活会，统一思想、严肃监督落实“一岗双责”；二是抓实惩防体系关键事项、关键环节和敏感人员，组织成立纪检小组，在重大经费事项和技术事项中，充分发挥预算管理委员会和技术委员会的作用，严格监督制度执行；三是注重党课实效，邀请亲历重大历史事件专家讲授鲜活动情的党课，组织身边党员讲授深入一线战斗的经历和感悟，次次党课都激励人心、收效显著；四是关键时期担当作为，在新冠肺炎疫情期间，她组织部门抗疫小组每日事无巨细地发布通知、统计数据、通报情况，并组织制作记“疫”专辑，为大家保留特殊时期共同面对困难、打赢抗疫与复产两场战斗的宝贵记忆。

聚焦主业、紧贴业务，构筑坚强任务堡垒

作为党总支书记，同时也是业务干部，沈玉玲始终心系专业发展，追求党建与业务的充分融合、双向促进，在业务工作推进中强化共产党员亮身份、做表率，通过党员的示范带动，营造集体奋发向上的工作作风。此外，沈玉玲还注意在组织中树典型、建示范，按季度评选“季度之星”，并将部门文化墙作为文化宣传阵地、业绩晒促阵地、技术交流阵地和生活知识阵地，深受员工欢迎。特别是2019年，该部门针对某项目竞优成立党员突击队，连续3个月奋战无休，以高昂的斗志打了一场漂亮的阻击战，充分展示了突击队的战斗力、提升了士气、鼓舞了斗志。2020年伊始，又一党员突击队刚刚成立，便在某重大任务中崭露头角，为部队实战化训练提供了坚实的保障，受到海军首长的高度评价。

深入群众、细微入手，凝心聚力见实效

沈玉玲深知细节决定成败的道理，坚持党建工作从小事做起，从细微处传递组织的真情实意，持之以恒地为大家办实事、解决实际困难。2019年，行业格局的骤变对部门人员的思想影响较大，正是党组织战斗堡垒作用的发挥，确保了队伍稳定、业务落地。她号召全体中层干部和支委沉下心来认真聆听员工所思所想，通过与党员群众频繁进行深度交流，坚定了大家的信心。她真切关注年轻同志思想动态，注重培养年轻同志迅速成长为业务骨干。无论是文艺演出前带领演员彻夜打磨剧本，还是在红歌赛中带病坚持排练，只要是展现集体精神风貌的活动，都是她拼尽力量要组织好的工作，因为这是提高凝聚力、提升士气的绝好舞台。

默默奉献、甘为人梯，悉心择长育人才

工作中沈玉玲总是不计得失、把个人利益放在最后。对待同事情真意切，把同事当亲人一样看待。部门每个人的实际情况她都如数家珍，对个别思想异动总是能够提前洞察。她深度关注员工切身利益，凡是涉及展示员工对外风貌的事项，她必定会亲自帮助策划、排练、修改，让员工提升信心的同时体会到组织的关心，同时，周期性组织青年座谈，激发年轻人之间不断碰撞思想的火花、互相促进提高。近两年，总体部党总支涌现出了一批青年才俊，包括基于模型的系统工程（MBSE）技能大赛一等奖团队、演讲比赛一等奖个人、年轻的优秀共产党员、青年岗位能手等，年轻人在激励中获得快速成长。

作为一名业务干部，沈玉玲对专业的发展充满信心，作为一名支部书记，让党组织成为大家心之所向的温暖港湾是她自始至终的追求。

基层党务战线的“排头兵”

——记中国船舶工业综合技术经济研究院党群人事处党支部书记、党群人事处处长、团委书记卢威

干一行爱一行，提升自身业务水平，打造一支高素质党务工作队伍

将党建工作和中心工作结合起来，构建具有智库型科研院所特色的党建工作体系

中国船舶集团有限公司旗下中国船舶工业综合技术经济研究院党群人事处党支部书记、党群人事处处长、团委书记卢威，从事基层党务工作15年，始终要求自己保持昂扬的工作状态和积极进取的奋斗精神，不断学习，持续提升自己的业务素质；真抓实干，推动党建工作做深做细做实；勇于创新，积极探索工作新思路、新方法，努力争做一名敬业、精业、乐业的基层党务工作者。

脚踏实地，不断探索工作新形式

人们都说爱一行干一行是一种选择，卢威却说“干一行爱一行是一种责任和动力”。多年来的工作实践，使她越来越感受到党建思想政治工作的魅力，同时也在这个过程中收获了许多。

她多次系统学习马列主义、毛泽东思想、邓小平理论、“三个代表”重要思想、科学发展观和习近平新时代中国特色社会主义思想，深入领会中国特色社会主义理论体系的丰富内涵，自觉用理论指导实践，不断探索用新视角、新思路研究新情况，解决新问题。

在推进“两学一做”学习教育常态化制度化活动中，为切实增强学习教育效果，她以创新方式召开启动会，组织党支部书记、中层干部、部门骨干分别赴红旗渠干部学院和焦裕禄干部学院两个红色教育基地进行主题教育培训；在“不忘初心、牢记使命”主题教育期间，为解决群众反映强烈的问题，她组织开展党员领导干部面向基层党支部党

员讲党课活动、“走进瑞金、不忘初心”党性教育培训活动；为切实增强学习培训效果，她组织构建了现场授课、线上培训、观影、参观主题展览、专题教育培训、党委班子成员和支部书记讲党课等多种方式结合的党员教育培训体系。

她参与撰写的《落实党员民主权利、调动党员参与党内事务积极性研究》，荣获全国党的建设研究会一等奖；《国有企业党建工作与企业文化建设相互对接有机融合研究》，荣获全国党的建设研究会二等奖；《“舰船知识”国防文化品牌战略及其实践》，获中国船舶集团管理创新成果一等奖；《新时代背景下国企党建责任制考核指标体系的实践与思考》，获得中国船舶集团政研会优秀课题研究成果二等奖。

同频共振，推动实现高质量发展

党建思想政治工作只有与中心工作实现有机融合，才能使虚功变实效。卢威持续推动党建创新，注重将党建工作和科研院所的中心工作结合起来，构建具有智库型科研院所特色的党建工作体系，以高质量党建工作引领、推动高质量发展。

在该院院党委的指导下，卢威创新性提出党建与业务融合的“双螺旋”机制，深入贯彻落实党建与业务“四同步”，通过贯彻落实党的理论和路线方针政策来把握改革发展的正确方向；通过党管干部、党管人才来加强干部人才队伍建设；通过发挥基层党组织战斗堡垒作用和党员先锋模范作用来凝聚职工群众；通过加强党风廉政建设来正风肃纪、防范风险。

党委中心组学习突出专题化，围绕改革发展、结构调整、团体标准发展、投入机制方式方法、反腐倡廉、智库建设与产业发展等重要领域，拟定多项专题学习，充分发挥中心组领学、导学、督学的作用。组织党员领导人员和业务骨干去井冈山干部学院、延安干部学院等接受革命传统教育，改进工作作风。加强科研院所专业人才队伍建设，以制度建设、考核评价、培训锻炼为抓手，以重大项目为平台，在院党委的指导下，探索了“一颗红心”“二个本领”“三个理念”“四个通道”的人才培养体系。通过多年的不断探索、实践、改进，点滴创新逐渐显现，党建与业务融合的“双螺旋”机制不断深化。2019 年，该院近 20 人次获国家级、省部级人才称号，并连续 2 年获得中国船舶集团经营业绩和党建工作考核双“A”。

润物无声，持续提升队伍战斗力

党务队伍建设一直是卢威放在心头的事。她深知，一支高素质的党务工作人员队伍是推动党建工作的重要保障。

针对该部门年轻人多、新人多的情况，她经常开展谈心交流，把自己积累多年的工作经验毫不保留地传授给他们，给他们压担子，促进他们尽快成长为站起来能讲话、坐下来能思考、提笔能写文章、既懂党务又懂业务的优秀党务管理人才。

针对基层党建实务、新媒体宣传等方面，卢威在部门内部开展专题研讨，有效提升党务人才的理论水平和专业素养，为开展相关工作夯实基础。她以党建工作会等重要会议、重要活动为契机，组织青年职工参加相关筹办工作及会议材料的撰写工作，一方面让他们体会组织工作的严谨细致，另一方面提升文字水平、磨炼耐心与细心。通过严格落实“师带徒”制度，一对一以老带新，不仅让青年职工感受到团队的关怀和温暖，还激励他们勤思考、用心学、大胆做，形成新老互帮互学、取长补短、相互促进的良好局面。

在卢威的精心培养下，部门的青年职工快速成长，逐步成为高质量开展党建工作的重要力量，不但业务精湛、更能攻坚克难，扛起重任。

千里之行，始于足下。卢威15年如一日，恪尽职守、担当作为，持续推动党建工作高质量发展。面向未来，卢威也会一如既往、精益求精，争当基层党务战线上的“排头兵”，为推动中船综合院建成“一流行业智库、一流基础院所、一流央企党校”贡献智慧和力量！

三、先进基层党组织

让党旗飘扬在生产一线

——记江南造船（集团）有限责任公司总装二部党支部

营造“立足岗位做贡献，我是党员我先行”的浓厚氛围

在党员教育工作上做到“六个有”，即：有设施、有设备、有场地、有内容、有制度、有记录

作为后行生产的重要生产部门，中国船舶集团有限公司旗下江南造船（集团）有限责任公司总装二部党支部在集团公司和公司党委的正确领导下，深入学习贯彻习近平新时代中国特色社会主义思想，以“不忘初心、牢记使命”主题教育为契机，紧紧围绕集团公司高质量发展战略纲要和公司“315规划”目标，始终团结一心，刀尖向内，自我加压，坚持优化生产组织，提升生产效率，均衡生产节奏。

加强自身建设　探索工作新模式

为提高部门管理水平，总装二部党支部从建章立制和完善生产记录等基础资料入手，以落实岗位责任制为重点，以出色完成生产任务和保证工作正常运转为目标，坚持优化生产流程，提升生产效率；坚持创新思路，优化管理结构，通过内部挖潜，理顺新船型生产线；坚持党建立功，打造部门文化，增强党员先锋模范作用执行力，确保全年经营管理任务的顺利完成。

同时，总装二部党支部还把加强管理与教育职工增强工作责任感和执行规章制度自觉性有机结合起来，发挥党员个体作用以及参与党内事务的积极性，每月按时召开民主生活会、组织党团员参加义务劳动、学雷锋日、全体党员参加“三级考评”的评价考核机制、进一步完善“三会一课”工作，使基础管理建立在深厚的群众基础之上，实现职工被动管理向主动参与、粗放管理向精益管理、传统管理向现代管理的转变，促进管理科学化。

以生产攻关为目标 党员团员冲在前

突如其来的新冠肺炎疫情打乱了 H2604 船的生产节奏，为确保该船顺利交付，按时完成试航节点任务，总装二部党支部从部门抽调党员青年骨干，成立了“H2604 船试航青年突击队”。在主机选择性催化还原（SCR）系统测试过程中，主机本体上的隔热绝缘在高温环境下产生了大量烟雾，机舱内顿时充满了刺鼻的气味。随着试验的进行，机舱环境开始恶化，产生的烟雾通过通风系统进入上建的房间内。为了阻断事态的发展，突击队成员果断决定拆下主机排气管上的绝缘。此时排气管的温度有三四百摄氏度，只要靠近就能感受到一股热浪扑面而来。突击队成员在做好个人防护之后毅然爬上了主机，进行排气管绝缘的拆除工作。经过约半个小时的紧急作业，终于将主机本体的冒烟绝缘全部拆除，并对故障进行了紧急处理，确保了试航的正常开展。在后续的航行试验过程中，突击队员们积极优化试验流程，在报验前做好了充分准备，将原本需要 4 天完成的项目压缩至 3 天，提前 1 天顺利完成所有航行项目，创下了该系列船航行试验的新纪录。

为富中海运有限公司建造的 84000 立方米液化气首制船 H2635 船是国际最先进的液化石油气（LPG）运输船之一，在部门青年委员的带领下，以优秀党员、团员为主，总装二部创建了“H2635 船试航青年突击队”。青年突击队冲锋在前，针对尚未完成的系泊试验项目，制订了详细的调试及报验计划，加班加点缩短了整个调试及报验的周期，最终使该船比原计划提前 10 天达到试航状态。在大家的共同努力之下该船仅用了 5 天就完成试航项目，成功刷新了 84000 立方米液化气首制船试航新纪录。

永葆先进本色 提高整体素质

做好党员发展和培养工作，增强党建工作的新引力，将支部建设融入中心工作，是总装二部党支部一直长期不懈努力的方向。

通过 OA、微信、党建工作群、宣传报道、专栏、板报、看板等信息化、开放式学习平台，总装二部党支部向广大党员干部传达最新的文件精神，引导广大党员干部在大是大非问题上保持清醒的头脑；在攻坚克难的工作推进中，亮身份，树品牌，营造“立足岗位做贡献，我是党员我先行”的浓厚氛围，把为人民服务的宗旨、党员的先进性转化为推动具体工作任务的高标准完成。在党员教育工作上做到“六个有”：有设施、有设备、有场地、有内容、有制度、有记录。同时创新党员教育管理新模式，积极创新党员教育管理载体，开展了“默写入党誓词”、党员先锋模范评比、“1+1”党内帮带、党员亮身份上岗、党员承诺、组建劳务工党员工作室等活动，使党员的先锋模范作用得到凸显。

压实防控责任　助力复工复产

为打赢疫情防控阻击战，积极稳妥做好复工复产和“招人”成为部门头等大事。总装二部班子组织多次视频会议、讨论对策，谋划方案，制定了《总装二部防疫措施管理办法》，多次就防疫和组织生产工作开展视频会议，商讨对策，保障重点生产有着落，防疫工作更有效。特别是针对员工的抵沪隔离和疫情期间的员工入司流程问题，该部门主动出击，在公司领导和公司工会的大力支持下，与长兴乡政府、防疫办、派出所、前卫实业投资公司等进行沟通、走访，先后租用长兴岛六家宾馆作为部门返岗和新入职员工隔离观察点，隔离观察达650多人次，为后续复工复产打下坚实基础。

近年来，总装二部党支部先后获得诸多荣誉，“文明单位”“文明窗口”“四好领导班子”“优秀基层党组织”“先进职工小家”“青年突击队”光荣称号。荣誉属于过去，该党支部将继续围绕中心工作，攻坚克难，开拓创新，让党旗飘扬在生产一线，为生产保驾护航。

硬核团队创造“大洋上的中国荣耀”

——记沪东中华造船（集团）有限公司总装二部围护系统部党支部

党员干部始终坚持“最沉重的担子我们挑”“最关键的项目我们上”“最困难的地方我们努力闯”获得亚马尔（Yamal）项目4号船连续2个货舱氦气试验“零漏点”的空前佳绩

多年来，中国船舶集团有限公司旗下沪东中华造船（集团）有限公司总装二部围护系统党支部紧扣部门实际，积极创建“学习型”“劳模型”“质量型”三型党支部，努力构筑坚强堡垒，打造年轻、团结，充满朝气和坚强战斗力的团队，为推动公司高质量发展，谱写大洋上的中国荣耀做出了积极贡献。

围护系统部承担液化天然气（LNG）船最核心的维护系统的建造任务。截至目前，围护系统部党支部共有党员36名，下设3个党小组，其中中层干部4名，基层管理人员12名，班组长6名，技术工人14名，党员中本科及以上学历者26人，占党员人数的72%。

以“学习”为抓手　强化政治引领构筑坚强堡垒

围护系统党支部始终把理论学习放在首位，强化支部学习制度，严肃党内政治生活，认真组织学习习近平新时代中国特色社会主义思想和党的十九大精神。在组织学习公司党委下发的《十九大报告》《党章》的基础上，该党支部还给每位党员购买了《十九大党章修正案学习问答》，通过学习党内纲领性文件，领悟党中央在重大思想观点和重大战略举措上的深刻含义，牢固树立“四个意识”、增强“四个自信”、做到“两个维护”。2019年，围护系统党支部深入开展“不忘初心、牢记使命”主题教育，从守初心、担使命、找差距、抓落实等各个环节入手，让每一名党员做了深入的自我剖析，增强其党性修养。

2020年，突如其来的新冠肺炎疫情对国家是大考，对企业同样也是大考。围护系统部有在册职工 1200 余名，分布于五湖四海。在严峻疫情下，如何做到安全复工复产是摆在面前的考题。

疫情发现之初，围护系统党支部积极响应沪东中华及部门防控办公室相关要求，成立围护系统防控小组，在返沪人员信息记录跟踪、返沪后隔离观察协管、公共区域志愿者等方面积极带领员工正面应对。围护系统部很多员工都身处疫区不能按期返沪，影响产品建造进度，围护系统部党支部发出《致全体员工倡议书》，号召大家与企业共同面对当前困难，主动作为，党员积极带头倡导"6+2"生产模式，成立突击队、攻坚组，党员干部始终坚持"最沉重的担子我们挑""最关键的项目我们上""最困难的地方我们努力闯"，极大鼓舞了广大员工的斗志，把疫情对建造周期的影响降为最小。疫情期间，整个围护系统部同心抗疫、积极复工，不但取得了抗击疫情的巨大胜利，在产品建造中也获得了亚马尔（Yamal）项目 4 号船连续 2 个货舱氦气试验"零漏点"的空前佳绩，为沪东中华打赢防疫和复工攻坚战贡献力量。

以"劳模"为榜样　突出典型引路打造硬核团队

围护系统党支部高度重视对劳模工匠的培育，多年来培养出了秦毅、张冬伟等多名上海市劳模、全国五一劳动奖章获得者、上海市五一劳动奖章获得者。该党支部坚持以秦毅劳模工作室为平台，在沪东中华 LNG 船建造和国家 LNG 船产业链布局研究方面取得丰硕成果的同时，大力开展名师育高徒工作，培育了大国工匠张冬伟等一大批围护系统焊接能手，使该公司围护系统焊接技术得到很好的传承和提升。

同时，围护系统党支部紧密结合生产实际，把"不断提升思想信念、不断提高管理水平、不断增强专业知识、不断提高技能水平"作为党支部和全体党员以及员工的共同目标，积极开展部门员工围护系统专业知识的培训，努力打造一支硬核团队，使沪东中华 LNG 船建造质量一艘比一艘好，建造速度一艘比一艘快，为该公司拓宽 LNG 产业链奠定扎实基础。

面对全球首艘 23000TEU LNG 动力集装箱项目 MAKER Ⅲ新型围护系统，围护系统党支部喊出了自己的声音"我们要做自己的 MAKER Ⅲ"。该党支部依托沪东中华项目制党建和"四创"工程，成立了以党员为主的项目攻关团队，埋头苦学、深研技术，在一年多的攻关中，围护系统团队编制了技术知识产权的技术文件 170 多套，涉及专用工装 85 件，完成专利 24 项，创节约效益数百万元。在产品建造中支部设立党员示范岗，深研理论技术与产品建造的差距，保质保量地完成了中国首个 MAKER Ⅲ型货舱的建造。

以"质量"为根本 牢记使命担当谱写中国荣耀

质量是企业的生命，维护系统是LNG船最核心的部位，它承载着零下163摄氏度液态的LNG，一旦泄漏，后果不堪设想。围护系统党支部坚持把提升维护系统建造质量作为自己的使命，把"零泄漏"作为追求目标和应有的担当，通过积极学习行业内先进管理方式，优化内部机构，提升现场管理水平，通过认真组织策划、对标先进，找出差距、克服困难、弥补不足，在围护系统现场5S管理、质量管理、设备管理和班组管理等方面取得了巨大进步。2014年，围护系统部党支部申报"LNG船液货舱围护系统"参加上海市质量协会组织的现场管理星级评价，获"上海市四星级现场"的称号，2016年获"全国四星级现场"称号。

自2008年4月沪东中华交付第一艘LNG船以来，围护系统部已成功完成了24艘LNG船围护系统生产工作，多次取得殷瓦膜氦气试验"零漏点"的佳绩，液货舱的建造质量已超过日韩船企，续写着大洋上的中国荣耀。

在提高党支部自身建设的同时，围护系统部党支部还注重以"党建带工团"，齐抓共管，凝心聚力。该支部以党建带工建、党建带团建，坚持对工会、共青团工作的指导，积极发挥工会、共青团的主动性，大力营造部门和谐、健康、轻松、融洽的人文氛围，通过发挥文化的引领作用，倡导以文化的"软力量"来提高部门发展的"硬实力"。围护系统党支部与部门工会、团支部携手开展了职工帮困、青年素质拓展、强身健体文化活动、项目制青年突击队等各项生产生活相关活动，发挥了积极的作用。相关团队也获得了上海市共青团号、上海市优秀青年突击队、上海公司新长征突击队、工人先锋号、上海市青年五四奖章集体等多项荣誉。

成绩来之不易，未来更需努力，围护系统部党支部将在中国船舶集团、沪东中华党委的领导下，在党支部全体党员的共同努力下，把党支部建设、围护系统生产、党工团共建等方方面面的工作做得更好、做得更强。

（文/东华　摄/高峰）

抓党建提效益　凝心聚力固根基

——记上海外高桥造船有限公司党委

超过 60% 的党支部被评为特色党支部，超过 95% 的党支部共建联建保障服务生产经营成效显著

中国船舶集团有限公司旗下上海外高桥造船有限公司党委深入学习贯彻党的十九大精神和习近平新时代中国特色社会主义思想，始终把政治建设放在首位，以集团公司高质量发展战略纲要为指导，以推动外高桥造船高质量发展为核心，全面发挥党委领导作用，把方向、管大局、保落实；以抓党建统筹抓管理，不断提升企业治理能力，推进全面从严治党在企业落地落实，切实把党的政治优势、组织优势、群众工作优势转化为企业发展优势，为建设“中国领先、世界一流”现代化造船企业提供坚强政治和组织保证。

企业治理取得新成效

引领发展航向，提升党的政治领导力。外高桥造船党委通过完善《“三重一大”事项决策规则》等规则，推进党的领导和公司治理有机融合；通过细化前置清单和前置程序，明确每个事项的决策主体、权责边界。同时，还制定实施《外高桥造船高质量发展战略纲要》，进一步确立大型邮轮的核心地位，明确了公司 2020 年、2025 年、2035 年和 2050 年高质量发展目标。至此，“邮轮引领、一体两翼”的发展新格局初步形成。

贯彻战略部署，打造高质量发展新格局。外高桥造船党委坚定不移地把“深度融合”作为加强企业党建的切入点、着力点、落脚点，以引领高质量发展的成果检验党建成效，推动党建与企业改革发展同频共振。2019 年，该公司营业收入再创新高，较 2018 年大幅增长 50%；利润指标全面完成，经营利润完成率为 104%；交船吨位保持高位，共交付 22 艘 +3 座海工平台、549.9 万载重吨；三大造船指标继续位居全球前列。

推进邮轮工程，谱写“一体两翼”新篇章。为快速推进大型邮轮设计建造，外高桥造船党委组织建立了项目治理架构和运作模式，聚焦优化邮轮生产指挥体系重塑设计和生产管理体系，成立了 7 个邮轮专业组织，设立大型邮轮项目评标委员会实现了邮轮采购快速决策。

抓实疫情防控，夺取复工复产大满贯。面对突如其来的新冠肺炎疫情，外高桥造船党委搭建了“织密防控责任网络、动态优化方案措施、强化疫情信息监控、上下联动全员防控，全力确保年度生产经营”的“4+1”保证防疫复工体系。自 2 月 10 日复工以来，该公司实现了多艘船舶造船节点“大满贯”，交出了一份亮丽的成绩单。

基层党建焕发新活力

创新组织体系，提升改革发展推动力。外高桥造船党委主动适应企业组织架构、管理模式上的变化，动态优化党支部组织设置。同时聚焦党支部书记带动力、支委组织力提升，建立年度轮训品牌工程，持续打造高素质、专业化党务队伍。

完善制度标准，提升基层支部组织力。外高桥造船党委坚持把制度建设贯彻在基层党建的各个方面，打造了基本制度和专有制度相辅相成、覆盖考核评价的“五维一体”制度体系，累计发布 11 类 80 余项党建制度，确保了基层支部的高标准、高质量运转。

打造特色品牌，提升基层党建生命力。外高桥造船党委坚持服务生产经营品牌化、支部共建联建目标化，同时还组织“共建”、资源“共享”、技术“共创”的机制和模式，超过 60% 的党支部被评为特色党支部，超过 95% 的党支部共建联建保障服务生产经营成效显著。

深化“双星”机制，催生两个作用原动力。外高桥造船党委建立了星级党支部达标晋级体系，发布了《星级党支部争创验收管理办法》，通过达标晋级，夯实党建基础，落实党建责任，推动改革发展。

打造多元平台，提升党员内生成长力。坚持把党员培养成骨干，外高桥造船党委强化日常工作中的赋能挑担，实现党员人人有争先指标、人人有攻坚指标、人人有评价结果。聚焦国产大型邮轮首制船建造开展“争做星级党员、争做项目先锋”党员示范领航活动。

实施人才强企，厚植转型发展新动能。外高桥造船突出政治标准和精准培养，打通专兼职党务工作者成长通道，推进党务人才和业务人才双向交流，并分层分类开展专题培训，着力打造“国际化视野、工程化能力、学术化态度、职业化素质”的高素质人才队伍。

完善考核评价，检验从严治党新成效。外高桥造船把引领基层治理、推动改革发展的成效作为党建工作核心评价指标。一是完善考核监督体系，二是突出考核结果应用，强化各级干部抓党建、强党建的责任意识，打通党建责任落实“最后一公里”。

凝聚改革发展新合力

把稳思想之舵，贯彻改革发展新理念。外高桥造船党委扎实推进“不忘初心、牢记使命”主题教育，把“守初心、担使命”转化为打造“中国领先、世界一流”现代化造船企业的坚定信心，把“找差距、抓落实”转化为确保年度生产经营任务顺利完成，把党员干部焕发出来的热情转化为推动公司高质量发展的实际成果。

扛起主体责任，打造党风廉政新气象。外高桥造船党委发挥巡察“政治体检”作用，实施基层党组织巡察 5 年全覆盖机制，进一步夯实管党治党主体责任。以廉洁风险防控为重点，累计发布 29 项廉政制度，着力构建“不能腐”的防范机制。

强化文化宣传，提升企业品牌竞争力。通过打造年度发展论坛等文化品牌，持续完善品牌文化宣传网络和品牌管理战略体系；通过打造“两微一报”内宣品牌，实时传递高质量发展强劲脉动。同时，大力弘扬劳模工匠精神，开展劳模工匠专场“道德讲堂”，让“匠心文化”成为职工岗位建功的内生动力，形成了 170 人的工匠人才库。

深化关爱工程，共绘改革发展同心圆。外高桥造船党委深化关爱帮扶，组织群团积极为职工群众办实事、做好事、解难事，打造暖心工程。实施分时就餐、提高餐饮标准，提升就餐舒适度和餐饮质量；改造升级职工宿舍，持续改善住宿环境；传承劳务工春运返乡专车等关爱工程；深化“劳模 / 技师创新工作室”创建，开展合理化建议征集、培育青年五小成果等岗位建功专项行动，增强了服务发展合力。

生产现场勇当先锋　创新创效争做表率

——记中船澄西船舶修造有限公司造船安装车间党支部

要求全体党员切实做到“思想觉悟领先”“业务技能领先”“工作业绩领先”

2019 年培养了高级工晋升 8 名、技师晋升 2 名，培养轮机、电气调试能手各 4 名

近年来，中船澄西船舶修造有限公司造船安装车间党支部坚持以“引领高质量，党员先锋行”党员主题教育活动、党支部“三会一课”等为载体，围绕生产管理、成本控制、效率提升以及团队建设等核心工作，齐心合力保障部门各项任务的完成，荣获 2018—2019 年度“中船澄西先进党支部”、2018—2019 年度“上海船舶系统先进基层党组织”等荣誉称号。截至目前，该党支部共有党员 18 名。

加强理论学习　提高党员素质

造船安装车间党支部始终坚持提高政治站位，把加强政治理论学习作为首要任务，通过采取“三会一课针对学”“主题教育系统学”“班组员工选择学”等措施，全面提高党员素质，为各项任务的完成提供了坚强保障。

一方面，制定《支部年度集中学习安排表》，指定责任人主讲学习内容。造船安装车间党支部围绕《中国共产党纪律处分条例》《中国共产党廉洁自律准则》《习近平新时代中国特色社会主义思想学习纲要》等进行深入解读。同时，通过支部委员主讲《40000 吨自卸船建造策划专题党课》《学习型党支部建设的思考与实践》《优化流程建标准管理提升创品牌主题党课》等内容，把党建与业务深度融合，推动各项任务顺利完成。

另一方面，扎实开展“不忘初心、牢记使命”主题教育。通过制定主题教育学习安排表，指定支委从政治建设、廉洁自律、党性教育等 8 个方面组织党员进行系统学习；

带领支部全体党员前往浙江嘉兴南湖，开展“不忘初心、牢记使命”教育活动，要求全体党员切实做到“思想觉悟领先”“业务技能领先”“工作业绩领先”。

强抓组织建设　规范队伍管理

在基层党组织建设方面，造船安装车间党支部充分重视并强化党的基层组织建设，以党支部年度计划为纲，在认真做实三会一课、廉政教育、主题党日活动等规定动作的基础上，积极组织开展党员责任区、造安小课堂等自选动作。

通过认真编制年度工作计划，造船安装车间党支部以 5 项工程为主线，细化成 13 项工作内容，制定保障措施，明确责任人和完成时间，每季度检查落实情况，保障各项任务高质量完成。在做实三会一课、廉政教育、主题党日活动等规定动作方面，每月开展 1 次支委会、党小组会、主题党日活动，每季度开展 1 次党员大会，参与部门决策；开展民主评议党员活动，认清自身的不足与努力方向，群众评议党员合格率 100%。同时，造船安装车间党支部 18 名党员结对车间 18 个生产班组，还会协助开展班组管理工作，每周 1 次参加责任区班前会，宣传支部与车间相关要求，收集员工合理化需求，及时解决员工困难。

为提升员工业务技能，造船安装车间党支部建成了看得见、摸得着、可实操的电气、轮机实训室，2019 年培养了高级工晋升 8 名、技师晋升 2 名，培养轮机、电气调试能手各 4 名，完成“五小”成果 24 项、专利 13 项、论文 3 篇、攻关项目 11 项。围绕轮机、电气技术交底、英语口语，钳工、电工、铜工、起重等内容，该党支部还广泛扎实开展“造安小课堂”活动，营造了“人人皆教员、处处是课堂”的浓厚氛围。

强化作风建设　推动提质提效

通过扎实开展“引领高质量　党员先锋行”立项活动，造船安装车间党支部以“党员先锋行，助推高质量”为主题，以主建船型单船实动工时不大于 10.6 万小时，周计划完成率不小于 95% 为立项目标，把党的建设优势转化到推动车间高质量发展上来。

同时，通过深入开展“党员责任区、党员示范岗”等活动，造船安装车间党支部以党员责任区为载体，完成“工序前移”110 项；23 号 81200 吨船走进“5090”周期目标；21 号 81200 吨船码头周期 87 天，提前 169 天交船出厂；16 号 81200 吨船试航时间 78 小时，刷新公司 82000 万吨船型试航最新纪录。其中，40000 吨自卸船党员示范岗党员自行学习管系补充设计，实现热油伴行管自行放样、出小票图在分段阶段安装，实现了自卸系统舾装件在分段和中组阶段进舱目标。

推行党政融合　汇聚发展合力

在深化党政工团合力、增强团队凝聚力方面，造船安装车间党支部也采取了多项举措。通过组织劳动竞赛促进提质增效，组织开展了23号81200吨船、10号81200吨船、21号81200吨船、25号81200吨船、16号81200吨船按期试航劳动竞赛，以及1号40000吨自卸船专项劳动竞赛，有力促进生产任务高效完成；通过组织培训比赛促进能力提升，通过多渠道鼓励青年员工提升技能，开展了钳工垫块拂配操作比赛、电工接线操作比赛，推荐2名电工参加中国船舶集团电工操作比赛、推荐3名电工参加江阴技能大赛，组织与扬州公司总装部员工进行技能交流座谈。

同时，造船安装车间党支部通过组织各类文体活动营造和谐的团队氛围，组织举办了乒乓球、掼蛋、篮球、羽毛球比赛，以及素质拓展、美食等活动；通过关爱帮扶增强团队凝聚力，2019年共走访慰问车间员工15人次，组织本工和劳务工向困难员工进行爱心捐款等活动。

直面挑战　主动寻求变革

——记中国船舶集团第七〇四研究所党委

突出1个自然年度，抓好立项评审及结项验收2个关键环节，发挥党组织、行政以及工青妇组织3个层面合力，明确项目运行过程4个着力点

搭建了“3+3+3”融入式党建框架

近年来，中国船舶集团有限公司旗下第七〇四研究所党委坚持以习近平新时代中国特色社会主义思想为指导，牢牢把握新时代党的建设总要求，突出政治引领，坚持融入中心，不断创新实践，党建工作质量全面提升，先后获得“全国文明单位”“全国创先争优先进基层党组织”“全国五一劳动奖状”“航母工程建设重大贡献奖”等荣誉称号。2019年，面对外部环境变化带来的巨大挑战，七〇四所主动变革、奋勇争先，在集团公司年度经营业绩考核中名列前茅，并在“两优一先”“两标兵一示范”的评选表彰中获“先进基层党组织”称号。

突出政治引领

七〇四所党委把党的政治建设摆在首位，将学习宣传贯彻习近平新时代中国特色社会主义思想、全面贯彻落实习近平总书记重要批示精神体现在坚决落实中央决策部署中，落实在改革发展的各项工作中。

一是坚持民主集中制，强化党委组织决策、参与决策职能，修订《党委工作规则》

和“三重一大”决策制度，进一步细化党委决策和前置研究内容清单；严格履行“三重一大”事项前置程序，党委把方向、管大局、保落实作用得到有效发挥，有力促进和保障了该所的改革发展。

二是抓好主题教育，分两批扎实开展“不忘初心、牢记使命”主题教育，第一时间制定实施方案，把主题教育四项重点举措贯穿始终，以学习教育为根本，学深悟透、真信笃行；以调查研究为途径，深入一线、了解实情；以检视问题为关键，逐一对照、深刻剖析；以整改落实为目标，主动认领、真刀真枪，确保主题教育与中心工作相结合，真正把主题教育成效转化为推动高质量发展的强大动力。

坚持围绕中心

坚持党建融入中心，七〇四所党委充分发挥党组织作用，坚持以军工科研生产、科技创新高质量发展的实际业绩检验党建工作成效。近年来，该所经济规模和效益实现平稳提升，军品业务持续发展，民品产业发展稳步推进，科技创新取得新成果，科研环境得到较大改善，具有了完善的科研、试验、生产、服务和保障能力，有效巩固了其业已形成的行业地位。

此外，七〇四所常态化推进党建思想政治工作项目制，构建形成了“突出 1 个自然年度，抓好立项评审及结项验收 2 个关键环节，发挥党组织、行政以及工青妇组织 3 个层面合力，明确项目运行过程 4 个着力点”的项目制常态化推进体系。通过将党建思想政治工作项目化、数据化、载体化，与科研项目融为一体、贯穿始终，最大限度地调动广大党员、职工的积极性和创造力，有效助推重大工程任务的圆满完成。

注重创新实践

将党建工作创新实践作为重要课题，七〇四所党委通过制定融入式党建工作指导意见，七〇四所搭建了以理论学习研讨、党建思想政治工作项目制、岗位先锋工程三个平台，党建考核评价、组织生活“6+6”、党员评议三项机制，企业文化提升行动、支部文化园地、先进典型宣讲激励三种载体为抓手的“3+3+3”融入式党建框架，打通党委、各党（总）支部、全体党员三条发力通道，有效指导了基层党组织党建工作与中心工作相互作用、相互促进。

同时，七〇四所持续优化形成岗位先锋工程、党建共建机制、组织生活“6+6”、党员评价体系等党建品牌。积极引导和鼓励党支部在提高党建工作质量的过程中不断总结和提炼经验，并通过政研会理论平台、特色主题党日评选等方式，逐步打造形成三微书屋、党员登高计划、党员积分制等一批切合支部实际、富有支部特点的品牌。

夯实党建基础

七〇四所党委坚持把夯实基础作为抓党建的基本保障，把凝心聚力作为抓党建的力量源泉，注重将基层组织和党员、职工队伍的战斗力，转化为推动中心工作的作用力。

七〇四所党委以提升组织力为重点，强化政治功能，同步调整、优化设置基层党组织，选优配强党务干部，落实党政同级同职同待遇，实现党的组织和党的工作全覆盖。以提升队伍整体素质为目标，加强党员日常教育管理，分层次开展党性教育专题培训，加强“双培养一输送”，将党员先锋模范作用渗透至中心工作各方面。以落实基本制度为基础，加强制度建设的顶层设计，形成涵盖决策管理、党建管理、群团组织和企业文化4个方面25项党建制度框架。

通过积极践行社会主义核心价值观，七〇四所党委紧紧围绕重大科研项目及热点动态，开展思想政治工作，弘扬军工精神，激励广大党员职工聚力新征程、奋进新时代。持续推进新时代企业文化提升行动，印发新版《企业文化手册》，开展理念故事征集、企业文化知识竞赛，推进文化理念落实落地。坚持党建带群建，加强民主管理，切实为党员职工解决实际困难，凝聚党员职工发展合力。

新时代新征程，七〇四所党委将继续团结带领广大党员、职工不忘初心、牢记使命，昂扬斗志、开拓创新，以更加奋发有为的精神状态，更加团结和谐的工作氛围，更加求真务实的工作作风，为高质量完成集团公司和该所发展目标而努力奋斗。

支部旗帜领方向　凝心聚力促发展

——记中国船舶集团第七一一研究所能源装备事业部火炬党支部

把承诺摆放在工作岗位最显著的位置，叫响“我是党员我模范，我是模范我示范”

让“我是党员我奉献”成为科研生产一线的最强音

七一一所能源装备事业部火炬党支部深入推进“融入式党建工作机制”，将融入中心抓党建、抓好党建促发展作为支部工作的着力点和落脚点，建立网格化管理模式，支部带领党员、党员带领群众，立足岗位，为经营工作开展提供了坚强的组织保障。

同舟共济　乘风破浪看今朝

新形势下，火炬党支部积极探索强化理论信念教育的方法途径，推行支委轮流主持“三会”，再由支委辐射到全体党员，轮流讲党课，提升党员角色意识；坚持“每日一学”，自 2016 年 5 月起，在党总支的带领下，以微党课的形式发布千余条学习内容，在日积月累中提升了党员意识和理论素养。

火炬党支部深入推进党建班组一体化建设，将党小组建在班组上，找准党小组与班组契合点。针对部门管理上的短板，将知识管理工作作为“管理提升项目”，专门组织成立了知识管理小组，由支委担任组长，党员作为骨干，将于年内完成部门知识管理体系结构的搭建，进一步巩固火炬业务在行业内的技术领先地位。

围绕重点工作，火炬党支部积极开展“疫情防控我承诺”“岗位质量我负责”、党员承诺践诺等活动，支部书记带头，把承诺摆放在工作岗位最显著的位置，叫响“我是党员我模范，我是模范我示范”，全体党员紧随其后，亮身份、亮目标、亮承诺，争做“党员示范岗”。挖掘总结先进党员典型事迹，营造比学赶超的良好氛围，有效地把党建“亮点”融入业务发展“主线”。

同时，火炬党支部十分关注对青年骨干的培养，坚持激励和考核相结合，创造有利于青年骨干成长的条件和环境，发挥好骨干的榜样和引领作用；组织开展生病看望、家庭慰问及亲子活动等一系列送温暖活动，形成了支部服务党员、党员服务群众的良好氛围；组织员工参加足球、篮球、羽毛球等各项体育活动，密切党群关系，稳定员工队伍，让企业文化深入人心。

2020 年，面对突如其来的新冠肺炎疫情，火炬党支部统筹兼顾、积极有为，努力推动疫情防控与复工复产两手抓、两不误。通过制定各项目组视频会议例会制度，紧盯项目节点，用技术优势和用心服务抢抓订单。同时，充分发挥网格化管理优势，密织疫情防控网，对家庭困难员工进行针对性帮扶、对项目现场成员配备充足防疫物资、对出差员工家属进行电话慰问，让支部真正成为聚人心、暖人心、稳人心的基层战斗堡垒。

只争朝夕　勇创辉煌新业绩

党建工作要有活力，必须坚持党建引领，围绕中心，融入业务，与日常工作同频共振，为业务发展提供强大动力。2017—2019 年，火炬党支部所在的火炬工程部承接合同额屡创新高，总额超过 10 亿元，用跨越式发展肩负起军工企业的使命和责任。

2019 年，七一一所承建的世界上一次性建设单体规模最大的开放式地面火炬——浙石化 4000 万吨 / 年炼化一期工程全厂性开放式地面火炬顺利建成并成功投用。该项目工期紧，建设地址在一座四面环海的孤岛上，在项目执行过程中设计、采购、运输、施工、安全及工程质量各环节均面临前所未有的困难。

为了圆满完成这一重点工程，将此工程建成行业领域内的标杆，稳固七一一所火炬业务在国内市场的领先地位，火炬党支部成立临时党小组及“党员先锋队”，为项目顺利执行提供有力的组织保障。项目执行期间，先锋队党员冲锋在前、攻坚在先，解难题、抢进度、保质量，让“我是党员我奉献”成为科研生产一线的最强音。

紧跟“一带一路”，加强合作共赢。2019 年，为乌兹别克斯坦聚氯乙烯（PVC）、烧碱和甲醇生产综合体建设项目（简称 PVC 项目）配套的火炬排放系统正式投用，加蓬 AFPF 火炬改造工程成功交付使用。

契合国家创新及关键技术国产化理念，大力开展技术创新，积极开展新技术、新产品的研究工作。火炬党支部组织开展石油化工液化天然气（LNG）装置用超低温工况泄压阀门的研发，力争实现超低温工况安全泄压阀、呼吸阀的国产化应用，目前已有部分系列产品通过了 ASME 标准认证，取得了阶段性成果。

在今后的工作中，火炬党支部将以锐意创新的勇气、敢为人先的锐气、蓬勃向上的朝气，肩负使命和责任，融入中心，支撑业务，为全所的高质量发展、为国家节能环保事业做出更大的贡献。

最亮眼还是那一抹“红色”

——记中国船舶集团第七一五研究所航空声纳系统研究部党支部

增强参与感和仪式感，让每位党员成为主角

工作一线在哪里，党组织就在哪里，党的作用就要发挥在哪里

2020年7月，中国船舶集团有限公司第七一五研究所航空声纳系统研究部党支部荣获中国船舶集团“先进基层党组织”荣誉称号。40名共产党员带头扛起追踪前沿谋创新发展的大旗，成为科研生产工作中最亮眼的红色。

精耕细作　提升党建高度

火车跑得快，全靠车头带。一直以来，航空声纳系统研究部党支部把党的政治建设放在首位，通过丰富的学习教育活动提升了党建工作的高度。

近年来，航空声纳系统研究部党支部围绕“两学一做”学习教育常态化制度化，持续推进学习常态化，不断加强党的政治建设，不断增强“四个意识”，坚定“四个自信”，做到“两个维护”。尤其是“不忘初心、牢记使命”主题教育期间，航空声纳系统研究部党支部坚持学原文悟原理，坚定理想信念，并通过开展“守初心、担使命”系列主题活动，把所学所得贯彻到实际行动中。此外，还在部门书吧开辟了红色书籍专栏，为党员日常学习提供场所和资料。

随着承担的项目任务增多，外场试验时间长、出差次数多成为航空声纳系统研究部党支部党员同志的新常态。为了实现自主学习的灵活性，该党支部充分利用微信等新媒体工具开展党建系列“微活动”，通过常态化开展微建议、微心得、微党课、微视频、微书吧等学习分享活动，让党员同志可以随时学、直观学、交流学，拓宽了常规的学习模式，受到大家的认可。

增强参与感和仪式感，让每位党员成为主角，这是航空声纳系统研究部党支部主题党日活动的显著特点。开展“七个一”活动，用一份生日台账、一句生日祝福、一张政

治生日贺卡、一本红色图书、一次入党宣誓、一次初心分享、一次庄重承诺使党员切实感受到组织的关怀，强化身份意识和责任意识。此外，该党支部结合工作实际，创新学习研讨方式开展党建和业务知识学习，鼓励党员思维开放、畅所欲言，或是红色观影分享，或是科技创新研讨，或是好书心得分享，或是红色教育实践……在系列丰富的主题党日活动中成为参与者，党员的主人翁意识得到不断强化，党支部的创造力、凝聚力和战斗力进一步加强。

冲锋在前　彰显党建力度

工作一线在哪里，党组织就在哪里，党的作用就要发挥在哪里，这是航空声纳系统研究部党支部工作的主线。面对日益激烈的竞争，该党支部依托科研项目，围绕促进项目进度和人才建设工作重点探索推进党建和业务工作融合。

2019 年，某竞优项目竞争压力大，党支部组织成立现场临时党小组，并号召党员带头攻坚克难。临时党小组提出“做难事，必有所得”的倡议，党员成为现场一面面鲜艳的旗帜，带领和鼓舞大家克服困难，在工作中寻找问题，在问题中提高业务。在党员的带领下，全体同志团结一心先后攻克了五十余项关键技术和百余项工艺难题，并在竞争择优中全面胜出，捍卫了该所乃至中国船舶集团的领先地位。

在日常工作中，航空声纳系统研究部党支部开展“立足岗位做贡献，勇于担当有作为”的岗位建功活动，引导每名党员实现“一个小目标”，推动工作全面进步，更鼓舞了党员同志的士气。与此同时，该党支部还常组织开展“三地齐努力，确保试验成功”“奋战 60 天，取得某项目湖试竞争择优胜利”“我和大家分享一点心得”等多种形式的岗位建功活动。

为了推进人才队伍建设，航空声纳系统研究部党支部还建立了完善的“双培养双提升”机制。对青年党员既有“一对一”的导师结对机制，也有“多对一”的帮扶机制，在实践中给青年党员的成长提供帮助指导；重视发挥党员先锋模范作用，主动创造吸引骨干技术人员入党的环境，充分彰显党组织的感召力。近两年来，2 名骨干被发展为党员，多名党员被培养成科研生产骨干。

文化聚心　传递党建温度

如果说冲锋在前彰显的是党建工作的张力，服务在后则体现的是党建工作的温度。一张一弛，两者一直都是航空声纳系统研究部党支部努力的方向。

平时，航空声纳系统研究部党支部组织开展各类球赛、健身、卡拉 OK 比赛等活动，深受大家喜欢。新春来临之际，该党支部的“文创大礼包”会准时出炉，把支部的温暖传递给每一位职工及其家属。多年来，该党支部坚持组织为每一位员工录制一段录像，展现员工爱家爱岗的画面；为员工制作主题音乐相册，展现其活动与奋斗历程；给每位职工家属写一封感人至深的慰问信，由部门领导亲手送到员工手中，一并送上爱心小礼物，感谢家人对员工的理解和支持，这令很多家属深受感动。

温暖的传递向内也向外。航空声纳系统研究部党支部还积极承担社会责任，鼓励全体员工参加多种形式的公益活动。近年来，他们通过中国青少年基金会捐助了 2 名四川南充仪陇县失学儿童，坚持组织开展“衣旧情深　爱心循环”旧衣捐赠活动，送给偏远山区的人民或者进行循环利用；组织党员和群众为贫困地区捐款，为打赢扶贫攻坚战、全面建成小康社会出一份力；组织党员和群众参加志愿者活动，认真完成新冠肺炎疫情期间复工复产后的各项群防群控工作。

打造党建工作红色引擎

——记中国船舶集团第七一六研究所中船重工信息科技有限公司党支部

两项科技成果获得“中国智能制造十大科技进展”，多项科技成果获行业学会、集团科学技术进步奖

组织开展“致敬奋斗者”专题活动，选树奋战在一线的榜样四十余位

中国船舶集团有限公司旗下第七一六研究所中船重工信息科技有限公司党支部充分发挥战斗堡垒作用，凝心聚力抓党建，融入中心促发展，工作成效显著，多次被连云港市委组织部与该所党委评为“连云港市先进基层党组织”“第七一六研究所先进基层党组织”，连续多年获得“七一六所新闻宣传工作优秀单位”称号。

同时，在公司党支部的引领下，中船重工信息科技各项工作成绩斐然，多个班组获得“江苏省工人先锋号”“连云港市工人先锋号”等荣誉称号，多人次获得集团公司“优秀共青团员”，连云港市“优秀党员”“优秀共青团员”“五一劳动奖章”等荣誉称号；多次获得七一六所“经济发展先进集体”“科技创新先进集体”称号，获得集团公司军民融合装备产业“小巨人”创优团队奖；两项科技成果获得“中国智能制造十大科技进展”，多项科技成果获行业学会、集团科学技术进步奖。

以学习为抓手　坚定信念促提升

始终以学习为抓手，中船重工信息科技党支部使党的理论和路线方针政策真正入脑入心。

深抓专题学习，并将建设学习型党组织和学习型领导班子作为加强自身建设、发挥党支部战斗堡垒作用的重要手段。中船重工信息科技党支部广泛开展“不忘初心、牢记

使命”主题教育，认真履行党风廉政建设主体责任，强化“一岗双责”，通过专题学习深化政治、思想、组织、作风、纪律、制度建设，切实把提高企业效益、增强企业竞争实力、实现国有资产保值增值、促进公司发展作为党建工作的出发点和落脚点，为公司高质量发展贡献智慧和力量。

深抓理论学习，深入推进“两学一做”学习教育常态化制度化。中船重工信息科技党支部组织党员、领导干部学习党章、党规，学习习近平新时代中国特色社会主义思想，贯彻落实党的十九大和十九届二中、三中、四中全会精神，学习习近平总书记对集团公司做出的系列重要指示批示，学习“四史”、优秀传统文化，进一步增强党员党性修养。

深抓榜样学习，中船重工信息科技党支部组织开展“致敬奋斗者”专题活动，选树奋战在一线的榜样四十余位，深度挖掘先进事迹，全面阐释精神内涵，以身边人的“闪光点、闪光面”鼓舞人，通过学习优秀共产党员，学习王继才、张富清等英雄群体事迹，激发广大党员不忘初心、牢记使命，恪尽职守、许党报国的坚定信念和职业风范。

深抓业务学习，中船重工信息科技党支部在业务学习上常抓不懈，坚持“两培养一输送”，积极搭建互学平台，为不同岗位的员工量身定制学习计划，把线下授课与线上培训相结合，党员要求与岗位履职要求相结合，党员教育与业务培训相衔接，推动党支部紧密围绕企业改革发展和生产经营开展工作。

以服务为核心 凝心聚力谋发展

始终以服务为核心，中船重工信息科技党支部促进党建工作与业务工作深度融合。

一方面，坚持服务改革，中船重工信息科技始终坚持党的领导，加强党的建设，顺利入选央企“科改示范行动”，进一步完善了公司章程和党支委等相关议事规则，通过宣传引导，组织广大党员、群众为推进“科改”贡献力量。

另一方面，坚持服务发展，在高质量党建引领下，中船重工信息科技经济指标实现连年快速增长，在北京分部成立了党小组，立足船舶、关联拓展，产业布局覆盖智能制造、信息系统、船岸装备等多个领域。同时，扎根服务于集团公司信息化支撑单位及智能制造创新中心的工作，为集团公司信息化和智能制造发展提供坚实保障。在此次新冠肺炎疫情期间，该公司迅速成立党员先锋队，与时间赛跑，开发出“智能体温监测系统”“杰瑞疫情报送系统”等多款防疫产品，免费服务于集团内各兄弟单位；“桥梁板单元生产线党员先锋队”逆流而上，以专业的技术助力武汉地区复工复产，为坚决打赢疫情防控阻击战与科研生产攻坚战赋予动力。

以创新为牵引　激发活力见实效

始终以创新为牵引，中船重工信息科技党支部为该公司高质量发展增添活力。

通过工作机制创新，坚持“三个同步”建设，一是实现队伍建设同步，在组建重大项目团队时同步建立党员先锋队，做到重点工序、关键岗位都有党员，充分发挥党员先锋模范作用。二是实现绩效考核同步，将党建考核作为部门绩效考核的重要组成部分，把对党小组的考核与所在部门的考核结合起来，促进党建工作与业务工作“同频共振、联动互补”。三是实现组织管理同步，在党小组设置上结合专业组划分，将公司业务分管领导编入党小组，抓业务同时抓党建、管专业团队同时管党员队伍，坚持党建与业务“两手抓、两促进”。

通过党建活动创新，将党建工作与企业文化相融合，坚持党群共建，建设开放式党建，组织开展“战疫故事”“无奋斗不青春”等专题系列活动，持续创建“党员过政治生日”“流动的党旗”等党建品牌，以主题活动为载体，把党的工作渗透到公司改革和发展的各个环节，增强党支部的战斗力和公司活力。

打造“硬核”组织　彰显“硬核”担当

——记第八研究院鹏力科技集团党总支

利用“合理化建议”“小革新、小建议”“职工提案”等方式探寻本质、深入根源

把“红色堡垒”筑在工作最前沿，冲在前、做表率，用实际行动践行初心、勇担使命

“不是所有人的一生都真正有机会为祖国、为人民冲锋陷阵，那么，至少把光和热散发到力所能及的每一个角落。”这是2020年新冠肺炎疫情期间一名连续奋斗了两天两夜的口罩机研发人员的心声，也是中国船舶集团有限公司第八研究院鹏力科技集团党总支每一名党员的坚持。

一直以来，鹏力党总支始终坚持党建政治引领，补短板、强功能、抓关键、促创新，坚持把创建“先进基层党支部”作为凝聚党员建功立业的重要载体，充分发挥党组织的战斗堡垒作用和党员的先锋模范作用，争取做到“关键岗位有党员、困难面前有党员、突击攻关有党员”，积极实现党建与业务中心工作同频共振，互促双优。

推进基层党组织建设　发挥“压舱石”作用

创建学习型党组织，初心不变。鹏力党总支始终把建设和培育“学习型”组织作为主要内容，重抓学习、提升素质。在中国船舶集团党组和上级党委的正确领导下，坚持以习近平新时代中国特色社会主义思想为指导，深入开展“两学一做”学习教育常态化制度化工作，灵活多样开展组织生活，不断夯实党建质量。2019年，鹏力党总支深入开展“不忘初心、牢记使命”主题教育活动，注重业务技能教育和理论教育相结合、主题教育与岗位练兵相结合，党员们都由衷感慨“原来党的很多理论知识都非常具有前瞻性，完全可以应用到实际工作中”。

创建服务型党组织，矢志不渝。鹏力党总支积极融入生产经营开展工作，强化战略引领、聚力自主创新、全面深化改革、持续加强党建引领作用，在智慧电子信息系统、智能高端装备、新材料及食品包装工程、低温工程等领域，始终保持业界领先，产业发展目标取得明显成效。这也主要得益于支部班子的带领，班子成员对口联系，个个有任务，人人担责任，定期参与公司经营管理会议。为更好地创建服务型党组织，鹏力党总支时常深入一线调研，利用“合理化建议”“小革新、小建议”“职工提案”等方式探寻本质、深入根源，助力解决群众切实存在的问题。职工群众们皆反映：“这两年大家的意见越来越少，建议越来越‘活’了。”此外，鹏力党总支还聚焦深度贫苦地区脱贫攻坚，先后接纳解决了80名青海籍劳动者的就业问题，扶贫事迹入选南京市人力资源和社会保障局《2019全市人社扶贫典型事例》。

创建奉献型党组织，使命担当。鹏力党总支广大党员充分发扬“特别能吃苦、特别能战斗、特别能奉献”的精神，以实际行动践行企业核心价值观。尤其在2020年新冠肺炎疫情以来，在防疫物资生产装备研制专项工作中拿出了“有条件要上，没有条件创造条件也要上”的劲头，克服疫情复杂形势下任务急、人员不能及时到岗、供应商复工受限等诸多困难，边研制、边准备、边生产，仅用11天就完成N95口罩机、平面口罩机和压条机样机研制，仅15天就实现了量产设备的连续供货，在防疫抗疫中发挥了国企“压舱石”作用，圆满完成了国务院国资委下达的政治任务。

筑牢抗疫“红色堡垒” 让党旗在一线高高飘扬

在此次大战大考中，鹏力党总支和广大党员干部把“红色堡垒”筑在工作最前沿，冲在前、做表率，用实际行动践行初心、勇担使命。党员干部带头、群众跟走的14人团队奔赴当时疫情较严重的广东地区，成立“党员突击队”，在N95、平面口罩机和压条机项目中，每个人都抱着“不达目标、誓不罢休”的精神，夜以继日，与时间赛跑；发出“以鹏力速度，打造硬核组织”的战时总动员倡议，广大党员既当“装配工”“调试员”“搬运工”，又当“领料员”“跑腿员”“宣传员”，用自己的辛劳和坚守、奉献和汗水谱写了战“疫”之歌，让党旗在抗疫一线高高飘扬。

“未来已来，我们的初心从未改变，我们的目标也很明确，我们要凝心聚力推进党建工作再上新台阶，稳中求进、进中求变、变中求新，把鹏力科技集团党总支建设成推动事业发展、服务人民群众的硬核担当！”鹏力党总支书记说道。

不忘初心指引　勇挑重担履责

——记大连船舶工业海洋工程有限公司党支部

那是一支靠得住、顶得上、敢打硬仗、能打胜仗的队伍

哪里有急难险重，哪里就有党组织的坚强领导

提起中国船舶集团旗下大连船舶工业海洋工程有限公司这支“铁军”，大家都会竖起大拇指说，“那是一支靠得住、顶得上、敢打硬仗、能打胜仗的队伍”。

大连海工公司成立于1992年，是中国船舶集团旗下大连船舶工业有限公司的全资子公司，专业从事船舶和大型钻井平台结构、管系、设备安装、维修维保等工程承制业务。在这里，党支部是该公司发展的定海针和主心骨，深入学习习近平新时代中国特色社会主义思想，保证上级决策部署得到全面贯彻执行；在这里，每一名党员就是一面旗帜，示范带动广大员工迎难而上、善作善成。

突出示范引领　发挥战斗堡垒作用

作为工程承制类企业，面对复杂的生产经营局面，在稳步巩固传统业务基础上，大连海工公司党支部率领全体员工积极开辟新市场、承揽新业务、开拓新领域。

2019年，该公司首次承揽国内最大的脱硫项目改造工程——MSC-19K系列集装箱脱硫塔改造。该工程涵括船体、轮机、管系、电气、铁舾、居装等多工种的施工，涉及脱硫装置施工的原设备、管路等拆除及修改，任务要求紧、工期要求急、没有经验可借鉴。该公司立即成立脱硫改造项目组，由党支部书记、总经理亲自组织部署，选派党员担任项目组经理、副经理，倒排生产计划、进行项目模拟，创建“党员责任区”“党员示范岗”，党员干部冲锋在前，圆满按期完成了各项生产任务。尤其在2号船试航中，70套设备、8000米管路、51000米电缆全部调试运转良好，几乎无振动、无泄漏，烟气与洗涤水排

放数据高于标准合格，取得了国际认可的DNV GL证书，成为国内该系列船脱硫改造完工的4艘船中首艘“零意见接收”船。

此外，大连海工公司还承揽了大船集团世界第一高度火炬塔建造工程。该火炬塔高140米，长12.74米，宽8.52米，总重约710吨，通过合理调配人员，严排生产计划，精密组织施工，圆满完成施工任务，得到高度好评。

一手抓疫情防控　一手抓复工生产

2020年面对新冠肺炎疫情，大连海工公司党支部按照“坚定信心、同舟共济、科学防治、精准施策”的疫情防控总要求，一手抓复工复产，一手抓疫情防控。全体党员带动全体员工勇敢应对新冠肺炎疫情带来的挑战，真正把党旗牢牢地插在了疫情防控的最前沿，用自己的履责、尽责、担责践行了初心使命。

凸显组织优势，大连海工公司党委积极开展群团活动，做到了党旗所指、群团所向，哪里有急难险重，哪里就有党组织的坚强领导。注重疫情防控工作各项措施及时宣传，确保上级政策第一时间直达基层、疫情防控知识第一时间覆盖全体员工。强化保障措施、明确责任分工，精准施策，确保了疫情期间各项工作井然有序。坚持深入细致做好职工群众服务工作，做到有呼必应、有难必帮，架起党联系群众的连心桥。

助力扶贫攻坚　彰显央企担当

大连海工公司党委深入贯彻落实习近平总书记在决战决胜脱贫攻坚座谈会上的重要讲话精神，全面落实国务院国资委和中国船舶集团党组“抗疫情稳岗扩就业”专项行动部署和大连公司工作要求，主动参与大连市政府与六盘水市政府“点对点定向送岗就业”活动，在复工复产疫情防控关键阶段接收六盘水地区建档立卡贫困来连务工人员40余人。大连电视台、大连长兴岛经济区先后对此事进行了报道，贵州六盘水政府还委派市委常委、组织部长专程到该公司探望这批人员。目前，大连海工公司已经接收了六盘水地区3个批次的贫困来连务工人员，在打赢脱贫攻坚战中彰显央企担当。

“掌舵”扬帆的舰船勇往直前

——记大连船舶重工集团有限公司军工部第二党支部

发出“动员令”，立下“军令状”，打响“第一枪”

眼睛向内找差距、抓落实，亮身份、树形象、当先锋、做表率，让党员的模范带动作用在工程现场随处可见

以习近平新时代中国特色社会主义思想为指引，深入贯彻落实党的十九大精神，中国船舶集团有限公司旗下大连船舶重工集团有限公司军工部第二党支部紧密围绕“多型号多艘战舰同时研制，水下负荷持续增高、交船数量历史之最”的特点，将党建工作与军工产品研制任务深度融合，加强党支部建设，提高党建质量，创新活动方式，落实党建责任，切实发挥党支部战斗堡垒作用和党员先锋模范带头作用，为打造军工精品工程提供了坚强组织保障。

始终把政治建设放在首位

军工部第二党支部始终坚持把党的政治建设摆在首位，增强“四个意识”，坚定“四个自信”，做到“两个维护”。该党支部带领广大党员深入学习习近平新时代中国特色社会主义思想、党的十九大精神和习近平总书记的重要批示精神，围绕重点工程开展了“不忘初心、牢记使命”主题教育，形势任务教育、中心组学习、专题党课、座谈研讨等富有特色的党建和思想政治活动。同时，坚持思想建党和制度治党同向发力，通过有力有效的组织工作和思想工作，把军工战线全体建设者的意志统一到党中央和上级党委的决策部署和习近平总书记的指示要求上来，不断提高建设者政治站位和思想觉悟，不断增强完成重大工程建设的使命感、责任感，把学习成果落实到工作中，转化为推进各项工作开展的强劲动力。

此外，军工部第二党支部还采取了多项举措大力推进党支部规范化建设。一是党建质量体系建设，围绕工程建造任务目标，制定切实可行的保证措施；定期组织党支部全体党员召开党员大会，将工作落到实处。二是党员活动阵地建设，因地制宜地设置一线党员活动阵地；结合党员教育培训，采取党支部书记讲党课、专题学习、事迹报告、图板宣传等形式，有针对性地丰富活动形式和内容，展现航母党建风采。三是网上党支部建设，发挥网络平台方便快捷的宣传教育作用，融入新环境，适应新节奏，开启新模式，完善信息推送制度，及时上传工作信息，实现“互联网＋党建”。

深入落实党建责任制

在2019年重点工程生产中，军工部第二党支部深入落实党建责任制，党支部全体党员牢记“集中精力、周密组织、精心操作、精益求精”的嘱托，做到最困难的地方有党员、最薄软的环节有党员、最艰巨的任务有党员，发挥出党支部战斗堡垒作用和党员模范带头作用，确保各项试验任务科学有序开展，实现军品装备高质量驱动、高标准落实、高强度推进。

军工部第二党支部依托军工生产党委开展的“保出坞　保航海　创一流军品工程”专题实践活动，紧密围绕工程出坞的年度节点为目标，立项“共产党员工程”1项和“党员示范岗”3个，全面覆盖建造、试验关键项目，发出“动员令”，立下“军令状”，打响“第一枪”，眼睛向内找差距、抓落实，抓住造船黄金季节，全体党员挂牌上岗，让党员的模范带动作用在工程现场随处可见，使共产党员平时能看得出来、关键时能冲得出来、危难时能豁得出来，坚决确保了大船集团全年生产经营任务的完成。

切实履行党风廉政建设主体责任

2019年，军工部第二党支部把习近平总书记关于全面从严治党的重要讲话和指示精神，作为落实从严治党主体责任的思想武器和行动指南，坚决贯彻落实，严格履行一岗双责，严守党的政治纪律和政治规矩，坚决与党中央保持高度一致，始终保持高度政治警醒，确保中央政策部署、大船集团决策和党委班子决定得到不折不扣的贯彻执行。

军工部第二党支部在大船集团国家重点工程建设中加强党建工作取得了显著成效，党支部的战斗堡垒作用、党员的先锋模范作用得到了充分的发挥。该党支部以“满腔热血地干、激情昂扬地干、马不停蹄地干”的工作作风，有力地保证和促进了国家重点工程建设任务的圆满完成，精铸了中华神盾。前进的动力无坚不摧，接下来，军工部第二党支部将坚定理想信念，践行军工报国，志存高远、奋发有为，凝聚一往无前的力量，乘风破浪扬帆远航。

疾风知劲草　烈火见真金

——记渤海造船厂集团有限公司试验部党总支

编制了各类专题学习材料38份，开展党员学习教育50余次

以产品为阵地，开展“两条主线、四个分支、六个突击队”双保双争活动

有这样一支队伍、这样一个团队，他们承载着渤船人“初心不改、强军有我、牢记嘱托、兴装报国”的军工精神，怀揣着希望与梦想，肩负着艰巨使命，阔步前行，它就是中国船舶集团有限公司旗下渤海造船厂集团有限公司试验部党总支。当前，该党总支下设3个党支部、6个党小组，现有党员66名。

2020年，一场突如其来的疫情，给本就繁重的生产任务带来了严峻的生产形势，该党总支坚持以党建引领，不断加强基层党组织建设，凝聚力量，坚定信心，聚焦主线，统筹兼顾，多措并举，集中精力打出防疫复工复产“组合拳”，顺利实现了年度多个重大生产节点，有序完成了重点项目多个任务目标，为全面实现节点目标奠定了坚实基础。

统一全员思想　明确主旨目标

由试验部领导牵头组织召开生产动员会议，党总支开会传达了渤船集团年度工作目标，同时明确全年重大任务节点，要求全体党员干部职工认清形势、统一思想，紧跟公司发展步伐，朝着既定的目标锐意拼搏，圆满完成各项任务目标。

以任务节点为目标，开展攻坚克难活动。在任务繁重、时间紧迫的严峻形势下，试验部党总支结合自身特点，从工作实际出发，融入中心任务目标开展各类攻关活动，始终坚持服务生产一线，全面提高效率，以试验、生产组织管理等工作任务的重点、难点为突破口，开展了党员工程活动、劳动竞赛、技能比武等系列活动，明确相应目标和责任，

做到谁的责任谁负责。同时，广泛发动、调动全体职工参与其中、融入其中，精心组织筹划活动方案，开展了意义深远、更具价值的活动内容。今年年初以来，该党总支累计开展联合党员工程活动立项6项、大型劳动竞赛4项、技能比武2项，各类活动的开展均取得了阶段性良好效果，形成了全体党员、干部深入一线，服务一线，党员干部冲锋在前，职工群众奋勇拼搏同攻坚的良好氛围，先后攻克了百余项试验过程中的难点问题，确保了各项重大节点目标圆满完成。

创建学习型党组织，全力打造团队学习模式。试验部党总支做实、做强“三会一课”，将学习教育成果转化为凝心聚力、攻坚克难的动力，着重强调以政治学习和教育为引领，加强党性锻炼，逐步推动学习型党组织建设制度化、规范化、常态化。以《党小组学习》《职工学习》《党委中心组学习》《党建刊物》等内部学刊为学习第一手材料，编制了各类专题学习材料38份，开展党员学习教育50余次，增进了党员干部学习的热情，增添了浓厚的学习氛围。党总支将党小组作为打造学习型团队的落脚点，充分利用党小组会议，建立了学习型党组织的长效机制，不断将学习型党组织引向纵深发展，全力提升党员干部学习能力。

当好“火车头”　发挥引领作用

要想关键时刻、紧要关头效率高、任务完成得好，党员干部就要冲得猛，带着职工群众奋战在一线现场，此景正是党员干部发挥先锋模范的最好写照，这样的情景在渤船集团试验部中总会被捕捉到。以各党小组为根本，党小组组长为组内“火车头”，搭载各组内成员攻坚克难，以各支部为牵引，连接党小组内各“车头”形成分级联动，层层担起责任，全力形成党员干部齐带动的良好氛围，充分体现发挥牵头引领作用的良好效果。

以产品为阵地，开展“两条主线、四个分支、六个突击队”双保双争活动。党总支将66名党员充分调动起来，以两条产品为主线，下分4个分支队伍，成立以共产党员、单船主管、产品建造师为生产攻坚主力量的6支突击队，针对工作中的急、难、重等关键问题更好地发挥作用，聚力攻坚，确保质量，保障各项生产任务圆满完成，在一定范围内形成党员干部冲在前、职工群众紧跟其后加油干的良好氛围。同时，在试验现场设立以模范党员为责任人的党员先锋岗4个和以党支部书记为督查的监督岗3个，在此基础上，更新提高党员工程活动，将党员工程活动与开展一个支部一堡垒、一个小组一阵地、一个党员一面旗“三个一”党建工程相结合，牢记年度攻坚决战，在重点产品、重点项目、重大节点上下功夫，投入力量，以“赶、学、比、超”的立功竞赛方式，充分调动大家的积极性和主动性。

活动开展过程中，党员干部立足岗位深入现场与施工人员并肩作战，充分发挥先锋模范作用，通过组织召开技术处理会、分析会，深入进行研究，将问题细化，具体落实到责任人。党员带领职工群众历经多个昼夜持续奋战，凭借“不处理好问题不休息、不松懈”的韧劲，使问题得以解决。在活动开展过程中，坚持做到周统计、月总结、季度表彰，深入挖掘潜力，将涌现出的先进人物及先进事迹进行广泛宣传，营造出一种奋发向上的氛围。党员工程系列活动的开展形成了党员干部带头冲在前、职工群众扎实干的良好氛围，激发了整个团队的内在活力，掀起“肯干、能干”热潮，实现了以党员力量带动职工群众“抢任务、比攻关、赛进度”的大好局面，有效推进了试验项目的开展，为顺利实现节点目标提供了充足动力。

“疾风知劲草，烈火见真金。”圆满完成生产试验任务、坚决打赢这场前所未有的战役大考为渤船集团交出一份满意的成绩单，是试验部党总支全体党员干部的共同奋斗目标，他们肩负着使命与责任，披荆斩棘、奋勇前行，为全面完成任务目标拼搏前行。

汇聚党建正能量　推动高质量发展

——记大连船用推进器有限公司第一党支部

大连船推生产的“排头兵”，多年来产量连创新高

让党员做群众的榜样，推进支部工作与中心工作相结合

中国船舶集团有限公司旗下大连船用推进器有限公司第一党支部由公司铸造车间 18 名党员组成，下设党小组 2 个。第一党支部有着光荣的传统，曾在大连船舶工业有限公司“创先争优”活动中荣获“先进党支部”的称号。多年来，在公司党委的领导下，第一党支部以车间的生产任务为着眼点，抓好支部建设，充分发挥党支部的战斗堡垒作用，组织、教育、监督支部党员发挥好先锋模范作用，为全面完成公司年度各项生产任务提供了坚实的政治保障。

加强组织建设　夯实基础管理

第一党支部切实抓好组织建设，发挥支部战斗堡垒作用。该党支部认真学习贯彻习近平新时代中国特色社会主义思想，全面贯彻落实习近平总书记重要指示批示精神，对党中央的路线、方针、政策和上级党组织的要求部署积极贯彻学习落实，积极组织党员参与党建知识竞赛、流动红色博物馆展览、纪念党的生日书画摄影展示等丰富多彩的学习教育活动。同时，第一党支部认真开展组织生活、发展党员、预备党员转正、支委换届选举等工作，做好党员组织关系转接，确保党员组织关系与实际工作岗位及时衔接到位。

在发展党员和党员教育管理工作中，第一党支部积极关注预备党员、发展对象、积极分子的思想动态，向广大党员群众了解相关情况，做好思想教育引导等工作。支委会积极开展谈心谈话工作，通过谈话查摆问题，并提出整改措施。同时，该党支部还认真开展民主评议工作，做好党员批评、自我批评和党支部工作民主测评工作。

加强教育引导 提高政治觉悟

第一党支部高度重视党员思想政治教育，通过组织开展“三会一课”学习教育、反腐倡廉教育宣传月活动，持续推进“两学一做”学习教育常态化制度化，不断提高党员的政治觉悟，教育引导党员树牢“四个意识”、坚定“四个自信”、做到“两个维护”，使党员能够更好地在学习工作中发挥先锋模范作用，做群众的榜样，推进支部工作与中心工作相结合。该党支部按照大连船推党委要求制订支部学习计划，认真完成各项学习任务，学习内容不仅有高度、有深度，同时还能够密切联系工作实际，如反腐败典型案例教育、先进模范榜样学习等系列活动。通过学习，党员在实际工作中的积极性得到了提高。

此外，第一党支部定期组织集中学习，组织参加大连船推组织的各项活动，党委书记到支部讲党课，党支部整体学习氛围逐步提高；开展多种形式的学习活动，努力创建有文化有品位的学习型组织。通过学习，支部党员的思想素质，增强党性意识得到明显提高，支部党员的向心力、凝聚力也大大增强了。

助推中心工作 营造敬业风气

作为公司产品制造的“龙头”车间，铸造车间担负起了大连船推产品铸造工序繁重的生产任务。第一党支部紧紧围绕生产这一中心工作，根据车间工作性质，开展以党小组为单位的具有针对性的学习教育模式，着重加强对车间党员的纪律意识和奉献意识教育。

车间 18 名党员精诚团结，工作中遵章守纪、无私奉献、吃苦耐劳，涌现出了多名党员典范：生产高峰期，配合班孙仲义、孙永列、杜日爽、王传宝等支部党员响应公司号召，带头组建生产突击队，主动利用周末和下班休息时间承担起超大型螺旋桨的打箱清理任务，保障工序周转时间；为完成重要项目产品生产任务，铸造车间小型班组在支部党员修世强班长的带领下，一次又一次远赴外地，克服艰苦的作业现场环境，坚守一线，加班加点保生产节点；陈彬、刘洋、鞠邦卫、苗闯等青年党员积极参与抗击新冠肺炎疫情青年志愿服务队，每日针对车间公共区域开展消杀作业，为车间的安全、平稳复工贡献力量……在第一党支部的党员同志们的带动下，铸造车间成为大连船推生产的“排头兵”，多年来产量连创新高，得到公司党委和广大党员职工群众的一致认可。

接下来，第一党支部将继续在大连船推党委的领导下，以饱满的精神、积极的态度，踏实工作，带领支部党员坚定不移地为公司高质量发展做出积极贡献。

党建引航　创新发展

——记中国船舶集团第七〇三研究所蒸汽动力事业部党总支

以“为祖国打造最强舰船蒸汽动力，为客户提供最佳能源解决方案”为使命
实现了我国大功率蒸汽动力装置从无到有、由弱到强的质的飞跃

中国船舶集团有限公司旗下第七〇三研究所蒸汽动力事业部党总支现有二级党支部8个、党员179人。他们充分发挥基层党支部战斗堡垒作用和党员先锋模范作用，服务群众，创新发展，连续多年荣获“七〇三所文明单位”“七〇三所先进基层党组织”等荣誉称号。

夯实党建基础　引领政治方向

蒸汽动力事业部党总支自成立以来，坚持党的全面领导，认真落实“三会一课”“两学一做”和民主生活制度，扎实推进“不忘初心、牢记使命”主题教育，认真履行党风廉政建设主体责任，强化一岗双责，组织开展了向英雄楷模先进学习、参观野战军纪念馆及廉政教育基地、新中国成立70周年我与国旗同框、与职工谈心谈话等多项特色党日活动。为方便各项活动有序开展，该党总支以党建带领群团组织活动，着力打造党员之家、职工之家、团员之家的三家堡垒阵地。

党组织有凝聚力，党员才有归属感。蒸汽动力事业部党总支主动创新基层党建工作思路，针对大多数党员都是部门的技术骨干、出差频繁、集中开展学习困难的现状，推动各二级党支部每月轮流通过互联网、手机微信等新媒体平台推送的方式进行党建知识的宣传，满足了党员干部多样化、便捷化的学习需求。结合主题教育内容，该党总支全体党员干部开展了“读书分享会”等特色活动，均取得良好实效。为发挥党员模范先锋作用，该党总支还以党支部作为试点，设立“党员示范岗”，激励职工积极工作，提升工作效率。

发挥党员作用 筑梦扬帆远航

蒸汽动力事业部党总支将党建工作融入科研生产管理工作中，带领事业部全体党员和干部职工不忘初心、牢记使命、驱动创新、攻坚克难，以“为祖国打造最强舰船蒸汽动力，为客户提供最佳能源解决方案”为使命，在军品各项目、民品各板块均取得了优异成绩。蒸汽动力事业部项目组根据工作需要，在现场成立临时党支部，克服项目工期紧张、工程工作区域大、作业区域多等困难，带领项目部成员奋力拼搏，创先争优。

蒸汽动力事业部承担了多个型号主动力的研制工作。参与的某重点工程动力系统的研制工作，蕴藏着几代科研人员的智慧与汗水、寄托着中国人民的骄傲与海军的期望、更承载着以习近平同志为核心的党中央对强军中国梦的期望与要求。蒸汽动力事业部某重点工程动力系统研发团队在设计、生产、安装、调试中强化每一个环节，调用经验丰富的科研人员层层把关，一丝不苟地完成每一个节点，最终不负使命、攻坚克难，实现了我国大功率蒸汽动力装置从无到有、由弱到强的质的飞跃。

民品方面，近几年蒸汽动力事业部为推动民品产业的快速发展，牢牢把握“市场导向”的根本原则，以高质量发展为目标，奋力推进创新驱动。经过几年来的不懈努力，在热能工程、余热锅炉、特种汽轮机、新产品开发、新能源工程等方面都取得了骄人的成绩，新增销售合同额逾 15 亿元。

加强队伍建设 激发内生动力

抓好党建工作，关键在于建强队伍。为全面完善党员干部管理，蒸汽动力事业部党总支将党的建设与部门同步搭建，按时进行换届选举工作，完成日常党支部党员干部的选拔和任用，对党员实施动态管理，人员工作关系和党组织关系转接同步。

蒸汽动力事业部党总支积极组织各部门统筹开展内部培训，切实增强干部本领、开拓干部视野，完善年轻干部教育培训体系，培养出一支业务素质高、创新力强的应用型人才队伍，树立了“党员身份亮出来，平时工作看出来，关键时刻站出来”的良好形象。

新冠肺炎疫情发现以来，蒸汽动力事业部党总支带领全体职工，上下齐心、众志成城、严防严控，积极做好疫情防护工作。在接到自愿捐款的通知后，事业部党总支立即响应，组织全体党员、团员为武汉积极捐款。同时，由党员领导干部带头，克服疫情带来的不利因素，截至目前，事业部各项军、民品任务基本按照计划执行。

同时该党总支带动工会及共青团协同发展，发挥工会组织桥梁纽带作用，充分调动团员青年的积极性和创造性开展文体生活，向社会展现了七〇三人的风采。

不获全胜　绝不收兵

——记河北汉光重工有限责任公司机械工程事业部党总支金加车间党支部

“我们多干一分钟，一线的人就能少流血！”

疫情期间，顺利交付数十套一次性平面口罩机、KN95 型折叠口罩机和压条机

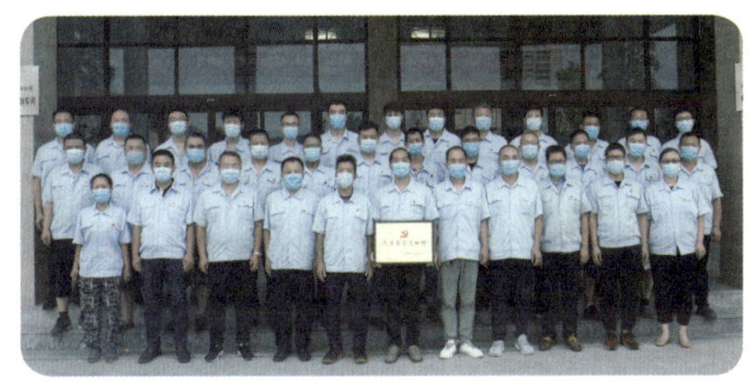

中国船舶集团有限公司旗下河北汉光重工有限责任公司机械工程事业部党总支金加车间党支部，现有党员 38 人，下设 3 个党小组，承担着汉光重工显控台、多功能台、平台和多项军队重点型号产品加工任务。

今年以来，在汉光重工承担的关键医疗物资应急生产研制专项任务中，金加车间党支部作为主要生产单位，全体职工连续一个月驻扎在车间，昼夜奋战几十天，保障了数十套一次性平面口罩机、KN95 型折叠口罩机和压条机的顺利生产交付，充分发挥了党支部的战斗堡垒作用，为汉光重工应急生产专项任务做出了突出贡献。

立即反应　紧急部署

接到紧急生产任务后，作为主要生产单位，金加车间党支部连夜召开部署动员会。一方面，紧急摸排目前能够复工返岗的人员情况；另一方面，面对紧急繁重的任务，他们做出了一个重要决定——所有在车铣钳岗位工作过但已转岗管理和辅助岗位的职工，立即返回原岗，参与生产。1000 多种、近 30000 个零部件，短时间内要全部加工完成。“这是建厂以来从未有过的任务量。”金加车间党支部书记、车间主任孙培杰在动员会上说：“党员要发挥好模范作用，全体员工都要给我顶上去，一个都不能落，不获全胜，绝不收兵！”

争分夺秒　全员上阵

车间主任带头返岗，回到曾经熟悉的机床前，和工人们一起连续作战。职工们纷纷主动请缨，不讲条件，不计报酬。“工厂指挥到哪里，我们就打到哪里！”在他们之中，有已近耄耋之年又返聘回来的老师傅，有刚上岗不久的“90 后”，更多的是“上有老，下有小”的中年力量。

“这是抢救人命的事！”工人的话语，朴素又坚决。

齐心协力　一线奋战

十几天中，在汉光重工装配车间里，隆隆作响的车床声、工件切削声此起彼伏。凌晨四点的车间灯火通明，成了大家眼中最寻常的“风景”。“我们多干一分钟，一线的人就能少流血！”有的工人连续多日盯在车床前，累得来不及脱下湿透的工作服就在旁边临时支起的折叠床上睡着了；有的夫妻都在一线，为了坚守岗位，把孩子托付给亲人照顾，只能在工作间隙跟孩子视频通话，匆匆叮嘱几句就又投入了工作；有的工人嗓子都哑了，还在微信群里，在现场一遍遍提醒大家，要做好防护，注意安全……往日的工友、夫妻，此刻都成了并肩作战的“战友”。

“有没有信心，能不能完成任务？”动员会上，孙培杰问道。“能！”工人们的回答铿锵有力，信心满满，大家齐心协力，拧成了一股绳。

这是一场没有硝烟的战斗，在金加车间，鲜红的横幅闪着别样的光芒：“与时间赛跑，与病毒抢夺生命。”

融入中心　打造工匠型党组织

——记中国船舶集团天津航海仪器研究所生产制造部党总支

产品广泛装备于海、陆、空、天

引入质量体系“PDCA”管理模式，创建“一支部一品牌”

中国船舶集团有限公司旗下天津航海仪器研究所生产制造部党总支，其产品广泛装备于海、陆、空、天等领域。近年来，该党总支深入学习贯彻习近平新时代中国特色社会主义思想，坚持将党建与业务同部署、同落实、同检查、同考核，将党建优势转化为生产优势，充分发挥党组织战斗堡垒作用和党员先锋模范作用，培养出一大批能工巧匠，成功保障了该所上千套导航系统、上万套惯性敏感元件的高质量完成。

勇于亮剑冲锋在前，立足岗位攻坚克难

新冠肺炎疫情以来，该党总支迅速成立了多个突击队，以勇于亮剑、冲锋在前的拼搏精神，发挥示范作用，带动职工积极复工复产，成为打赢“两大战”一道亮丽的风景线。特别是导航仪突击队，曾连续24小时奋战，把任务周期从六个月缩短到三个月，保证了产品按时按质完成交付。

该党总支结合党员分布情况，划分了党员责任区，每名党员至少对口联系2名群众，及时了解群众思想动态，交流技术经验，帮助群众解决工作生活困难。党员责任区的设立，进一步密切了党员与群众的联系。同时，党员主动冲在急难险重任务一线，带动群众攻坚克难，有效提升了党总支的战斗力和凝聚力。

该党总支号召党员立足本岗，从身边做起，把技术创新与重点任务相结合，主动提出并实施任何有利于消除浪费、提高产品质量和生产效率、降低成本等方面的合理化建议。截至目前，累计征集合理化建议300余条、工艺改进69项，实现降本增效120余万元。

履行主体责任，探索党建新方式

按照党要管党、全面从严治党要求，该党总支积极构建党建工作长效机制，通过制定“三重一大决策制度”“干部管理制度”“员工考核制度”等75份规章制度，形成涵盖议事决策、人事管理、党群工作、安全保密、科研管理的规章制度体系，为该部门安全健康发展打牢制度基础。同时，该党总支通过引入质量体系“PDCA”管理模式，创建“一支部一品牌”，将零散的党建工作转变为系统、可量化的指标，将务虚的工作内容转变为按时、定量的管理项目，促进党建工作责任具体落实到人、时间规划到天，使得党建工作更加科学、系统、规范。

该党总支把培养能工巧匠作为一项常态化、常规性的工作开展，定期组织职工技能比武，鼓励职工相互切磋技艺，取长补短；建立师徒制，每一对师徒均签订培养责任书，明确培养目标，发挥骨干人才的“传帮带”作用，截至目前累计结对师徒超过21对；以解决工作中实际问题为主，加强业务技能培训，平均每年安排技能、质量、安全、保密等方面培训30余项；鼓励职工积极参加国家、地区组织的各类职业技能大赛，共有43人次在各类职业技能大赛中获奖。目前，该党总支拥有全国技术能手6人、全国青年岗位能手1人、中央企业青年岗位能手1人、中国船舶集团高级技能专家1人。

让党建为业务工作赋能聚力

——记中国船舶集团第七一八研究所第二研究室党支部

“只要我们的技术和产品还不是行业内最先进的，就没有停下来的理由。”

“发挥技术专长，把本职工作做好，是我们心底最朴素的信念。”

“深入学习贯彻党的十九大精神”“反腐倡廉、纠风正纪，加强党风廉政建设”……在中国船舶集团有限公司旗下第七一八研究所第二研究室办公区，以红色为主色调、图文并茂、内容丰富的党建文化专栏营造出了浓厚的文化氛围。在建设世界一流船舶集团和世界一流化工研究院所的征程中，七一八所第二研究室党支部以服务科研生产为目标，始终坚持“一个党员是一面旗帜，一个支部是一座堡垒”，引导党员干部在科研攻坚的道路上披荆斩棘、乘风破浪，建功立业新时代，筑梦新征程。

人才为本　创新为基

“要把保障科研生产作为政治任务来看待，其中，人才是关键。”七一八所第二研究室支部书记郝瑞建在支部大会上多次强调：“要建设一支‘能打仗、打胜仗、敢创新、有效益’的科技人才队伍。”

第二研究室作为七一八所军民产业协调发展的综合性研究室，现有职工 108 人，其中党员 63 人、博士及以上学历 31 人。其业务横跨空气再生、空气净化装备、基地保障、核电配套、家电配套、贵金属衍生物、挥发性有机物（VOCs）净化、传感器等多个专业领域，是七一八所顺利实施新时代军民协调高质量发展战略的坚实堡垒。

作为服务科研的新型党支部，第二研究室党支部加强政治引领，强化党政沟通协作，组织支委会和全室党员开展多种多样的学习活动，进一步深化人才队伍的思想建设、强化行动自觉，以坚强党建推进人才队伍建设。

专业细分领域多、人员多、工作区域分散、不同项目团队之间联系沟通少，这些问题结合在一起，为支部管理和人才队伍建设带来不小的难题。第二研究室党支部创新管理方法，通过组建博士小组、开展全室范围的学术交流主题党日活动、编纂博士硕士论文集等加强人才间的沟通交流，营造浓厚的科研创新氛围。

面对剧增的科研任务量，为进一步激发科技工作者干事创业的热情，该支部持续提升科学管理能力，不断完善绩效、薪酬分配体系，大胆采用项目负责制、设立了“双新”（新产品、新市场）奖励，激励全体职工加快创新步伐，将科研成果快速转化为经济效益。在这一系列措施的推动下，一批青年科技工作者快速成长为科研项目负责人，为产业发展做出了卓越贡献。

扎实的支部工作打造出了一支“能打仗、打胜仗、敢创新、有效益”的人才队伍，为业务快速增长提供了坚强保障，助推七一八所在贵金属衍生品、核电产业、家电配套等领域实现了新的突破。

干事创业　党员在前

“我是党员，我先上！”在每一个攻坚克难阶段，在每一个重大任务面前，第二研究室党员们常常把这句话挂在嘴边。在干事创业的路上，他们发挥着党员的先锋模范作用，始终冲在最前线，坚定推进科研创新和市场拓展。

“只要我们的技术和产品还不是行业内最先进的，就没有停下来的理由。”在创新拓展的道路上，第二研究室家电团队从未止步。在一批批重点项目、一个个重大突破中，党员们以实际行动践行“服务国家战略、引领行业发展、满足人民群众美好生活需要”的初心使命。

找准军民产业协调发展的契合点，第二研究室贵金属团队攻克技术薄弱环节，使七一八所具备 7 个系列、近 40 种贵金属衍生物产品的制备能力；聚焦核电安全领域 40 余年，核电产业团队不断超越，建立了国内唯一“严重事故氢气爆燃环境条件下设备可用性验证”平台；充分发挥化学化工专业技术优势，脱硝催化剂团队在船舶脱硝催化剂领域与兄弟院所开展深入合作，承揽了首个陆上废气脱硝治理工程。

信念为火　情怀为光

第二研究室办公区域走廊上悬挂着一张颇具历史感的照片，照片记录了 1980 年刘华清将军访问美国时踮起脚尖观看美军设备的瞬间。

“厚植爱国主义情怀，把爱国情、强国志、报国行融入科研生产和各项经营活动中，凝聚团队合力，是第二研究室党支部文化建设的重点。”郝瑞建介绍说。近年来，该支部先后组织党员干部参观抗大陈列馆、石林军事会议旧址等红色教育基地，切实加强爱国主义教育，激发了一线科技工作者最深层的爱国情怀。

“发挥技术专长，把本职工作做好，是我们心底最朴素的信念。”第二研究室一名研发人员说道。困难和失败是科研工作中的常事，在顺境中埋头苦干，在逆境中顽强奋斗，是第二研究室党支部全体科技工作者的共识。

良好的文化氛围凝聚了集体共识，增强了团队合力。在全体党员干部的共同努力下，第二研究室党支部先后荣获“中共中国船舶集团有限公司党组先进党组织”“中共邯郸市委邯郸市人民政府先进集体”“共青团邯郸市委五四红旗团支部”等荣誉称号。

以党建为引领　促医院工作高质量发展

——记广州船舶工业有限公司广州黄埔造船厂职工医院党支部

业务收入由 786 万元增长到 4438 万元，从小“医务所”发展为一级综合性社区医院

新冠肺炎疫情期间，上门排查重点地区来穗人员 508 人，开展咽拭子采样 9481 人次

中国船舶集团有限公司旗下广州船舶工业有限公司所属广州黄埔造船厂职工医院党支部在广州公司党委强有力的领导下，真抓实干、开拓创新，以习近平新时代中国特色社会主义思想为指引，充分发挥支部党员的先锋模范作用和支部的战斗堡垒作用，有力推动了黄船医院各项医疗业务的发展，开创了基层支部工作的新局面。

强化政治引领，凝聚发展力量

黄船医院党支部坚决贯彻习近平总书记的“加强基层组织建设，要以提升组织力为重点，突出政治功能”这一重要论述，着力在加强政治建设、凸显政治属性、强化政治引领、压实政治责任等方面下功夫，推动支部工作迈上新台阶，为医院发展提供坚强组织保障。

近年来，黄船医院紧抓机遇，促进转型发展，按照“稳增长、强基础、立品牌”的指导思想开展工作，调整门诊业务结构，引进专业技术人才，打造中医康复治疗特色品牌；先后投入 300 多万元装修改造，提升住院病房的硬件设施条件，积极开拓住院养老及居家养老业务；不断升级信息系统，打造数字化医院；与政府相关部门协调沟通，争取相关政策支持。这一系列举措使医院进入了高速发展的快车道，医院业务收入由 786 万元增长到 4438 万元，从小“医务所”发展为一级综合性社区医院。

“火车跑得快，全凭车头带。”黄船医院支部班子成员明晰职责，既强调科学分工，又注重团结协作。该支部班子严格贯彻党的民主集中制，严格执行医院“三重一大”、院长办公会议事规程等规章制度，维护班子团结统一。支部班子成员注重政治理论学习，心往一处想、劲往一处使，相互补位、相互扶持，发挥表率作用，在医院内形成团结奋进的工作氛围，为医院高质量发展创造了良好的工作环境。

2016 年，在广州公司的指导下，黄船医院启动了文化建设工作。几年来，黄船医院不断实践和丰富着文化建设理念，初步形成了适合该院发展的文化内涵。文化建设统一了全院上下的思想，明确了医院的发展方向，使得医院在近几年的医疗体制改革中找到了方向，少走了弯路，为医院的平稳发展创造了条件。

主动担当作为，践行初心使命

在抗击新冠肺炎疫情这场没有硝烟的战场上，医院党支部危难时期显身手，充分发挥基层党组织战斗堡垒作用和党员先锋模范作用，带领党员冲在一线，用实际行动践行初心使命，做到了关键时刻豁得出、顶得上、靠得住、战得胜，让鲜艳的党旗在抗疫一线高高飘扬。

一是筑牢战斗堡垒，切实抢占战“疫”主动权。

面对来势汹汹的新冠肺炎疫情，黄船医院班子高度重视、迅速响应，多措并举，众志成城，把疫情防控作为头等大事来抓，确保了医院疫情防控工作的正常开展。

黄船医院第一时间组织开展全员培训、布置预检分诊点，严格对每位进入医院的人员进行体温测量和开展流行病史调查，强化院内感染控制措施，严格落实院内环境消毒工作，对住院部实行全封闭管理，多方筹措储备防护物资，按相应等级为医务人员配备防护用品，全力保障一线医务人员的防护需求，密切配合街道、派出所建立“三人排查工作小组”，落实重点地区来穗人员的上门排查工作，共排查 508 人，开展咽拭子采样共 9481 人次。

二是注重引领示范，吹响战“疫”集结号。

为充分发挥党员的先锋模范作用，黄船医院党支部成员主动担当、勇于作为，坚持工作在一线、问题解决在一线。与此同时，该支部向医院全体党员发出了全力参与疫情防控的号召。全体党员积极响应，带头奋战在抗击疫情的第一线。在党组织的号召和党员的示范带动下，全院 106 名医护人员和干部职工积极投身疫情防控阻击战中，用实际行动表达了“人民利益高于一切”的大爱。

在这场没有硝烟的疫情战场上，黄船医院广大党员和医务工作者切实以实际行动诠释了救死扶伤的职业精神，彰显了共产党员的本色和医务人员的责任担当。

担当有为　追求卓越　建强生产管理的战斗堡垒

——记广船国际有限公司生产管理职能党总支

2019 年，舾装出坞完整性同比提高 19.23%，液货船船坞平均周期压缩 78 天，码头平均周期压缩 43 天

疫情期间，首创 TORM 船项目“云试航”“云交船”

中国船舶集团有限公司旗下广船国际有限公司生产管理职能党总支，现有党员 94 名，其中预备党员 5 名，党员占比 49.21%。该党总支坚持以习近平新时代中国特色社会主义思想为指导，紧紧围绕年度目标任务推动党建工作融入中心工作，充分发挥战斗堡垒作用，有力保障了广船国际生产组织管理的顺利推进。

2019 年，该党总支全体党员充分发挥先锋模范作用，勇于担当，围绕“理顺生产、提质增效”的目标，团结一心，顺利完成了造船开工 20 艘、出坞下水 18 艘、年度交船 21 艘的目标任务。

狠抓思想政治建设，充分发挥战斗堡垒作用

生产管理职能党总支十分重视思想政治建设，每年年初组织召开部门党建思想政治工作研讨会，研讨党建工作方向。各支部通过扎实开展“三会一课”、“主题党日”、专题培训等，深入推进“两学一做”学习教育常态化，确保习近平新时代中国特色社会主义思想进课室、进项目。全体党员在增强“四个意识”、坚定“四个自信”、做到“两个维护”上，头脑更加清醒、眼睛更加明亮、立场更加坚定。

生产管理职能党总支坚持通过充分发挥党员在各项业务工作中的先锋模范作用强化

支部战斗堡垒作用的发挥。该党总支围绕“为企业谋发展、为社会谋贡献、为员工谋福祉”的目标，扎实推进“不忘初心、牢记使命”主题教育开展；强化“仰不愧于天、俯不怍于人”的思想意识，引导广大党员践行初心使命，激发奋发向上、拼搏有为的生产斗志，增强履行使命任务、攻坚克难的必胜信心；涌现出“把不可能变为可能的”8000吨交通补给船项目组，不断树立标杆的维斯塔（Vista）项目组、台塑海运（FPMC）项目组、托尔航运（TORM）项目组等一大批干事创业热情高涨、理想信念坚定、勇于担当作为的模范集体和个人。

狠抓典型引路工程，充分发挥先锋模范作用

生产管理职能党总支严抓组织建设，党员发展坚持“双培养”原则，严把党员入口关，并通过持续设立“党员标兵岗”“党员标兵项目组”等，把员工培养成骨干、把骨干发展为党员、把党员培养为标兵。2019 年，该党总支共发展党员 3 人，评选“党员标兵岗”12 人。

在党员教育方面，该党总支坚持学原文、读原著、悟原理，学习新思想、新要求和中国船舶集团有限公司和广船国际重要决策部署，将理论知识与实际工作结合，做到学思用贯通、知信行统一。该党总支高度重视企业文化和精神文明建设，通过对先进典型人物的宣传，在部门树立了鲜明的标杆，使“党员走在前”的支部特色品牌愈加彰显。近几年来，该党总支有 1 人获“中国船舶集团优秀共产党员”称号、2 人获“广州地区公司优秀共产党员”称号、2 人获“中船贡献奖”。

狠抓党建融入中心工作，充分激发干事创业热情

生产管理职能党总支聚焦广船国际年度生产经营目标任务，把党建工作融入部门年度任务完成和高质量发展工作推进中，号召广大党员干部职工勇担使命，奋发进取，干事创业，有力地推动了部门中心工作的完成。

该党总支始终坚持党建引领，持续巩固“不忘初心、牢记使命”主题教育成果，党员干部靠前指挥，全体党员充分发挥先锋模范带头作用，建模关键指标得到了明显提高。2019 年，广船国际产品船舾装出坞完整性同比提高 19.23%，液货船船坞平均周期压缩了 78 天，码头平均周期压缩了 43 天。其中，中海 11.4 万吨成品油 / 化学品船 1 号船实现出坞后 41 天试航，是近几年来广船国际产品船最短的纪录；FPMC 5 万吨成品油 / 化学品船 4 号船实现试航结束后 15 天交船的目标；2020 年年初交付的 FPMC 5 万吨 5 号船在

新冠肺炎疫情影响下，较合同交船期提前 36 天，FPMC 系列 6 艘船交船全部比合同期提前，更有首创 TORM 项目“云试航”“云交船”，用实际行动诠释担当进取的企业作风。

此外，该党总支还将广船国际的降本增效工作与中心工作结合起来，科学合理压控试航周期和参试人员，使得试航成本明显下降。2019 年，广船国际全年平均试航油料消耗较目标成本节约 115 吨 / 船，合计金额约 1100 万元；液货船试航交船费控制在目标成本内；常规船超期技术服务费同比下降 90.8%；试航时拖轮使用同比减少 50% 以上。码头吊机资源通过科学合理使用，大幅减少浮吊租用的费用，2019 年交船平均浮吊租赁费用较 2018 年下降了 73.4%。

在新南油项目试行推进液货船“4+4+3”标准及计划体系的过程中，负责相关业务的党员干部和党员同志发扬“敢为人先、追求卓越”的企业精神，以“求真务实、担当进取”的作风，打通了设计信息录入、物资采购和施工需求的关键路径，实现了生产计划需求和托盘采购预约全关联，在探索改善资材及时供给方面迈进坚实一步。

正是有了党建引领，生产管理职能党总支形成了争先创优、主动担当的良好氛围，诞生一大批党员标兵项目组和优秀共产党员，充分发挥示范引领作用，激发了部门全体员工干事创业的热情，为推动广船国际年度目标任务完成和高质量发展做出了积极的贡献。

军工战线的急先锋

——记中船黄埔文冲船舶有限公司造船一部总装一部党支部

创下系列船码头系泊试验周期 75 天及下水后 65 天主机动车的最短纪录

2019 年共完成生产大节点 19 个，并实现四船同月交付的历史之最

中国船舶集团有限公司旗下中船黄埔文冲船舶有限公司造船一部总装一部党支部是黄埔文冲军工战线的急先锋。该支部围绕中心工作抓党建，发挥支部战斗堡垒作用和党员先锋模范作用，一直战斗在军工生产最前线。该支部广大党员以自己的崇高理想和坚定信念带领部门人员长年奋战在保节点、保交船的第一线，确保军工任务“后墙不倒”。

抓党建，增强支部政治引领

总装一部党支部不断深化对“两学一做”学习教育的理解，全面准确地把握党的重大战略思想、方针和工作部署，认真做到以“三会一课”为基本制度，把“两学一做”作为党员教育的基本内容，长期坚持，自觉形成常态。“两学一做”学习教育开展以来，该支部涌现出余潮南、李伟洪、田强、张小龙、吴化东等多名“交船先锋”，支部党员钟丽红获中国船舶集团有限公司优秀党员称号，同时该支部被评为中国船舶集团广州地区先进基层党组织及广州市星级党支部。

该支部积极推进党支部标准化建设，做细做实党务工作。一是抓日常。该党支部坚持“三会一课”制度，严格党员组织生活，坚持抓好中心组学习，开展专题学习和主题党日活动，开展党性教育，进一步增强部门各级管理人员及全体党员“四个意识”。二是抓规范。该支部严格对照黄埔文冲推进党支部标准化建设方案的要求，查找支部的不足，并制定整改措施。三是抓实效。该党支部创新工作方法，坚持党建工作与部门团组织建设、工会建设、班组建设结合，发挥凝心聚力的作用。

促融人，发挥党员模范作用

总装一部党支部以产品建造为载体，发挥党员的先锋模范作用和党支部的战斗堡垒作用。

总装一部部门领导分兵把守船台、码头各型产品建造过程，计划、现场、班后会全过程参与，坚守一线，做好表率，协调解决建造中出现的问题。

该部门的年度重点产品上，都设立了党员先锋岗。例如，在某产品建造管理团队设立的党员先锋岗，带领该船创下系列船码头系泊试验周期 75 天及下水后 65 天主机动车的最短纪录。在某船试航过程中，成立了试航党员临时党支部。各部门试航党员以身作则，凝心聚力，发挥党员模范带头作用，带领试航人员顺利圆满完成试航任务及交船千分制工作，为年底完成交船任务奠定坚实基础。

自“不忘初心、牢记使命”主题教育开展以来，该支部积极对照初心找差距，立足实际抓落实，在系列船建造过程中当表率、做示范，努力实现党建工作与中心工作双促进、双发展。2019 年 7 月以来，该支部发扬“钉钉子”的精神，一步一个脚印，攻克了多条产品节点并行、码头产品战线长的难题。经过部门员工的同心协力，该船创下试航返厂后 34 天签字交船的新纪录，最终确保该船按节点要求签字交付。2019 年，总装一部党支部共完成生产大节点 19 个，实现了四船同月交付的历史之最，赢得了公司的一致好评。

两手抓，防疫复工齐头并进

2020 年，突如其来的新冠肺炎疫情是对现场管理的考验。总装一部党支部发扬习近平总书记“越是艰险越向前”的精神，不忘初心、牢记使命，迎难而上，主动作为，一手抓防疫，一手抓复产、保节点，以党建引领做保障，真正做到防疫复工两不误。

该支部策划成立了党员防疫督查小组和部门志愿者服务团队，为员工办好事实事，充分发挥党员的示范引领作用。同时，部门领导严抓现场管理，创新码头系泊试验调试管理模式，要求调试室及时加强与不能到厂服务商沟通及在自主调试能力上下功夫，确保了码头多艘船舶平台系泊试验按节点完成，为全船舱室提前交付涂装及后续试航、交船千分制工作开展赢得时间。

党建引领　凝心聚力

——记中船广西船舶及海洋工程有限公司第三党支部

2019 年全年完成船舶修理 66 艘，提高“新祥生”坞核心资源利用率

某军品项目一次性通过军代表和舰方验收，实现小坞进大型军舰的突破

中国船舶集团有限公司旗下中船广西船舶及海洋工程有限公司第三党支部由该公司生产管理部、非船工程部、船体车间、机电车间和坞修车间 5 个部门组成，主要承担修船、造船、非船生产及设备维修等任务。2019 年，在广西公司党委的直接领导下，第三党支部紧盯党建基本任务不放，立足部门职能定位，主动融入生产经营中心工作，强化政治引领，牢记初心使命，以高质量党建推动企业一体化高质量发展。

坚持党建引领，完成生产任务

广西公司目前正处于边建设边生产的状态，第三党支部作为完成生产任务的中坚力量，始终坚持党建引领，利用支部“三会一课”平台，以支部“党建＋保节点”品牌活动和党员“亮身份”活动为抓手，主动将党建融入生产经营中心工作，促进生产提质增效。

2019 年，广西公司修船业务大幅度增长。在支部党员、职工的共同努力下，第三党支部全年完成船舶修理 66 艘，实现了“保五争四”的坞期目标，提高了广西公司“新祥生”坞核心资源的利用率。根据修船任务计划不定、时间短、节奏快的特点，第三支部党员干部连续加班加点已成为常态。但他们毫无怨言，主动作为，自觉把责任扛在肩上，在攻坚克难中坚决完成生产任务，积极发挥了支部战斗堡垒和党员先锋模范作用。

尤其在广西公司接到海军某舰临时进坞抢修任务时，第三党支部更是带着海军的信任，承担起了按期保质完成生产任务的许诺。为克服该船进坞技术要求高的困难，第三支部下属生产管理部精心策划，带领坞修车间、船体车间、机电车间等施工部门日夜兼程，同步开展清理、划线、布墩、靠把吊装等各项工作。星光下，广西公司的船坞灯火通明，到处都是支部党员干部忙碌的身影。正是他们，把 200 多个坞墩、40 多个高墩和 8 组定位靠把一一矗立在抬船甲板上。哪怕他们中的一些同志已经连续三四天坚持工作到深夜 1 点多钟，他们的脸上流露出的仍是必胜的信心。经过连日奋战，该项目最终以一次性通过军代表和舰方的验收而圆满收官，实现了小坞进大型军舰的突破。其中，支部党员吴瑶带领、指挥船坞班，一次又一次地圆满完成了该舰三次布墩、进坞任务，用时一次比一次短，并且做到安全高效，获得了军方一致好评。

同时，第三党支部将党员先锋模范岗延伸到班组，让党员在班组建设、生产活动中自觉挑大梁，让重要的生产岗位有党员的身影，让攻坚克难现场一定有党员领导干部的身影。2019 年，第三党支部涌现出了一批能吃苦、敢担当、勇作为的党员领导干部：非船工程部部长兼支部委员潘文军荣获广州地区公司“优秀共产党员”称号，在他的带领下，风电塔筒产能节节攀高，使风电塔业务也应势成为广西公司的主流板块；2 名党员员工当选为 2019 年广西公司“十佳员工”；3 个班组荣获广西公司“先进班组”称号。

促进党建交流，凝心聚力发展

为提高支部的党建质量，增强支部活力，第三党支部有目的、有计划地根据本单位特点和工作任务开展特色主题活动。

围绕“教书育人、实践育人”，该支部与广西交通职业技术学院党支部联合开展“党建引领新时代，校企合作促发展”主题活动，结合技能技术人才培养、“师带徒”进行研讨交流，明确基层一线人才培养方向；与海事局保税港海事处开展“交流促合作、共建促发展”主题活动，增进双方在生产发展方面的沟通理解，达成了互帮互助的共识。

今年初，新冠肺炎疫情肆虐。为解决劳动力不足的临时困难，支部开展“防疫、复工两不误”主题活动，组织后勤辅助人员支援生产一线，坚决打赢新冠肺炎疫情攻坚战。通过开展特色主题活动，进一步增强了支部对党员群众的吸引力、凝聚力、影响力。

每月，支委会除了研讨党建工作外，还分析支部当月生产工作重点、难点，做到早策划、早布置；关心职工冷暖，团结职工积极工作。关心了解党员职工思想、生活状况、工作情况，注重与党员职工开展谈心谈话，化解生产、生活矛盾，解决党员职工实际困难；聚焦闪光点，宣传正能量，支部联合工会开展“夏日送清凉”、班组慰问等活动，让员工真正感受到组织的关心，激发职工的工作热情。

以“融入式”党建聚力海军装备新发展

——记中国船舶集团第七〇一研究所水面舰船研究部党总支

扎实开展“一支部一品牌”创建活动，下属 17 个党支部个个有品牌，处处显活力

新型驱逐舰批量交付，为筑“海上长城”贡献新力量；高性能船舶频频亮相主流媒体，为维护海洋权益做出了巨大贡献；多项重大军贸项目开工或入列，为共建“一带一路”增添新的亮点……成绩的背后，有一个怀揣着舰船报国梦想的光荣集体——中国船舶集团有限公司旗下第七〇一研究所水面舰船研究部。

作为一个拥有 600 余名职工、党员占比超 85% 的总体研究室，水面舰船研究部党总支在七〇一所党委的坚强领导下，坚持把完成好国家重大工程任务作为检验党组织战斗堡垒作用和党员先锋模范作用的重要标准，在继承和发扬军工“红色基因”的同时，积极探索“融入式”党建生动实践，实现党建工作与中心工作有机融合。近年来，该党总支及下属集体先后获得“湖北省先进基层党组织”“全国青年文明号”“全国三八红旗集体”“全国五四红旗团支部”等荣誉称号，另有 11 个集体和 20 余名个人获得地市级及以上荣誉。

筑根基　强信念　推进政治思想融合

水面部党总支注重强化广大党员理想信念教育，依托主题党日活动等载体，推进“两学一做”学习教育常态化制度化。党总支委员深入对口党支部、项目组领学党的十九大精神和习近平新时代中国特色社会主义思想，筑牢党员信仰之魂。该党总支深入开展“不忘初心、牢记使命”主题教育；广泛开展“居安思危、奋发有为”“对标世界一流、聚力攻坚决胜”形势任务教育；汲取榜样力量、学习英雄群体，激发使命担当；邀请所领导在形势最紧、任务最重的一线讲授专题党课；积极探索“云上党建”新模式，疫情期间开展线上中心组学习、党建工作会、主题党日活动等。

强堡垒 促提升 推进组织体系融合

水面部党总支以压实责任为基础，围绕海军装备研制的目标和使命，把全面从严治党责任压实到党支部、党小组。该党总支定期举办党支部书记培训班，召开季度党建工作会，制定党支部建设“小红书”，加强对党支部建设的指导力度；“量身定制”党支部考核标准，签订党建责任书，强化党建和业务考评结果相互应用，把管党治党责任在基层组织转化落地；以提升组织力为重点，实施党支部建设质量提升工程，创建了以首批“中央企业基层示范党支部”为代表的示范党支部，把组织优势转化为攻坚克难的发展优势；扎实开展“一支部一品牌”创建活动，指导党支部按照“六有”标准升级阵地，通过三年的实施，下属 17 个党支部个个有品牌，处处显活力。

型号任务在哪儿，党组织就建到哪儿。在工程配建配试现场，该党总支以现场临时党支部为载体，开展“树形象、当先锋、做表率”活动，自某重大工程启动以来，党总支相继在项目现场成立 5 个临时党组织，以坚强组织力和战斗力确保了重大工程重要节点的保质提前实现。

争先锋 重引领 推进队伍建设融合

一个组织，搭起结对平台。围绕工程研制中的难点热点问题，该党总支搭建党组织、党员作用发挥的平台，引导各党支部将党建活动与业务开展充分结合，把党组织的创新引领转化为工作创新的实绩。某系统某试验期间，党总支联合多家参试单位，开展基层党支部共建，依托党建促进科研生产，加强总体所与设备所的科研工作交流，确保试验取得圆满成功。同时，该党总支结合重点型号建造任务，与接舰部队、船厂、高校开展支部共建，构建开放式党建格局。

一面党旗，凝聚攻坚力量。水面部党总支在重大工程和关键型号上充分发挥党员引领作用，广泛开展“亮身份、促担当、比贡献”主题实践活动，重大项目“急、难、险、重”的任务中处处都有党员冲锋在前的身影。2019 年，“技术攻关”党员突击队成功攻克某技术难题，成为落实习近平总书记重要批示精神新的成果和突破。2020 年，面对新冠肺炎疫情肆虐带来的某重点任务进度搁置不利局面，家住武汉的党员同志挺身而出，组成“钢铁先锋”党员突击队，在疫情形势尚未明朗的 3 月初开始应急加班，用“抢”出来的近一个月时间，完成了200余份图纸发厂，有力保住了供图节点。正式复工后，该党总支开展“攻坚杯”劳动竞赛，以“亮牌践诺”活动创新推进党建工作，设立了28个党员示范岗、5个党员责任区，组建了20个党员突击队、2个党员服务队，让红色的党旗在复工复产一线高高飘扬。

一本党章，引领奋进航向。按照七〇一所党委“凝聚力工程”和“阳光心灵工程”要求，该党总支以开展谈心谈话、走访慰问为常态。坚持以党建带群建，拓展“蓝海星光”系列特色文化品牌建设、青年职工思想动态调研分析和“青听”主题青年职工座谈，营造人人争先、积极向上的氛围。在重大工程研制中，该党总支涌现了一批以“全国优秀共产党员”“全国三八红旗标兵”“中国青年五四奖章”“全国青年岗位能手”等为代表的先锋群体，带动广大党员干部奋勇争先，成为攻坚克难的主力军，形成了出人才、出典型、出精神的生动局面。仅最近三年，由水面部承担或参与研制成果获科技奖达20余项。

黄沙百战穿金甲　不破楼兰终不还

——记中国船舶集团第七一〇研究所 104 事业部（湖北海山公司）党总支

2019 年度经济指标全面完成，实现营业收入 2.3 亿元，利润 3668 万元

某大型对抗试验保障任务中，5 天内完成跨越长达 3000 余公里的长途运输

近年来，在中国船舶集团有限公司党组、中国船舶集团旗下第七一〇研究所党委的领导下，七一〇所 104 事业部（湖北海山公司）党总支坚持“制度化 + 融入式”党建工作思路，深入开展“不忘初心、牢记使命”主题教育，努力在“合规、提升、融合、实效”上下功夫，为全年目标完成和高质量发展提供了有力保障。

融入中心，务求实效促发展

2019 年，设备生产及服务保障任务再创历史新高，104 事业部党总支在巩固之前融入式党建活动成果基础上，以“融入高质量发展、融入项目和职能、融入日常和人心”为发力点，重点在装舰设备生产和服务保障项目开展融入式党建活动。

装备生产和服务保障工作面临着地域分布广、人员需求多、工作周期长、需求变化大、用户要求高等困难。装备生产分布在多个厂所，服务保障更是分布于近二十个城市。面临繁重的任务形势及多样的分工界面，该党总支积极筹备、精心策划，成立了以党员为主的三个团队，分别侧重承担生产、服务、保障三个方面的任务，使得人员有分有合，各项工作条理清晰、目标明确。

该党总支在装备生产现场成立了以党员为主的“装备战狼队”，主攻装备生产方向，坚持“积极激励我，多劳多收获，汗水育成果”的理念高效组织生产交付工作，不断向历史高峰任务发起挑战；在售后服务团队中，成立了“服务飞虎队”，秉承“服务只有起点，满意没有终点”的宗旨全面开展售后服务工作，千里迢迢奔波，长期坚守外场，只为快速响应用户需求；在试验保障方面，成立了以党员为主的“神电雄鹰队”，发扬“团结一心，其利断金”的精神，全力保障大型试验任务。

真抓实干，实践检验真功夫

某大型试验保障任务是七一〇所第一次参与试验。此次试验受到了各方的高度关注，意义十分重大。为了赶进度保节点，以党员为主的项目组一直奋战在总装、总调和试验现场。新春佳节，合家团圆的日子，项目组在唇枪舌剑，讨论技术方案；元宵节，吃元宵猜灯谜的日子，项目组在挑灯夜战，调试参试设备的技术状态；清明时节，扫墓踏青的日子，项目组在日夜兼程，押运参试设备；五一假期，难得的小长假，项目组在茫茫大漠，顶着 50 多摄氏度的高温，为下一次的试验做准备。面对重任和使命，该党总支全体党员都自主调整到奋斗模式，只为了一个目标：确保试验胜利完成，“打”出七一〇所的实力和风采。

在历经长达数月、多个试验阶段的与时间赛跑中，“神电雄鹰队”的成员们在大漠戈壁中，克服了环境艰苦、天气恶劣、人员有限、保障不足等困难，自力更生，咬紧牙关，成功开辟出了一块试验阵地。通过精心策划、精密组织，该团队同心同力，攻坚克难，先后完成了那些平时看起来难以想象的任务：2 个月内完成一套装备的生产交付；5 天内完成跨越长达 3000 余公里的长途运输；3 天内在茫茫黄沙中完成安装调试；等等。他们战胜了戈壁滩上常伴左右的酷热高温和不请自来的黑色沙尘暴，守住了“时间后墙”。无惧风沙，只为使命必达；烈日当空，比不过干事创业的热情；长剑当空，戈壁滩奏响胜利之歌。整个试验过程，七一〇所参试装备性能稳定可靠，取得了出色的对抗效果，圆满完成了试验任务，得到用户方的高度评价。首长亲自前往试验基地观看了试验，对试验的组织、取得的成果以及各参试单位的辛苦付出给予了肯定和嘉奖。

全面完成，助推高质量发展

2019 年，“装备战狼队”全年完成备件生产 12 批次，25 次例行试验任务均零故障一次通过，33 批次产品均一次顺利完成交付；“服务飞虎队”总计开展了近百套装备的配建服务、临抢修、试验保障任务，服务保障外场工作总量为 1961 人 / 天，技术培训（含所内）工作量达到 28 次，合计 180 人 / 天，收到各级单位感谢信 13 封；“神电雄鹰队”参与大型试验达 2280 人 / 天，团队克服重重困难，保障参试设备性能可靠，圆满完成任务。

该党总支通过融入式党建活动的开展，党建群团齐发力，助推事业部业务目标的高质量完成。2019 年度经济指标全面完成，实现营业收入 2.3 亿元，利润 3668 万元，还取得了重要竞争择优项目中标及横向任务市场的重大突破。

高质量发展的“主心骨”和“先锋队”

——记中国船舶集团第七一三研究所党委

智能旅客安检系统批量装备北京、西安、成都等机场，两型无人车亮相首都国际机场，高铁接触网自动化施工装备亮相京雄高铁

大力推行“科技＋党建”新模式，累计投入70万元开发、升级智慧党建系统

新时代基层党组织是党的主张的宣传者，是党的决定的贯彻者，是基层治理的领导者，是团结群众的动员者，是改革发展的推动者。中国船舶集团有限公司旗下第七一三研究所党委以提升组织力为重点，突出政治功能，切实加强标准化和信息化建设，担负好教育党员、管理党员、监督党员和组织群众、宣传群众、凝聚群众、服务群众的职责，突出政治引领力、推动发展力、改革创新力、凝聚保障力、工作执行力，推动党建工作和中心工作深度融合，为高质量发展提供了坚强保障。

七一三所党委在中国船舶集团党建工作责任制考核中考核优秀，先后被河南省委、中国船舶集团、河南省国防科工局、郑州市市直机关工委授予“先进基层党组织”荣誉称号，连续多年获评郑州市科技局系统先进基层党委。

突出政治引领力，筑牢国有企业“根”和“魂”

七一三所党委坚持党对国有企业的领导不动摇，把党的领导融入全所治理各环节，充分发挥党委的领导核心和政治核心作用。

一是持续强化理论武装。通过中心组学习、专家辅导、“智慧党建”App学习等方式，深入学习习近平新时代中国特色社会主义思想的十九届四中全会精神，切实增强“四个意识”，坚定“四个自信”，坚决做到“两个维护”。二是不折不扣贯彻落实习近平总书

记重要指示批示精神。扎实开展“不忘初心、牢记使命”主题教育，建立长效机制；深化中央巡视整改、以案促改等重点工作，围绕检视问题、专项整治八个方面的突出问题，举一反三、上下联动、扎实整改，以整改推动优化产业布局，强化风险管理。三是全力打赢疫情防控阻击战和发展攻坚战。坚持以职工为中心，成立疫情防控领导小组，专题研究防控举措，积极协调防疫物资，组建党员突击队，有力保障了职工的生命安全和身体健康；及时有序推动复工复产，为完成年度目标任务打下了坚实基础。

突出推动发展力，以党建引领新时代高质量发展

七一三所党委聚焦兴装强军，创新党建工作形式，以党建促发展。面对疫情冲击，七一三所党委积极探索党建工作与业务工作深度融合的新举措，先后成立了试验现场临时党支部、疫情防控党员突击队和专项批产项目党员突击队及青年突击队，充分发挥支部的战斗堡垒作用和党员的先锋模范作用，广泛调动干部职工在强化战略引领、聚力自主创新、全面深化改革、持续加强党建中的积极性，实现了经济稳定增长的良好态势。

2020 年上半年，该所承接合同、营业收入、利润总额均实现“双过半”，超额完成预定目标。此外，在科技产业方面，该所在民航智能装备六大研发领域均取得突破性进展，智能旅客安检系统批量装备北京、西安、成都等机场，两型无人车亮相首都国际机场，高铁接触网自动化施工装备亮相京雄高铁，锚杆组件产品行业排名稳居第二，新基建领域成功开辟充电桩业务，圆满完成了预定军工和产业发展目标。

突出改革创新力，以“科技 +”激发党建新活力

七一三所党委大力推行“科技 + 党建”新模式，依靠信息化技术优势，累计投入 70 万元开发、升级智慧党建系统，全面提升党建信息化水平，实现了党建信息化数字化管理、党组织活动实时呈现、党员教育随时随地、监督考核全程在线、服务党员群众零距离，激发了党建新活力。

疫情期间，由于集中学习、面对面检查不方便，该所党委充分运用智慧党建全天候、开放式的学习管理平台。一方面，发挥智慧党建 App 随时随地学、精准考核等功能优势，通过发布学习任务，动态监测支部活动情况和党员学习情况，确保了学习教育成效；另一方面，通过园区网智慧党建管理系统深化成本工程建设，各支部的“三会一课”、党员发展、民主评议、党费缴纳等各项工作，通过该系统就可以实现全过程管理，减少了纸质材料的使用和传递，既提高了党建工作效率，又降低了管理成本。

突出凝聚保障力，建立健全党建工作体系

七一三所党委重视规划引领，制定了党建工作发展规划，按照“1257”工作思路，将 PDCA 循环理论和方法导入党建工作，提高了党建工作科学化水平。

该所党委强化制度建设，在“制定—执行—修订”的动态循环中，明确要素，填补空白，制 / 修订了《发展党员工作细则》等 31 项制度，建立起由点到面、全程管理的党建工作体系；重视条件保障，坚持“四同步、四对接”，与行政单位同步调整设立了 31 个党（总）支部和 1 个临时党支部，按照“双向进入、交叉任职”和同级同酬同责原则，调整配齐党务干部，每年按工资总额 1% 的标准预算党组织活动经费，严格党建活动经费使用管理，形成了组织健全、制度完善、人员到位、运行有效、保障有力的党建工作体系。

突出工作执行力，层层压实党建工作责任

七一三所党委切实履行主体责任，发挥“把方向、管大局、保落实”作用，定期召开党委会审议“三重一大”事项；党委书记履行第一责任人职责，坚持支部书记月例会制度，统筹抓好党建工作；所长履行党建工作重要领导责任，提供充足的人员、经费支持；班子成员履行“一岗双责”，深入党建工作联系点、分管领域，监督指导、协调解决基层党建工作重点难点问题。

此外，该所党委与支部签订《争创“五好”党（总）支部及精神文明建设责任书》《党风廉政建设责任书》，采用定性评价和定量打分相结合的方法，对党建工作进行 360 度全方位考核，强化考核结果应用。通过层层压实责任、加强督导检查、建立长效机制，该所形成了“责任明确、横向到边、纵向到底、上下齐心、相互协调”的工作机制，有效增强了党组织的凝聚力、战斗力。

胸怀蓝天强堡垒　志在千里炼精兵

——记中国船舶集团第七一七研究所八部 / 天经党支部

研制并交付了填补国内空白的某首型装备，奠定七一七所在机载光电领域的行业翘楚地位

某重大竞标项目中，一个月时间内完成关键样机测试任务，创造“717 速度”

六年攻坚，从一名机载光电领域的“新兵”，到代表中国船舶集团有限公司在多型重大项目竞标，成为一名耀眼的“尖兵”。

这支敢于攻坚、敢于胜利的团队，就是中国船舶集团旗下第七一七所八部 / 天经公司。

堡垒，在拼搏中成就

七一七所八部 / 天经党支部，共有员工 66 人，其中党员 38 人。他们承载着推进七一七所机载光电事业不断发展的历史使命，是中国船舶集团拓展非船产业的典型团队。2014 年 1 月成立的七一七所八部 / 天经公司，从一开始就必须在抢占市场领域、不断向一个个堡垒冲锋中，占领行业发展的制高点。

该党支部在重大专项任务中不断强化政治引领力和组织力，在一次次市场竞标中筑强支部堡垒。2019 年以来，该部承担三型全国性竞标工作，都是事关七一七所机载光电事业发展的关键项目，该所领导指示“全力以赴，不留遗憾”。党支部闻令而动，以系列“党建 +”载体推动目标实现——在主题教育和日常的“三会一课”等组织生活中统一思想；成立项目临时党小组，发挥战斗堡垒作用；组建项目党员先锋队，开展岗位践诺“我是党员我带头”活动，发挥党员先锋模范作用；在开展“项目成功我成才”活动中，激励青年党员在岗位上建功立业；开展谈心谈话及关心员工身心健康等工作，做好员工心理疏导。此外，该党支部还创造性地开展特色主题党日活动，举行由前一竞标获胜队长传旗给下一竞标项目组长的授旗传旗仪式，以此传递信心，传递斗志，传递力量。最终，三项竞标项目均获胜。

七一七所八部 / 天经党支部聚焦实际问题，聚焦目标任务，不断融入中心抓党建，探索形成了“党建 + 重点项目”“党建 + 目标”“党建 + 创新”“党建 + 质量”“党建 + 高质量发展”等一系列工作实践，起到了较好效果，获得了七一七所党委的高度评价。2019 年，该党支部支部书记在全所进行了经验交流分享。在党支部坚强引领下，八部 / 天经公司在攻坚一项项重大任务中不断成长壮大，仅用 6 年时间，就从机载光电领域的新兵成长为行业的中坚。在维权执法、电网电力等民品产品争揽中，该公司展现出顽强的战斗力，研制并交付了填补国内空白的某首型通信装备，走在了行业前列。一项项突出的实绩，逐步奠定了七一七所在机载光电领域的行业翘楚地位。

党员，在冲锋中成长

在一次次任务冲锋中，七一七所八部 / 天经党支部注重把骨干培养为党员，把青年党员培养成党员骨干，在“党建 + 重点项目”等活动中锤炼党员党性，不断激发党员攻坚克难，赢得荣光。

该党支部坚持在创先争优活动中推荐立得住、响当当的党员典型，在遴选项目负责人时注重选拔党员先锋，在创新突破的关键线上保证一定比例的党员进入。

一个个党员，成为干事创业的先锋，成为市场拓展的表率，成为完成任务的主力。最难啃的技术攻关，有党员挺在一线；最关键的市场突破，有党员坚守在前；最艰苦的外场，有党员冲锋在前。

2019 年，该党支部承担的某重大竞标项目中，竞标团队 10 名员工中有 9 人是党员。在研制最为紧张的时间里，项目组在全封闭场所开展集中研讨。党支部成立临时党小组，在学习和探索最新技术中凸显党员担当。项目组成员一个月没有回家，每天从早八点到晚十点，起早贪黑攻难关。在样机试制时，党员敢打硬仗，一个月时间内完成关键样机测试任务，相当于其他竞标单位三个月的工作量，创造令外场协作单位啧啧称赞的“717 速度”。

2020 年，新冠肺炎疫情突然来袭，该党支部另一项全国性竞标项目开标在即，第一时间成立党员先锋队，发动党员坚持居家不离岗，严守工作秘密，克服各种困难，带头开展与项目相关的理论分析和仿真计算，为后续方案优化争取时间。3 月 12 日，作为中国船舶集团在汉成员单位中最早复工的项目团队之一，该项目党员骨干 20 余人到岗全封闭攻坚。在不到一个月的时间里，完成了 3000 多页的投标文件编制，还针对原理样机性能指标测试，进一步优化研制方案。在临近竞标最后的两周时间里，项目组的成员们每天奋战到凌晨两点，仍在修正框架、校核标书、完善细节。最终，他们以第一名的成绩成功晋级，打入竞争对手长期“把守”的传统领地。

党旗飘飘，党徽闪耀。八部 / 天经党支部持续开展“传承红色基因　激发青年活力”党建品牌创建活动，激发青年成长成才，打造了一支积极、精炼、能干、有活力的科研团队。万佳宁、涂彪两个 2018 年入所的新员工，在攻坚竞标项目关键技术中成长为骨干；30 岁就担当重大竞标项目负责人的胡昆钰，逐渐成为一名优秀的共产党员。

融入中心抓党建，不断深化“党建 +”载体创新，有力推进部门完成各项目标任务。近年来，七一七所八部 / 天经党支部承担的创新项目获七一七所所长奖励基金特等奖 1 项、一等奖 1 项、创新一等奖 3 项，成为七一七所奋进新时代、攻坚新领域的典型代表。

舞台逐梦　绽放青春

——记中国船舶集团第七一九研究所辐射防护中心党支部

挺进民用核电领域，全面启动核电站厂房辐射监测系统设备100%国产化的研制工作

成为国内最大的核电站厂房辐射监测系统设备成套供货商，取得累计超过7亿元的产值回报

“这真是一支青春激荡、战斗力极强的队伍！”

当中国船舶集团有限公司旗下第七一九研究所辐射防护中心又一次圆满完成型号重要科研任务、又一次签订核电站重大供货合同、又一次承接国家重大科技专项任务时，七一九所全所上下无不竖起大拇指为这支团队点赞。

这一串串骄人成绩背后，是七一九所辐射防护中心党支部坚强有力的引领，是支部为全体员工搭建的有梦想就能翩翩起舞、有热血就能激情绽放的舞台。

党建引领，凝聚力量

“要始终坚持以党建工作促业务发展为抓手，推动中心高质量可持续发展。”这是辐射防护中心党支部书记左亮周最常挂在嘴边的一句话。

中心党支部成立于2011年，彼时支部党员才十几人，整个支部职工也不过三十余人。现如今，支部已有正式党员七十余人，支部职工已经发展到近三百人。在中心快速发展的历程中，支部党建始终发挥着引领作用，如同“定海神针”，将来自全国各地的科研人员紧紧团结在一起。

中心支部重视合力抓党建，推行党建工作层层分解，以支部大会、支委会、党小组、帮扶小组、攻关小组等形式分级组织实施，使党员责任意识渗透到中心的每一个细微组织、每一项具体工作中。该支部强化党风廉政建设，严明政治纪律和政治规矩，在全中心树立红线、底线意识；开展“弘扬优良家风，学习廉政典型”主题活动，使家庭成为反腐倡廉的重要防线。

中心支部始终坚持开拓创新，倡导可持续发展，强化创业干事责任担当。在党支部的带领下，中心全体成员以保持专业的“可持续发展”为己任，坚持创业创新，不断扩大专业在国内辐射防护领域的影响，为专业的可持续发展奠定了坚实基础。

支部的正确引领，激励着全体职工不忘初心、牢记使命、锐意进取，将“心气儿”和“劲头儿”紧紧地拧成一股，形成如今朝气蓬勃、欣欣向荣的局面。

青春绽放，创业建功

辐射防护中心脱胎于最初的一个专业组，一直承担着型号重要系统的总体设计和关键设备的研制生产任务。多年的探索与实践，奠定了中心在该领域的“领头羊”地位。然而，这群奋斗者并不满足于此。在历史契机闪现的那一刻，他们凭着深厚的专业素养和敏锐的洞察力，毅然决然地挺进民用核电领域。在党支部的带领下，最初十几名年轻的党员骨干从“啃”民用核电标准、“攻”核安全级设备关键技术开始，披荆斩棘、不畏艰难，用不到半年的时间就做出来首套演示样机，并在给核电用户演示后取得热烈反响。随后，该团队开展了核安全级设备设计制造取证模拟件的制作、鉴定试验、软件 V&V 等一系列工作，历时一年半，最终通过了国家核安全局组织的专家评审，顺利拿到了核电“入门”资质，自此全面启动了核电站厂房辐射监测系统设备 100% 国产化的研制工作。如今，这些艰辛的付出已经助力七一九所成为国内最大的核电站厂房辐射监测系统设备成套供货商，并取得了累计超过 7 亿元的产值回报。

经过多年的高速发展，中心已形成了自己传统优势领域，并取得每年稳步上升的产值回报，但是他们前进的脚步却一刻也不会停留。近两年来，在党支部的倡导和带领下，中心在稳固舰船、核电辐射防护等传统优势领域的基础上，积极向“陆、空、天”领域进军，“打硬仗、建新功”成了如今中心年轻人心中的信念。

2020 年伊始，突如其来的新冠肺炎疫情打乱了中心很多工作的原有部署，特别是空中辐射监测等几个重大项目时间紧、任务重，机不可失。3 月中旬，疫情形势尚不明朗，党支部即以党员骨干为先锋，组织精兵强将成立攻关小组全力以赴。危难之中显英雄，攻关小组克服时间紧迫、交通不便、异地隔离等多重不利因素，加班加点组织技术交底、安装调试、设备比测等工作，大家的付出获得了甲方的高度认可，项目各项工作正在有序开展。

和谐友爱，温馨之家

辐射防护中心党支部永远是一个和谐友爱的温馨之家。这个大家庭里有“一家之长”，也有“姐妹兄弟”，中心的发展离不开每一个“家庭成员”的辛苦付出，也离不开每个“家庭成员”背后默默支持的“小家庭”。多年来，党支部始终密切与群众的血肉联系，将员工的个人发展与中心的发展紧紧结合在一起。

2019 年 7 月至 8 月，党支部组织支部委员分头走访中心各部，与大家畅谈中心的发展前景，就员工关心的问题交换意见，着力解决大家关心的“痛点”问题，为中心和个人的长远发展坚定信心。党支部还设立长期的“员工意见箱”，及时排解大家遇到的困难、困惑。支部重视党员和群众教育，将职工专业技术培训和党建教育活动结合起来开展，发挥老同志、老党员的帮扶带动作用，为开阔年轻人的专业视野、科研设计思路起到了积极促进作用。支部还积极走出去，与中广核工程公司、清华大学核研院等单位举办了党支部共建活动，并形成长效学习交流机制。支部坚持每年组织多种形式的团队建设活动，通过党史馆参观学习、趣味党课、知识竞赛、年度总结会等活动的开展，增加了员工学习党的理论知识的兴趣，释放了大家在生活工作中的压力，激发了年轻人的活力。

在中心支部大会上，有党员发出肺腑之言：“在这里有我们干事创业的激情，也有舒缓压力、放松心身的温馨。我爱我家！”

打造坚强战斗堡垒　勇做海洋生态环境守护者

——记中国船舶集团第七二五研究所青岛双瑞海洋环境工程股份有限公司压载水处理事业部党支部

高度重视党建与中心工作的融合
中心业务到哪里，党建就跟进到哪里

截至2020年6月底，中国船舶集团有限公司旗下第七二五研究所青岛双瑞海洋环境工程股份有限公司已累计签订1453船套船舶压载水设备订单、合同总额55亿元，交付1000船套设备、创造利润8.37亿元，在中大型船舶压载水设备领域占有率和装船量居全球第一。这骄人成绩不仅来自青岛双瑞多年的技术积淀和市场开拓，更来自基层党建引领作用的充分发挥。近年来，青岛双瑞压载水处理事业部党支部努力探索党建工作与中心工作融合发展的路径方法，通过党建凝聚发展共识，为船舶压载水设备产业的高质量发展和公司核心经济指标大幅攀升做出了突出贡献。

七二五所党委高度重视党建与中心工作的融合，要求中心业务到哪里，党建就跟进到哪里。2010年，随着青岛双瑞压载水处理事业部的设立，压载水党支部正式成立，支部现有正式党员32人，预备党员2人，积极分子6人，35岁以下党员占比70%，是一支年轻的队伍，设有技术团队、营销团队和售后服务团队三个党小组。就是这样一个党支部，在青岛双瑞公司高质量发展的历程中，在船舶压载水处理产业迅速壮大中，扮演着举足轻重的角色，起到了中流砥柱的作用：技术团队党小组持续推动技术创新和产品升级，获得11家主管机关及主流船级社认证，主编ISO标准，保持全球领先地位；营销团队党小组推动营销模式创新，大力拓展新市场，全球目标船东覆盖率达85%；服务团队党小组发扬不怕苦、不怕累的拼搏精神，缩短响应时间，提高一次服务完成率，建立了全球领先的服务品牌。

丹麦 DHI 试验基地。隆冬。

身处异国偏僻小镇，七二五所青岛双瑞技术人员宋金金、王智磊、冯龙等克服生活不便的困难，全心全意推进压载水管理系统美国海岸警备队（USCG）认证陆基试验。试验过程对这些“文弱书生”来说十分艰巨，他们不但要做“最强大脑”，还要完成一个又一个的体力挑战：50 公斤重的测试用试剂，他们自己动手一袋袋搬运；暴风雨突袭，他们用身躯护住设备样机，风雨过后，样机完好，他们却浑身湿透；为兼顾总部的技术工作，他们常常工作到深夜……他们用实际行动展示了“不但会说，还很能干”！

2017 年，青岛双瑞自主研发的 BalClor® 压载水管理系统，成为亚洲首家、全球第四家获得 USCG 型式认可证书的产品，为产业发展夯实技术基础。

韩国大宇某液化天然气（LNG）船项目。初春。

面对要求严苛的船东 Frontier line，又是与韩国大宇造船海洋公司初次合作，青岛双瑞调试工程师聂玉文顶住压力，对满腹质疑的现场主管许下按期完成报验的庄严承诺。白天，聂玉文带领外协队伍一早登船，从基本的管路、线路开始到消除报警、设备通水测试环节，积极推进调试工作；晚上他们分享经验、研究细节，直到深夜。试航期间，他们坚持换位思考，耐心为船东答疑，以敬业的态度、专业的技术，一丝不苟、精益求精的精神，高效完成报验工作，赢得船东、船厂赞赏。他带领的外协队伍也迅速成长起来，有效满足了后期压载水市场爆发的调试需求。

类似事例不胜枚举，在这些优秀的骨干员工、这些奋战在平凡岗位上的党员和积极分子身上，反映出了压载水处理事业部的工作常态。这是一支特别能拼搏、特别能成事的坚强团队，这是一群特别能吃苦、特别能战斗的党员先锋。

在实际工作中，青岛双瑞压载水党处理事业部支部坚持党建与业务融合发展，确保党建与业务同步前行，通过召开党小组会、成立党员攻坚小组、党员任职关键岗位、设立党员示范岗等措施，深入每个关键项目，让党旗飘扬在业务一线。在压载水处理事业部党支部的带领下，在全体党员、群众的共同努力下，青岛双瑞压载水产业 2018 年新签合同 18.56 亿元，营业收入 6.75 亿元，创造利润 9856 万元；2019 年新签合同 20.08 亿元，营业收入 14.10 亿元，创造利润 2.54 亿元。

一份份亮眼的成绩单，一组组持续攀升的经济指标，一年年日新月异的发展成就，无不反映出压载水处理事业部党支部的优秀品格和卓越贡献。猛将必发于卒伍，党员常战于一线，相信这支党性强、业务过硬、朝气蓬勃的队伍，将为七二五所的高质量发展做出更加重要的贡献！

擎旗致远展作为　融入中心促发展

——记中国船舶重工集团应急预警与救援装备股份有限公司赤壁分公司党总支

处室下沉一线、一线走进处室，真正做到融入中心

理论联系实际，讲好党课

2020 年 4 月 1 日，《人民日报》头版刊登了一篇湖北省赤壁市企事业单位复工复产见闻。在报道中，记者为中国船舶集团有限公司旗下中国船舶重工集团应急预警与救援装备股份有限公司赤壁分公司热火朝天的复产景象点赞。

中船应急赤壁分公司党支部是中船应急党员人数最多、战斗力最强的一线党支部，连续多年获得本单位先进党支部荣誉称号，并于 2018 年被湖北省国资委评为“先进基层党组织”。

咬定目标不放松，爱国奋斗正当时

对于中船应急赤壁分公司来说，2019 年是不平凡的一年，既要完成 10 亿元的生产任务，又要完成厂区整体搬迁的目标，还要争创国家级应急产业示范基地。面对巨大挑战，赤壁分公司党总支领导班子无惧无畏，勇挑重担，团结带领党员群众顽强拼搏，擎旗致远。

2019 年，中船应急赤壁分公司实现经济总量超过 10 亿元，完成 125 个生产项目；顺利完成 5 个车间 662 人、566 台套设备的搬迁；成功通过第三批国家级应急产业示范基地验收；新厂区建设项目获得赤壁市政府工业技改资金 200 万元。

完成整体搬迁后，2020 年赤壁分公司有五大中心任务：年度生产任务，科研产品研制，军品生产转厂鉴定，新厂区数字化生产线新系统、新设备、新工艺上线运用，安全标准化达标复评。赤壁分公司 2020 年度党建任务指导书、党建工作计划、党总支中心组学习计划等各项计划均紧密围绕上述五大任务展开。建立的领导班子党建工作联系点，也是按照业务相关、相互促进的原则，处室下沉一线、一线走进处室，真正做到融入中心。

每月的党总支委会参会范围扩大至全体党员干部，选取当月中心工作遇到的重点、难

点，讨论研究，提出解决措施。比如，2020 年 4 月，党总支委会围绕“受新冠肺炎疫情影响，2020 年开工延迟，如何采取措施把失去的时间追回来”这一课题开展专题研究，提出党员干部带头加班值班、签订生产责任状、开展劳动竞赛等措施。赤壁分公司还通过理论联系实际，讲好党课。在冲刺目标任务的时期，以“咬定目标不放松，爱国奋斗正当时”为主题讲党课，在党员群众中做动员；在生产线提档升级的准备阶段，开展“MES 系统推广运用”专题党课，使党员干部掌握专业技能；在 2020 年全面复工后，以“凝心聚力党旗红，防疫生产两不误”为主题讲党课，带领党员群众“一手抓生产，一手抓防疫”。

防疫一线党旗红，复工复产加速跑

2020 年初，新冠肺炎疫情来势汹汹，而华舟社区有 1000 多户，约 3000 人，且干部较少，防疫工作十分艰巨。了解到这一情况后，按照公司防疫领导小组要求，书记宗瑞云组建了华舟社区防疫小分队，带领党员参与社区防疫。自小分队组建后，2 月 4 日至 3 月 11 日，他们始终坚守一线，解决各种困难：每天挨家挨户测量体温；在隔离楼栋通宵值班；在社区巡逻，宣传防疫知识，劝返违规出户群众；成立物资配送组，把居民需要的物资送到居民手上，把组织的关怀送到居民心坎。队员们用实际行动为党旗增添了光彩。

在新冠肺炎疫情肆虐的大背景下，距离武汉仅 100 余公里的赤壁市复工复产面临诸多挑战。为了迅速复产，赤壁分公司早早成立了以宗瑞云为组长的复产组，密切关注政府复工政策，制订复产计划、防疫方案，储备防疫物资，摸排员工信息。

公司防疫物资在武汉运不过来，就在赤壁本地购买；市面上物资不足，向政府协调；因隔离措施资金到不了位，党员同志垫资采购；全面复工条件不成熟，分批复工，党员先上；小区隔离，人员没地方住，租宾馆。一系列措施，确保了赤壁分公司在疫情形势严峻的 2 月份便早早复工，随之带动了 22 家配套企业顺利复产，受到赤壁市政府的高度肯定。

服务群众暖人心，及时解困见真情

党总支始终牢记“全心全意为人民服务”的宗旨，心系职工群众。谁家经济困难，谁家有人生病了，谁家老人过世了，党总支掌握得很清楚，总是第一时间慰问生病员工和家属，对家庭困难的员工及时给予经济帮助，家属过世总有支部领导亲自前去吊唁。

2019 年，赤壁分公司有 16 名员工生活困难，支部及时施以援手，缓解了困难，传递了爱心。全年吊唁慰问 46 人次，组织爱心捐款 2 次，不仅在思想上为员工化解“疑难杂症”，做员工的知心人，在工作中为员工解决实际困难，更是在生活上给予关心帮助。

党建引领固本强基　创新驱动快速发展

——记重庆红江机械有限责任公司党委

从事船用柴油机“心脏”和“神经”研制

党建引领，走出一条创新驱动发展新路

作为专业从事船用柴油机“心脏”和“神经”研制的专业生产企业，中国船舶集团有限公司旗下重庆红江机械有限责任公司致力于高效、低碳、绿色、环保产品的创新研发，所研制的柴油燃料喷射系统、调速器、轴瓦及气阀等柴油机关键零部件被广泛应用于舰船、海洋装备、轨道交通、工程机械等领域，公司还是MAN、卡特彼勒等许多国际知名公司的优秀供应商和战略合作伙伴。

近年来，重庆红江党委始终以习近平新时代中国特色社会主义思想为指导，坚持新发展理念，深入贯彻落实党的十九大和十九届二中、三中、四中全会精神及全国国有企业党建工作会议精神，切实加强党的领导和党的建设，持续推进党建工作与中心工作深度融合，以党的全面领导统领企业改革发展，以强有力的党建工作引领企业高质量发展。公司先后荣获国家高新技术企业、工信部“智能制造试点示范企业”、工信部“两化融合管理体系贯标试点示范企业”、“全国模范职工之家”、“全国模范劳动关系和谐企业”、“重庆制造业企业100强”等多项荣誉。

筑根强基　党建工作取得新成效

重庆红江党委切实发挥“把方向、管大局、保落实”的领导作用，强化党对企业的全面领导，聚焦“两个维护”的政治高度，把党的全面领导贯彻落实到公司各项治理活动中。重庆红江党委始终把党的政治建设摆在首位，不唱空调、不做虚功、不务虚名，向上坚决贯彻落实党中央各项重要决策部署和集团公司党组各项工作要求，向下紧盯公司高质量发展谋划改革创新，以党的坚强领导统领企业改革发展大局。

重庆红江党委始终围绕生产经营这条工作主线，不断加强党的政治、思想、组织、纪律及制度建设，着力加强党的群团统战工作，坚持党管干部、党管人才原则，加强干部人才队伍建设。公司在2017年实施“三亮三明三起来”系列活动，2018年开始制订实施党建工作“三年滚动计划”，2019年提出了“一融合三体系”党建工作新模式，逐步构建党建工作制度保障体系、绩效考核体系、运行管理体系，党建工作体系化建设取得明显成效，党建引领企业高质量发展的能力显著提高。

公司现有员工1600余人，其中党员占职工总数的40%以上。如何更好地发挥党支部战斗堡垒作用和党员先锋模范作用，助力公司高质量发展是党建工作中的一项重要内容。公司两级党组织在做好规定动作的同时，先后开展了“七个一”党员过“政治生日”“党员任务池”等多个特色活动，不断推进党建工作与中心工作深度融合，实现了“两个作用”的有效发挥，党组织成为企业发展的“主心骨”，党员职工成为攻坚克难“主力军”。2018年以来，公司党委在集团公司党建工作考核中连续两年获得“优秀”，多名个人获得党内荣誉表彰，公司团委获得集团公司“五四红旗团委”、公司党委获得集团公司“先进基层党组织”等荣誉称号。

党建引领　创新驱动实现高质量发展

重庆红江党委坚持党建引领，多年来始终以保军强军为首责，聚焦主业实业，推动企业从传统制造加工向现代化智能制造转变，走出了一条创新驱动发展的新路子，企业高质量发展结出了累累硕果。

近年来，通过强化技术创新，公司产业结构进一步优化，自主研发设计能力显著提升，成功申报了“重庆市博士后科研工作站”，培养了一大批专业技术人才，研发投入占销售收入的比例达14.29%，先后突破多项“卡脖子”关键技术，开发多项具有行业领先技术水平的新产品，多项核心技术打破国外技术垄断，填补国内空白。为卡特彼勒公司研制的M25柴油机用燃料喷射系统，最大喷射压力达到200MPa，各项性能指标为国内同类产品之最，达到国际先进水平；为世界最大船用双燃料低速机 WinGD X92DF 主机提供的燃气喷射阀、气缸滑油泵等多个零部件，攻克多项技术瓶颈和加工难题，掌握多项精密加工技术方法，产品性能水平达到国际先进水平；申报的“一种新型船用主推调距桨液压伺服系统和方法”获得第二十三届全国发明展览会金奖。

2020 年，在统筹做好疫情防控和复工复产工作中，重庆红江党委坚决贯彻落实党中央、集团党组决策部署，确保了公司职工及家属零感染。在做好疫情防控的基础上，公司今年 2 月全面复工复产，按照“计划不变、指标不调、任务不减、力度加大”的工作要求，全体职工自愿实行周六加班，齐心协力攻坚克难，完成了“低速机工程”关键自研设备投入使用和相关产品的研制任务，签订了多份主机配套订单，实现了“双胜利”。

2016 年，公司从整合之初亏损状态实现扭亏为盈，经营效益持续向好。2019 年，全面完成年度任务指标，实现利润 2000 万元，同比增长 507.03%。2020 年上半年，合同承接同比增长 21.02%，利润同比增长 109.55%，顺利实现双过半。

荣誉是肯定更是鞭策。重庆红江党委将坚决贯彻落实党中央各项决策部署，不折不扣落实集团公司党组各项工作要求，加强党的领导和党的建设，进一步强化创新驱动，激发内生动力，不断将公司打造成优势明显、行业一流的创新型企业，以实际行动为把集团公司建设成世界一流船舶集团贡献红江力量。

（张海峰　周丽梅）

有一股向前向上的力量在基层闪光

——记重庆长征重工有限责任公司铸钢制造党支部

积极探索提高党员思想政治素质，激励其发挥先锋模范作用的方法路径

大力弘扬“支部建在连上”光荣传统，在各领域积极开展创先争优活动，助推高质量发展

有一面党旗，在奔流的铁水、飞溅的钢花映衬下，格外鲜艳；有一座堡垒，在28名基层共产党员、100多名职工群众的坚守下，坚如磐石。走进中国船舶集团有限公司旗下重庆长征重工有限责任公司铸钢制造党支部，总能感受到一股向前向上的力量，在每一处现场，在每一位成员心中，闪闪发光。

以习近平新时代中国特色社会主义思想为指导，重庆长征铸钢制造党支部坚持贯彻新发展理念，围绕“以军为本、双轮驱动”发展战略，着力将党的领导融入基层治理，党建和生产经营各项工作均取得优异成绩。

党建引领　组织基础更坚实

2019年以来，按照党中央统一部署和集团公司党组要求，重庆长征党委扎实开展“不忘初心、牢记使命”主题教育，组织开展“学厂史、寻初心”专题学习研讨，明确“兴装强军、必有长征”就是重庆长征人的初心，新时代重庆长征人要担当起“以军为本，车辆为基础，新时代高质量发展再创业”的使命。紧跟公司党委部署，铸钢制造党支部聚力打造学习型党支部、创新型党支部，积极探索提高党员思想政治素质，激励其发挥先锋模范作用的方法路径。

重庆长征铸钢制造党支部组织开展系列学习教育，要求支部党员坚持“两学一做”学习教育常态化制度化、“学习强国”学习平台自主学习常态化；认真落实“三会一课”

制度，及时传达学习公司党委和纪委要求。通过党员民主评议，组织党员进行自我评价、自我认格，开展党性分析；围绕生产经营中心工作，开展多次不同形式的主题党日活动，着力增强党员群众凝聚力、战斗力；按照“将骨干培养成党员、将党员培养成骨干”原则，加强优秀人才、后备力量培养，全年新增 1 名正式党员、2 名入党积极分子，3 名新同志递交了入党申请书。

党建引领　高质量发展底板更牢靠

2019 年，重庆长征定位“制度建设年”。铸钢制造党支部修订完善十余项管理制度，用制度保障工作机制有效运行。同时，多措并举激发党员特别能吃苦、特别能战斗的先锋模范作用，引导提高管理队伍、生产队伍战斗力，保障生产高效运行、质量稳步提升。

获得卡特彼勒公司全球优质供应商银牌资质。自 2012 年与卡特彼勒公司展开深入合作以来，铸钢制造公司牵头研发出多型箱体、支座、枢轴头产品，服务多个产品机型，出口辐射泰国、英国、美国。其中箱体、支座、枢轴头产品在泰国工厂、英国工厂市场占有率为 100%（独家供货），D9、D11 系列箱体在美国 EP 工厂市场占有率约 50%。

获得公司级“质量提升奖”。通过周质量例会，及时披露产品质量波动情况和典型故障案例，深入分析原因，提出整改措施并封闭，达到了全员参与质量管理、人人关心质量提升的效果，2019 全年废品损失同比减少 590.76 万元；废品损失率同比降低 84.37%。

积极开展“一次做对”管理活动，并获得公司级相关奖励超过 100 万元。2019 年全年摇枕回火率由原来的 90% 控制在了目前的 50% 左右；侧架回火率由原来的 43% 控制在了目前的 20% 左右。全年卡特彼勒产品一次交检合格率平均控制在 80% 以上，完成了年初制定的控制目标。降本增效成果喜人，全年万元维修费用同比下降 22.11%；全年万元能耗费用同比下降 10.53%。

大力推行精益管理。通过 BIQ 项目，以质量控制为基础，导入精益思想、推行精益方法、形成精益流程、实现精益目标。以枢轴头为切入点，初步建成铸钢制造公司精益生产综合管理标准体系。实施 CI 看板，鼓励“五小”，发动全员智慧，促进生产管理持续改进，涌现出“陈果锯”“再生砂回收利用”等多个金点子。

党建引领　生产经营创新高

围绕公司“以军为本、双轮驱动”发展战略，铸钢制造党支部在各领域积极开展创先争优活动，着力通过“三大变革”助推高质量发展。

2019年，铸钢制造公司产品销售同比增长27.53%，产值目标任务完成率为107.48%，人均产值同比增加19.31%。其中，铁路整车配套产品在及时保证轨道交通事业部装车的同时，实现外卖摇枕侧架400辆份；卡特彼勒产品完成发货约1900吨，交付及时率得到用户高度肯定。

通过深入开展“传承军工红色基因、兴装强军做贡献”主题活动，铸钢制造公司多措并举，保障多项军品任务提前完成。各工段、科室执行力大大增强，生产效率大幅提升，2019年全年共安排生产285天，与2018年持平，但产能提升近30%。其中7个月份造型浇注日均产能超过10炉，3个月份日均产能超过11炉。另有多型产品生产周期较上年大幅缩短。

今年以来，铸钢制造党支部积极投身疫情防控阻击战与年度目标攻坚战，紧盯全年目标任务，坚持“两手抓、两手硬”，上半年，疫情防控得力见效，且全面完成了各项生产计划，质量指标完成情况优于去年同期水平。

铸钢制造党支部将大力弘扬“支部建在连上”光荣传统，探索新做法、总结新经验，着力提升组织力，推动基层党建全面进步、全面过硬，力争以更加优异的生产经营业绩助力重庆长征夺取“两大战役”双胜利！

党建引领　夯实燃气产业“小巨人”地位

——记重庆前卫克罗姆表业有限责任公司党总支

支部重视结合具体工作中遇到的困难和瓶颈，适时组织开展各类劳动竞赛推动党建工作与中心工作深入融合，以科技创新为动力

中国船舶集团有限公司旗下重庆前卫克罗姆表业有限责任公司党总支是重庆前卫科技集团有限公司党委所辖的基层党组织，现有党员 62 名，下设 4 个党支部，曾多次荣获重庆公司、前卫集团先进基层党组织荣誉称号。2019 年，公司年产销燃气表超过 500 万只，继续保持全国同行业领先，进一步夯实了燃气产业“小巨人”地位。

深入开展主题教育　履行党建工作责任制

克罗姆表业支部注重政治理论学习，不断提高党员党性修养。按照公司党委的安排，去年支部以党员领导干部为重点，列为第二批开展主题教育。通过聚焦主题主线，把学习教育、调查研究、检视问题、整改落实贯穿全过程，受到了重庆公司党委巡回指导组和公司党委的好评。“不忘初心、牢记使命”主题教育期间，领导班子及成员带头深入学习习近平新时代中国特色社会主义思想，跟进学习最新的系列重要讲话和重要指示批示精神，开展集中学习 14 次，学习研讨 4 次，进一步增强“四个意识”、坚定“四个自信”、做到“两个维护”。班子成员上党课 6 次，撰写调研报告 5 篇，查找突出问题 18 个，拟定整改措施 24 条。支部认真落实党建工作责任，定期参加公司执委会例会，参与公司改革发展等重大问题决策。每年按照分工，组织层层签订党建工作责任书和党风廉政建设责任书，督促履行“一岗双责”。经常性开展领导班子成员、中层干部、重点岗位人员廉

洁教育，组织接受现身说法教育，做到与上述人员实现交心谈心、廉政谈话和提醒全覆盖。强调领导干部要始终把纪律和规矩挺在前面，严格落实中央八项规定精神，旗帜鲜明反对“四风”，营造风清气正的工作氛围。一年来，公司没有发生违规违纪情况，干群关系密切。

为加强支部管理力量，在配齐配强支委的基础上，支部还配备了一名兼职党务秘书。一年来，支部坚持执行“三会一课”制度，结合重点工作和任务，坚持每月一个主题开展党日活动。定期对 4 个支部组织生活开展检查考核。通过将班子成员组织关系转移到分管领域支部，督促严格双重组织生活。

去年，公司召开民主生活会 1 次，执委会成员认真开展批评与自我批评，达到了红脸出汗的目的。开展支部专题组织生活会 1 次，支部委员带头剖析自己、查找问题、制定措施、落实整改。开展党员民主评议，被评为优秀的党员 9 名，没有不合格党员。

紧盯重点、难点　推动党建工作与中心工作深入融合

支部重视结合具体工作中遇到的困难和瓶颈，适时组织开展各类劳动竞赛等活动，为生产经营工作保驾护航。

同时，支部还积极配合行政认真落实前卫集团党委提出的“民品产业求变”工作思路，多次组织与执委会就如何“求变”召开战略研讨会，明确以科技创新为动力，大力发展智能燃气表工作方向。其间，党总支部针对 NB-IOT 智能燃气表研发进展缓慢、效果不明显的实际情况，成立了专项研发工作督察组，一方面通过结合研发工作进度、质量等工作，加大对研发人员责任意识、担当精神检查、考核，另一方面激发研发工作组党员带头攻坚克难，圆满完成该智能燃气表的技术迭代，当年实现 11 万只的销售任务。

面对新冠肺炎疫情，支部高度重视，始终把职工的生命安全和身体健康放在首位。按照公司党委的安排部署，支部主动担负起疫情防控工作，一手迅速抓防疫物资、设备的购买，一手抓职工行动轨迹的及时摸排和体温检测等，确保防疫工作取得实效。

复工复产后，结合特殊形势给生产经营带来的实际困难，支部和行政研究决定，将抓市场、抢订单放在一切工作的首位。为此，支部在负责营销的党员干部中召开专题会议，强调要急生产所急，充分发挥党员的先锋模范作用。共产党员单超同志深感责任重大，2 月，主动通过微信、视频电话、QQ 等方式，始终保持与客户的良好沟通。3 月，他多次走访客户，在其所在片区新增客户 12 家。4 月初，他不顾个人安危，自驾前往兰州，拿下了今年首笔智能燃气表订单，《中国船舶报》、中国船舶集团微信公众号报道了他的事迹，将其誉为“千里走单骑”。年中，公司燃气表手持订单超过 6 亿元。

党旗引领风帆劲　勠力同心促发展

——记山西平阳重工机械有限责任公司平阳机电制造公司党支部

党建工作抓在日常，重在实效，时时做，事事做

党组织生活坚持求新求变，创新工作方式方法，提高党员参加党组织活动积极性

中国船舶集团有限公司旗下山西平阳重工机械有限责任公司门前立着一块巨石，镌刻着“海之韵”，叙述着艰苦奋斗、抓铁有痕的以往，流淌着向海图强、走向深蓝的梦想。

平阳机电制造公司作为平阳重工主产公司，在历史的沿革中为公司的军民品生产“出过汗”、立过功。平阳机电党支部作为公司的中坚力量，现有员工 171 人、党员 57 名，是一支坚持将党建工作与生产经营深度融合的高素质军工队伍。

时时做　事事做

“抓党建从工作出发，抓工作从党建入手”。近年来，平阳机电党支部全面加强党建工作，树立“党建也是生产力”的理念，抓在日常，重在实效，时时做，事事做。平阳机电党支部以“三会一课”为抓手，学习习近平新时代中国特色社会主义思想和党的十九大精神，推进“两学一做”学习教育常态化制度化、深入开展“不忘初心、牢记使命”主题教育；以“学习强国”学习平台为切入点，按照“奖励主动、激励全员、督察后进”的设想，通过多种形式的激励，人均学习积分达 8000 分以上。

支委紧紧抓住落实“两个责任”这个“牛鼻子”，以责任书为准绳、承诺书为保障，带头行动，做好表率，积极研究分析解决单位党建工作中出现的新情况、新问题；通过推行“责任清单管理”，进一步明确全面从严治党责任；每季度开展交心谈话活动，支部委员与普通党员之间、与在关重岗位的党员之间展开谈话，确保思想谈通、任务谈实，凝聚工作合力。

强基础　重管理

千磨万击还坚韧，坚定不移站稳党性立场，把党性当作人的“地”，把党性当作为官的“天”，高标看齐，提升站位抓党建。平阳机电党支部不断强化标准化管理，教育引导党员坚定理想信念，坚守共产党员的精神家园。党支部规范管理，持续长进，向标准化、制度化看齐。编制了《平阳机电制造公司党建工作制度汇编》，规范党内各项制度办法。坚持以党组织生活制度为抓手，严格“三会一课”制度执行，强化并力求有所创新“3+X”活动，每名党员都在组织的有效管理范围内。

创新党员考核，让党建工作由“软指标”变为“硬任务”，制定了机电公司党支部“党小组考核表”“党员月度量化考核表”；在党支部内，通过制定“劳动纪律、党内组织生活、生产经营及其他”等五个方面 10 项细则，每月对党员进行量化考核，对党小组基本管理进行季度考核，让全体党员心服口服地接受，并起到积极的示范带动作用。

拓方式　聚心力

“抓工作关键是抓队伍、抓队伍关键是抓思想、抓思想主要是靠支部”，机电制造公司党支部积极抓党员的思想提升，抓好思想理论建设，抓好党性教育，向学习型党支部推进。

机电制造公司党支部平时利用微信群和“学习强国”学习平台，督促大家自觉学习中央精神和党的理论，增强学习的针对性和时效性。

通过单位间联谊、每日“工间操”、“过道文化”长廊、宣传版面广为传播先进优秀党员，持之以恒地引领全体党员向先进致敬、向先进学习、向先进看齐。组织开展“党支部慰问扶贫联系点群众”、“七一”组织党员奉献日、“十一”组织集体观看国庆阅兵直播、“集体为党员过政治生日、讲红色故事”等专项主题党日特色活动，传承红色基因，提高党员的党性修养，让党建宣传教育内容得到了延伸与拓展，入心入脑，效果良好。

增活力　见实效

党组织生活内容由虚变实，找准契合点，瞄准接缝线，坚持求新求变，创新工作方式方法，提高党员参加党组织活动的积极性，促使党支部迸发出强劲的红色动力。依照“增活力、见成效”的原则，支部将每月 15 日定为主题党日活动日，由各党小组自主策划活动方案，创新活动内容，做到了一月一主题、月月有活动，党小组之间开展竞赛，互相促进，共同提升。支部每季度组织评选，在生产现场设置“党员园地”宣传栏，对在活动中出现的优秀党员、优秀党小组进行展示，营造出利于支部党建活动的良好氛围。

支部以董鹏劳模工作室为平台，结合兴趣小组计划，逐步实现兴趣团体由体育锻炼向技术创新、技能提升类型延伸，组织专业技术人员讲专项技能知识，实现办公软件、数控编程、车床刀具、计算机三维建模等技能知识全覆盖。通过开展“双过半劳动竞赛”“冲刺保目标劳动竞赛”等竞赛活动来促生产，抓业务融合，将党建工作向务实化发展；通过评选“党员先锋岗”“优秀党员”等活动，强化党员的带头引领作用。

推动党建及人才队伍建设务实高效。2019 年 7 月，平阳机电制造公司党支部荣获山西省国防科技工业先进基层党组织荣誉称号；2020 年 7 月，平阳机电制造公司党支部荣获中国船舶先进基层党组织荣誉称号。

是一滴晶莹的水，那就汇入大海；是一枚螺丝钉，就在岗位上闪亮。党旗红，深蓝梦，行稳致远。

齐心协力锻造坚强战斗堡垒

——记山西江淮重工有限责任公司技术研发部党支部

探索党建工作与业务中心工作的深度融合，基层党建工作和技术能力同步提升

充分发挥党员模范带头作用，鼓励党员勇挑重担，积极创新，攻坚克难

近年来，中国船舶集团有限公司旗下山西江淮重工有限责任公司技术研发部党支部努力探索党建工作与中心工作的深度融合，紧紧围绕公司产品研发、技术攻关、生产工艺设计和生产技术服务等业务，解放思想、转变观念、务实创新，在基层党建工作和技术能力提升方面取得显著进步。

抓思想、重教育　政治上同心同德

技术研发部党支部在政治建设、阵地建设、队伍建设、制度建设上不放松，不断增强党支部的凝聚力和战斗力。

强化理论武装，扎实开展学习教育。支部采取集中宣讲、座谈讨论、制作黑板报、分享短视频等方式学习习近平新时代中国特色社会主义思想和党的路线方针政策，在学懂弄通上下功夫。

加强制度建设。制定了《先进党小组评选办法》《优秀共产党员评选办法》《党支部宣传工作制度》等相关考核与评价制度，将完成中心工作的时量、数量、质量作为各党小组、党员考核评价的重要指标。

强化党风廉政建设。党员干部每年要定期向组织汇报个人事项，每年梳理部门内在“四风”方面存在的问题，并制定责任人和整改时间，定期对党员及高风险岗位进行党风廉政教育和警示教育，坚持党务公开。注重党员的思想认识问题，在基础管理、攻坚克难、技术创新及业余文体活动方面都要求大家站在讲政治的高度，引导党员自觉开展学习，接受政治教育，提高政治敏锐性。

抓管理、重创新　工作上同心同力

多年来，支部始终坚持“抓党建从工作出发，抓工作从党建入手”，充分发挥党员模范带头作用，鼓励党员勇挑重担，积极创新，攻坚克难。部门承担的70%以上的技术攻关项目都由党员牵头承担，一批技术骨干成为公司技术创新的顶梁柱。在全体党员的共同努力下，完成了技术攻关27项、工艺技术创新4项、授权专利16项，QC成果10项，国防科技报告百余篇。

近年来，部门参与多项产品设计，产品性能优化、为公司承制产品批产奠定了基础，铝合金精铸技术攻关取得突破；开展的碳纳米管增强镁基复合材料、纳米碳化硅增强铝基复合材料、高强耐热镁合金、铝锂合金材料研发及结构化应用研究，并开展了相关试验和评估工作，已具备镁合金小型结构件的铸造生产能力；编制“一本通”工艺文件，提高了公司大型结构件的批产加工能力。

此外，支部根据公司的发展战略目标和部门的中心工作开展研讨，定期分析研判员工思想动态，制定相应的办法与措施。根据工作需要组织召开专题剖析会，党员亮明身份，带头自查，开展批评与自我批评，减少推诿扯皮现象，起到了良好的示范作用。

在各个项目的市场调研、方案策划、设计开发等研发过程中，党员充分发挥了优秀共产党员、党员先锋岗等先锋模范作用，逐步建设了一支能够独立进行研发创新、理念超前的科技队伍。

抓关爱、讲和谐　行动上同心同向

增强企业文化认同感。技术研发部80后、90后的年轻人占到总人数的80%以上，年轻党员占到全部党员的65%，为尽快将他们培养为成熟人才，提升技术创新力，支部从关心解决他们的生活小事入手，强化形势任务教育，弘扬江淮“三实”精神；增强企业文化认同感，并积极为他们制定职业规划，对他们进行能力与技能的培训，平均每年培训50余次，提升业务水平。

搭建青年成长成才平台。2019年1月，公司与多所大学签订了战略合作协议，成立了产学研基地，2019年5月与上海交大丁文江院士合作成立“院士专家工作站”，建设专业实验室、铸造实验室，为提升技术人员设计、工艺水平提供了有力支撑，为技术人员施展才华搭建了更大的平台。

充分发挥榜样的力量。支部组建各类团队，包括师带徒、AB岗，科研项目团队、攻坚小组、QC小组等，党员骨干带头，老中青梯次搭配，鼓励年轻人往前冲，部门整体创新能力得到有效提升，开展知识工程试点，将工作中积累的有价值的内容整理出来，进行传承。

注重考核工作。制定了《月度工作计划表》《季度考核复盘制度》《技术人员岗级评定办法》等制度，对员工进行考核评价，本着多劳多得、奖优罚劣的原则，督促每位员工去拼搏去进步。在部门内营造比学赶帮超的氛围，逐步形成一种奋发向上的正向激励机制。

充分发挥工会和团支部的作用。在党支部的领导下，部门分工会和团支部紧密合作，充分发挥了联系群众与青年的桥梁和纽带作用，将枯燥的技术业务工作与丰富多彩的文体生活相结合，将探索知识的学习气氛与益智的娱乐活动相结合，使技术员工从团队构建、集体决策、高效行动、思维突破等方面有了进一步的加强与提高，使员工保持良好的精神、愉快的心情，全心全意地为公司转型发展服务，有力地支持了部门工作的开展。

针对有特殊困难的员工，采取因困施策的原则，党支部、部门分工会和团支部尽其所能组织员工为困难员工解决生活中的实际困难，帮助员工摆脱困境，把党的温暖送到员工的心中，增强员工幸福感。

深海抒壮志　丰碑矗我心

——记中国船舶集团第七〇五研究所第四研究部党支部

做到党建与业务深度融合，促进科研产业化一体发展

持续进行核心技术创新

中国船舶集团有限公司旗下第七〇五研究所第四研究部党支部所在部门主要从事水下特种电动力技术专业研究。水下特种电动力是七〇五所乃至集团公司最具特色的专业之一，一直受到海军、集团领导持续关注。

“一个支部就是一个堡垒，一个党员就是一面旗帜”，第四研究部党支部继承和发扬了老一辈水中兵器人的“中华鲟”精神，并落实到科研工作的每一个环节，充分发挥党员先锋模范作用，有力支撑海军各型水中兵器快速发展。

强化政治引领　服务中心工作

第四研究部党支部坚持发挥党组织政治核心引领作用，为研究部发展提供坚强有力的政治保障。2019 年，党支部班子带领部门团支部、青年文明号、青年突击队等，将党建工作、党风廉政建设纳入总体规划及年度工作计划。在上级党委正确领导下，党支部坚持党建工作有计划、有步骤开展，建立季度计划与小结制度，每季度初策划党建工作要点，做到党建与业务深度融合。每季度进行小结，使党建工作“芝麻开花节节高”。

第四研究部党支部积极开展的党组织建设工作取得了一系列令人瞩目的成就，党支部书记胡利民入选云南省“万人计划”，为云南省国防科工委先进党务工作者；支部委员王小雷荣获昆明市五四青年奖章荣誉。支部委员会一直秉承着“以党建带团建、带工建，引领部门同志们脚踏实地，团结进取”的融入式党建理念，将党组织建设深深融入了部门文化建设中，实现了部门核心业务的快速发展。

2019 年，结合分部党委“不忘初心、牢记使命”主题教育，第四研究部党支部制定《“不忘初心、牢记使命”学习计划及主题教育方案》，学习传达习近平总书记系列重要指示批示精神，发起向某水中兵器型号总设计师学习活动，全体党员接受深刻教育与精神洗礼。党支部还按月开展了具有部门特色的主题党日活动，以支委会的方式对部门奖金分配、项目策划等重大事项进行集中讨论、决策。支部书记带队前往“中共云南一大会址”“柯渡红军长征纪念馆”等红色教育基地瞻仰学习，通过回顾党建历史，进一步坚定“理想之光不灭，信念之光不灭”。

在组织建设、文化建设、专业团队建设的推动下，第四研究部党支部以先行者的姿态积极配合科研院所建立内部市场，促进了科研体制改革，聚焦主营业务，坚持创新能力提升，促进了研究部科研产业化一体发展。近年来，第四研究部持续进行核心技术创新，突破核心关键技术，培养出一批政治优秀、技术过硬的党员技术骨干。目前，支部所在部门已成长为“国内一流、国际先进”的水中兵器电动力技术团队。

坚强奋斗拼搏　助力强国强军

2019 年是艰巨又不平凡的一年，第四研究部党支部带领全体职工攻坚克难，建立“电动力技术党员突击队”，党员同志带头连续加班，日夜奋战，积极开展科研设计和试验验证。在海军某重点武器装备科研试验现场，面对突发故障，“突击队”提出创新解决方案，成功攻克技术难题。在某航行器全产品动力试验中，成功解决调试过程中的技术难题，完成所有指标验证与考核试验。

2020 年年初，新冠肺炎疫情来袭，第四研究部党支部联防联控，主动担当，在员工返工不齐、加工生产受阻的困难面前，带头科学防控，“错峰复工”，严保某军工重点项目进度不受影响。青年党员积极奉献、创新作为，制作《武汉一定能》抗疫公益 MV，在“学习强国” App、集团公众号、云南网、湖北广播等多平台获得社会各界广泛好评。2020 年，在疫情特殊时期无法按照往年规模开展科普进校活动的情况下，党支部结合七〇五研究所扶贫活动，以小规模志愿者团队深入云南省绥江县，给当地希望小学的同学进行了一次特殊的科普宣讲，用自己的方式让“志愿服务精神”传扬。

强军强国之路仍然充满困难与坎坷，第四研究部党支部前进的脚步不会停下，并仍将进一步强化政治建设、思想建设、组织建设，持续打造政治过硬、本领高强的先进基层党组织。

党旗飘飘引领　砥砺前行奋进

——记昆明船舶设备集团有限公司智能装备有限公司党总支

做优做强做大昆船自动导引运输车（AGV），争创国内一流企业

无论是生产一线还是科研一线，共产党员永远冲锋在前

中国船舶集团有限公司旗下昆明船舶设备集团有限公司智能装备有限公司党总支，全面落实新时期党的建设总要求和党的组织路线，在重大责任和艰巨任务的压力下，充分发挥战斗堡垒作用和党员的先锋模范作用，为推动公司高质量发展提供强大动力和组织保障。

始终把党的政治建设摆在首位

昆船智能装备公司党总支积极用习近平新时代中国特色社会主义思想武装党员干部头脑，树牢“四个意识”，坚定“四个自信”，坚决做到“两个维护”，自觉在思想上、政治上、行动上同以习近平同志为核心的党中央保持高度一致。

坚持和完善党总支中心组学习制度。制定《云南昆船智能装备有限公司党总支中心组学习制度》，每年制订年度中心组学习计划，严格按计划执行，总支书记带头学习，带头讲党课，带头做专题辅导，不断提高总支委员的政治理论水平和综合业务素质。

扎实开展“不忘初心、牢记使命”主题教育。党总支认真落实“守初心、担使命，找差距、抓落实”的主题教育总要求，领导班子成员坚持眼睛向内，带头深入剖析查找自身存在的问题，不断强化领导干部和全体党员“做优做强做大昆船自动导引运输车（AGV），争创国内一流企业”的初心。

严格执行“三重一大”决策制度。修订《云南昆船智能装备有限公司“三重一大”

决策制度实施办法》并严格执行，重大问题坚持做到党总支会议研究讨论前置，保证“把方向、管大局、保落实”作用有效发挥。

积极应对新冠肺炎疫情。及时成立领导组织机构，建立运转高效的保障机制，制定工作方案和应急预案，逐级落实疫情防控责任，切实做到疫情防控和复工复产“两手抓、两手硬”。在党总支正确领导下，公司上下形成了全面应对疫情有力、有序、有效的工作局面，保证复工复产工作高效有序推进，为全年实现经营目标夯实基础。

筑牢根基　保证战斗堡垒作用发挥

不断加强党总支组织建设。健全党总支委员会，各委员有效履行“一岗双责”；加强对各党支部的工作指导和考核；严格坚持标准发展新党员，认真做好对全体党员的监督、教育和管理。把全体党员凝聚起来，实现党建工作与中心工作相互融合，不断强化党支部的战斗堡垒作用。

经常检查各党支部坚持做好“三会一课”；严格执行《关于党内政治生活若干准则》，开展领导干部民主生活会，党员民主评议和党员组织生活会；开展“紧盯工作重点、补课能力短板”支部主题活动和“主题党日”活动，严格“六个规定动作”，持之以恒抓好党员教育，引导他们积极发挥先锋模范作用。

建立党总支委员联系党支部制度。党总支委员坚持开展工作调研，检查、指导联系部门的党建和业务工作，促进党建工作与业务工作深度融合。

认真履行党风廉政建设主体责任。成立党风廉政建设领导小组并明确职责；制定《昆船智能党总支关于贯彻落实中央八项规定精神的实施细则》，坚决贯彻中央八项规定精神；以签订责任书形式把两级干部的党风廉政责任落到实处。

做优做强做大昆船 AGV 品牌

党总支坚持党建目标责任制考核机制，建立党建责任清单制度，将党建重点工作考核结果与生产经营任务完成情况一起列入各部门经济责任制，兑现奖惩，激发各部门和全体职工的干事创业精神。公司先后完成了泰山玻纤、南京依维柯、美国巨石集团、浪潮集团、科威特某产品生产线等重大项目。截至目前，先后成功实施项目 200 多个，累计交付用户 AGV 产品 2000 余台套。

让党徽在攻坚克难中闪光

无论是生产一线还是科研一线，昆船智能装备公司冲锋在前的永远是共产党员。智慧停车 101、106 项目等多地实施，任务高度交叉，在人员极其短缺的情况下，党员时时处处走在前面、做好表率；面对突如其来的新冠肺炎疫情，同样是党员冲锋在前，积极推动复工复产。

研发部有职工 13 人，其中 8 人是党员。他们个个都是突击手，每年承担多个项目的研发任务，面对枯燥的工作，自觉加班是常态，很多难啃的“硬骨头”，党员主动承担并得到圆满解决；面对外面公司高薪聘请，他们抵制诱惑，始终牢记自己是一名共产党员，在思想上、工作中时刻亮明身份，不仅任务完成出色而且队伍稳定。

在党总支的教育培养下，昆船智能装备公司不断涌现优秀人才。共产党员杨文华被聘为集团公司高级技术专家，赵立被聘为昆船公司高级技术专家，李元勇被批准享受 2018 年国务院政府特殊津贴，田华亭被集团公司授予“青年岗位能手”称号，董海英被云南省总工会授予“云南省巾帼标兵”称号……

一名党员就是一面旗帜

——记七五〇试验场第一研究室党支部

发挥基层堡垒作用，积极弘扬军工精神，提高党员的党性觉悟和思想认识

以党建工作创新带动管理创新、技术创新，持续支持人才干事

中国船舶集团有限公司旗下七五〇试验场第一研究室主要承担试验的湖上装调检测工作，以及部分科研项目研制工作。一室党支部以习近平新时代中国特色社会主义思想为指导，以加强支部建设为核心，以“不忘初心、牢记使命”主题教育为重点，积极开展各项党建工作，坚持推动支部工作与业务工作深入融合，高质量完成了一室所承担的产品湖上试验以及科研项目研制等工作。

贯彻落实政治任务，以忠诚坚定的信念引领职工。

一室党支部坚持支部对部门业务工作的全面领导，压实支部党建工作责任。通过严格落实“三会一课”制度、持续开展红色教育活动等方式，一室党支部组织党员干部深入开展党的十九大精神的专题学习，深入开展“不忘初心、牢记使命”主题教育，不断提高支部党员的党性觉悟和思想认识，进一步促进党员同志带头发挥先锋模范作用，引领群众职工坚定不移地落实党中央、集团公司党组和场党委的业务工作部署。通过不断加强制度建设、完善一室规章制度等，一室党支部落实党支部重大事项决议，督促和管理党员，联系和凝聚群众，真正将政治任务和业务相结合，以具体实效的方式落实到每一位职工。

立足本职业务工作，以兴业强军的理念提升质量。

一室党支部充分发挥支部的战斗堡垒作用，党员同志带领一室全体职工长年坚守试验一线，立足本职工作，带头开展各项业务工作，加班加点，艰苦奋斗，高质量完成了各项工作。特别是 2019 年的任务达到了历史之最，在一室职工齐心协力之下，创下了年

度产品最多、单月产品最多、单次产品最多等多项历史纪录。

作为试验一线的基层部门，一室长期从事产品装调检测工作，风险较大。此外，一室还承担了工房管理、火工品库、空压机站、燃料存储库、废液焚烧炉、电池充放电间等多个高风险作业环境的日常管理和维护工作，成为七五〇场安全生产工作责任最为重大的部门。通过党员同志带头持续开展6S活动、加大内部培训等措施，一室党支部不断强化一室职工的质量意识、安全意识，通过定期开展质量隐患自查活动、定期开展岗位风险源辨识、风险评价与控制等措施，一旦发现质量问题和安全隐患，由党员同志带头对存在的质量问题、安全隐患进行整改，消除了质量问题和安全隐患共80余处，有效提高了产品准备质量。

调动党员工作热情，以创新高效的体制增强品质。

一室党支部坚持以党建工作创新带动管理创新、技术创新，持续支持人才干事，进一步调动党员同志的工作积极性和主动性。由支委会组织对一室的“一室工时管理制度”“一室绩效考核办法”“一室班组管理制度”“一室职工奖惩制度”等绩效考核办法进行编制和修订，大大提高了一室职工的工作积极性；通过优化班组结构，有效促进了专业发展和人才培养；通过积极鼓励QC小组活动、开展大型设施维修、鼓励青年职工积极参与“五小”等活动，不断提升工作品质。

发挥基层堡垒作用，以凝聚团结的队伍谋划发展。

一室党支部全面建设高素质党员队伍，增强支部班子的党务工作能力，要求党员同志强化责任担当，带头践行社会主义核心价值观，带头积极弘扬军工精神，持续开展党风廉政学习教育，充分发挥党支部的战斗堡垒作用，扎实开展高素质专业技术人才和高技能人才队伍建设，着重培养产品装调技能骨干和科研项目负责人。在某湖上试验期间，党员同志不畏艰苦，带头数周加班加点、奋战一线；在某海试期间，党员同志克服身体不适，主动要求上船；在某项目先期开发期间，党员同志破釜沉舟，深入分析故障、提出对策……他们为的是践行承诺，他们为的是不负使命，他们为的是带领一室全体职工，保质保量完成七五〇试验场、集团公司交予的每项任务。

一个支部就是一个堡垒，一名党员就是一面旗帜。一室党支部在集团公司和场党委的正确领导下，切实开展支部建设和党员教育工作，不断提升支部的凝聚力和战斗力，不断强化党员的政治觉悟和责任担当，不断以党建工作的新成效凝聚职工思想、提振职工精神、汇聚职工力量，为高质量完成集团公司和七五〇试验场交办的各项工作提供了坚实的保证。

推动实体化改革　引领高质量发展

——记中船九江海洋装备（集团）有限公司党委

打造深化改革和高质量发展的“试验田”，有序推进全面一体化管理

将政治建设放在首位，全面推进党建工作融入企业中心工作各环节

2019年，中国船舶集团有限公司旗下中船九江海洋装备（集团）有限公司营业收入、新签合同、工业产值、利润等主要经济指标连续4年增长10%以上，经营业绩连续4年获集团公司考核A级，党建工作连续2年获集团公司考核A级，完成了处僵治困、中船九江精达科技股份有限公司新三板上市等专项任务，“1236”战略规划逐步落地，职工群众获得感、幸福感和安全感明显提升。成绩背后是九江公司党委“把方向、管大局、保落实”作用的充分体现，是团结带领全体职工贯彻落实集团党组决策部署，主动担当、锐意进取的生动实践。

强化使命担当　打造改革发展“先行试验区”

实体化改革前，九江公司发展定位和管理构架不清晰、运营效率不高、经济总量小、科技创新能力不足等问题严重制约着发展。2018年年底，集团党组批准了九江公司实体化改革方案，要求把九江地区企事业单位作为一块深化改革和高质量发展的“试验田”。九江公司党委迅速行动，以“推进实体化改革，实现高质量发展”为主线，以打造集团公司“改革发展先行试验区”“机电装备产业集聚区”为目标，增强责任感、使命感和紧迫感，对各单位有序推进全面一体化管理，扫除发展障碍，注入新活力，取得了阶段性重要成效。

一年来，为改革发展把关、定向。九江公司优化了组织机构，压缩了管理层级，统

筹共性管理职能，推动各单位聚焦中心主业，三大业务领域市场开发不断突破，多个科研项目获集团公司科技进步一等奖和江西省奖项，财务税费成本同比减少近 700 万元。一年来，九江公司优化了资源配置，专业化平台建设成效明显，搭建了规划建设、投融资、资产等一体化管理平台，提升了资源统筹规划管理能力和使用效率。中船精达新三板挂牌，主营业务收入增长近 30%；中船九江锅炉有限公司成功投产运营，主营业务收入较 2018 年翻了一番；应用产业从卖产品向产品 + 服务转变；积极筹备与中船科技、中船邮轮科技共同注册成立中船九江内装及材料有限公司。一年来，九江公司创新了干部人才管理和考核激励机制，明确了党委管理干部层级，配齐配强各级班子，推荐、培养优秀年轻干部，优化了干部年龄与素质结构，建立统一的员工职业发展体系，打通管理、技术和技能三类人才发展通道；完善了考核评价激励机制，充分发挥考核指挥棒作用；探索中长期激励机制，实施长安消防超额利润返还激励、中船锅炉和精达公司职业经理人改革。

坚持央企姓党　党建与中心工作深度融合

九江公司党委始终将政治建设放在首位，牢树“四个意识”、坚定“四个自信”、做到“两个维护”。扎实开展“不忘初心、牢记使命”主题教育，深入学习习近平新时代中国特色社会主义思想，提升了党员干部的能力和素质，强化了初心和使命，转变了作风，加强了成本管控、生产组织，有效解决了职工集资房产权证等历史遗留问题。

九江公司全力打好疫情防控阻击战和科研生产攻坚战，主动作为、担当尽责，利用设备和能力优势，生产交付了口罩机核心部件。科学组织复工复产，企业正常运行，取得了疫情防控和经济工作“双胜利”。

结合实体化改革，按照“四同步，四对接”要求，九江公司党委构建了“做实九江公司本部党建、优化各单位党组织职能、强化基层党支部建设”党建工作新格局。全面推进党建 PDCA 工程，促进党建工作规范化、科学化、体系化，融入企业中心工作各环节。加强党务工作者队伍建设，规范“三会一课”、主题党日活动，围绕“一支部一品牌”开展研讨，多措并举建强了基层党组织。推进中央巡视反馈意见整改，强化监督执纪问责，对所属单位全面开展内部巡察，推进全面从严治党向基层延伸，为企业发展营造风清气正的良好环境。

通过开展形势任务教育，九江公司加强企业文化建设，举办庆祝新中国成立 70 周年等活动，统一思想，引导干部职工参与、支持实体化改革，为改革发展凝心聚力。

践行初心与使命　发展成果惠及广大职工

将职工群众利益放在心上，全体职工共享发展成果。2018 年、2019 年，九江公司经济效益与职工年收入同步增长。提高了养老金、公积金缴费比例，改善了生产作业环境，2019 年在解决职工群众生产生活难题方面累计投入资金 252.29 万元，提升了职工满意度，提振了干事创业的精气神。领导班子成员经常深入各单位职工集体宿舍，现场察看安全、卫生、环境情况，改善集体宿舍设施条件。坚持开展“送温暖”活动，慰问困难党员和困难职工，职工群众操心事、烦心事、揪心事得到有效解决。

履行社会责任　展现央企良好形象

九江公司党委向省级定点扶贫点九江市柴桑区江州镇六号村连续 4 年委派驻村工作队，委任第一书记，通过产业扶贫和教育帮扶，帮助该村 50 个贫困户 136 人于 2019 年年底全部实现脱贫，并建设了以蔬菜大棚、食用菌种植为主体的扶贫产业园，巩固扶贫成果，扶贫工作获省、市、区好评。

九江公司还积极响应九江市“三城同创”号召，组织志愿者服务队 48 批 296 人次深入新路岭社区开展环境综合整治与帮建工作，获得了社区点赞，较好地体现了军工央企的责任担当。

我将无我　不负病患

——记中国舰船研究院武汉科技开发中心湖北六七二中西医结合骨科医院党总支

奋战在疫情防控最前线，构筑抗击新冠肺炎疫情坚固防线

发扬医者仁心和大爱无疆精神，守住人民群众生命最后防线

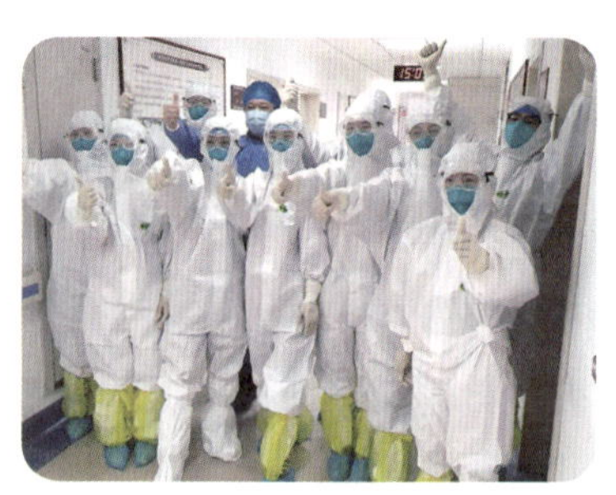

自新冠肺炎疫情以来，中国船舶集团有限公司旗下中国舰船研究院武汉科技开发中心湖北六七二中西医结合骨科医院党总支充分发挥基层党组织战斗堡垒作用，带领医院全体党员坚持奋战在疫情防控最前线，全力以赴构筑抗击新冠肺炎疫情坚固防线，用实际行动诠释船舶军工人的使命担当，誓要打赢这场关系到人民生命健康的疫情防控战。2020 年 7 月，湖北六七二中西医结合骨科医院党总支部荣获中国船舶集团有限公司先进基层党组织称号。

临危受命　用行动担当书写大医精诚

1 月 25 日，六七二医院被确定为武汉市第三批发热病人收治定点医院，医院党总支部立即成立新冠肺炎疫情防控指挥部，专题部署防控工作，启动战时值班备勤机制，召回所有休假职工，以对人民身体健康负责的态度，逆行冲锋投入疫情防控工作中。

根据疫情形势变化，医院党总支部先后成立党员突击队和临时党支部，支部书记靠前指挥，全体党员展医者仁心、扬先锋旗帜，坚持带头冲锋、率先垂范、坚守初心，坚持践行卫生健康职业精神、满怀仁爱、全力救治，累计收治新冠肺炎患者 847 例，治愈出院 578 例，承担了集团公司在汉成员单位职工及家属，包括国际合作项目巴基斯坦友人的防治指导工作；承担洪山区新冠肺炎治愈后合并基础性疾病患者延续医疗服务任务，累计收治新冠康复期患者 107 例；进行隔离点核酸采集 3715 人次，提供离汉、复工体检服务逾万人次；参与武汉“十天大会战”全市核酸筛查十余万人。

奋力鏖战　党旗在疫情一线高高飘扬

抗疫期间，六七二医院全体党员发扬战斗拼搏精神，集体许下了“我将无我，不负患者”的誓言。面临病区结构设置不够、床位紧张的难题，党员们运木料，搬板材，当小工，仅用三天两夜的时间改造出 9 个隔离病房病区（305 张病床，全部开放）。120 急救车转送来的患者年纪大，病情严重，行动不便，门诊党员医护从不畏惧，总能带头上前将老年患者背下车，安顿好，再用轮椅、平车一一护送到病区直到病床。发热门诊一线还有一对党员夫妻，他们本是按计划在 3 月份入职医院的新职工，但 1 月疫情防控形势突变，他们随即主动请缨从广州转经湖南再进入武汉，加入抗疫最前沿。全院 12 名一线职工在战疫大考中向党组织靠拢，向党员看齐，光荣地递交了入党申请书。

医院疫情防控重点是提高治愈率，降低死亡率。六七二医院各临床党支部党员干部，提高政治站位，身先士卒做表率，把救治病人作为当前最大的政治任务，成立中医专家组，充分发挥中医药临床优势，制定了 6 套中医药治疗方案，自创《调气七式》功法。在疾病全周期治疗过程中，采用中西医结合治疗模式，积极进行中医辨证施治，使中药成为此次抗击新冠肺炎的中坚力量，中医药使用率达到了 100%。特别是对于初入院患者，六七二医院通过运用中医药手段实行早起干预，在防轻转重、防重转危的病程变化上取得了良好的效果。

因疫情期间封控管理，慢性病患者的长期用药、长期管理问题逐步显现。考虑到患者迫切需求，医院党员在特殊时期为周边社区及广大患者提供线上问诊、送医送药到家服务。通过医院公众号，六七二医院向广大患者提供线上咨询，主动与周边社区对接，以复诊、慢病、常用药为主，将患者所需药物直接送进社区，已累计为 420 位市民提供线上问诊服务，为 220 名患者提供送药服务，避免了普通患者四处奔波引发的交叉感染，稳定了居家患者的身心健康。

医者仁心　护佑一方百姓健康

抗疫期间，六七二医院全体党员不断提高诊疗工作和救治水平，发扬医者仁心和大爱无疆的精神，守住人民群众生命最后防线。前线党员结合每名患者的实际情况，精准施策、科学救治、悉心呵护，采用中西医结合治疗方法，实施“一对一”诊疗救治措施；对于有疑似症状却不能入院的船舶职工及其家属患者，为其提供常规检查、肺部 CT、输液治疗等救治服务；协助集团在汉单位科学防控疫情，通过电话、微信等方式接受患者咨询，指导患者用药，开展心理疏导，把关怀和温暖送到患者身边。

“护士姐姐，因为我现在年龄小，所以我画幅汽车送给你们，等我长大了再送几辆救护车给你们。”感染二病区一位小患者出院时，用最天真无邪的愿望和画作献给医护人员，感谢他们这么多天的悉心照料。年长至 99 岁耄耋老人，年幼至 1 岁 2 个月咿呀学语的婴儿，两弹一星专家、抗美援朝战士、退伍军人、巴基斯坦外籍工程师……他们在悉心照料下治愈回家，出院时他们明媚的笑脸、厚厚的感谢信、标准的军礼、一次又一次的鞠躬……“这一幕幕总是让我潸然泪下，这都是患者与我们共同努力的结果，他们给我们更多信心与力量！”感染二病区的护士长方清说道，这也是每一位医护的心声。

“我将无我，不负病患”。六七二医院党总支在持续奋力打赢新冠肺炎疫情防控阻击战中彰显军工“红色基因”，全体党员干部尽锐出战、逆风而行，让党旗在一线高高飘扬，用医者仁心汇聚成战胜疫情的磅礴力量，书写了新时代共产党员的责任与担当！

砥砺前行葆先进　业融创新筑堡垒

——记中国船舶工业系统工程研究院五所党总支

围绕“党建＋力促发展、人才领航、思想文化、清风自来”四条主线，开展特色党建工作
建立员工困难数据库，摸清一线痛点，及时把控员工思想动态

中国船舶集团有限公司旗下中国船舶工业系统工程研究院五所作为舰载航空装备领域的龙头单位，核心系统集成与关键设备技术水平在国内领先。该所员工平均年龄30岁左右，是一支善打硬仗、充满朝气年轻的科研队伍。总支党员110人，占研究所员工比例达70%。

近年来，在集团公司及研究院高质量发展精神的统一指导下，该所党总支党建工作秉承“持续提高党建质量，推进主业高质量发展”的思路，以主业与员工为中心，以奋斗者为本，务实推进“十九大精神”本地化、部门化，提出党建工作“党建＋”模式，即大党建思维，找准抓实结合点，精准发力，重点围绕“党建＋力促发展、人才领航、思想文化、清风自来”四条主线，开展特色党建工作。

服务主业　瞄准业融一线

2020年年初，为激发活力，推动主业发展，五所党总支发起了业融创新先锋活动，全所成立了14支业融创新团队，党员带头攻坚克难，为研究所提供不竭动力和坚强保障。面临常规装备交付巨大压力与疫情延误进度的严峻形势，党总支于6—7月间组织了“业融突击战、决胜红七月”专项行动，号召全所上下一心，内外联动，“清欠账、遏增量、调节奏、保交付”，疏通“堰塞湖”。五所对外联创共建，党建搭台，业务唱戏，激发一线基层活力，改善行业业务生态；先后与10余家单位开展了丰富多彩的共建活动，取得

了很好效果；对内签署了产业链上下游总支共建协议，产业链上下协同共振促发展，凝聚合力。对外围绕试验现场及装备研制任务，以业务关联为牵引，加强与外部同行支部共建实现共赢。通过推进内融外联、联创共建常态化，航空所改善业务生态，提升变革驱动力。

以员工为中心 助推共同成长

在人才培养方面，航空所策划推广精细差异化定岗认证机制，核心岗位竞岗，推进人才成长双通道落地，成功开展室副职及高管等核心岗位竞岗工作，选贤任能、择优上岗，提速年轻骨干成长，完善人才梯队建设，树立能者上良好导向。

启动人才领航工程，提速人才成长。强化内训力度，分层构建海天学堂成才机制，提速年轻人才团队成长。今年，五所重点针对入职处转型关键期年轻员工，策划“海天学堂”员工在岗培训体系，重点提升系统思维方法论，分类筹划精品课程及资源。充分落实“传帮带”，构建个性、互动的育人机制。对于有提升空间或发展潜力的年轻员工，以入职 5 年内员工为主，基于任务达成的能力提升计划，建立明确可衡量的提升计划。

看齐思想 激活发展之源

思想政治建设永远是第一位，五所党总支始终看齐、对标中央各项精神指示要求。加强基层理想信念教育，上下思想齐步走，统一信念，行动更有力量。未雨绸缪，以员工为中心，建立员工困难数据库，摸清一线痛点，及时把控员工思想动态，从思想生活上主动关心员工，想员工之所想，加大困难员工帮扶力度以提高团队凝聚力。

五所提炼固化企业文化体系，包括核心价值观、工作篇及生活篇七律倡导理念、LOGO 标识、所歌、文化手册等，对员工行为价值观起到了很好的导向作用，增强研究所凝聚力和事业自豪感。

此外，五所通过强化廉政风险防控，加大压力传递和制度约束，确保惩防体系稳定有效。明确党风廉政责任，层层传达压力。落实审计整改措施，加强风控和制度建设，制定并实施所“红线”准则，持续推动提升部门精细化管理水平。对于合同采购、公车使用等高风险环节严格规范制度流程，降低微腐败风险；对各类报销票据等进行复核抽查监督等；对重点外协单位进行不定期检查和约谈、加大晒促力度，取得较好效果。通过促廉正风，营造风清气正环境，航空所形成反腐氛围，推动精细管理依规治企，净化干事创业软环境，提升组织免疫力。

持之以恒正风肃纪　为企业发展提供有力保障

——记中国船舶集团纪检监察组党支部

深入开展“不忘初心、牢记使命”主题教育，扎实推进中央巡视整改，助力企业高质量发展

坚持和深化“三转”，坚决惩治腐败

中国船舶集团有限公司纪检监察组党支部在党组和直属党委的坚强领导下，深入贯彻落实党中央的重大决策部署，不忘初心、牢记使命，忠实履行党章和宪法赋予的职责，持之以恒正风肃纪，切实保障和维护国有资产安全，为企业科学发展、转型发展、创新发展提供了有力保障。

牢固树立“四个意识”　强化政治监督

纪检监察组党支部持续深入学习习近平新时代中国特色社会主义思想，自觉在思想上、政治上、行动上同以习近平同志为核心的党中央保持高度一致，敢担当、勇作为，坚决落实党中央的重大决策部署。

深入开展“不忘初心、牢记使命”主题教育。通过年度党风廉政建设和反腐败工作会议、纪检监察组支部会议、工作例会、主题教育集中学习会等，认真传达、深入学习领会习近平总书记关于全面从严治党的重要论述以及在党的十九届四中全会、十九届中央纪委四次全会、“不忘初心、牢记使命”主题教育动员部署会议上的重要讲话精神，及时传达学习贯彻中央纪委国家监委重要会议和文件精神，研究落实意见和举措，持续增强推进新时代纪检监察工作高质量发展的责任感和使命感，有力推动党中央、中央纪委国家监委决策部署和工作要求在集团公司落实落细。

强化政治监督，督促党组和成员单位党组织将中央重大决策部署落实落细。协助集团党组一体推进中央巡视整改、主题教育整改和以案促改，督促各级党委深入开展八个专项整治和企业驻京办专项清理，围绕中心、服务大局，聚焦党的建设、选人用人、经营管理等方面的突出问题，推动建章立制、深化改革、促进发展。原“两船”联合重组后，督促集团党组深入学习贯彻习近平总书记对中国船舶集团有限公司的重要指示精神，集团党组在反复学习研讨的基础上，结合谋划 2020 年工作逐一落实落细，积极稳妥推进联合重组。

扎实推进中央巡视整改，以整改成效助力企业高质量发展。从党组制定整改方案、整改推进到整改情况上报，与党群、组织人事、巡视办等部门协同发力、全程监督，确保整改顺利推进。纪检监察组每周召开巡视整改工作督办会议，对整改任务上报完成的事项进行审核，对有缺项或者未闭环的，及时提出补充完善建议；对明显走过场、走形式，没有真改实改的，上报党组提议退回，并建议分管领导约谈有关人员，提出严肃批评。协助集团党组组建 7 个巡视组，对 14 家成员单位中央巡视和内部巡视整改情况开展“回头看”专项巡视，对做好“后半篇文章”强化监督检查。

聚焦主责主业 做实日常监督

纪检监察组党支部率先垂范，坚持和深化“三转”，坚决惩治腐败。近年来，集团公司管党治党宽松软的问题有了明显改善，党风政风明显好转。

持之以恒纠治“四风”，坚决整治形式主义、官僚主义，紧盯对党中央重大决策布署不敬畏、不在乎、喊口号、装样子等错误表现，协助党组对原中船重工党建工作考评流于形式、财务领域管控不力等问题及时予以纠正。协助党组对原中船集团专项督查发现的形式主义、官僚主义问题，对有关单位党委、纪委主要负责人进行责任约谈，对有关人员进行问责，从严明政治纪律的高度集中整治形式主义、官僚主义。加大对反映二级以下单位“四风”问题的直办力度，严肃查处发生在职工群众身边的腐败和作风问题。2019 年以来，各级纪检监察机构查处违反中央八项规定精神和“四风”问题 98 件，纪律处分和组织处理 251 人。

聚焦监督第一职责，深化运用“四种形态”。通过调研走访、任前谈话、谈心约谈等多种方式，加强对职能部门和成员单位主要负责人的日常监督。2019 年以来，各级纪检监察机构受理信访举报 1975 件，处置问题线索 1756 件，其中运用第一、第二种形态占比 93.5%，真正体现严管厚爱、治病救人。

切实履行监督执纪问责职责，严肃追责问责。严格落实查办腐败案件以上级纪委领导为主的要求，在纪检监察组的坚强领导下，各级纪检监察机构严肃查处党员、监察对象涉嫌违纪和职务违法、职务犯罪问题，并坚决给予纪律处分和相应组织处理；积极与地方纪委监委开展联合审查调查，有力实践了纪法贯通、法法衔接，全面落实监察全覆盖要求；以强力问责倒逼责任担当，层层压实党风廉政建设责任。

创新组织生活形式　打造特色基层党组织

纪检监察组党支部严格落实党中央和集团公司“两学一做”学习教育常态化制度化工作安排，积极发挥基层党组织的战斗堡垒作用；注重支部文化建设，在组织生活中充分体现纪检监察特色，打造了一支政治坚定、理想远大、业务纯熟、凝聚力强的特色团队。

坚持党内民主，规范“三会一课”。每年按时召开组织生活会、进行民主评议党员，支部班子认真查摆问题，向全体党员做对照检查并提出整改方案和具体措施，充分接受群众监督；全体党员广泛开展批评与自我批评，把“三会一课”作为凝聚党员共识、提升党员素质、加强党性修养的重要载体。

强化基层党建，党务工作与业务工作充分融合。利用支部大会和专题学习研讨的机会，及时传达学习中央纪委国家监委领导重要讲话精神，组织支部党员集中学习中央纪委国家监委系列培训课程。开展特色主题活动，激发团队活力。精心策划开放式组织生活与主题党日活动，开展了“重走‘一大’路，永远跟党走”等一系列主题鲜明、内容丰富、形式新颖的特色活动。

通过多年来的不断努力，纪检监察组多项业务得到了上级纪委和集团公司党组的高度肯定，在年度考评中连续多年位居前列。下一步，纪检监察组党支部将继续不忘初心、牢记使命、知重负重、砥砺前行，在坚持和完善中国特色社会主义制度、推进国家治理体系和治理能力现代化中，充分发挥监督保障执行、促进完善发展作用，努力以全面从严治党新成效为集团公司高质量发展提供坚强保障。

四、中国船舶
优秀共产党员标兵

打造国之利器　闪耀胸前党徽

——记江南造船（集团）有限责任公司生产运行一部党支部书记、副部长刁佳生

承担多型号产品的建造任务，负责建造的产品体现了我国船舶行业最新技术水平

成功构建并行协同设计模式，推出重要产品巨型总段建造新工法

刁佳生，现任中国船舶集团有限公司旗下江南造船（集团）有限责任公司生产运行一部党支部书记、副部长，承担了多型号产品的建造任务，所负责建造的产品体现了我国船舶行业当前最新技术水平。作为一名共产党员，刁佳生始终牢记军工报国使命，带领团队人员，围绕型船技术特性，把握建造技术要求，组织集智攻关，取得了多项原创性成果。同时，他还创新工程管理理念，提升管理效率，为实现型船建造工程按期优质完成做出了突出贡献。

刁佳生创新性地建立了船舶并行协同设计新模式，打破了原有的厂所串行设计模式，成功构建了并行协同设计模式，提升产品研制质量，并推出重要产品巨型总段建造新工法，实现并行建造，打造总装建造新高度。同时，他注重推进系统区块化建造技术，填补某型产品推进系统设计建造的技术空白。

为按期优质建造工程，刁佳生不断创新工程管理理念，提升管理效率。他通过开展顶层策划、推进先进工法、加强质量策划、抓好首件鉴定、推进典型房舱等方式，提升管理水平，加快生产进度，提高产品质量，为公司发展做出了重要贡献。

潜心船舶动力事业的坚守者

——记沪东重机有限公司动力设计院中高速机产品所总体设计技术专家竺华君

长期奋战在船舶动力事业的第一线，潜心钻研技术，带领团队攻坚克难，出色完成各项任务，用自己的实际行动诠释着科技报国的赤子之心

竺华君，中国船舶集团有限公司旗下沪东重机有限公司动力设计院中高速机产品所总体设计技术专家，负责中高速柴油机总体设计工作，曾获得中国船舶集团“不忘初心、牢记使命”先进人物、中国船舶集团优秀共产党员、中国船舶集团军工专项先进个人、中国船舶集团第四届劳动模范、上海市五一劳动奖章等荣誉称号。竺华君长期奋战在船舶动力事业的第一线，参与的某项目研究荣获2017年中国船舶集团科技进步一等奖。他理想信念坚定，潜心钻研技术，带领团队攻坚克难，出色完成各项任务，用自己的实际行动诠释着科技报国的赤子之心。

动力事业来不得半点马虎

“能为祖国提供强大、可靠的柴油机动力是我们的光荣，也是我们的责任，工作上来不得半点马虎。”这是竺华君在日常工作中常说的一句话。在进厂20年里，竺华君始终严格要求自己，工作上兢兢业业、一丝不苟、精益求精，高质量推动了各项任务完成。

在高速柴油机装备产品生产、试验调试过程中，竺华君始终深入现场，了解掌握碰到的各种生产问题。在遇到棘手问题时，他总是在充分了解来龙去脉、仔细分析研究后，提出适当的处理方案。在一次柴油机联调试验时出现了柴油机高温水压力不稳定的问题，竺华君带领团队立即到达现场，迅速掌握第一手资料，经过查找分析，找出问题实质，提出了处理方案。最终，他和团队做到了问题归零，确保了柴油机不带问题上船，也确保了柴油机按计划交付船厂。竺华君的努力再次为保证整个船舶按期交付做出了积极贡献。

练就扎实的技术功底才能更好履职尽责

作为中高速机产品所资深工程师，竺华君认为，作为一名技术人员，要练就扎实的技术功底，掌握中高速柴油机的核心技术，拥有自己的话语权，这样才能更好地履行自己的岗位职责。随着公司加快企业核心能力建设，原有中高速柴油机业务需要进一步拓展。为了实现这一目标，作为技术带头人，竺华君凭借自己丰富的工作经验和严谨务实的工作作风，潜心钻研高速机研制技术，为公司高速机新业务成功拓展再立新功。

近年来，竺华君在承担两型高速柴油机的研制任务中，带领团队充分借鉴以往中高速机研发的成功经验，仔细识别高速机转速高、结构紧凑，零件开发技术要求高、难度大等特点，认真细致地做好两型高速机的研制方案策划，做到心中有数、办事不慌，为公司成功实现船用柴油机从传统的中速、中高速柴油机向高速柴油机全系列型谱拓展做出了重要贡献。

动力事业要代代相传

竺华君是一名技术专家，更是一名共产党员，胸前别着的党徽始终照耀着他前进的道路。竺华君认为，作为一名党员，不仅要心中有党，在行动中更要有党员的样子。在工作、生活中，他始终以“四优”党员标准严格要求自己，自觉践行“四优”党员要求，并带领身边的党员和群众一起努力拼搏、锐意进取，充分发挥了党员的先锋模范作用。

“独木不成林，一人不为众。”作为一名技术战线上的“老”同志，也是一名中高速柴油机领域的技术专家，竺华君主动承担起培育青年技术人才的任务。在工作中，他积极倡导科室人员建立学习交流机制，以问题为导向，开展内部交流，开拓思路，相互学习借鉴，共同促进提升。遇到青年员工请教问题时，竺华君总是毫不保留，耐心引导。面对复杂问题和关键技术，他还以图文并茂的形式一条一条、一个步骤一个步骤地写下来，并向青年员工详细讲解，直至其理解掌握。在他的带领下，科室内部形成了浓厚的“学技术、强本领”的氛围。近年来，通过言传身教，竺华君带出了 2 名高级工程师、1 名工程师，其中 1 名同志还被评为中国船舶集团优秀共产党员。经过锻炼成长，这些年轻同志已经可以在公司中高速机生产和科研工作中独当一面，发挥着重要作用，确保了公司一个又一个重大项目的按期完成。

竺华君是一位潜心船舶动力事业的坚守者。作为一名共产党员，他没有豪言壮语，也没有惊天动地的业绩，只有日常工作中的责任和担当。竺华君将自己融入我国船舶动力建设事业中，以自己是一名中高速机技术人员为荣，用勤奋和刻苦、责任和担当，默默地为我国船舶动力事业发展贡献着自己的“光和热”。

将激情和才华尽情燃放

——记大连船舶重工集团有限公司船坞总装一部工艺员赵连行

学习是固本之举，是源头之水，注重学习，才能提高自己、与时俱进

传统和创新相结合，以创效为目的推动工作

赵连行，2009年6月加入中国共产党，2012年8月参加工作，现任中国船舶集团有限公司旗下大连船舶重工集团有限公司船坞总装一部主管工艺员。进厂以来，他虚心学习、求真务实，恪尽职守、吃苦耐劳，一步一个脚印，在民品轴系安装、军品建造等方面积累了丰富的技术和车间管理经验，从一名普通的工艺员一步一个脚印逐渐成长为军品建造的业务骨干。

学习是固本之举，是源头之水；注重学习，才能提高自己、与时俱进。赵连行深知其中的道理。2012年8月，刚踏入工艺员岗位，他没有被工作的苦累吓倒，能做到脑勤、手勤、嘴勤，潜下心来跟着老师傅上船，深入现场，在实际工作中磨炼自己。他利用一切时间钻研图纸，并到图书馆借阅相关书籍文献，根据现场的情况进行针对性学习，带着问题去学习，为解决现场问题而学习。经过不懈努力，用短短几个月的时间，赵连行就迅速成长为一名优秀的轮机工艺员，尤其在轴、舵系安装方面，经过刻苦钻研，不断改进工艺、创新工法，提高了现场工作效率和产品质量，得到了部领导和现场工人的一致认可。

在某型船建造前期，由于是新型船舶，有很多设备是首次安装，安装精度及安装特点与之前的不一样。在没有相关参考经验的情况下，赵连行与设计厂家积极沟通，研究每一个参数，进行精心策划，坚持精益求精、质量第一，确保零失误、零缺陷。经过认真钻研，他编制了20份作业指导书，明确了程序，立起了标准，并进行技术交底，用于指导现场生产，确保现场施工有序进行。

赵连行坚持传统和创新相结合，以创效为目的，积极推动轮机相关方面工作。在船舶建造前，他注重审图和研究工艺规程，及时发现并解决问题，并研制工装、工具，做好生产技术准备工作。他设计的30万吨原油船舵钮找正工装，减轻了工作车的负荷，有效缩短了舵钮找正时间，节省了大量人力。他设计的主机顶升工装，解决了主机侧向止推器提前安装而无法顶升主机的问题。在船舶建造过程中，他注重生产与理论相结合，深入施工现场，及时发现问题、改进工法。例如，他提出了创新的主机侧向止推器上主机前定位焊接方案，大大提高了生产效率。

赵连行踏实苦干、任劳任怨的工作态度和对待组员无微不至的关爱，激发了组员的工作积极性和主动性，逐步形成了比拼干事业的良好氛围。他始终牢记自己是一个带头的“兵”，不愠不火、任劳任怨，耐心细致地做好组内管理工作。每当组员有技术问题找他，他都会认真仔细地解答。遇到错误和需要纠正的地方，他总是很耐心地给予指正，不厌其烦。节假日期间，他尽量不安排或少安排组员值班，自己尽可能多值班，让组员得到充分休息。赵连行始终做到“用真心化疑心、动真心解忧心、靠真心聚人心”，最大限度地激发组员的工作热情，让组员心情舒畅地去工作，在拼搏、进取中提高自身能力。

选择了军工，就选择了责任和使命。作为一名共产党员，赵连行始终对自己高标准、严要求，甘愿付出、拼搏进取，信念让他对造船和军工事业不懈追求，使命让他无怨无悔毫无保留地奉献自己，将自己的激情和才华尽情地在岗位上燃放。

平凡岗位彰显大国工匠风采

——记渤海造船厂集团有限公司管舾部焊接高级技师、集团公司首席技能专家陈凯

我生在渤船、长在渤船，这是我的家、我的根

人不能总停留在一个层面上，平凡的岗位也能彰显出大国工匠的风采

“用镜子反光瞄准焊接点”“熟悉各种金属的焊接属性”“精准拿捏插入焊条时间”“勤奋中透着灵气”……在渤船集团，提到公认的“神焊手”陈凯，许多人这么评价他。

1996年，陈凯进入中国船舶集团有限公司旗下渤海造船厂集团有限公司管加工分厂工作，从那时起就表现出超常的韧劲和钻劲。焊枪重，他练臂力，力求端枪稳焊接准；焊道位置特殊右手不便，他苦练左手，竟把左手练得和右手一样灵活；作业空间小，他试着利用镜子成像，反向焊接；为了保证焊接品质，他熟背各种金属的焊接属性……

凭借着这股子“钻”劲，陈凯从“小焊工”一步一步成长为渤船集团首席焊接师，短短几年时间里斩获了“中华技能大奖”“全国技术能手”“全国青年岗位能手”等多个殊荣。对于“荣誉加身”，陈凯总是表现得很淡然。他说：“我生在渤船、长在渤船，这是我的家、我的根。”

在渤船集团这个“大家庭”的培养下，陈凯成了行业顶尖人才。由于技术过硬，他成了公司的“救火员”。2008年，某知名航运公司的船内管道被海水腐蚀破损严重，施焊空间小且需要把紫铜、青铜、钢3种金属焊在一起，当时难住了很多专家。该船一周后就要出海，在多方求援无果的紧急情况下，该航运公司向渤船集团寻求帮助。陈凯临危受命，仅用两天时间就成功完成任务。他也因此一战成名，不但为集团公司赢得了荣誉，还首创了“钨极氩弧熔焊”工艺方法，填补了此领域国内焊接技术的空白。

陈凯总说：“时代在进步，人不能总停留在一个层面上。我所拥有的一身本领就是为了打败国防科研攻坚中的‘拦路虎’。”已经站在焊接技术前沿的陈凯仍在对自己加码。

为了提高自己的理论水平，他参加了国内知名高校开设的焊接专业培训，并根据多年的实践和知识积累进行了多项技术创新。陈凯用所学知识指导实践工作，克服多重困难，经反复验证，解决了钢管在单面焊双面成型、焊缝焊道间隙难以控制的问题。该项目被国家知识产权局授权为国家发明专利。

陈凯清醒地认识到，一个企业单靠少数几个技术好、手艺强的人不可能提高整体竞争力，只有通过这些人的辐射带动作用，让更多的人掌握良好的技艺，才能达到普遍提高施工质量和员工素质的目的。他全力投身于“传、帮、带”工作，在生产相对空闲的时间，主动承担了青年焊工的培训工作，毫无保留地把自己掌握的技术和经验传授给学员。几年来，陈凯培养了多批高素质焊接人才，其中 1 人在市焊接大赛拔得头筹，2 人破格晋升为焊接技师，为助推渤船集团高质量发展不断注入新鲜血液。

作为一名共产党员，陈凯时刻以“四讲四有”合格党员标准严格要求自己，长期奋战在国家重点产品建造施工第一线，以实际行动践行自己的初心和使命，为我国船舶工业发展做出了积极贡献。

二十四载砥砺奋进，陈凯初心不改，历久弥坚；二十四载顽强拼搏，陈凯坚韧求索，寸积铢累；二十四载上下求索，陈凯勇毅担当，在平凡的岗位上彰显了大国工匠的风采。

党建引领　务实创新　推动应用产业发展

——记中船黄埔文冲船舶有限公司重工事业部党总支书记、副总经理翁耿贤

以工程管理的方式抓党建，以思想政治工作的方法抓行政管理

将党建工作融入企业生产经营的中心工作中，把党建引领作用落到实处

翁耿贤，是中国船舶集团有限公司旗下黄埔文冲船舶有限公司下属子公司广州文船重工有限公司党总支书记、副总经理。几年来，翁耿贤将总支书记的职责始终放在首位，将党建思想政治工作与行政工作有机融合，以工程管理的方式抓党建，以思想政治工作的方法抓行政管理，勇于开拓、务实创新，使党建工作在企业生产经营中发挥了重大作用，推动公司应用产业快速优质发展。文船重工公司党总支先后获评黄埔文冲先进基层组织、中船广州公司先进基层党组织、集团公司先进基层党组织，翁耿贤也多次被评为黄埔文冲优秀党务工作者，2016 年被评为集团公司优秀党务工作者。

务实创新，强基固本出实招

2016 年，翁耿贤尝试对党务工作编制月度工作节点计划并每月检查落实情况，收到了良好效果。2017 年，他全面搭建党务工作计划体系，形成了年度计划、专项计划、月度计划相结合的党务工作计划体系。经过几年的运行，该计划体系效果明显，使文船重工公司党建工作实现了常态化、制度化、规范化。

在开展“两学一做”学习教育中，翁耿贤推出了“党课我来讲”微党课学习方式，有计划地安排党员上台讲党课，改变了组织生活学习方式，使党员实现了由“要我学”到“我要学”的转变。

翁耿贤深知宣传工作的重要性，在他的组织推动下，文船重工公司创建了微信公众号和网站，成为公司对外宣传的重要平台。同时，他还借助公司重点产品及重大事件开

展外媒宣传，助推公司经营业务发展。

翁耿贤利用自己在企业管理方面的知识和经验，对文船重工公司的制度框架进行了全面梳理健全。这些制度实施后，公司各项管理工作得到规范，管理效率有了明显提高，为公司发展提供了有效保障。

深耕三支队伍，为产业发展提供坚强保障

人才是制约文船重工公司发展的关键因素。翁耿贤高度重视三支人才队伍建设，不断创新工作方法和工作机制，为公司持续健康发展储备了人才力量。

翁耿贤高度重视班子建设，创新二级中心组学习方式，通过调研交流、案例分析等方式，将二级中心组学习拓展为干部培训、培养的平台。他通过开办重工大讲堂、组织管理人员走上讲台，分享管理心得，促进管理人员经验交流学习。他通过搭建“重工培训资源共享平台”，多维度为干部创造学习提升的机会，实现了干部“自己学、选择学、灵活学”。几年来，文船重工公司干部队伍素质得到快速提升，有效支持了公司发展。

针对文船重工公司技术人才队伍比较薄弱的现状，翁耿贤通过加大校园和社会招聘的力度、专项技术培训，组织外送深造、实行设计任务量计酬、开展产学研合作等多种方式，全力打造技术团队，提升了技术队伍的整体实力。

翁耿贤十分重视一线员工的技能培训，分别在 3 个生产部门建立了 3 个实操培训点，每月督促 3 个生产部门分工种组织开展理论教学和实操培训，并在每月的党群月度计划中进行检查考核，确保每位一线员工每年至少能够参加一次技能培训，切实提高一线员工的技能水平。

融入中心，助推应用产业高质量发展

将党建工作融入企业生产经营的中心工作中，把党建引领作用落到实处，几年来，翁耿贤进行了不少大胆尝试。

从 2017 年起，翁耿贤带领各党支部积极行动、主动作为，为公司解决了 27 个生产经营方面的难题，有效推动了公司中心工作良性运行。2019 年，翁耿贤组织文船重工公司党总支围绕公司开拓中山海上风电产品制造基地这一重点任务，主动请战，将《发挥党组织优势，开拓建设中山风电钢结构制造基地》作为自己的党建创新项目，到中山基地进行能力测算和生产流程规划，通过工序能力计算不断优化生产流程，形成了中山基地的生产布置图并逐步推进实施，在不足一年的生产运营周期内，中山基地实现产值物

量 14386 吨，实现产值 1.5 亿元，为后续海上风电产品的经营生产打下了良好基础。

2014 年，翁耿贤刚到文船重工公司时，公司处于亏损状态，作为党总支书记的他主动接下了成本管理这块“硬骨头”。翁耿贤花了半年时间进行调研和摸查，用两个月的时间编制了成本管理的相关制度和 33 张月度成本数据报表。从 2015 年开始，他每月开展成本数据分析，使公司的成本管理走上了制度化和数据化的道路。在此管理机制的管控下，2015 年以来，文船重工公司已连续 5 年实现盈利。

作为公司分管技术的副总经理，几年来，翁耿贤积极组织开展船舶舾装件制造技术研究，推动船舶非标舾装件标准化，带领团队获批建成广东省船舶标准舾装件工程研究中心。文船重工公司被认定为国家高新技术企业，海洋工程起重机、船舶舾装件、特种高端钢结构三类产品被认定为广东省高新技术产品，就是由他带队申请的。他还组织开展风电导管架、单桩制造技术的研究，完成了风电导管架的制造和总装运输等技术方案并成功应用。翁耿贤带领技术人员开展工法研究、科技攻关课题研究，在技术创新的道路上不断奋进着。

做舰船事业的铺路石

——记中国船舶集团第七〇一研究所所长助理陈炜

“心学”立志，“大学”成才

干外贸是需要一点情怀的，履职尽责必须具有强烈的责任意识和使命意识

进入中国船舶集团有限公司第七〇一研究所工作以来，陈炜一直在科研一线从事专业技术研究和科研管理工作，始终对国家舰船事业充满高度的责任心和干事创业热情，积累了丰富的舰船设计及科研管理经验。自2016年起，陈炜担任七〇一所所长助理，分管外贸工作。他牢记初心使命、矢志拼搏奋斗、甘于奉献铺路，为推动“中国好舰船”走出去做出了重要贡献，彰显了一名优秀共产党员服务国家战略和舰船事业发展，攻坚克难、敢战能胜的优秀品质。

理想信念坚定，当先锋做表率

“我是党员，支部活动我肯定要参加。”陈炜是这么说的，也是这么做的。作为分管外贸的负责人，他经常要参加各类活动和外事接待，但从未缺席支部主题党日活动。2019年下半年，七〇一所党委开展“不忘初心、牢记使命”主题教育期间，某重大外贸项目各项工作安排紧锣密鼓，他依然认真完成了全部“规定动作”。作为一名党员干部，他把“学懂弄通做实”的要求和开展外贸工作联系起来，主动讲主题党课、开展形势任务教育，以学促知、以知促行。陈炜认为，坚定理想信念是党员干部的“心学”，共建“一带一路”是党员干部的“大学”，“心学”立志，“大学”成才。这是一名外贸战线党员干部增强“四个意识”、坚定“四个自信”、做到“两个维护”的具体表现。

业务管理精湛，谋发展创未来

在上海分部工作期间，陈炜在多个重大项目研制中做出了突出贡献，成果显著，多次获得国家和集团公司奖励。

在担任所长助理期间，陈炜助推外贸领域实现了多个重大历史性突破。作为我国首个外贸水下项目领导小组成员，他带领团队完成的设计工作填补了该领域内多项空白。他力推该项目综合保障包研制，使七〇一所首次初步具备了按照欧美标准开展综合保障包研制的能力。他促成某国水下项目最终签约，再次实现同类产品出口突破。他担任工程副总指挥的某国濒海任务舰是我国舰船首次进入国际中端外贸市场。他新近促成签约的某型舰则是我国新型装备出口的代表作。

陈炜具有强烈的责任意识和使命意识，经常深入现场和一线，审核把关重大节点，组织协调重要技术问题，坐镇指挥重要对外谈判，履职尽责不懈怠。他注重外贸市场分析，形成包括技术研发和市场开拓在内的一整套领域拓展新思路，提出并实现了某型产品系列化推介方式，引领七〇一所潜艇、快艇、护卫舰和公务船等各类外贸产品走出了系列化、品牌化发展的新路子。他依托在研项目，挖掘客户需求，利用多种方式开展对外宣传，积极探索设计能力输出和实验室建设等智力输出新形式，努力丰富并完善外贸产品体系，为推动“中国好舰船”走出去奠定了坚实基础。

激情担当奋斗，爱岗位讲奉献

2020年新冠肺炎疫情初期，交通中断，陈炜远在无锡依然心系工作，时刻关注疫情对全球局势和外贸事业的影响，通过网络会议远程指挥、牵头组织编制集团公司外贸领域“十四五”规划，明确总体思路和发展目标，为克服困难开展工作的同事们加油打气。急切盼望返岗投入工作的他在接到高速公路放行通知的第一时间就从家中自驾回汉，此后便一直坚守岗位，直到国内疫情明显缓解。“干外贸是需要一点情怀的。”陈炜经常对同事们提到。这一次，他用自己的实际行动展示了什么是情怀、什么是热爱。

“激情、担当、奋斗”一直是陈炜的工作作风。在担任上海分部主任期间，他多次因工作繁忙劳累而病倒，却从未专门休过病假。因为这份拼搏，在陈炜任内，上海分部技术人才梯队逐渐成形，经济产值逐年提升，新签合同金额屡次刷新历史纪录。

始终以人为本，心系职工群众

在担任上海分部主任期间，陈炜想群众所想、解群众所急，通过多方协调、积极争取，解决了关乎分部青年职工切身利益的上海户口难题，解除了职工子女教育、医疗保障等多项后顾之忧，为单位稳定发展奠定了基础。

在担任所长助理期间，陈炜注重从全局角度培养青年骨干，关心青年职工发展，在严格把关的前提下，放手锻炼职工能力，活跃外贸工作气氛。他经常与职工交心谈心，在支部组织生活会上反思剖析自己，也会毫不留情指出同事工作中存在的问题，凝聚合力、共同努力，在职工群众中乃至行业内树立了较高威信。

岗位在变，但陈炜忠诚事业、积极进取、甘于奉献的精神从未改变。无论是思想政治上，还是经营管理、联系群众、廉洁从业上，他始终高标准、严要求，一丝不苟、精益求精，心甘情愿做舰船事业的铺路石，饱含激情当“一带一路”建设的排头兵，以永远“充满电”的工作状态和扎实优异的工作业绩，葆守初心、担当使命，践行着一名共产党员的铮铮誓言。

坚守一线二十载　初心如磐显担当

——记重庆齿轮箱有限责任公司机加车间车工一班班长宋江

勇挑重担、恪尽职守，不计个人得失，主动加班加点，以认真负责的态度对待每一件产品

坚持严管与身教相结合，注重班组建设，提高班组技能

参加工作以来，宋江一直在中国船舶集团有限公司旗下重庆齿轮箱有限责任公司一线从事车床加工工作。近20年里，他刻苦学习车工加工理论知识和操作技能，不断探索新技术、新工艺，熟练掌握该岗位的操作技能，不断提升综合业务素质，积累了丰富的工作经验，逐步成长为公司生产一线的重要骨干。在工作岗位上，他充分发挥党员的先锋模范作用，遇到急、难、险、重任务，主动冲锋在前，带领团队高质量完成了各项任务。

注重学习，思想过硬，理想信念坚定

作为一名共产党员，宋江政治思想素质过硬，在工作中始终以优秀共产党员的标准严格要求自己，认真履行党员义务，积极参加各种政治理论学习。他在思想上和行动上始终与党中央保持高度一致，自觉遵守党的纪律，模范遵守国家法律法规，充分发挥主人翁意识，敢于同不良风气、违法违纪行为做斗争。他不忘初心，牢记使命，立足本职，争做党员示范岗，在学习和工作中充分发挥党员的先锋模范作用。

勇挑重担，恪尽职守，打造专业精品

自担任机加车间班长以来，宋江凭着“干一行、爱一行、精一行”的专业精神，处处把握一个“准”字，追求一个“新”字，做到一个“实”字，坚持一个“诚”字，抓好一个“严”字。他以全新的理念、全新的思维，精明果断、沉着应对，高起点、高速度、

高标准地带领全班组成员一起出色地完成了每一项工作任务。

工作中的宋江积极主动，任劳任怨。在承担重点产品关重轴类和盘类零件的精加工任务时，为保证各项任务的顺利完成，他勇挑重担，不计个人得失，主动加班加点，服从车间的生产突击，圆满完成了加工任务。他以认真负责的态度对待每一件产品，加工中注重实物与图纸的一致性。在产品加工成本方面，他主动与组员共同想办法，出谋划策，利用好库存刀具，探索用国产刀片代替进口刀片，充分利用车间积压刀具，在相同产出的前提下，使国产刀具使用率达 90%、刀具费用下降 20% 以上，提高了工作效率和工作质量，为公司降本增效提供了有力支撑。

严格管理，大胆创新，发挥表率作用

作为班长，宋江起到了很好的模范带头作用。在工作中，他不断提升自身专业技能，持续提升自身综合素质以及管理能力，努力增强工作主动性和实效性。在班组管理方面，他与班委成员采取规范执行的管理措施，制定了相应的管理制度，做到工件、工装、辅具、刀具定制摆放，明确每位员工各自的管理区域。

宋江每月对班组员工进行班组内部考核，并形成制度，增强了班组员工的责任心，提高了他们的积极性，有效改善了班组的现场环境。他带领班组员工一起参与到 6S 的提升上来，在工作中以身作则，为大家树立了榜样。在师带徒方面，宋江认真传授技艺，注重青年员工的技能提升。在班组内部进行“一帮一”结对子活动时，他充分发挥班组内高级技能人才的作用，同时将车削理论知识、数控编程和实际操作相结合，使青年员工的理论知识、操作技能得到明显提升，充分体现了“传帮带”的作用。在宋江的努力下，班组内部更加团结，同事关系更加和谐，班组的综合实力得到显著提升。宋江踏实肯干，表现突出，多次被公司评为“公司标兵”和“优秀共产党员”。

为践行入党时的初心使命，宋江始终对自己高标准、严要求，把党的事业作为自己的最大职责和最高使命，不懈努力，砥砺向前。

牢记使命守初心　攻坚克难砺神剑

——记中国船舶集团第七〇五研究所某型号总设计师王立文

某型号总设计师，学科学术技术带头人

带动、感染着一批批年轻人，铸造了一支能打硬仗的科研团队

王立文，中共党员，现任中国船舶集团有限公司第七〇五研究所某型号总设计师、学科学术技术带头人，享受国务院政府特殊津贴。他长期在科研一线从事型号研制工作，因成绩突出，曾先后荣获国防科工委个人三等功、集团公司优秀青年科技工作者、集团公司优秀共产党员、集团公司船舶贡献奖，荣获华雷集团批产项目一等奖 2 次、七〇五所突出贡献二等奖 1 次。

精通业务知识　善于解决难题

王立文一贯注重政治学习，严守党的政治纪律和政治规矩，认真贯彻执行党的路线方针政策及上级党组织决定，在工作生活学习中严格要求自己，精通业务知识，具有较高的政策理论水平和较强的工作能力。

作为多个项目的技术负责人、型号总设计师，王立文先后主持参与多个军品重点型号、军贸产品的研制工作。他担任总设计师的某型号项目，研制难度很大。在方案设计阶段，针对技术难题，王立文对产品进行了全面梳理，明确了改进措施，加工了试验样机，完成了实航验证，开展了多轮总体结构及电气布局优化设计，攻克了在有限重量和长度约束下指标实现、能力优化、目标要素快速估计及各项关键技术，完成了总体技术方案；在初样阶段，历时近两年，完成了多条次湖上、海上试验，以及匹配实航试验，解决了各项关键技术问题。2019 年，王立文带领项目团队圆满完成了性能验证实航试验及初样阶段研制工作，顺利转入正样及定型阶段，为该项目早日列装打下了坚实基础。

面对突如其来的疫情，他带领项目组兵分两地，一方面开展补充性能验证试验，一方面准备产品，做到科研、防疫“两手抓、两不误”。为追赶进度，他带领团队放弃假期，连续带领项目组分析问题、讨论试验方案，详细制定了有关问题的处理措施并严格落实，确保了产品安全，达到了试验目的，为产品现阶段研制和后续工作奠定了良好基础。

在担任某系列项目总设计师期间，王立文针对稳定性不足、生产组织困难、保障设备可靠性低等问题，带领项目组在三年时间内先后完成了总体改进方案、工程设计及样机试制、湖海科研及鉴定试验等工作，按时完成了项目订货任务，并在此基础上完成了产品改装以及抽样实航交验，满足了部队的迫切使用需求。

在某军贸科研项目研制中，面对使用方需求不清晰和沟通不便等困难，王立文和项目组一起想方设法了解情况，收集资料，认真分析、统筹规划，完成了产品的研制及鉴定工作。该产品已顺利实现批量交付，在水中兵器军贸出口中尚属首次，取得了较好的经济效益。多年来，王立文不断推进七〇五所军贸工作向前发展。这些项目为促进武器装备技术水平的提高、维持研发力量的稳定性和可持续性、动态平衡国内军品生产能力，保持生产线的持续发展，完善多年形成的科研、生产配套协作网络，实现我国军工行业高质量发展，推动国内技术发展发挥了重要作用。

加强团队建设　发挥自身作用

王立文带动、感染着一批批年轻人，打造了一支能打硬仗的科研团队。他先后完成了 10 余名硕士研究生培养工作，开展了多项预研课题研究工作，培养的多名学生已成为相关专业的技术骨干，并在相应的研究领域挑起了科研重担。近年来，他先后在《水中兵器》《鱼雷技术》等行业核心期刊发表论文 20 多篇，ICCA 会议论文集一篇，完成水中兵器丛书“鱼雷定位技术”相关章节的编写，获得专利授权 2 项。

在繁忙的科研工作同时，王立文还坚持在公共科技领域发挥自身作用。目前，他担任着中国造船学会西安分会理事、鱼雷制导技术国防科技重点实验室特邀专家，中国惯性技术学会西安分会理事，水中兵器学会学报编委，中国系统仿真学会成员。

外场试验的优秀组织者

——记中国舰船研究院某专项工程技术部主任张义忠

在科研、建造和试验一线，他铁心跟党走，丹心为国酬，是试验现场“最忙碌的人”
在试验现场抢工加班是家常便饭，他身先士卒、率先垂范，是加班队伍中的“常客”

“张义忠每年有一半以上的时间在执行外场试验任务，是项目组驻场时间最长、吃苦最多的人”“他是大型外场试验智囊，多次为现场决策机构授课，是既可上对将军、又可下对士兵的全面手”“他科学制定试验流程，高质量抢进度，是不可或缺的试验组织者”……这就是同事眼中的张义忠。

张义忠，中国共产党第十九次全国代表大会代表，中国船舶优秀共产党员标兵，现任中国船舶集团有限公司旗下中国舰船研究院某专项工程技术部主任。他长期从事我国某重点型号领域的研制组织工作，多年来怀着对党的事业无限忠诚和无限热爱，始终坚持以海军装备现代化建设为己任，在平凡的工作岗位上默默耕耘、无私奉献，受到了领导机关、兄弟院所和中国舰船研究院广大干部群众的一致好评。

丹心为国讲奉献

张义忠长期奋战在科研、建造和试验一线，连续多年年均出差 200 多天，克服了家庭与事业难以两全、建造现场环境恶劣等一系列困难。

在试验现场，张义忠精于学习、勤于积累、善于总结，是许多技术人员的领头人和优秀代表。在重大试验中，他是军地双方共同组成的决策机构的智囊团主要成员，现场指挥部点名要求他为各工业部门组成的指挥部全体成员授课。在关系全局的决策时，他经常提出合理化建议并被采纳。他常常参加各类技术、计划的决策会议，常态化地深入试验一线，全面把握计划执行、技术协调、质量问题处理等环节，被称作所有参试人员中“最忙碌的人”。

开拓创新志超越

张义忠在主持完成某改装任务中，针对改装施工进度要求紧，改装厂技术力量有限的实际情况，参与制定改装方案，拟定重要工艺清单和工艺方案，使已经退役的装备再次“焕发了青春”。

在某次军方牵头组织的、无工业部门组织者参与的试验中，由于准备工作烦琐未能满足批准时间节点要求，海军机关紧急征调张义忠前往现场。他作为第一牵头人制定科学紧凑的试验准备流程，将前期耽误的进度高质量抢了回来，确保了关键计划节点如期实现。

在某重点试验中，张义忠克服试验技术、组织、保障、气候不宜等重重困难，牵头制定了“一专多能”“操作零失误”“最短时间准备”等一系列措施，按时高质量完成了外界认为很难完成的任务，受到海军机关的好评。

胸怀大局聚力量

作为一名党员和部门负责人，张义忠始终秉承带头学习提高、带头争创佳绩、带头服务群众的理念，以共产党员的标准严格要求自己，在工作中身先士卒、率先垂范。

在试验现场抢工加班是家常便饭，张义忠是加班队伍中的“常客”。在夜班工作时，他会让有困难的同志回去休息，艰苦的工作由他来组织完成。在某次连续奋战排故经历中，他接连在岗工作 48 小时无休息，24 小时未进食。部队的一位领导叫来车辆，强行要求他必须乘车去食堂就餐。事后这位领导深有感触地说：“有这样一群兢兢业业的科研工作者，我们的试验没有不成功的道理。”

在张义忠的带动下，部门的青年员工有梦想、敢担当、讲奉献、干实事，创造了某重点项目试验一次成功的重大胜利，多次获得了上级机关和单位的表彰和奖励。

张义忠始终保持着优良的工作作风和突出的工作业绩，始终发扬着艰苦奋斗、科学求实、迎难而上、无私奉献的担当精神，不愧是国防科技人员的典型模范、优秀共产党员的楷模标杆。

五、中国船舶
优秀党务工作者标兵

破题基层党建与业务融合的上海市技能大师

——记江南造船（集团）有限责任公司搭载一部党支部书记、副部长王国军

率先成立“流动党员工作室”，将25名流动党员纳入管理

助力公司承接23000TEU的“钢铁巨无霸”，树立了“60天”的新坞期标准

工作室4名成员在庆祝中华人民共和国成立70周年阅兵式中担任专业教练

中国船舶集团有限公司旗下江南造船（集团）有限责任公司搭载一部党支部书记、副部长王国军，同时也是“上海市技能大师工作室”负责人。自担任党支部书记以来，他积极推动基层党建融入中心工作，曾获江南造船“优秀党务工作标兵”、集团公司“优秀共产党员”、上海船舶系统“优秀党务工作者”等荣誉称号，带领所在党支部荣获国资委“第一批中央企业基层示范党支部”称号。

基层党建示范带动的“好棋手”

王国军通过创新“红色引擎”“三争三创党员示范”“主题党日志愿服务”等组织活动机制，激活“红色因子”，带头完成生产任务。他率先成立“流动党员工作室”，将25名流动党员纳入管理，推进党员“1+1”结对子及“1+N+1”项目，发挥劳务工党员作用，稳定劳务队伍；积极探索支部共建推动党建创新发展，与多个单位常态化联学共建，推动“校企培养共建”；组织助力脱贫攻坚，联合支部组织爱心义卖及捐款对口帮扶“云南鹤庆六合中学”，彰显了央企的社会担当，助力提升江南造船的军工核心地位。

推动行业高质量发展的“加速者”

王国军聚焦“党建工作服务于生产任务中心”，充分发挥党工群团的纽带功能。自

2016年以来，他组织建造和美化员工休息点，改善员工施工、休息环境，搭建“搭载之声”平台、“部长书记接待日”、“每月员工座谈会”等；组织党员带头推进材料配送、生产突击、突击项目等，解决了生产过程中的突出、难点问题，促进了生产任务超标准、高质量完成。在专业技术上，王国军带头研究掌握了巨型总段整体吊装技术、主机吊装、液罐整体吊装等方面60余项技术创新方法，破解复杂精度控制难题，提高生产建造效率，加速平地造船的推广和发展。他最大化利用公司SPMT和龙门吊的起重能力，实现建造流水线式批量化建造；结合公司智能对接技术，助力公司承接23000TEU的“钢铁巨无霸”，并成功树立了“60天”的新坞期标准。

新时代党建与业务深度融合的“复合型”人才

通过不懈努力，王国军带领党支部几年来连续被评为先进基层党支部。在专业上，他充分发挥技能优势，于2015年创建“大件驳运、吊装技术创新工作室”，培养了一支技术突出、素质过硬的技能团队，成熟应用模块运输装置完成500余次重大件驳运、吊装，多个项目获得“创新成果奖”，2018年获“上海市技能大师工作室”称号。工作室4名成员在庆祝中华人民共和国成立70周年阅兵式中担任专业教练，仪式当天，在3小时内完成了38组2.7万个座位的观礼台搭建，仪式结束5小时完成了所有观礼台的撤场，充分彰显了“中国速度”与大国实力。

党员工程撑起精品工程

——记大连船舶重工集团有限公司船坞总装二部党委书记兼部长王景东

创建党员工程 26 项，设立党员示范岗 23 个

受南通市如东县党委委托，完成威鹏支部入党积极分子的相关培训与考核工作

在党务工作上，兢兢业业、恪尽职守，无私奉献、创先争优；作为党委书记，深入学习贯彻习近平新时代中国特色社会主义思想，加强部门党风廉政建设，丰富党建工作内容，曾多次获得大连市优秀共产党员、劳动模范，大船集团劳动模范、集团公司优秀党务工作者等荣誉称号。这就是中国船舶集团有限公司旗下大连船舶重工集团有限公司船坞总装二部党委书记兼部长王景东。

党员示范岗发挥战斗堡垒作用

大船集团船坞总装二部现有正式职工 657 人，其中党员 211 人。王景东每月定期组织召开部党委会议，讨论本月党建工作要点，布置党委工作内容，落实党员责任，丰富党建内涵，推进党建促生产工作高效开展。在王景东的领导下，船坞总装二部党员有担当、群众有热情，出色地完成了年度各项生产任务。

此外，王景东深入组织开展共产党员工程和设立党员示范岗等创建活动，推进党建促生产活动的开展，打造精品工程，实现降本增效。目前，该部通过创建党员工程 26 项、设立党员示范岗 23 个，有效地解决了生产过程中的重点难点问题，为现场生产创造了有利条件。特别是在首艘智能船舶的建造、首艘加装脱硫装置船舶建造过程中，党员示范岗发挥战斗堡垒作用，党员发挥先锋模范作用，齐心协力，保证质量，为船舶节点的按期完成奠定了坚实基础，打造了大船集团精品工程项目。

2020 年春节后复工，受新冠肺炎疫情影响，外协单位返厂劳动力不足，部门面临一艘船提前交付、一艘船按期试航的艰巨任务。王景东精心策划、周密安排，组织党员突

击队深入生产一线，协助外协单位完成生产任务。该部党员在关键时刻发扬风格、冲在前线，带动部门生产提速，全面确保部内各项生产任务按期完成。

强化学习创新　激发党务实效与活力

王景东始终把政治学习作为党员提升的首要任务，通过创新学习形式、优化学习内容，让党员不断充实理论知识，提升思想境界。他每年年初组织召开形势任务教育大会，明确全年工作任务；不定期召开阶段性形势任务讨论分析会，统一思想、明确目标；充分利用部党委网站上传各类学习要点，方便党员学习与交流；日常督促党员通过“网上党校”“学习强国”等平台学习，有效利用微信群组开设微信小课堂，不定期向党员推送党史、党纪、时政、新思想、新理论等知识。

王景东带领船坞总装二部党委积极开展外协党建工作，按照大船集团党委《大船集团党委关于进一步加强外协企业、劳务派遣单位党建工作的指导意见》的要求，积极协助外协企业南通威鹏公司成立党支部，并协助其完成各项管理与党员积极分子发展工作。外协党组织的建立是“提高党的建设质量”和“创新党的组织设置和活动方式”的具体实践，能切实发挥党组织战斗堡垒作用和党员先锋模范作用。自威鹏党支部建立以来，王景东全程参加并与支部党员共同学习展开讨论，实现优势互补共同提升。受南通市如东县党委委托，船坞总装二部党委完成了威鹏支部入党积极分子的相关培训与考核工作。

举办主题活动　增强党员爱国主义情怀

王景东组织开展了“不忘初心、牢记历史”主题教育党日活动，通过参观历史遗迹，进行爱国教育的形式，进一步弘扬革命前辈复兴中华民族的思想，引导党员树立正确的人生观、价值观，让党员活动日有内容、有教育、有深度、有延伸；同时增强了党组织的凝聚力，提升了党员的执行力，为今后各项工作的开展起到了良好的促进作用，使得党员理想信念进一步坚定、工作作风进一步转变，有利于进一步加强党的建设，推动大船集团各项工作顺利开展。

王景东因地制宜，完善部门7个党员活动阵地的建设，让党员活动阵地成为基层党员政治学习的中心、思想教育的阵地、传授知识的课堂，成为基层党支部党建动态、宣传教育的窗口。其中，船坞总装二部四楼文化长廊已成为职工了解部门发展历程与部门党建工作的主要场所。这进一步增强了员工的归属感，为员工搭建了一个良好的学习交流平台，从而全面促进党建工作的开展。

风帆党务工作的耕耘者

——记风帆有限责任公司党委委员、党委工作部部长何秀瑾

请中央党校、中国人民大学专家教授讲课，把党务工作做出实效、做出特色

主持开办“加强党建基层党组织书记大家谈”“新任职领导干部经验分享座谈会”

“她是一个注重学习、高标准严要求、工作能力和感染力都很强的人，是一个对党忠诚、爱岗敬业、始终把党务工作作为事业来做并做出实效、做出特色的好干部”，这就是同事们眼中的何秀瑾，中国船舶集团有限公司旗下风帆有限责任公司党委委员、党委工作部部长，也是中国船舶集团“2020 年优秀党务工作者标兵”获得者。

忠诚敬业有担当　加班加点讲奉献

何秀瑾始终用恭敬严肃的态度，把自己所从事的党务工作当作事业来做，认真负责、一心一意，任劳任怨、精益求精。风帆公司党委安排的各项工作，无论大事小事，她都认真对待，高标准完成。

2016 年以来，国有企业党建工作任务越来越多。面对集团公司巡视、党建检查、档案检查等重点工作以及日常需要及时报送的材料等，何秀瑾积极克服人员短缺等困难，带领员工加班加点，每日工作时间超出了 8 小时。面对超负荷的工作，她经常劝导下属：“不要着急，干一点就成功一点。”在她的带领下，部门人员毫无怨言地加班工作，出现了加班到深夜的“老黄牛”，培养出公司劳动模范，输送出党务人才。

何秀瑾严格按照公司党委要求，精心策划方案，成立指导小组，深入推进“两学一做”学习教育常态化制度化，扎实开展“不忘初心、牢记使命”主题教育等重点工作的落实。为保证公司党委年度工作的落实，她每年分解制订党建、人力资源、企业文化等专项工作计划，明确责任，做好理论中心组学习研讨、党委会前置决策等各项工作的保障。此外，

何秀瑾还特别重视组织部门人员学习研讨党中央以及上级党组织会议精神，请中央党校、中国人民大学专家教授讲课，把党务工作做出实效、做出特色。2019 年，风帆公司党委获“中央企业先进基层党组织”荣誉。

严谨认真　将党建工作抓出实效

何秀瑾经常说：“没有生产经营，党建就成了无源之水、无本之木。”

结合风帆公司党务工作实际，她始终坚持围绕中心工作，紧扣“创新”和“发展”两大主题，以开展“两学一做”学习教育为载体，在提高基层党组织核心作用上下功夫，带领部门员工通过完善党建基础工作、创新活动载体、激发组织活力等有效手段，积极组织开展基层党组织分类定级考核，规范发展党员程序，严格强调工作的规范，严格各项资料审核。她组织各党支部创新开展党组织书记述职评议、党员示范岗、党员责任区、党员突击队、党员服务队等活动，开展“三会一课”督导检查，夯实党建基础。

何秀瑾还注重将所学理论知识运用到实际工作中，提升公司党建管理水平。近年来，她积极出点子、做策划，为加强干部队伍建设，主持举办了“加强党建基层党组织书记大家谈”“新任职领导干部经验分享座谈会”，开展了“后备干部成长池”“年轻干部对标管理提升”等工作。围绕履职状态、劳动纪律、工作环境三项改观，提高中级管理人员的工作效率和执行力，她先后组织开展了“眼里有活、手里出活”“一亮三查两热线”“亮业绩、比实干、增经验”等年度专项工作，并严格监督实施。她还定期召开公司党支部书记例会，制定了党建工作考核评价等十余项制度。

出点子　建机制　加强企业文化工作

在企业文化和思想宣传工作中，何秀瑾注重抓重点、抓亮点、抓薄弱点，努力实现闭环管理。她组织制订了企业文化工作计划，不断完善适用于职能部门和子分公司的《风帆公司企业文化建设考核评价实施办法》，每年度坚持按照四个方面考核，不断更新适应企业发展的文化理念。她持续组织开展“令我感动身边事”征集评选活动、季度开展员工思想动态调研，加大风帆核心价值观、使命、愿景的宣传教育力度，推进与风帆火炬公司企业文化融合工作。在新冠肺炎疫情防控期间，她每天指导宣传报道公司各支部防疫、复工复产工作中表现突出的人物和事迹，组织各党支部党员参与社区疫情防控志愿者服务共 310 人次，总计 1375 小时，弘扬了企业正能量。

耐心细致　给员工群众送去温暖

何秀瑾始终牢记党的宗旨，在工作和生活中严格要求自己自觉遵守中央“八项规定”、持续反对“四风”。凡是要求别人不做的，她自己坚决不做。

何秀瑾长期负责信访工作，后又负责人力资源工作。每当遇到各种各样的上访人员和反映情况的人员，她总是注重工作的方式方法，耐心细致地给他们讲解党和国家的政策、法规。她制定了专项应急预案，积极排查及调处，加强沟通和协调，做好信访稳定工作，多次化解了占地工集体信访、社区问题群访、特殊群体上访以及网络舆情危机等。她还积极履行社会责任，做好驻唐县北店头乡东杨庄村协调推动工作，用自己的努力换来了员工群众的满意，得到了大家的认可。

（邱双喜）

热爱事业的耕种人

——记广船国际有限公司办公室（党委办公室）党总支书记、主任陈少龙

把员工的健康放在第一位，不怕十防九空，不怕兴师动众

围绕重点产品、重要工程、重点节日，组织专题宣传，公司明星产品多次登上中央媒体

中国船舶集团有限公司旗下广船国际有限公司办公室（党委办公室）党总支书记、主任陈少龙，进入公司工作25年，从事党务工作24年，是一位名副其实的“老党务”，曾获得“广州市青年岗位能手”、集团公司广州地区优秀党务工作者、集团公司优秀党务工作者等荣誉称号。了解他的同事都说，陈少龙就是一个“工作狂”，他以脚踏实地的工作作风浇注出一块优秀党务工作者的生动模板。

坚持勤政务实　打造最强战斗堡垒

“树立强烈的政治意识、规矩意识、管理意识、形象意识、服务意识”，陈少龙组织支部委员会认真研究部门的党建工作，以党建工作促中心工作完成。他依照部门的职责内容和各个室的岗位特点构建符合部门角色定位的蓝图，从宏观的顶层设计到细致的人员结构，不放过任何一个细节，力求让公司办公室（党委办公室）这个“神经中枢”的运作更为流畅。同时，他通过搭建督办工作平台，提高了公司重大决策部署督办跟踪的成效。

今年年初，面对严峻的新冠肺炎疫情形势，作为公司疫情防控领导小组成员，陈少龙以高度的责任感和使命感，第一时间投入公司疫情防控的第一线。疫情期间，如何解决近两万人的吃、住、行等后勤保障工作最伤脑筋。为了在复工复产前把一切安排妥当，陈少龙春节假期几乎每天都守在公司，及时对接各方信息，组织指导综合文秘室、总务室、宣传文化室等进行相关疫情防控知识宣传，统筹后勤保障工作，有效确保了公司复产复工的节点，也为员工安心上班提供了有力保障。当疫情防控工作进入常态化阶段，

陈少龙又带领支部党员围绕“外防输入、内防反弹”的要求，统筹策划后勤服务方面的疫情防控常态化工作。他始终把员工的健康放在第一位，不怕十防九空，不怕兴师动众，秉持着这样的疫情防控理念，为公司疫情防控工作做出了积极贡献。

用公司领导的话说，“公司办公室（党委办公室）的工作繁杂且特殊，想得到公司的表扬和员工的赞许不容易”。然而，在陈少龙的带领下，经过全体员工的共同努力，这“不容易”的表扬和赞许却在公司内频频出现。

坚守初心　俯首甘做耕种人

作为广船国际党委办公室的行政负责人，陈少龙深知自己肩上的责任之重，既要当好党委决策参谋，又要做好广船文化的讲述者。为此，他在“不忘初心、牢记使命”主题教育中以《党委工作部门发挥决策参谋作用的研究》为题开展调研，并组织政策研究室编辑《政研参考》，为公司党委决策提供有效的参考依据。为推动党建工作标准化、规范化，他参考质量管理体系，组织编写《广船国际党建工作规范》和《党支部工作手册》，绘制《广船国际党建工作流程图》，并开发党建信息系统，以流程化和信息化手段提高党建工作质量。

为内鼓士气、外塑形象，陈少龙围绕重点产品、重要工程、重点节日组织专题宣传，大力展现公司高质量发展成绩和广船人奋勇拼搏、攻坚克难的精气神。该公司客滚船、半潜船、极地重载甲板运输船、极地凝析油船、深中通道沉管钢壳等明星产品多次登上中央媒体，充分展现了军工央企的良好形象，大大增强了员工的自豪感、凝聚力。

为落实公司党委“重塑文化优势”的部署要求，陈少龙组织开展企业文化理念征集工作，通过自下而上再自上而下地征集讨论，形成了适应公司高质量发展需要的企业文化理念体系，达到了凝聚共识、鼓舞人心的效果。他还组织完成了公司办公楼宇文化提升工程，建设了一批重要企业文化载体，使公司文化形象有了较大提升。

在近两年公司下属单位深化改革工作中，陈少龙把自己在荔湾厂区搬迁中总结的“只有加强顶层设计和提前策划，才能争取到工作的主动权”“只有加强政企联动和内部沟通，才能争取到各方的有力支持”“只有有效发挥党组织和党员作用，才能保证企业的和谐稳定”3 条重要经验充分运用到人员安置工作中，有效避免了群体性事件的发生，为公司深化改革做出了重要贡献。

不忘初心、牢记使命。从业 25 年，陈少龙始终坚定理想信念，热爱着自己的事业，虽然没有可歌可泣的壮举，没有轰轰烈烈的事迹，但他那默默耕耘、无私奉献的精神却如同甘露一般滋润着公司的党建土壤，为公司的党建工作增添了蓬勃的生机与活力。

22 年初心不改的军工文化专家

——记武汉船用机械有限责任公司党群纪检党支部副书记、工会副主席、党群工作部部长李善祥

第二批中国军工文化专家

创新推出首届船机文化节、首个质量日、首个员工家庭开放日

在 22 年的党务工作战线上，中国船舶集团有限公司旗下武汉船用机械有限责任公司党群纪检党支部副书记、工会副主席、党群工作部部长李善祥，始终坚持用发展的眼光研究工作，以创新的精神推动工作，围绕公司改革发展和生产经营中心，坚持推动企业党建工作与业务工作深度融合，为推进以高质量党建工作引领企业高质量发展做出了突出贡献。他在负责公司党群工作期间，公司党委先后获得中央企业思想政治工作先进集体、中央企业先进基层党组织、湖北省创建“四好”领导班子先进集体，湖北省先进基层党组织、武汉市“十佳”先进基层党组织、集团公司先进基层党组织等荣誉称号。

博学广识，以过硬能力推动党建工作

李善祥深知，作为一名党务工作者，必须具备过硬的政治素质和深厚的理论功底，才能不断适应党建工作新形势、新任务、新要求。多年来，他勤于学习新知识，善于钻研新理论，结合公司实际，牵头研究制定公司党建制度体系，形成了涵盖政治思想、党风廉政建设、干部及人才等五大方面近 90 项制度的《党建制度汇编》，编制各类工作流程图表 100 余张，指导企业党建工作的有效开展，推动公司党建工作体系化、标准化、规范化建设不断加强。

李善祥与时俱进推动党建与业务工作融合发展。在他的积极推动下，公司党建工作围绕支部创牌、党员创星、党员攻关、党员示范岗、重点军工党员先锋队等建设工作，

持续创新，促进支部战斗堡垒作用更加坚强、党员先锋模范作用更加突出。李善祥主抓企业党建群团工作取得的成绩深受集团公司党群部门的关注，他作为集团公司高级管理专家和管理创新成果评选专家，多次参与集团公司制度建设和管理成果评审工作。

抓住思想热点，唱响时代主旋律

李善祥准确把握时代脉搏，牢牢把握宣传思想工作方向，围绕加强新闻宣传工作，创新宣传工作方式，加强传统媒体和新媒体融合发展。他一方面加强策划，另一方面统筹公司微信公众号、抖音号、局域网、广播、橱窗等各类宣传载体，内聚力量、外树形象，紧跟党中央的最新要求，聚焦员工思想热点，唱响主旋律，传播正能量。

作为第二批中国军工文化专家，李善祥充分发挥自身在企业文化方面的优势，在公司领导的大力支持和主导下，积极推进企业文化建设，围绕企业高质量发展和推进“三大变革”，提炼形成“三品三心”企业核心价值观，创新推出首届船机文化节、首个质量日、首个员工家庭开放日等系列文化活动，推进企业文化建设迈入新阶段，不断提升企业文化软实力。

强“三性”，群团组织呈现新活力

李善祥深入学习中央关于群团工作的部署要求，充分发挥群团组织桥梁纽带作用，围绕“去四化、强三性”开展了系列工作：一是结合业务融合健全群团工作运作机制，推进群团工作体系化、规范化建设，增强群团组织的吸引力和影响力，推进共青团组织改革，结合企业实际，建立青年工作委员会，发挥团员青年推动企业发展生力军作用；二是首创公司首席技能大师评审机制，推进合理化建议活动在推进企业“三大变革”中发挥重要作用；三是以劳模创新工作室、技能大师工作室为载体，强化学习交流和经验分享，促进高技术技能人才发挥传帮带作用；四是首创“2+2”模式，每年突出主体工种，覆盖辅助岗位，推进技术、技能、管理岗位同步提升，为公司各岗位员工搭建了成长成才的平台，使公司技术比武活动呈现新面貌。

李善祥在二十多年的工作生涯中，全身心投入党的事业，用自己的不懈努力和辛勤付出诠释着一名党务工作者的忠诚和担当。

（杨玉亮）

爱岗敬业　践行初心使命

——记重庆前卫科技集团有限公司政工保密党支部书记、政治工作部主任秦维

建成了重庆市首家由中组部党建读物出版社授牌的“党建书苑”

到湖南常德负责采访、撰写姜开斌烈士事迹

他，参加工作36年，从事党建工作近30年；他，因丰富的企业党建工作经验，曾获得集团公司党组和重庆市国资委党委授予的“优秀共产党员”和“优秀党务工作者”称号；他，撰写的《深入开展督察工作，促进企业快速发展》被收录到由重庆市国资委党委主编、重庆出版社出版的《国企党建工作科学化发展的实践》书中，并作为企业党建工作优秀案例在全市国有企业中广泛推广。他就是中国船舶集团有限公司旗下重庆前卫科技集团有限公司政工保密党支部书记、政治工作部主任秦维。

主题教育立见成效

秦维带头加强政治学习，坚定政治立场，不断提升党性修养。在去年“不忘初心、牢记使命”主题教育期间，他坚持以习近平新时代中国特色社会主义思想为指导，带头深入学习习近平总书记系列重要讲话，带头系统学习和深刻领会习近平总书记对集团公司做出的重要指示批示精神，带头增强“四个意识”、坚定“四个自信”、做到“两个维护”。

在“不忘初心、牢记使命”主题教育期间，秦维组织举办了7次“党校进前卫”学习读书班。他对照巡视整改、专项整治和以案促改，指导开展问题检视并撰写整改方案，督促狠抓整改落实。其间，秦维协助公司党委开展“党委建书苑、支部建书屋、党小组建书架”大学习平台，建成了重庆市首家由中组部党建读物出版社授牌的“党建书苑”。其主题教育成果受到了中央统战部、重庆市领导的肯定。《人民日报》就前卫科技集团党委抓整改落实取得的成效做了专题报道。

提升组织力行之有效

为进一步加强基层支部建设，秦维及时向公司党委提出了建设性意见并得到采纳实施。一是将公司原七一创先争优总结表彰会更名为公司党建工作会议，充分体现公司党委“把方向、管大局、保落实”的领导作用。二是提出构建“一个部门一个支部”的管理格局，确保党员学习教育管理实现全覆盖。三是在基层支部中采取行政、支部工作“一肩挑”，较好地解决了原来“轻党建、重业务”的工作作风。

同时，秦维还坚持问题导向，重视加强制度建设。近年来，他先后组织建立和完善党建工作制度近 30 项，经多次修订并形成《支部工作制度汇编》，改变了过去零散不成体系的问题。秦维特别注重将原来好的工作模式以制度的形式固化下来，如坚持 20 多年的支部书记月度例会制，每年年初在党员中开展“承诺践诺”活动，每半年由支部组织对党员践行承诺进行评议等。

秦维积极探索党建工作与行政工作深度融合，在技术中心重大科研项目中建立临时党小组，充分发挥党员的先锋模范作用。他积极探索推动党建工作内容具体化、考核指标量化，多次组织完善党建工作责任制实施办法，让党建工作由“软指标”向“硬指标”实施考核转变等，进一步强化基层支部落实责任。

颂英雄战疫情卓有成效

秦维服从集团公司安排，先后参与了对全国优秀共产党员张进同志和七六〇所抗灾抢险英雄群体的宣传报道，并出色地完成了任务。2016 年，公司老领导张进不幸去世后，秦维作为宣传组的负责人之一，具体承担了宣讲宣传材料的收集、整理和撰写，并负责建成“张进先进事迹陈列室”，完成事迹宣传片等工作。其间，他弟弟突发脑溢血、岳母患老年痴呆、自己查出重度高血压，但他仍然坚持工作，并三次到北京参与方案制订和各类材料的修改，其工作成绩得到大家的一致肯定。

2018 年，按照集团公司对七六〇所抗灾抢险英雄群体的宣传安排，秦维奉命先后多次到北京、大连等地开展工作，并到湖南常德负责采访、撰写姜开斌烈士的事迹，完成了题为《父亲，大海如海的老兵》的宣讲报告，受到了好评。

面对新冠肺炎疫情，秦维从 1 月 21 日开始通过《前卫人》报和“前卫集团”微信公众号，迅速宣传贯彻党中央、国务院的防疫部署以及集团公司和地方政府的防疫工作要求，及时报道公司党委和广大干部职工在战疫情、推进复工复产工作中涌现出来的先进事迹，多篇报道被“中国船舶”微信公众号和《中国船舶报》《重庆船舶》以及华龙网等媒体平台采用，起到了提振士气、凝心聚力的作用。

六、中国船舶示范党支部

铮铮誓言缔造渤船集团深蓝梦想

——记渤海造船厂集团有限公司军品生产管理部党支部

支部在职的49名党员分别与96名普通职工结为对子

党员带群众，党建带“攻坚”

中国船舶集团有限公司旗下渤海造船厂集团有限公司军品生产管理部党支部现有党员56人。近年来，该党支部在渤船集团党委的正确领导下，深入贯彻习近平新时代中国特色社会主义思想和党的十九大精神，以党建引领践行主责做强主业，全面推进“两学一做”学习教育常态化制度化，运用“三个抓实”，全力突出党组织的政治功能和组织功能，用生产经营攻坚成效检验党建工作质量，有效发挥党支部的战斗堡垒作用和党员的先锋模范作用。

抓实保障，提升支部基础建设水平

军品生产管理部党支部针对党员思想不同、政治素质不同等特点，有的放矢，先后建立健全了党支部的工作制度、党员的学习制度等。为了促进组织生活扎实开展，该党支部以推进“两学一做”学习教育常态化制度化为契机，制定了党员集中学习常态化制度。2020年年初，面对新冠肺炎疫情影响，该党支部巧妙运用新媒体、新媒介，采取“手机微党课”的形式，由党支部书记围绕“抗疫情、保生产、两手抓、齐攻坚”主题进行宣讲，录制成音频，发送到微信群，方便党员干部在业余时间随时收听，在“听看讲学思”中强化了思想建设，夯实了政治武装。

抓实机制，加强支部“三基建设”

军品生产管理部党支部认真执行《党章》要求，并结合实际，制定一系列规章制度和工作方法，全力确保党的生活和支部建设“事事有规范、办事有流程、做事有工具”。

一是加强基本组织建设。该支部以提升组织力为重点，突出政治功能，配齐配强党务工作人员，加大培训力度，分层次、多形式组织开展培训，竭力打造一支高素质、专业化的党务人员队伍；严格落实《“三会一课”制度》《民主生活会制度》《组织生活会制度》《党支部换届选举工作实施办法》《民主评议党员制度》《党费收缴、使用和管理办法》等支部工作制度。

二是加强基本队伍建设。该支部严把党员入口关，加大从担负“急难险重”任务的人员和优秀青年中发展党员工作的力度，努力把业务骨干培养成党员、把党员培养成业务骨干、把党员骨干输送到重要岗位；围绕中心工作深入开展“党员示范岗”“党员责任区”等党建主题活动，积极探索采用“党建＋互联网”工作模式，引导党员充分发挥先锋模范作用。

三是加强基本制度建设。该支部结合部门实际情况，进一步健全完善支部工作制度，确保支部各项工作有规范、有标准，使支部规范化建设取得实效。

抓实融合，“微”力量实现“大”作为

军品生产管理部党支部将全面实现全年任务作为“不忘初心、牢记使命”的考场，作为锤炼党性、磨砺本领的战场，坚持融入中心服务一线，深入开展党建工作，做到党建工作与生产管理深度融合。

为引导广大党员干部充分认清形势，军品生产管理部党支部结合质量管理全面整顿提升工作，组织广大党员团员参观公司厂史馆，开展了“爱厂敬业、提升质量”主题党日活动。通过参观学习，党员干部转变思路、开拓进取，不断提升产品建造水平，为公司高质量发展凝聚智慧、奉献力量。

军品生产管理部党支部强化思想引领、政治保障。2020年4月，该支部积极响应公司号召，组织开展“双保双争”主题活动，发挥党组织战斗堡垒作用。该支部以“带思想、带技能、带作风、带业绩”为主要内容，开展党员结对子活动。该支部在职的49名党员分别与96名普通职工结为对子，积极发挥模范带头作用，带动职工开拓进取、勇于奉献，实现思想有提升、质量做到位、技术有进步，促进各项工作顺利开展。

军品生产管理部党支部运用“党员示范岗”、“党员责任区”、党员工程等优良载体平

台，围绕难点任务、瓶颈问题、卡脖子项目开展攻关竞赛、献礼活动，激励全体党员干部立足岗位、拼搏奉献。2020 年 4 月，该支部联合生产准备、生产密配、生产作业等多个部门党组织，以“着力打破不同阶段、不同工序、不同部门之间的界限，加大干预力度，拓宽沟通渠道，发挥党建优势”为出发点和落脚点，策划并开展“抓党建，聚合力，促攻坚，保节点”党员劳动竞赛，抓住关键过程、关键工序、关键节点，确定 26 个联合立项项目，全力推动相关部门辨识风险，及时提出预警和拉动需求，统筹生产进度、生产负荷与生产任务之间的平衡关系，进而满足工序衔接顺畅，促进节点按期实现，掀起以支部带党员、党员带群众、党建带“攻坚”的大干、热干高潮。

机遇与挑战并存，梦想与辉煌同在。军品生产管理部党支部用干净、忠诚、担当践行着“渤船可为、渤船能为、渤船善为”的铮铮誓言，缔造着“驶向深蓝”的伟大梦想！

激扬军工奋斗志　逐梦强军新时代

——记武昌船舶重工集团有限公司军船设计公司党支部

他们是一群“乘风破浪、勇往直前”的开拓者

他们是一群“不驰于空想、不骛于虚声”的实干者

“打造精品，强军报国”是每一位武船军工人的梦想。每一件军工精品的诞生除了生产建造外，过硬的制造工艺技术同样至关重要。中国船舶集团有限公司旗下武昌船舶重工集团有限公司军船设计公司党支部这支技术底蕴深厚、敢打敢拼的攻坚队伍，不忘兴装初心，牢记强军使命，始终奋战在科研生产一线，持续加强现场工艺技术创新，不断攻关新技术、新工艺、新材料的应用，实现了重点装备在关键核心技术指标的突破性、跨越式发展，为武船集团“十四五”军工技术的发展奠定了良好基础。

必须在思想政治上过硬

武船集团因军而起、依军而兴。坚守兴装初心、牢记强军使命，正是武船人践行军工国企神圣使命的职责所系，也是未来行稳致远的关键所在。军船设计公司党支部以高度的政治站位，自觉对标国内外行业先进技术，对标集团公司军工建设、高质量发展要求，激发广大党员许党报国的政治情怀、勇者无畏的斗争精神、敢打硬仗的优良作风、精益求精的职业追求。

军船设计公司党支部坚持把党建工作与中心工作相融合，确保党组织活动与服务保障军工生产任务不偏离，使党建活动成为推动军工发展的“红色引擎”。该支部围绕军工科研生产目标，依托在研在制产品，以创建学习型、创新型党支部为载体，实施党员示范项目 17 个，劳动竞赛项目 162 个，充分发挥了党支部的战斗堡垒作用和党员的先锋模范作用。

必须在主业主责上建功

圆满完成军工科研生产任务是每个武船军工人融入血液中、刻在骨子里的崇高信念。军船设计公司党支部带领广大党员群众，坚持做强做优军工主业，强力支撑公司各项军工任务按期高质量完成。

在主业主责上，他们是一群“乘风破浪、勇往直前”的开拓者。某新型产品重要装置的研发不仅涉及公司的核心能力，更关系到公司军工科研生产的大局。机关要求在 7 天时间内完成该装置设计方案。由于是新产品新装置，没有成熟的案例可以借鉴，设计难度非常大。接到任务后，该党支部果断决策，立即成立由汪剑、刘瑞锋、范灿春 3 名党员先锋外加刘火云、金红顺、罗剑元 3 名技术骨干组成的攻关小组。

为了完成任务，攻关小组 6 人不约而同地将“家”搬到了办公室。由于是陌生的设计领域，他们一切都要从零开始，翻阅各种资料文献，一看就是一整天，一查就是二三十本，眼睛累了就滴眼药水润一润，饿了就吃几口面包，累了就靠在椅子上眯一会儿。白天拼命恶补知识的他们到了晚上就集中起来开始头脑风暴研究设计方案，大家你一言我一语，似乎忘记了时间，忘记了疲惫。他们的心中只有一个信念：坚决完成任务。这是军工人庄严的承诺！就这样一连通宵干了 7 天，功夫不负有心人，再难啃的骨头也没有军工人拿不下来的。7 天后机关组织设计评审，他们的方案不仅顺利通过，还得到评审专家的一致好评。

2019 年，在党支部的有力组织下，这群技术尖兵上下求索、团结协作，取得多项技术突破：全年共申报发明专利 33 项，受理专利 6 项，授权 4 项；获集团公司 2019 年科技进步三等奖 1 项；编写国防科技报告 43 篇；制定企业标准 6 项；新承接海装科研项目 2 项；立项批复国拨科研项目 1 项，在研国拨项目 7 项。

必须在关键时刻顶得上

当前，武船集团正处在深化改革、搬迁发展的关键时期，面临着难得的发展机遇和诸多挑战。按照集团公司高质量发展战略纲要要求，武船集团聚焦主业主责，推进技术系统改革，整合技术资源，形成创新合力，成立了以原军船设计公司、军贸设计公司为班底的武船设计研究院军船设计中心，在关键和特殊的历史时期，更好地发挥技术引领作用。

在关键时刻，他们是一群“不驰于空想、不骛于虚声”的实干者。新冠肺炎疫情导致军工设计任务严重滞后。复工复产后，武昌、双柳两地同时配建更是给武船技术尖兵们带来了不小的挑战。为此，党支部围绕公司科研生产任务，编制详细的工作计划，项目责任人、完成时间、保障条件全部通过党支部逐项落实，并采取超常规生产模式，发动全员推行“886”工作制（早上八点到晚上八点，周六正常上班，周日鼓励加班）。同时，为统筹兼顾武昌、双柳两地配建工作，党支部提前策划、积极动员，迅速组建配建小组，两地协调、随时补位。他们全力追赶设计进度，牺牲了陪伴家人的时间，换来了一份份图纸圆满绘就、一批批项目验收合格、一个个节点顺利实现，经过三个月的不懈努力，终于抢回了近一个月的生产周期。

（张旭）

示范党支部是怎样炼成的？

——记中国船舶集团第七〇九研究所系统总体部党支部

划清廉洁“责任田”、列明廉洁“责任单”

疫情初步缓解后，动员党员核心骨干组成“先遣队”第一时间返岗

连续13年获得所级及以上“先进党支部”荣誉称号；

党员占比达70%，超八成党员具有硕士以上学历，近一半具有中高级职称；

部门年度业绩考核年年在所内名列前茅，2019年囊获全部所级重大奖项及荣誉；

……

在这亮眼的“成绩单”背后，有一份来自中国船舶示范党支部——中国船舶集团有限公司第七〇九研究所系统总体部党支部倾力书写的答卷。

强根基、筑底线
党建工作有型又有心

系统总体部党支部以“党的一切工作到支部”为鲜明导向，抓好“三会一课”制度落实，探索形成一套涵盖职责分工、活动策划、过程实施、意见反馈、记录存档等全过程的政治生活开展规程。该支部以主题党日为载体，通过自学分享、集体研讨、实地教学等形式加强党员学习教育，推动习近平新时代中国特色社会主义思想入脑入心。疫情期间，该支部积极探索“云”上学习新模式，确保理论学习“不断档”。

系统总体部党支部完善基层组织建设，优化“书记＋支委＋党小组”的“1+6+4”组织架构。该支部创新运用“面向过程和基于效能的正反馈”支部工作法，定期对支部

工作进行量化考评；规范发展党员制度流程，做到“党员管理一本账”；开辟党员活动室，设置时事栏、读书角、荣誉墙，不断提高党建工作规范化、精细化水平。

系统总体部党支部划清廉洁“责任田”、列明廉洁“责任单”，开展“红线意识”“底线思维”常态化教育。该支部制定部门权力清单、外协采购管理规定、招待费管理规定、员工手册等，发布部门规章制度56项，强化监督和制约，确保党支部在党风党纪、廉洁自律等方面零偏差。

聚主业、促提升
做好融入中心“大文章”

系统总体部党支部将工会代表、党小组组长、青年代表等纳入支委扩大会，对考核评先推优、党工团妇换届、职称评聘排序等近20项重大事项实行民主决策。该支部定期动态梳理部门全体员工业务与技术方向，建立专业方向发展矩阵，助力人才成长；建立三级专家团队，签订履职责任书，使真正想干事的人有机会，能干事的人有平台，干成事的人有收获。

系统总体部党支部充分利用集中学习研讨、党课等开展形势任务教育，层层传导压力，树立必胜信念。该支部针对临时突击任务多、出差外场时间长等特点，将组织建在项目上，跟着团队走；抽调精兵强将，组建一支支以党员为核心的突击队，克服重重困难、团结聚力攻坚，力保重点项目高质量完成。

系统总体部党支部秉持“为九所荣誉而战”的信念，以“只争朝夕”的精神，连续参加重大择优论证，组织兄弟部门圆满完成多项重大研制和试验任务；牵头完成集团专业领域发展规划和专项论证；预研盲审通过率、立项率，双双刷新历史纪录。该支部2019年顺利完成9大类26小类129项计划内工作，主动承担了94项突发、临时任务，荣获省部级科技奖励一、二、三等奖多项，囊括全部所级重大奖项及荣誉。

疫情期间，系统总体部党支部制订封控期工作计划和指南，利用电话、视频会议定期沟通，确保各项任务“不掉线”；指导员工居家跟踪技术发展、开展专题研究、谋划发展规划，封控期间编制各类综述报告43篇。疫情初步缓解后，该支部动员党员核心骨干组成“先遣队”第一时间返岗，确保了各项重点任务有序推进。

凝人心、聚合力
党工团同频共振激发战斗力

系统总体部党支部始终坚持“一切为了群众，一切依靠群众”，通过“广播式”宣传

和“点对点式”交流，架起支部与职工真诚沟通的桥梁。该支部利用内部信息网和微信群，定期推送党的方针政策、思想路线和党员先进事迹；不定期将支部的组织生活、学习情况公开；通过集体座谈、支委谈心、党小组定期收集等形式畅通职工诉求表达渠道，支委年度与党员群众单独谈心谈话做到100%全覆盖。

党工团同向发力、共创共建，联合开展劳动竞赛、羽毛球比赛、户外徒步、扶贫支教，组织参加“共建绿色美丽家园”“我和国旗合个影，我为祖国送祝福”“青春守护，同心童行”等活动；全年组织探望慰问生病、生产、新婚职工及家属20余次；疫情期间，按照“零上报，电话联系，闭环确认”的原则精准掌握员工状态，积极为家属不幸感染的职工协调医疗资源，慰问在疫情期间出现家庭变故的职工，用“人情味”强化向心力。

展望未来，系统总体部党支部将一如既往、扎实工作，在新的征程上筑梦远方、不负韶华，实干笃行、砥砺奋进！

勇立潮头！这支队伍乘风破浪、敢拼敢闯

——记中船九江海洋装备（集团）有限公司惯测事业部精达党支部

骨干党员们带头脱离了事业编制

支部党员敢于承担国家重大工程和重点项目配套任务

空间站关键核心部件之一研制成功，标志着最后实施阶段，打破了国外技术封锁；

“高分十号”“高分十二号”发射成功，为国家重大战略实施和国防现代化建设提供信息保障；

“天问一号”即将发射，开启探测火星伟大征程；

“嫦娥四号”配套产品交付，为保障探月工程按计划实施贡献中船力量。

这些成绩的背后，有一个怀揣航天梦想的集体——中国船舶集团有限公司旗下中船九江海洋（装备）集团有限公司惯测事业部精达党支部。这支年轻的队伍现有党员 26 名，其中半数具有硕士学历，是一支业务能力强、团队协作强、大局意识强、服务意识强的团队。他们始终以服务国防建设为己任、以做国际一流特种旋转传输器材为目标，以实际行动为中国航天航空事业发展贡献力量。

永葆初心不动摇

精达党支部一直高度重视党员教育管理工作，严格按照年度党建工作计划，深入推进“三会一课”制度，认真开展“不忘初心、牢记使命”主题教育，先后组织党员赴湖北红安、湖南韶山开展主题党日活动。通过体验式教学，把党的历史、党的理论融入所看所见中，实实在在感受革命先辈艰苦奋斗的革命历程，让支部党员接受了一次从内到外的精神洗礼。

精达党支部积极与上海八〇五所九室党支部、航天科工四院九部科技党支部开展支部共建，以技术和业务交流为抓手，以党建探索为途径，实现支部共建水平向更高层次发展，打造党建业务融合生动实践。

关键时刻显担当

面对突如其来的新冠肺炎疫情，精达党支部充分发挥战斗堡垒作用，广大党员干部冲锋在前、担当奉献，始终奋斗在疫情防控的第一线。公司还未正式复工前，一支党员志愿者服务队已经悄然有序地组建并迅速投入各项疫情防控工作中。他们是每天公司来得最早的人，8 点前就要做好各项准备工作，细心地为每一位进入厂区内的人员测量体温、分发口罩，甘当疫情防控工作的卫道士；他们也是公司走得最晚的人，尽职尽责地保证每一间办公室、每一道走廊、每一处车间消毒到位、不留死角，为大家营造安全卫生的工作环境。从来没有什么岁月静好，因为有这群可爱的人们在替我们负重前行，是他们的无私奉献保障了公司全面复工复产。

争优创先显能手

一花独放不是春，百花齐放春满园。精达党支部致力于创建学习型创新型支部，以党建促发展，以发展强党建。该支部依托科技创新平台开展学术交流，鼓励党员、青年团员发散思维、碰撞火花，近两年已实现专利申请 36 项，在各类期刊发表论文十余篇，纵向项目申报二十余项。其中，该支部吴海红等多名党员组织申报的“空间双层柱式电旋转传输装置”获集团公司科学技术进步一等奖；薄夫森等多名党员申报的《基于光电旋转传输技术的连接器》获得江西省科技进步奖二等奖。

精达党支部通过党建文化宣传，积极推进党员创先争优活动，在广大党员干部及职工群众中形成了良好的示范作用和你追我赶的浓厚氛围。其中，该支部党员邓军获中国船舶集团有限公司“2019 年度船舶贡献奖”、江西省“双千人才”、2019 年度九江市优秀企业家等荣誉；王义坚同志获集团公司青年岗位能手、江西省青年岗位能手等荣誉称号，树立了一面面先进旗帜。

混改创新先行者

2019 年 7 月 31 日，证券代码 873322 的“中船精达”正式在全国中小企业股份转让系统挂牌公开转让，这场接近5年的艰难征程终于画上了阶段性句号。作为国企改革“双百行动”试点单位，精达公司这场混合所有制改革的战斗在初期曾举步维艰，员工持股带来的是可观的收益，同时也伴随着脱离事业编制、砸破铁饭碗、入股溢价高等高风险，改革一度陷入僵局。了解到这种情况后，精达党支部迅速召开骨干员工会议，解释改革的必要性和可行性。作为骨干的党员们带头脱离了事业编制，以较高份额现金认购股份，坚定了大家对公司发展的信心，为顺利实现员工持股打了一剂“强心针”。

改革之路任重道远，唯勇者行。由党员组建起来的新三板挂牌项目组、“双百行动”改革项目组敢于担当，积极投身混合所有制改革，在改革过程中发挥了主力军作用，顺利完成了各项改革任务，为公司实现成功挂牌提供了坚实保障。

攻坚克难航天人

精达党支部党员敢于承担国家重大工程和重点项目配套任务，相继承接了神舟系列、天宫目标飞行器、北斗导航组网、载人航天工程空间站等配套项目。

2012年，从学校毕业的吴海红刚进入精达公司就和一批志同道合的小伙伴投入空间双层柱式电旋转传输装置研究项目中。面对任务提出的结构尺寸紧凑、传输环路多、高可靠性长寿命等特殊要求，项目组成员不畏艰难，全力以赴，持续攻关，经常通宵达旦地进行方案验证、讨论分析，成功突破了各项技术瓶颈和难点，保障了项目的顺利交付。经过近5年的不懈努力，产品已转入正样交付阶段，并获得2019年集团公司科技进步一等奖。

从20世纪90年代开始，一代代精达人前赴后继，积极投身精密事业一线，将一件件寄托国家和人民殷切希望的产品送入云霄。今天的精达人汲取前辈榜样的力量，秉承敢为人先、敢闯敢拼的企业精神，不忘初心、锐意进取，以实际行动肩负起军工央企的使命和责任，昂首阔步走在实现中华民族伟大复兴中国梦的征程上。

（曹曼）

热血磨砺剑　丹心铸海疆

——记中国舰船研究院某重点工程党支部

“对党负责、对国家负责、对民族负责”

“精准快狠铸卫国神剑，探高望远览万里海疆”

某重点工程是具有非凡意义的特殊工程，为克服工程现场协作关系复杂、施工保障难、环境恶劣、生活条件差等诸多难题，保障工程建设按时保质保量圆满完成，建设一支听党指挥、技术精湛、敢打必胜的专家队伍，充分发挥一线党组织的战斗堡垒作用和党员先锋模范作用，中国船舶集团有限公司中国舰船研究院作为工程总体技术责任单位，成立某重点工程党支部。

党支部在中国舰船研究院参建党员基础上，积极吸纳其他参建单位党员参加组织活动，不断加强党组织建设，把党建工作的优势转化为推动工程各阶段任务圆满完成的持久动力。

举旗铸魂、政治引领

党支部以习近平新时代中国特色社会主义思想为行动指南，全面贯彻落实习近平总书记重要指示，在工程行政指挥线和技术指挥线领导下，注重发挥党员先锋模范作用，形成高效协调的工程建设“国家队”；在前场组织“大会战”，填写“党员承诺践诺书”，因地制宜开展主题教育和党日活动，引导全体党员以“事不宜迟、时不我待”的紧迫感和“对党负责、对国家负责、对民族负责”的使命感投入一线工作中，有力地保障了工程建设的圆满成功。

攻坚克难、勠力创新

党支部积极打造学习型党组织，利用方案研讨、装备安装调试、联调试验、技术协调等方式攻坚技术难题，提高专业能力。该支部完善“三会一课”制度，将组织生活会与交接工作会、技术协调会深度融合，通过会上了解情况、发现问题、寻找差距、提出方案，确保解决问题及时有效。党支部积极创建平安工程，突出防范重大安全问题，在装备安装过程中克服台风等恶劣自然环境的影响，确保人员和装备万无一失。党支部先后组织完成多项制度制定及重点工作实施，得到上级机关高度认可。

筑牢防线、凝聚保障

党支部提出了“精准快狠铸卫国神剑，探高望远览万里海疆”等具有鲜明特色的军工装备文化，打牢心无旁骛扎根一线的思想根基，以“舍小家、为国家”的战斗情怀锻造了一大批“铁人”。有的人在工程现场经历过生与死的考验，有的人在前场生病许久才能就医，有的人亲人重病却不能陪伴，有的同志对海上航渡极度恐惧却丝毫没有打退他们对工程建设的激情。项目建设历经多个春节，项目组技术保障人员讲奉献、重协作，最长驻守时间达到百余天，所有人用无私奉献展现着新时代装备建设者的奋斗精神，以过硬的作风和精湛的技术践行军工红色基因。

党支部的每一位党员时刻以“每一份奉献都是力量，每一份辛苦都是利剑”的战斗情怀，在远海一线贴近实战条件下开展装备安装工作，以对国家、对民族、对历史高度负责的态度，用实际行动践行自己的入党誓言。

七、优秀纪检巡视干部

将职责使命嵌入一言一行

——记中国船舶集团第七一二研究所纪委书记王红

坚定的理想信念和过硬的业务能力是修身做人和干事创业的前提和基础

心中有责，抓工作有韧劲、解难题有钻劲、干事业有拼劲

她兢兢业业、任劳任怨，认真履职尽责，以高标准严要求出色地完成各项工作，充分展现了新时代纪检干部的优良作风，成为新时代纪检干部的表率，她就是中国船舶集团有限公司旗下第七一二研究所纪委书记王红。

重学习，理论武装入脑入心

作为纪检干部，王红紧跟全面从严治党的新要求和纪检监察体制改革发展步伐，不断强化思想政治学习，坚持自觉学习习近平新时代中国特色社会主义思想，切实用党的创新理论武装头脑。她认真参加党委中心组理论学习和支部学习，坚持利用空余时间加强党建、党规党纪、法律法规等方面的学习，不断提高自身政治素质和理论修养，切实增强党的宗旨意识。

王红还结合自己的学习体会和工作实践，到党员干部中做宣讲、讲党课，参加了集团公司十九大精神宣讲团武汉片区的宣讲；坚持每年党风廉政宣传月给党员干部讲党课；坚持每年给纪检干部和基层支部书记传授纪检工作知识和技能。尤其在近两年组织开展的党风廉政建设专题学习班、主题教育和廉政警示微型课堂教育中，她更是把深化学习教育与纪检干部思想政治建设相结合，采用以案说纪、廉政警示的形式让广大基层党员干部接受警醒教育，让廉洁从政的思想理念深入人心。

勇担当，履职尽责精益求精

“清如菊花何妨瘦，廉若梅花不畏寒。”作为一名党员领导干部，王红始终把坚定的

理想信念、过硬的业务能力作为修身做人和干事创业的前提和基础，她以昂扬向上的精神保持着强烈的事业心和高度的责任感，尽职尽责，精益求精。

作为一名纪委书记，王红始终把做实做细监督工作作为自己的首要职责，一方面突出政治监督，体现“党中央决策部署到哪里、监督工作就跟进到哪里”的要求；另一方面强化对关键少数和权力运行重点环节、重点岗位的日常监督，抓实抓细抓出成效。

查办问题线索是纪检工作的一项重点任务。近年来，无论是群众反映，还是上级转办的问题线索，她总是坚持实事求是，以事实为依据，以党章党规党纪和国家法律法规为准绳，把握政策、宽严相济。她坚持惩前毖后、治病救人，把纪律挺在前面，综合运用监督执纪“四种形态”，把思想政治工作贯穿监督执纪全过程；她坚持严管和厚爱结合，激励和约束并重，注重教育转化，促使党员自觉防止和纠正违纪行为，惩治极少数，教育大多数。她曾多次被抽调参加上级纪委的巡视、督察和问题线索核查，办理涉嫌违法问题移交，配合地方纪委监委办案，得到上级肯定。

建体系，廉政建设取得成效

抓工作有韧劲、解难题有钻劲、干事业有拼劲，是因为她心中有责。为了尽快适应新形势下的纪检工作要求，王红勇于进取，积极探索，以扎实的作风和严谨的态度，深入基层、深入群众、深入实际。通过几年的实践探索，王红立足基层工作实际，进一步建立和完善了七一二所纪检组织体系、制度体系、考核体系、廉洁文化建设，提出了运用信息化、大数据开展监督工作，并取得良好效果。

她始终抓住责任落实这个牛鼻子，层层压实责任，推动党风廉政建设和反腐败工作向基层延伸。通过明责、履责、考责、问责，让党员领导干部切实把责任扛在肩上、把纪律挺在前头，有力推动了全所党风廉政建设和反腐败工作的深入开展。

她狠抓制度建设，以完善监督执纪制度体系建设为抓手，加强制度创新，完善操作程序，修订完善制度18项。为有效发挥巡察利剑作用，她积极探索内部巡察工作新路径，推动建立各部门问题通报和沟通协调机制，用“严”的氛围、“严”的措施和“严”的实效，为七一二所高质量发展营造了风清气正、干事创业的良好环境。

使命扛于肩，责任牢记心。从踏入纪检队伍的那一刻起，王红就把自己的职责使命落实到一言一行中，忠于职守，勇于担当，甘于奉献，用实际行动诠释了“忠诚、干净、担当”。

用担当砥砺青春

——记上海船舶工业有限公司纪检部副主任王加仁

面对困难和挑战，默默克服，忘我投入工作，始终冲在一线

刻苦钻研，主动履职，用责任和业绩践行纪检人的担当

从事纪检工作九年来，他长期坚守在执纪审查一线，凭着对纪检工作的执着与信念，用责任点亮青春、用奉献彰显担当；他以实际行动展现了年轻纪检干部的冲劲和闯劲，为推动地区党风廉政建设和反腐败工作做出了自己的贡献，他就是中国船舶集团有限公司旗下中船上海船舶工业有限公司纪检部副主任王加仁。

执纪担当　践行忠诚

王加仁作为执纪办案人才库成员，曾多次被集团公司纪检监察组抽调参加地区重要案件查办，承担了重要涉案对象的谈话突破任务，每次任务，他都迎难而上、不辱使命。在调查某单位领导人员违纪违法案中，王加仁担任重要涉案对象的谈话人，谈话前，他细心梳理人物事件关系图，根据被谈话人性格、家庭、社会关系等情况，反复推敲研究谈话方案；谈话中，他抽丝剥茧、环环相扣，首次谈话就取得突破。办案中，面对孩子刚刚出生需要照顾和案件进入关键阶段的两难抉择，他毅然选择坚守工作岗位，每晚家人都已入睡他才到家，清晨家人还未醒来他又匆匆出门。因办案特殊性，王加仁经常需要与时间赛跑，有时因集中办案需要，一连几十天在驻点工作无法回家，不分昼夜，没有节假日，面对这些困难，他选择默默克服，忘我地投入工作，始终冲锋在一线。王加仁秉持“治病为了救人”的初心，在某案件已取得重大突破后，他继续和该案件当事人谈心，促使其放下心理包袱，积极争取从宽政策，该当事人随后被开除党籍和移送司法机关后仍感谢他的帮助和挽救。面对执纪工作中的困难和挑战，他从不畏惧退缩，始终以严谨扎实的作风和攻坚克难的勇气，完成一个又一个工作任务。三年来，他直接参与地区违纪违法案件审查审理工作，核查信访举报和问题线索近百件，为地区成员单位挽回了很多经济损失，多次获得组织的表扬奖励。

锐意进取 履职尽责

王加仁积极思考、主动履职，参与创新建立地区党员违纪案件审核机制，对地区成员单位党纪案件开展审核。在审核中坚持“一把尺子量到底”，退回整改问题526个，力争让每一起案件都经得起历史的检验。

在集团公司纪检监察组、地方纪委开展案件质量检查过程中，他积极推动地区各单位认真开展自查、整改，最终50件党政纪案件平均得分不论在集团公司还是央企在沪单位中均排名第一。他还协调地方纪委办理成员单位纪委外调取证二十余次，为地区开展执纪审查工作提供了有力支撑。他总结以往参加集团公司巡视工作经验，编制《巡察工作指南》《政治巡察工作检查任务清单》，为地区单位开展巡察工作“出点子、谋方法”。

王加仁始终坚持“纪检工作不仅要治标，更要治本”，只有让党员干部从内心构筑起“不想腐的堤坝”、使“不想腐”的思想成为行动自觉，反腐斗争才能取得根本成效。近年来，他主动请缨，每年负责并组织开展地区廉洁文化主题活动，创新建立“清舟廉海”廉政公众号并发布信息100余期。2018年，他组织制作的廉政公益广告《做人如制扇 善自清风来》登上中央纪委网站并获得全国党员教育电视片优秀奖。他还参与警示教育片《迷航人生》《欲望的代价》《坚守初心 与廉同行》等摄制工作，获得了好评。

刻苦钻研 提升能力

王加仁注重理论钻研，把学习党纪条规和纪律审查理论业务知识作为日常功课，结合本职工作撰写经验材料，多次在上海市纪委网站、市经信委网站和《倡廉文摘》等平台上发表。2019年，他撰写的《关于国有企业党委开展巡察工作的实践与思考》获上海船舶系统党建论文一等奖；参与《企业纪检监察机构模拟案卷暨常用文书样式》《执纪审查审理工作流程图》编制出版工作，推动提升了地区纪检机构的执纪办案质量和水平。王加仁把每一次办案都当成自我提高的途径，积极学习企业管理、财务、办案技巧等。他不仅向书本学，还向同事学、向实践学，坚持边学边悟、学用结合。他积极发挥青年业务骨干的带头作用，帮助其他单位同志甚至系统外的同行解决业务方面的困难和疑问。因勤于学习、善于思考，他曾受邀在系统内外单位进行业务交流。三年来，他参与组织了七场纪检监察、巡察业务培训班，努力帮助地区纪检干部提升履职能力。

“打铁人铁打成钢，纪检人检己成材”是王加仁多年恪守的工作信条。他以责任感和工作业绩践行着青年纪检人的忠诚干净担当，努力向组织交出一份满意的答卷。

践行政治本色　捍卫纪律底线

——记武昌船舶重工集团有限公司纪检部执纪监督室副主任尹彤

要求别人不如先做好自己

敢于担当是纪检人的责任，认真严谨是纪检人的底色

他是一名“90后”纪检干部，出差3个月刚回家不久，就又被一通电话叫走，匆匆告别，满心愧疚来不及诉说，唯有完成任务后再向妻子“赔罪”。他开展纪检工作5年来，从未出现“人情案”，未泄露一点案件信息；他虚心学习，核实事实，以高度的责任心对待每一个案件。他就是中国船舶集团有限公司旗下武昌船舶重工集团有限公司纪检部执纪监督室副主任尹彤。

打铁必须自身硬

高高的个子，圆圆的脸蛋，微胖的尹彤给人的第一印象是沉稳、靠得住。事实上，他也的确如此。在武船集团纪检岗位工作5年的他，参与办理过许许多多的案件，从来没有办过一个“人情案”。他常常对亲人朋友说：“打铁必须自身硬，严守工作纪律是纪检人最基本的品质，要求别人做到的，我自己必须先做到。”简单的话语彰显着尹彤严谨的工作作风。

“纪检人就是要勇于担当，敢于豁出去。”自2015年来到武船集团从事纪检工作以来，无论遇到什么困难与挫折，尹彤首先想到的都是这句话。

“公司有紧急任务，得出趟差，你一个人在家好好休息，我忙完马上回。”

“为什么才刚回来，就又要走，这次又是去多久？”

妻子没有等来丈夫的回答，只听到一阵关门声和急促的脚步声，其实这对新婚不久的小夫妻才刚刚“久别重逢”，就又要面对离别之苦。这样的情景，对于这对小夫妻而言，早已习以为常。

2019年10月的一天，正在家中的尹彤突然接到集团公司抽调其参加问题线索查办的电话，望着身边的妻子，虽有不舍，但他还是坚定地向领导表示保证完成任务。得知尹彤又要出差，心里满是委屈的妻子仍默默地帮他整理好行李，把他送上了开往北京的火车。

回想起那段经历，尹彤还是唏嘘不已。往后的一周里，他在武汉、北京等五地往返奔波，来回几千公里，用他的话说就是“再也不想坐高铁了”。工作期间，恰逢武汉军运会开幕，根据组织安排，由于出差前他已报名参加，所以必须按时回到武汉参加开幕式活动。为了不耽误工作，凌晨 2 点才赶回武汉的他参加完军运会，在次日凌晨 1 点匆匆回家向妻子道一声晚安后，就于当天一早赶回工作地点再次投入通宵达旦的材料撰写中。

“本以为差不多一周能搞完，最后扎扎实实搞了一个多月，每天东奔西走查线索、讨论案情、写材料，经常工作到凌晨。”“出去了，我代表的就不是我个人了，代表的是所有武船纪检干部的形象，可不能掉链子。”尹彤总是用他最朴实的话语感动着身边的同事，让大家都真真切切地感受到武船纪检干部身上那种“勇于担当，敢于豁出去”的精神。

对组织和同志负责

办案首先要对问题线索进行梳理，了解相关法律法规和规章制度是案件办理的第一步。因此，每次在遇到自己不了解的工作内容时，尹彤总会挤出大量时间提前翻看专业书籍、标准和规范，仔细学习相关法律法规和公司规章制度，有时也会向公司相关专业领域人士咨询请教。不管处理哪方面的问题线索，他都要求自己对相关领域做到心中有数。他坚持认为，只有这样才能在发现涉嫌违规违纪的情况时准确找出可能存在的问题点，并进行核实，形成证据链，还原事实。他始终坚持以认真严谨的态度开展工作，关注案件的每一个环节，不漏过任何一个细节，形成报告的每一句话都必须有证据支撑，要实事求是。“我们纪检干部决不能放过任何一个违法乱纪的人，也决不能错判一个好好做事的人，尽最大努力还原事实真相，就是对组织负责、对同志负责。”尹彤说道。

在 2019 年集团公司纪检监察组抽调参与地方纪委的联合专案组工作期间，尹彤坚决服从专案组的各项工作安排，克服路途遥远、异地办案的困难，踏实肯干、注重学习，快速了解案情，主动作为、敢于担当，参与谈话询问、外查取证、报告起草、归档装卷等工作。他吃苦耐劳的工作精神、严谨务实的工作作风、认真负责的工作态度受到了集团公司纪检监察组和地方纪委的好评。

铁肩担道义，热血铸青春。尹彤以自己的实际行动践行着一名纪检干部忠诚干净担当的政治本色，捍卫了武船集团纪律卫士的荣耀，为公司实现高质量发展保驾护航。

（张旭）

聚焦主责主业　主动担当作为

——记广州船舶工业有限公司纪委副书记、纪检部主任卢学府

聚焦主业，严肃执纪问责；动真碰硬，实践“四种形态”

抓好纪检工作，根本在制度建设，关键在于从源头抵制腐败

自 2016 年从事专职纪检工作以来，他坚守主责主业，创新方式方法，敢于动真碰硬，钻研执纪本领，把全面从严治党、党风廉政建设和反腐败斗争进行到底，在没有硝烟的战场冲锋陷阵，当好政治生态“护林员”，以担当的行动诠释对党的忠诚。他就是中国船舶集团有限公司旗下广州船舶工业有限公司纪委副书记、纪检部主任卢学府。

推动责任落地　营造清风环境

作为广州公司纪委副书记，卢学府积极推动“两个责任”落实落地，组织协调地区纪检工作。他推动党委主体责任、纪委监督责任落实落地，组织开展岗位党风廉政建设责任书签订，实现各层级廉洁谈话全覆盖，构建完善“明责、履责、考责、问责、追责”的责任体系。

卢学府聚焦监督首责，组织开展经常性监督检查，重点整治“微腐败”“靠船吃船”等突出问题。他组织大力整治形式主义和官僚主义，推出会风整治六项措施，推动设立周三“无会日”、提出召开会议“十项原则”。此外，卢学府还组织开展履职待遇、业务支出、会议文件等领域经常性监督检查并督促问题整改。

卢学府着力强化服务地区成员单位纪检工作，每年组织召开地区单位纪委书记、纪检部门负责人会议，对地区纪检重点工作开展调查研究，搭建地区共建和学习交流平台，督促集团公司决策部署在地区纪检系统落地；每年组织开展广州地区纪检课题研究，评选表彰优秀纪检课题；开展经常性纪律教育活动，形成广州地区 7—9 月纪律教育学习月教育品牌；每年组织举办广州地区各单位纪检干部、巡察干部培训班，提升地区纪检干部

履职能力，协调对接地方纪委监委、司法机关等，统筹协调地区单位有关外调外查工作。

健全监督机制 加强学习教育

从事纪检工作多年，卢学府深深感到要抓好纪检工作，根本在制度建设，关键在于从源头抵制腐败。他强化监督执纪制度建设，完善反腐倡廉制度体系，组织构建形成《广州公司党风廉政建设制度体系（2020 年版）》，基本构建形成以“1+8+N”为总体框架的党风廉政建设制度体系，构建形成了包括责任制度、监督制度、执纪制度等 8 个方面的制度体系，共建立制度 35 项。他还首次提炼形成广州公司“悬规植矩、正道致远”的廉洁文化理念；创新制定党支部日常监督清单、职能部门职能监督清单、纪检干部“七不准”、纪检委员职责清单；设立基层清风监督员，试点并推行基层党支部纪检委员对所在单位领导班子成员落实党风廉政建设情况开展“画像”等制度。

为适应新形势、新任务、新要求，卢学府始终坚持强化理论武装学用转化，不断提升自身的纪检实践能力。近年来，作为第一执笔人，他先后获得中国政研会、全国党建研究会、中央企业政研会、集团公司政研会一等奖、二等奖、三等奖、优秀奖共 7 次；《进一步增强国有企业监督合力研究》课题获得 2018 年中央企业政研课题成果二等奖、集团公司一等奖；《做实做细国有企业日常监督研究》课题获得 2019 年度中央企业政研课题成果三等奖。他参加 2018 年集团公司处级干部进修班学习，获得“优秀毕业论文”“优秀学员”双优表彰。

主动担当作为 公正廉洁执纪

卢学府聚焦广州地区各单位执纪办案能力水平不高的问题，2018 年率先在集团公司范围内提出广州地区区域办案中心建设方案和总体目标，计划通过两年的努力，建成能力素质一流、办案质量一流、担当作为一流、辐射带动一流的“四个一流”高质量区域办案中心，为地区单位推进和实现高质量发展提供坚强纪律保障。2019 年以来，实现了对广州地区成员单位办案案卷的质量审核把关全覆盖，建立了广州地区执纪办案人才库，有力提升了地区各单位执纪办案水平。

自 2016 年以来，卢学府参与集团公司党组管理领导人员问题线索初核及案件查办 4 人；组织处置和查办广州公司内部信访举报和问题线索，党纪立案 3 人，党内严重警告 1 人，党内警告 2 人，诫勉谈话 3 人，党风廉政建设责任约谈 1 人，清缴费用近 2 万元，清退费用2万余元；两年来组织开展执纪谈话近百人次。他强化一案一总结、一案一通报，以案促改，用身边事教育身边人；制定和带头落实《广州公司纪检干部“七个不准”》要求，树立纪检干部良好形象。

一身正气写忠诚

——记渤海造船厂集团有限公司纪委副书记左照海

清正廉洁、公道正派是标准要求，严于律己、宽以待人是工作原则

用行动践行誓言，努力做到真学、真懂、真信、真用

自2007年从事纪检工作以来，他制修定反腐倡廉制度20余项；带领纪检干部处置各类信访举报件一百余件，给予纪律处分30余人，诫勉谈话10余人，组织处理20余人，为公司和集体挽回经济损失50余万元……这些枯燥的数字背后，不仅是十几年如一日地默默耕耘，更凝聚了一名普通纪检干部的汗水与心血，见证了一名基层纪检干部的奉献与忠诚，他就是中国船舶集团有限公司旗下渤海造船厂集团有限公司纪委副书记左照海。

坚定信念，书写绝对忠诚

作为一名纪检干部，左照海始终在政治立场、政治方向、政治原则、政治道路上同以习近平同志为核心的党中央保持高度一致，不断提高自身政治站位和政治觉悟，坚定理想信念，忠于纪检工作，以恒久不变的铮铮风骨履行着党章赋予的神圣职责。他坚决贯彻执行集团公司党组、纪检监察组和公司党委的部署安排，坚定不移地推动全面从严治党、党风廉政建设和反腐败各项工作落实落细，为推动渤船集团的改革发展提供了有力的纪律保障。

十三年来，左照海以身作则、率先垂范，强化内部管理，确保执纪权受监督、有约束，教育纪检干部要忠诚、干净、有担当，严格按照监督执纪工作规则履职行权，严格执纪安全管理，严肃查处执纪违纪行为，坚决防止“灯下黑”。十三年来，他对待工作审慎严格，对待材料认真推敲，凭着“工作无难事，只怕有心人”的干劲儿，开拓创新、扎实进取，在多项工作的开展中突出了渤船特色、创新了经验做法，得到上级的表彰和肯定。

他曾先后被评为集团公司纪检监察工作先进工作者、葫芦岛市纪检监察工作先进个人、葫芦岛市优秀党务工作者。

为更好地适应新形势下纪检工作的新要求、新任务，不断提高理论素养、开拓思维视野，左照海始终坚持把学理论、学政策、学业务、学管理作为日常工作的一部分。从事纪检工作十余年，左照海的学习笔记和工作笔记多达20余本，他认真学习习近平新时代中国特色社会主义思想和党的十九大精神，先后参加了中国纪检监察学院举办的纪检监察工作业务培训以及集团公司执纪审查工作。

履职尽责，践行无限忠诚

面对年初突如其来的新冠肺炎疫情，左照海参与组织开展了公司疫情防控及复工复产情况专项监督检查。他深入基层和现场，了解掌握相关情况，提出立知立改建议11条并组织开展“回头看”跟踪整改落实到位；他带回基层单位复工复产职工意见反馈19条，如实报告公司疫情防控领导小组并予以解决；他按照有关规定和程序，及时对疫情防控实施责任人员擅自离岗进行了复查处置。

在渤船集团厂办大集体改革工作中，他围绕重点工作、关键环节，及时提醒教育党员、领导干部强化政治意识、纪律意识和廉洁意识，并参加了有关环节的监督，组织协调相关部门按照规定程序和权限及时处置大集体职工诉求和反映问题，有力保证了大集体改革的顺利进行。他突出问题导向，组织开展内部常规巡察、专项巡察及巡察整改专项监督检查，关注重点领域和重点环节，强化政治监督和日常监督。他还紧盯关键时间节点正风肃纪，发布廉洁提醒，组织开展有针对性的警示教育和专项检查活动。

针对渤船集团涉及内部管理服务对象和外部合作方的单位及部门，左照海聚焦具有采购权、工时计量权、资金支付权、检验验收权、仓储保管权、考核裁量权等重点环节的相关人员，组织开展利用职权“吃拿卡要”问题专项整治，整肃干部队伍作风建设和纪律建设，纠治影响公司健康发展的突出问题。他牵头整理了渤船集团多年来的典型案例并编制《廉洁从业指导手册》，组织全体员工学习，用身边事教育身边人，强化警示震慑效应。此外，他还带领全体纪检干部合理安排时间，有计划地开展理论和业务学习，不断提高纪检干部的政策把握能力和专业化本领。作为党支部书记，他经常与同志们谈心，给予其指导帮助，并定期为支部党员讲党课，努力做到真学、真懂、真信、真用。

十三年，只是历史长河里的沧海一粟，但是每个人一生中弥足珍贵的时光。十三年来，左照海以梦为马，不负韶华，以赤诚的忠心、干净的灵魂、敢为人先的担当，用行动践行誓言，做一名忠诚、干净、有担当的纪检干部，他一路走来，一路前行。

平凡岗位践行对党忠诚

——记风帆有限责任公司淄博火炬能源有限责任公司纪检部副部长（主持工作）刘磊

在守卫廉洁阵地的征途上，他招之必来，忘我工作

用自己的青春和热血践行着对党忠诚

他对党忠诚，干净担当、清正廉洁；他对待工作兢兢业业、恪尽职守、无私奉献，用自己平凡、坚毅的工作作风，诠释了新时代新担当新作为共产党员的风采；他还多次参加集团公司纪检监察组执纪审查工作，多次借调集团工作，他就是中国船舶集团有限公司旗下风帆有限责任公司淄博火炬能源有限责任公司纪检部副部长（主持工作）刘磊。

自2008年参加工作以来，刘磊从事纪检工作已10余年，年纪轻轻的他可谓是纪检战线上的一名“老兵”。多年来，他发扬“特别能战斗、特别能吃苦、特别能奉献”的精神，每次都出色完成组织赋予的各项工作任务，工作能力和敬业精神得到了大家的好评，在平凡的工作岗位上践行了一名纪检干部、一名共产党员的庄严承诺。

责任履行为宗旨　忠诚敬业显担当

“每个工作岗位上都有出彩的机会，但只有奋斗，才能彰显最亮丽的底色。自从光荣地成为一名纪检干部，我深感责任重大，更加需要自己勇挑重担、履职尽责、敬业奉献地工作。”刘磊是这样说的，也是这样做的。

在学习中，他积极增强本领、锤炼品格，认真学习习近平新时代中国特色社会主义思想，深入贯彻党的十九大、十九届中央纪委四次全会精神，增强“四个意识”，坚定“四个自信”，做到“两个维护”，脚踏实地完成公司党委、纪委和上级纪检监察机关工作部署，围绕监督执纪问责，不断把党风廉政建设和反腐败各项工作推向深入。

在工作中，他更是主动作为、勇于担当。在新冠肺炎疫情期间，他坚决服从组织安排，积极参与到集团公司纪检监察组与地方纪委监委开展的联合审查调查工作中。由于情况特殊，近三个月在外地出差未回家，虽然也遇到被隔离、2 次参加核酸检测等“经历”，但他最终顺利完成了工作任务。

在他的儿子刚出生仅 2 个月时，他便借调到集团公司纪检监察组工作，一干就是一年，他全身心投入集团公司交办的工作任务中，而把照料孩子的重任全都压到了妻子身上。在守卫廉洁阵地的征途上，他招之必来，忘我工作，渐渐成了儿子眼中的“陌生人”、妻子口中“家里的客人”，可是在他看来，作为一名纪检干部，就是要在本职岗位上努力发光发热、担当尽责，面对困难一定要敢于迎难而上、挺身而出。

严以律己守底线　一往无前践忠诚

刘磊经常说：“只要我们初心变恒心，勇于担当，善作善为，那些以往工作中看似不可能做成的事情，就会变成可能。作为一名监督别人的人，自己首先必须坚守底线。”

工作中，他注重制度建设，着力从制度层面规范工作流程，提升管理水平，组织制定了《问题线索处置管理办法》《巡察工作暂行办法》等多项纪检巡视工作制度，进一步规范了相关工作流程；他对待工作认真负责，在公司廉洁风险防控、内部巡察等方面从细处着手、从实效出发，做了大量的工作，开展的廉洁风险防控工作得到了上级肯定；在处置问题线索工作中，他遵从规则、坚持原则，依规依纪、秉公严肃办理各类信访举报线索，切实做到事实清楚、证据确凿；在疫情防控期间，为确保公司各项防控措施落实落细，保障公司员工生命健康安全，刘磊组织制定了“关于开展疫情防控措施落实情况督查的措施”，并深入现场对各单位防控物资、疫情防控措施落实等进行再检查、再落实，有力保障了公司按期复工复产，为推动公司全面从严治党向纵深发展做出了积极贡献。

在推进全面从严治党的新征程上，作为一名纪检工作者，刘磊在平凡的岗位上，以不为名利的高尚品质、全心全意为人民服务的意识、客观公道的处事原则、耐心细致的工作作风、持之以恒的奉献精神，一往无前，一心扑在工作上，推动风帆纪检工作不断发展，用自己的青春和热血践行着对党忠诚。

（邸双喜）

既善谋又实干　抓监督促发展

——记重庆前卫科技集团有限公司党委副书记、纪委书记刘军锋

防止国有资产流失

为党员干部学习提升提供了“红色加油站”

刘军锋始终牢记初心使命，强化政治思想理论学习，不断提升自己的党性修养、政治素养，始终以“对党忠诚、勇于创新、治企有方、兴企有为、清正廉洁”的国企好干部标准严格要求自己，按照中国船舶集团有限公司党风廉政建设和反腐败工作会议要求，认真履行党章赋予的职责，强化监督执纪问责，为公司高质量发展提供了坚强保证。

加强政治学习

刘军锋始终以习近平新时代中国特色社会主义思想为指导，持续强化政治理论学习，通过党委理论学习中心组、“党校进前卫”学习读书班等方式学习贯彻党的十九大及十九届三中、四中全会等重要会议精神和习近平总书记系列重要讲话精神，进一步增强“四个意识”、坚定“四个自信”、做到“两个维护”。把初心和使命具体落实到为公司谋发展、为职工谋幸福上去，达到了理论学习有收获、思想政治受洗礼、干事创业敢担当、为民服务解难题、清正廉洁作表率的学习要求，取得较好的学习教育成果。

他协助党委通过建成由中共中央组织部党建读物出版社授牌的重庆首家“党建书苑”，为党员干部学习提升提供了“红色加油站”，通过与兄弟单位党委等开展学习交流和共建活动，提升学习效果。

夯实日常监督

长期以来，刘军锋不断加强对同级党委及班子成员和重点岗位人员的监督，协助党委推进全面从严治党，将班子成员组织关系“下沉”到基层党支部，严格双重组织生活，严肃党内政治生活，做到了对所管理的领导干部、重点岗位人员年度内廉政谈话每人不少于 1 次；定期对各子公司物资采购、仓储管理、废旧物资管理及工时计量权、检验验收权、资金支付权开展监督检查，对“双百行动”改革中的资产清算、转移等关键环节进行监督检查，防止国有资产流失。

作为纪委书记，他按照《纪委议事规则》定期召集纪委委员集体研究纪委工作。2019 年建立领导干部党风廉政建设档案“活页夹”，并进行动态更新。2019 年收到问题线索 1 件，采取初步核实后予以立案；全年共立案审查 2 件，给予党内警告 1 人次，给予严重党内警告 1 人次，退赔 8000 余元，收缴 5000 余元；采取“第一种形态”占比 42.8%；采取“第二种形态”占比 57.2%。

他充分利用反腐倡廉宣传月以及集团公司下发的典型案例通报进行教育提醒。对受到诫勉和纪律处分的 5 名党员领导干部在全公司范围内进行了指名道姓曝光，充分运用“身边人，身边事”开展警示教育，做到“面对面批评、面对面总结、面对面帮助，面对面吸取教训”。

严惩“四风”问题

刘军锋协助党委及时学习贯彻党中央关于加强作风建设的工作部署，协助党委修订了《贯彻落实中央八项规定精神，进一步加强作风建设》《负责人履职待遇、业务支出管理规定》等制度，不断完善公司中央八项规定精神制度体系。他坚持节日廉洁提醒制度，在重大节日前下发通知，宣贯党中央精神，通报典型案例，提出廉洁要求，重申“十五个”禁令，做到戒尺高悬，警钟长鸣。他采取专项检查、明察暗访和各单位自查自报相结合的方式，加大对节日期间发生业务接待、公车私用、操办婚丧喜庆事宜、发放津补贴和福利等情况的监督检查力度。

力戒形式主义、官僚主义，紧盯“四风”隐形变异，坚决防止反弹回潮。刘军锋督促修订《会议管理办法》，对会议类别、会议时长、参会人数等做出明确规定，严禁开长会、随意扩大会议规模等现象。督促党委认真开展驻京办专项清理工作。利用“三会一课”、领导班子民主生活会、组织生活会等形式，督促领导班子成员严格落实各项规定。

加强实践锻炼

2019 年 6—11 月，受集团公司纪检监察组指派，刘军锋协助配合地方纪委监委对集团党组管理的某领导干部涉嫌违法违纪相关问题线索开展纪律审查、监察调查工作。

他以最快的速度熟悉案情，明确工作任务，保障执纪执法工作安全，严格保守秘密，并针对协查协办工作中的细节问题及时请示汇报，以高度的政治责任感完成了协查协办及配合工作，确保案件查办质量，并在工作中学习办案技巧，达到以干代训的目的，案件查办结果得到了地方纪委监委的充分认可。

根据集团公司巡视反馈意见，刘军锋协助党委共制定了 80 余项整改措施，他对照集团公司党组制定的中央巡视整改方案，举一反三，共查找问题 40 余个，制定措施 120 余条；在主题教育期间，围绕八个方面突出问题开展专项整治，查找出 20 余个问题共制定 40 项整治措施；在以案促改工作中，围绕 5 个方面制定 20 余项整改任务，均按方案要求进行整改，对未按时完成整改任务项的 3 名领导干部实施经济责任制考核。此外，他协助公司党委对下属的 2 家子公司党支部开展了内部巡察工作，对开展内部巡察的 1 家党总支部进行了巡察“回头看”。

战斗在纪检最前沿的“女兵”

——记武汉船舶工业有限公司纪检部副主任吕丽娜

严格遵守办案纪律、保密纪律和工作纪律，做到在行使权力上慎之又慎，自我约束上严之又严

自2013年从事纪检工作以来，她始终坚守初心使命，坚定斗争意志，忠于纪检事业。作为一名企业纪检干部，她坚持把中国船舶集团有限公司党组、纪检监察组部署要求作为行动指南，强化在思想淬炼、政治历练、实践锻炼、专业训练上下功夫。在她执着追求的纪检事业中，她用坚守践行着忠诚干净担当，用行动诠释着敢于斗争、善于斗争。她，就是中国船舶集团有限公司旗下武汉船舶工业有限公司纪检部副主任吕丽娜。

勤学善思　铁面无私

吕丽娜政治过硬，勤学善思。她始终坚持把学习习近平新时代中国特色社会主义思想摆在首位，认真学习贯彻党的十九大精神和十九届中央纪委四次全会精神，把“四个意识”体现和落实到具体工作中，坚持在思想上、政治上、行动上同与以习近平同志为核心的党中央保持高度一致，切实增强“两个维护”的思想自觉、政治自觉和行动自觉，坚定不移推动全面从严治党，抓牢党风廉政建设和反腐败工作。

工作中，吕丽娜主动适应新形势新要求，认真学习党章党规党纪和宪法法律法规，多次参加中国纪检监察学院以及北戴河校区执纪审查系统业务知识的学习，不断充实提高自己的理论政策、纪律法规等业务知识水平，并将理论和政策的学习及时转化到执纪审查工作实践中。她注重程序意识、证据意识，突出纪律要求，坚持实事求是，在核查中精准发现问题，在审理中精准把握政策，严守职责边界，严格依规依纪依法做好纪检工作。

吕丽娜勇于担当，铁面无私。牢固的政治意识、大局观念促使她敢于坚持原则，勇于动真碰硬。在审理工作中，她严谨细致，反复比对核查，凡是出现争议的案件她都会与调查人员沟通论证，排除疑点，确保做到事实清楚、证据确凿，定性准确，不枉不纵。为了保障案件质量，她严格按照“二十四字”办案要求，依规依纪依法审理案件。有的案子案卷比较多，她白天看不完，晚上就在办公室继续一页一页地看，“只有把当事人的违纪情形烂熟于胸，见面谈话才有底气、有说服力！”她说。在核查工作中，她也能将审理工作中的有关要求贯穿其中，直指证据链条中的薄弱环节，帮助核查组精准找到突破口，为初核工作的证据收集节约了宝贵的时间，也为审查工作的开展奠定了较好的基础。

心怀大局　冲锋在前

吕丽娜心怀大局，冲锋在前。长期的纪检一线工作，让闻令而动成了一种工作习惯。她每天早出晚归，经常深入一线开展监督检查。尤其是2020年年初，她“舍小家顾大家”，多次深入武汉疫情防控的重点区域、重点单位，不惧风险，冲锋在前。她把疫情防控监督作为“头等大事”，把员工返岗前的健康状态摸底、办公环境卫生、员工通勤保障、防疫物资储备等复工防疫安全措施落实情况作为监督重点，深入一线仔细询问相关情况、亲自检查防控措施。无论白天多忙、多累，晚上她也坚持在办公室认真总结，及时将疫情防控工作发现的问题转化为有效的整改意见，及时督促整改。她靠一个口罩、凭一份责任，冲锋在第一线、战斗在最前沿，用行动诠释了一名共产党员的担当和使命。

吕丽娜遵纪守法，清正廉洁。生活上廉洁奉公、公道正派，这一直是她遵循的“律人者必先律己”的要求。她常常严格要求自己，强化自我监督，自觉接受监督，严格遵守办案纪律、保密纪律和工作纪律，做到在行使权力上慎之又慎，自我约束上严之又严。

在纪检工作岗位上，她辛勤耕耘，用实际行动践行着纪检干部对党和人民的承诺，用一举一动书写着平凡的纪检人生。

做忠诚干净担当的纪检尖兵

——记中船澄西船舶修造有限公司纪检员孙云冲

加强与集团公司纪检监察组及兄弟单位沟通交流
不断提高执纪审查政策把握能力和业务水平

孙云冲于2011年参加工作，现任中国船舶集团有限公司旗下中船澄西船舶修造有限公司纪委办公室纪检员。2014年以来，孙云冲一直从事纪检工作，先后多次借调或参加集团公司纪检监察组专项工作，具有较为丰富的纪检工作经验。

孙云冲思想政治过硬，平时自觉加强党的政治理论和纪检专业知识学习，时刻以习近平新时代中国特色社会主义思想为指导，深入学习有关党纪党规、法律法规和公司重要规章制度，不断提升政治素养和监督执纪工作能力。工作中，孙云冲敢于坚持原则，忠诚履职、勇于担当，面对突如其来的新冠肺炎疫情，他积极参加志愿服务工作，及时组织对公司防疫措施落实情况、防疫物资管控情况开展专项监督检查，确保了集团公司党组、公司党委关于疫情防控和复工复产各项举措的落实落地。

在监督执纪过程中，孙云冲严格遵守《中国共产党纪律检查机关监督执纪工作规则》《中国共产党纪律处分条例》及有关规定，严格执行工作纪律和组织程序，坚持把纪律和规矩挺在前面，综合运用监督执纪“四种形态”。任职以来，他共参与20余件问题线索的核查处置、多件党政纪案件的审查审理工作，给予提醒谈话10人次，给予诫勉谈话5人次，给予党政纪轻处分6人次、重处分2人次（其中1人依法移交司法机关），为公司挽回直接经济损失200余万元。监督执纪注重发掘问题线索，比如在某员工违反廉洁纪律案中，孙云冲最初发现某项目结算数据存在异常，通过深入分析进一步发现某员工涉嫌工作失职给公司造成较大损失的问题线索，经立案审查，给予某员工党内严重警告处分，为公司挽回直接经济损失50余万元。

根据集团公司纪检监察组统一安排，孙云冲多次借调或参加集团公司有关问题线索核查、案件质量专项监督检查、“两个责任”专项监督检查等工作，并于 2018 年参加了中国纪检监察学院“专题培训班”。通过加强与集团公司纪检监察组及有关兄弟单位沟通交流，他努力学习理论知识、先进经验，不断提高执纪审查政治政策把握和业务水平，积极应用于公司党风廉政建设、监督执纪、巡视整改、内部巡察、经常性纪律教育等具体实践，推动公司纪检工作更好融入中心、服务大局。

多年来，孙云冲始终坚守在党风廉政建设和反腐败斗争最前沿，他坚持原则，不徇私情，坚持实事求是，严守纪律，固守廉洁从业思想道德防线，展现了纪检干部的良好形象，努力实践着自己的工作职责和使命，为中船澄西的高质量发展做出了积极贡献。

用实干践行使命　以担当诠释初心

——记中船九江海洋装备（集团）有限公司纪委书记张健民

在监督检查中，他敢于较真，善于总结规律
以一颗赤子之心坚守在纪检工作岗位

张健民现任中国船舶集团有限公司旗下中船九江海洋装备（集团）有限公司纪委书记。自2015年担任九江公司纪委书记以来，张健民始终牢记宗旨、恪尽职守、无私奉献，坚定不移推动九江公司全面从严治党、党风廉政建设和反腐败斗争各项工作落实落细。他政治坚定、作风过硬，2016年以来连续四年在集团公司成员单位纪委书记年度考核中被评为优秀。他以实际行动践行对党的忠诚，以突出业绩诠释一名纪检干部的责任担当。

主动创新

2015年，张健民任九江公司纪委书记伊始，正值集团公司党组纪检组决定推进三个地区公司纪检监察体制机制改革。面对改革新任务，他创新思路，结合九江公司推进整合做实的实际，探索建立九江地区纪检联动工作机制，注重发挥区域统筹协调作用，实行九江公司与各成员单位纪委联合监督检查，集中查办案件，统筹纪律教育，并不断总结经验，优化组织架构，完善议事机制，拓展联动工作内容和形式；通过建立联动工作机制，统筹集中使用九江地区有限的监督资源，充分发挥了两级纪委的职能作用，缓解了纪检人员力量不足的矛盾，减少了办案过程中的人情干扰。联动工作机制的建立，使得更多的基层纪检干部在办案实战中得到了锻炼，提高了监督执纪水平，基层纪委有更多的精力投入内部监督检查和廉洁风险防控中，有力促进了党风廉政建设向基层延伸。

2019年，九江公司全面启动实体化改革，他同党群部、纪检部同志一起反复研究，提出了“做实公司本部，优化成员单位，做强基层支部”的党群和纪检系统改革工作思路，围绕进一步落实“三转”和集团公司纪检监察组有关要求制订具体改革措施，形成了围绕主责主业、既分工明确又统筹协调的工作机制。九江公司纪检业务结构调整取得的成效得到了集团公司的充分肯定。

精准发力

在监督检查中，张健民敢于较真，善于总结规律，凡被他关注的问题，他会紧盯不放，弄个清楚明白。

2019年，公司党委巡察组对某单位及其子公司开展巡察工作。巡察中发现该单位及其子公司在“三外”管理方面存在一些薄弱环节，如比价不规范问题，向非合格供方采购比例偏高等问题，这些问题带来的廉洁风险引起了张健民的警觉。经请示公司党委，他组织纪检、审计两个部门成立联合调查组，举一反三，对所有成员单位“三外业务”开展专项监督检查，切实抓好巡察结果的运用。他亲自跟踪，实地调研，在检查调研中，注重收集数据和典型案例，分析主要矛盾，研究防控措施。结合多年基层工作积累的经验，他撰写了《物资供应领域廉洁风险的一点思考》，并以此为课件在纪检干部培训班上授课，与大家一起研讨。他从廉洁风险防控管理入手，借助物资采购管理模型，针对本次“三外”检查、调研发现的问题，逐一分析各单位物资采购特点、监督检查时应关注的重点以及如何制订防控措施。他总是这样，坚持问题导向，发扬“钉钉子”精神，确保监督检查助力企业中心工作取得成效。

几年来，张健民先后组织纪委和督促有关部门开展了“两个责任”落实、成本工程、“三外”领域等40余项专项检查，精准发现问题并反馈督促整改落实，及时堵塞漏洞，防范各类风险，提升管理水平，有效促进九江公司高质量发展。

严谨细致

张健民注重言传身教，既当指挥员，又当战斗员，经常与基层纪检干部一起研判案情，一起查办案件。

2019年，九江公司纪检部收到巡察组移交的在巡察某单位期间发现的两名外协员有关问题线索，其中涉及某外协业务的虚假比价问题。因该外协业务属于非标项目，没有现成的参考价格。虚假比价是否造成价格虚高？是否给单位造成损失？调查组带着这些疑问，组织相关人员通过大量历史数据进行成本分析，得出了初步结论。可他认为仅凭理论推算就下结论不妥，还需要进一步验证。经多方联系，他找到了一位曾在一家大型央企工作的资深行业专家。当得知该专家疫情期间，正好在九江老家，他立即带领2名调查人员亲自登门拜访。专家随机抽取了3份图纸，现场进行价格估算，估算结果与前期理论成本推算基本一致，他才终于放下心来。他总是这样，以严实深细的工作作风，无声感染和教育着身边的同志。

自担任九江公司纪委书记以来，张健民始终坚守底线，以“零容忍”的态度查处违纪违法行为。由他牵头处置的问题线索100余件。他在铁面执纪的同时，认真落实上级相关工作要求，精准运用监督执纪“四种形态”，其中运用“第一种形态”占比76.9%；运用“第二种形态”占比19.3%；运用“第三种形态”占比1.9%；运用“第四种形态”占比1.9%；移送司法机关1人次。按照“一案双查”要求，对严重违纪违法行为人所在单位相关责任人进行责任追究，压实基层监督责任。

张健民始终以一颗赤子之心坚守在纪检工作岗位，时刻牢记使命，保持昂扬向上、奋发进取的精神状态，用执着的信念和突出的业绩诠释“忠诚、干净、担当”。

牢记职责使命　践行忠诚担当

——记中国船舶集团党组巡视组组长李煜前

甘当纪检巡视卫士，推动基层党组织建设成为全面从严治党的坚强战斗堡垒

加强工作规范和制度体系建设，形成“体系完善、各司其职、运转有效、合力凸显”的权力运行监督体系

1985年从部队退伍后，李煜前进入船舶系统工作，现任中国船舶集团有限公司党组巡视组组长。从事纪检巡视工作以来，李煜前十年如一日履职尽责、秉公执纪。担任巡视组组长后，他又以自己的忠诚和敬业诠释了一名共产党员的政治情怀，书写着一名巡视干部的责任与担当。

李煜前

学思践悟，甘当纪检巡视卫士

坚持在学思践悟中坚定理想信念，提升政治素养和业务水平。李煜前深入学习领会习近平新时代中国特色社会主义思想和习近平总书记关于全面从严治党、国有企业党的建设、巡视工作重要论述，认真学习研究《中国共产党章程》《中国共产党问责条例》等党内文件，多次参加中央党校专题研修班、纪委书记专题培训班。通过系统化、常态化学习，他夯实了政治理论及业务知识，对党的路线方针政策有了更为深刻的理解，并结合自身工作实际，在纪检和巡视工作领域表现出优秀的专业素养和政策把握应用能力。

推动基层党组织建设成为全面从严治党的坚强战斗堡垒，甘当纪检巡视卫士。2019年，李煜前在担任党组巡视组党支部书记期间，组织党员集中学习，传达党中央以及集团公司党组重要会议精神，要求巡视组成员增强“四个意识”，坚定“四个自信”，忠诚履行党章赋予的职责，把“两个维护”作为巡视的根本政治任务。他还定期组织开展巡视工作经验交流研讨，在主题教育赴广州巡回指导期间，组织党员参观中共三大会址和农民运动讲习所，凝心聚力、统一思想，为高质量完成巡视任务打下坚实思想基础。

履职尽责，一腔热忱狠抓工作

加强查办案件工作规范和制度体系建设。担任上海公司纪委书记期间，李煜前强化问题线索全程管控，健全党纪案件“两级审核”机制，推动上海地区执纪办案文书模板标准化建设，有效提升了上海地区办案文书的整体质量和水平。同时，他大力开展风险识别工作，将管控措施嵌入业务制度流程，组织上海公司对重点领域和关键环节全面梳理，识别“不能腐”的风险源75个、风险点103个；对排查出的风险进行分级防范，制定有效防控措施265项，制修订制度10项，进一步加强对权力运行的制约和监督，逐步探索形成“体系完善、各司其职、运转有效、合力凸显”的权力运行监督体系。

不断推动集团公司党组巡视工作向纵深发展。在近两年的巡视工作中，作为巡视组组长，李煜前认真负责、精心谋划，共对近300名干部职工开展了巡视问卷调查，开展个别谈话200余人次，100余名干部进行党规党纪知识测试，共发现17个方面40余个主要问题。虽然每轮巡视时间紧、任务重，但他始终做到坚持标准、恪尽职守，针对巡视发现的问题，带领巡视组全体成员审慎研究、反复讨论、数易其稿，力求把问题找准，把性质定准，把建议提准；共形成巡视报告、专题报告、评价材料30余份，促进被巡视单位规范化建设，做到了“发现问题、形成震慑，推动改革、促进发展”。

勇于探索，创新方法谋求成效

积极加强与地方政府机关、检察院的交流合作。在担任上海公司纪委书记期间，根据地方纪委驻某纪检监察组廉洁文化“一单位一品牌”建设工作部署，李煜前选定两家在沪成员单位作为“廉洁文化品牌”建设试点单位，联合两家单位纪委共同出谋划策，指导协调推进建立符合本单位特色的廉洁教育品牌。

勤于思考，善作善为，不断开拓进取，推动工作模式创新。担任巡视组组长以来，李煜前按照党中央以及集团公司党组关于政治巡视的定位和要求，对标对表中央巡视工作，根据有关工作部署，在境外成员单位巡视监督、金融领域专项巡视、巡视整改情况专项监督等方面开展了大量探索性实践，不断丰富了巡视工作的形式和内涵。

多年纪委书记的任职经历，铸就了李煜前善于发现问题、敢于发现问题的能力，而这一能力又在巡视工作必须坚持问题导向方面发挥了积极作用：查找政治偏差注重实例，要让巡视对象心服口服；查找违规违纪问题注重证据，要让问题线索翔实可查。用他的话说，“巡视组不办案，但巡视组移交的问题线索可以直接拿去办案”。

对巡视工作精益求精的背后，往往需要付出不懈的努力。李煜前也因此成为巡视组出了名的“加班狂人”。作为一名站在党内监督最前沿、干在全面从严治党第一线的纪检巡视干部，李煜前敢于监督、履职尽责的政治担当和公道正派、爱岗敬业的品质，反映出以他为代表的新时代纪检巡视干部这支值得信赖的纪律部队的精神风貌。

在纪检巡视工作这个特殊的战场上，尽管没有硝烟，但却充满诱惑；尽管没有铁丝网，但却布满人情网。李煜前始终做到克己奉公、忠于职守，坚持以纪律为准绳，以“不忘初心、牢记使命”为己任，用自己的忠诚、干净、担当发挥政治“探照灯”作用，确保纪检巡视“利剑”永不蒙尘。

让青春在平凡岗位闪光

——记重庆船舶工业有限公司纪检部纪检员杨洵

从实际工作入手，在实践中不断总结，完善工作流程

配合中央巡视组巡视工作，参与为中央纪委国家监委起草警示教育录工作

“他是一个工作认真负责、踏实肯干的年轻人。”这是同事们眼中的杨洵。

杨洵现任中国船舶集团有限公司旗下重庆船舶工业有限公司纪检部纪检员，从事纪检工作以来，多次参加公司党组巡视组对多家成员单位的巡视及集团公司纪检监察组、重庆公司纪委组织的执纪审查工作。他曾被借调到集团公司纪检监察组工作，受到了领导和同事的好评。

加强党性修养　锤炼政治品格

杨洵认真学习习近平新时代中国特色社会主义思想和党的十九大精神，增强“四个意识”，坚定“四个自信”，做到“两个维护”。他认真学习贯彻中央纪委历次全会精神以及中国船舶集团党风廉政建设和反腐败工作会议精神，坚决贯彻执行重庆公司党委、纪委的工作安排，踏实肯干，努力工作，坚持原则，秉公执纪，将各项工作落到实处。

注重理论学习　提高自身素养

杨洵坚持把学习摆在重要位置，深入学习《监督执纪工作规则》《中国共产党问责条例》《监督执法工作规定》等制度规定，不断提高业务能力和水平，并注重学以致用。他积极参加集团公司和重庆公司相关纪检业务培训以及集团公司“业务提升年”学习活动，并主讲了《监察法》相关课程。

工作恪尽职守　不负职责使命

在工作中，杨洵具有较强的事业心和使命感。他认真履行工作职责，不断学习理论知识，从梳理线索、制订方案、起草报告、整理案卷等实际工作入手，在实践中不断总结，完善工作流程。他还积极参与重庆公司组织的地区执纪审查、案卷规范化评查、纪检工作交叉检查等活动，在地区各成员单位纪检工作交流活动中，不断提高纪检工作能力。

在借调到集团公司纪检监察组工作期间，他经历了国有企业纪检监察体制改革、中央第十五巡视组对中国船舶集团的巡视以及巡视整改、两大造船集团联合重组、抗击新冠肺炎疫情等特殊时期。

在配合中央第十五巡视组巡视工作过程中，杨洵参与了中央十五巡视组移交线索处置和多起案件的执纪审查工作。在参与配合巡视整改工作期间，虽然工作量大、急难任务多，但他始终坚持高强度工作，主动牺牲休息和探亲时间，配合完成好各项任务。在抗击新冠肺炎疫情期间，他克服困难，按要求准时前往集团公司总部工作，并按计划推进各项工作，多次起草相关材料报送至上级组织，参与为上级起草警示教育录工作，得到了领导的充分肯定。

“严于律己、甘于奉献，坚持原则、不徇私情。”这样的杨洵，在平凡的岗位上取得了不凡的业绩，持续为纪检工作奉献着自己的青春和力量。

平凡岗位绽放“绚烂之花”

——记中国船舶集团第七〇五研究所纪检部纪检员苏璟

综合运用多种办案方法和策略，不断增强发现案件突破口的能力

勤勉负责的工作态度和出色的业务能力获得了大家的一致肯定

十年，漫长而又短暂。她用十载光阴坚守纪检人的初心，可贵而又平凡。从参与办理第一起案件的新员工，到如今各项流程的游刃有余；从什么都不懂的初学者，到如今各项规章制度信手拈来。时光荏苒，初心未改，她始终牢记纪检人的使命，讲政治、强素质、练内功、守底线，在平凡的岗位上不断发光发热。她就是中国船舶集团有限公司第七〇五研究所纪检部纪检员苏璟。

旗帜鲜明讲政治，锤炼党性品格

从事纪检工作以来，苏璟始终把讲政治摆在首位，严守党的政治纪律和政治规矩，不忘初心，秉公执纪，努力将自己锤炼成为一名党的忠诚卫士。苏璟注重在实践中检验党性，始终把讲政治体现在工作中。在被集团公司抽调参与案件办理工作期间，因节假日无休，她克服了老人需要赡养、孩子需要抚养等家庭困难，及时与部门领导和同事沟通，协助完成部门事务，其勤勉负责的工作态度和出色的业务能力获得了大家的一致肯定。

围绕中心抓履职，坚守责任担当

苏璟自觉遵循“纪检机构是党的监督专责机构”这一政治定位，紧紧围绕中心任务履职尽责。她积极探索反腐倡廉工作新方法、新思路，将惩防体系建设与内控制度体系建设、廉洁风险防控活动以及制度流程梳理再造等有机结合；不断创新党风廉政宣教模式，努力实现教育全覆盖、监督全覆盖；认真组织开展反腐倡廉宣传月活动，根据不同主题组织开展廉洁警示教育讲座、纪委书记讲党课、反腐倡廉知识答题、廉政笔谈和观看警示教育片等活动，精心营造良好廉洁从业氛围。苏璟非常重视信访举报工作和案件查处工作，对反映的问题既注意从中发现案件线索，又注意甄别分析，追求信访举报工作的综合社会经济效果。她坚持以科学发展的思维指导办案工作，善于动脑筋、想办法，锐意创新。针对目前违纪行为隐蔽性强、手段科技化程度高、查案难度不断加大等特点，她综合运用多种办案方法和策略，不断增强发现案件突破口的能力。

加强学习练内功，提高业务素质

除做好本职工作外，苏璟还非常注重相关业务知识的学习。她先后参加了统计资格培训和企业法律风险防范及风险评估培训，并取得从业资格证书；取得法律职业资格证书和企业法律顾问执业资格证书，提升了案件办理中纪法衔接、法法衔接的运用能力。同时，苏璟还根据业务需要，不断学习新修订的法律法规及地方政府规章，积极参加集团公司举办的各类纪检业务培训，与时俱进、善于总结，极大提升了自身的业务素质。

全面从严守纪律，严格作风操守

身为一名纪检人，苏璟深刻认识到纪检队伍的作风关乎党的形象，在工作中严格遵守办案纪律、保密纪律和安全纪律，始终秉承“对党负责，敢斗争、敢碰硬”的责任感和使命感，坚持自己的原则，不计较个人得失；在生活中严于律己，拥有积极健康的生活态度，对身边同事以诚相待、互敬互学，展示了一名纪检人的良好形象。

苏璟把初心写在行动上，把使命落在岗位上，把美好的十年青春奉献给了船舶系统纪检事业，用行动实践不负韶华，书写着一篇又一篇纪检人的精彩故事。

做忠诚坚定、担当尽责的纪检人

——记海鹰企业集团有限责任公司党委副书记、纪委书记苏东伟

坚决贯彻落实党中央及上级单位决策部署，切实履行监督首责

严肃执纪办案，强化廉洁文化建设和纪检队伍建设

自2017年进入中国船舶集团有限公司旗下海鹰企业集团有限责任公司以来，苏东伟全身心投入纪检工作，坚定不移推动全面从严治党和党风廉政建设，成绩显著。

苏东伟坚决贯彻落实党中央以及中国船舶集团党组和中国船舶工业系统工程研究院党委的决策部署。作为海鹰公司巡视整改工作办公室主任，他严格督促巡视整改，逐项落实销号。海鹰公司在2018年完成全部19个整改专项和1个巡视整改销号专项，整改任务完成率达100%。

苏东伟认真落实“两个责任”，为公司高质量发展保驾护航。两年来，海鹰公司经营业绩成绩突出，2018年实现经营利润同比增长51.63%，2019年实现经营利润，超年度计划31%。这些业绩的取得，离不开纪委推进的全面从严治党、党风廉政建设工作的保驾护航。

苏东伟切实履行监督首责。他坚决做好同级监督，尤其是在海鹰公司成为中国船舶集团首家职业经理人试点单位后，大胆探索实践对公司职业经理人团队的监督，建立完善相关制度，确保职业经理人团队履职尽责。他强化重点监督，针对重点工程和重要项目，每年组织相关部门开展实地检查，发现和解决问题，确保了工程顺利验收和搬迁入驻产业园；强化对选人用人的监督，积极参与酝酿动议，两年来共对19名拟提任领导干部进行廉洁谈话，并向公司党委建议对1人不予提拔。

苏东伟严肃执纪办案。两年来，他精心策划组织完成1起党员违纪案件的立案审查审理工作，并督促相关职能部门举一反三、以案促改；组织完成1起上级交办的线索核实处置、1起基层“微腐败”线索的处置。他带头整治形式主义、官僚主义等典型问题，

畅通信访举报渠道，2019 年共计收到信访举报近十起，超过前几年的总和。

苏东伟推动公司廉洁文化建设不断加强。他每年 5 月 10 日组织警示教育等活动，弘扬“我要廉”文化，2018—2019 年海鹰公司共有 6000 余人次接受反腐倡廉教育。他组织策划拍摄的廉洁微电影报送中船上海船舶工业有限公司并获二等奖；参加上海公司组织的第一届党风廉政建设与高质量发展廉政主题论坛并现场发言交流；组织廉洁作品征集活动，向中国船舶集团报送 12 份作品，并有部分作品被系统工程研究院收录进作品集。

苏东伟加强公司纪检队伍建设。他在工作中致力于督促纪委委员履职，强化支部纪检委员作用，推动纪检联络员队伍不断壮大，工作不断规范完善。他一方面使监督融入日常不断深入；另一方面培养了复合型党务后备人才，为 12 个党支部共配备联络员 15 名，对 100 余次经济合同洽谈进行了监督。

苏东伟坚持事业为重，克服个人家庭困难。他长期离京在无锡工作，尽管两年多来突遇家中孩子年幼生病、二位老人离世等变故，但他都坚守岗位。2020 年初新冠肺炎疫情期间，他始终坚守在海鹰公司抗疫、复工复产一线，认真履行监督职责，严格督促采购部门执行采购制度，同时落实“三个区分开来”，促使采购部门最终与供应商达成货到付款的一致意见，累计购买 11000 只防护口罩，节省了约 3.7% 的成本。

在反腐败斗争中担当作为

——记中国船舶集团纪检监察组审查调查室副主任陈世坤

高质量配合中央巡视工作，对涉及违纪违法问题坚持原则、一查到底

奋战在一线，探索建立较为完整的监督执纪问责制度体系

“牢记职责使命，敢于较真碰硬，工作细致务实，勇于开拓进取，切实履职尽责”——这，是同事们对中国船舶集团有限公司纪检监察组审查调查室副主任陈世坤的评价。

陈世坤坚持深入学习领会习近平新时代中国特色社会主义思想和党的十九大精神，认真贯彻落实中央纪委历次全会精神，增强“四个意识”、坚定“四个自信”、做到“两个维护”，在思想和行动上同党中央保持高度一致。他高质量配合中央巡视工作，把两轮中央巡视移交问题线索的处置作为重要的政治任务抓实抓细，对涉及违纪违法问题坚持原则、一查到底。

陈世坤参加工作后就奋战在纪律审查一线，敢于监督、善于监督。他近年来组织、参与原中船集团党组立案件的调查处理工作，处分党组管理的领导人员 40 余人，对涉嫌职务犯罪的移交司法机关处理；积极参与挽回资产损失和追缴违纪所得工作，其中查处中央巡视移交反映中国船舶集团旗下某单位领导人员利益输送问题案件，挽回大量资产损失并追缴违纪所得。此外，陈世坤精准有效运用监督执纪“四种形态”。2015 年第一轮中央巡视以来，他提出对集团公司党组管理的领导人员提醒谈话、诫勉谈话意见共 100 余人次，提醒督促党员干部遵章守纪、廉洁从业。

陈世坤勤于学习，业务能力突出。他在工作中积极主动适应新形势新要求，加强政策理论和纪法学习，曾承担原中船集团有关材料的起草工作，受到领导好评。同时，他探索建立了原中船集团比较完整的监督执纪问责制度体系，制定了党风廉政建设责任追究、实践监督执纪“四种形态”和“三个区分开来”等规章制度。陈世坤在工作中加强业务研究和对下指导，参与编写了《企业纪检监察机构模拟案卷暨常用文书样式》一书，通过量纪报备审核、案件质量检查、组织学习等方式，加强对成员单位执纪办案的检查和指导，有效解决了成员单位纪委监督执纪宽松软以及办案程序不合规、定性量纪不准确等问题，提升了成员单位办案质量和水平。

“严于律己，带头学法守法用法，坚持实事求是，监督执纪过程中严格依规依纪依法，严格遵守办案纪律、保密纪律和工作纪律，遵守廉洁从业各项规定。”这是陈世坤的写照，也是他在纪律审查工作中永远的追求。

铁面无私的纪检人

——记广船国际有限公司纪委副书记、纪检部部长陈敏萍

以高度责任心做好监督执纪问责工作，以过硬工作作风狠抓落实

从制度建立抓起，建立完善党风廉政建设制度体系

中国船舶集团有限公司旗下广船国际有限公司纪委副书记、纪检部部长、党委巡察办主任陈敏萍，是集团公司纪检战线的一名“老兵”“尖兵”。在纪检岗位上耕耘的十四年间，她始终保持对共产主义事业的坚定信仰，践行着新时代纪检干部的初心使命。在平时的工作和生活中，她通过加强对党的理论的学习，不断提高自己的政治素质，深入学习习近平新时代中国特色社会主义思想，深入学习党的十九大精神和十九届二中、三中、四中全会精神，增强“四个意识”，坚定“四个自信”，做到“两个维护”，以身作则，廉洁自律。

由于政治素质高、业务能力强，陈敏萍曾被评为广州市工会“经审工作先进工作者”，获得广州市“五一巾帼奖”。近年来，她独著或合著的多篇理论研究成果论文（优秀研究成果）获奖。

理想信念坚定　敢于动真碰硬

党的十八大以来，随着党风廉政建设和反腐败斗争的深入推进，广船国际内部发现了诸多问题线索。面对纪检部门人员紧张、核查办法单一的困局，陈敏萍迎难而上、以身作则，带领部门人员克服困难，几乎是一个人当作两个人来用，潜心核查问题线索，为案件审查做好充分的准备。

在案件的审查调查中，无论面对的是谁，无论职位多高，陈敏萍始终把纪律挺在前面，铁面无私、刚柔并济，晓之以理、动之以情，一件件突破，既严肃处理违纪违规者，

又给予其悔过改错机会，并加强与地方纪委监委、司法执法机关的沟通联系。因为表现出色，她曾多次被中国船舶集团抽调参加案件、问题线索核查，多次在集团公司纪检系统交流介绍工作经验，连续两届被广州市选聘为人民检察院人民监督员。

落实监督责任　有效开展监督

陈敏萍积极协助公司党委、纪委落实全面从严治党、党风廉政建设监督责任，以高度责任心做好监督执纪问责工作，以过硬工作作风狠抓落实。

陈敏萍坚持履行好监督首要职责，把监督检查工作作为常态化工作融入日常管理活动中，牵头或组织开展的监督项目 100 余个，提出意见或建议 400 余项，建立完善制度 500 余项，为广船国际避免经济损失 200 多万元。

善于发现问题　严肃执纪问责

陈敏萍审查调查经验丰富，能够敏锐发现隐藏的问题。在某次核查是否虚列事项套取费用的工作中，公司内 3 位专业人员连续查找多日均未能找到丝毫证据，而后在她的分析指导下很快就取得了突破。

近年来，陈敏萍组织、亲自查办资产损失案等 10 余件 20 余人次案件，核查处理信访举报、问题线索 300 多件，运用监督执纪“四种形态”600 多人次，挽回经济损失 100 多万元，帮助合同签约 500 万元。

注重源头治理　防范廉洁风险

陈敏萍坚持从制度建立抓起，建立完善党风廉政建设制度体系，耐心指导各单位制修订规章制度，对广船国际的制度进行会签并提出意见建议。

陈敏萍还持续开展警示教育，推进纪律教育的常态化，组织拍摄的微视频《一廉如水，风正帆悬》被选送到中央纪委国家监委网站首页展播。

深入调查研究　积极探索创新

陈敏萍始终把学习放在重要的位置。她总是说：“自己是半路出家，专业知识没有成系统，不及时补充完善，会落伍的。”在深入学习党的理论的同时，她还结合自己的岗位特点，第一时间对国家出台的相关政策进行系统学习，同时还加强对纪检相关知识的汲取。陈敏萍积极研究新时期、新形势下纪检工作，组织开展了十余个课题研究，并把调研成果运用到工作中，其中《运用好监督执纪“四种形态”，强化作风建设的研究》等课题成果获中国监察学会中船分会一等奖，以及中国船舶集团政研会、广州公司各类奖项。

陈敏萍还积极探索并推进公司纪委与基层党组织纪检委员直接对接工作模式，突出关口前移。从 2015 年起探索开展内部巡察至今，她已组织开展了 10 余个一级党组织内部巡察，发现被巡察单位 100 余个问题，提出意见建议 100 余项。

做忠诚坚定、担当尽责的纪检监察人

——记中国船舶集团纪检监察组案件监督管理室副主任郁峰

严谨求实做好各项日常工作，积极投身纪检监察体制改革实践

强化案件监督管理工作，注重对依规依纪依法审查调查的监督

作为中国船舶集团有限公司纪检监察组案件监督管理室副主任，郁峰在工作中注重提高政治站位，坚持原则、实事求是，不断提升业务能力，团结协作、强化执行，较好完成了各项工作任务。

郁峰深入学习贯彻党的十九大、十九届四中全会和中央纪委三次、四次全会精神，认真开展“不忘初心、牢记使命”主题教育，始终以饱满的工作热情、良好的工作作风投入纪检监察各项工作中。

郁峰熟悉纪检监察业务，曾参与原中船重工中央巡视配合及巡视整改各项工作，牵头完成纪检监察组履职情况报告、问题线索处置情况报告等多个综合性文稿的起草工作，协调做好各类台账资料、案件卷宗、专项报告和说明等材料的准备、报送工作；协助制订党组中央巡视整改方案、纪检监察组落实中央巡视整改任务工作方案、内部巡视专项检查整改方案等，抓好案管室牵头的10余项自身整改任务；牵头组织纪检监察组中央巡视整改督办工作会议，对党组各项整改任务完成情况逐一审核；会同有关处室依规依纪依法处置中央巡视移交问题线索，建立台账、更新动态，并加强对转交总部职能部门办理问题线索的督办，不断提高巡视整改成效。

郁峰作风严谨，执行力强。他严谨求实做好各项日常工作，认真学习领会党中央、中央纪委国家监委关于纪检监察体制改革的部署要求，积极投身纪检监察体制改革实践，参与制订原中船重工关于推进纪检监察体制改革的实施方案，组织完成原中船重工监察对象摸底工作，建立监察对象情况档案，稳妥有序完成有关信访管理系统试点工作，积极开展各项制度建设，努力推进改革各项任务在集团公司落实落细。他强化案件监督管理工作，不断规范信访举报、问题线索管理，不断提高信访举报和问题线索数据统计的及时性和准确性；注重对依规依纪依法审查调查的监督，督促各成员单位纪委不断强化审查调查安全意识，切实守住安全底线。

郁峰严把选人用人政治关、品行关、作风关、廉洁关，会同有关处室建立党组管理干部廉政档案“活页夹”，认真做好党风廉政回复意见工作。他坚持从严要求自己，严格遵守廉洁自律各项规定，顾全大局、服从领导，团结同事、勤奋务实。

纪检战线“铁娘子”

——记中国船舶集团财务有限责任公司纪委书记金沂

坚持原则，对不符合规定和要求的事项坚决“喊停”

注重交流沟通，深入基层开展工作，始终紧盯领导干部这个“关键少数”

她，一头短发精致干练，知性外表下言辞大胆、处事果敢、雷厉风行；她，时刻紧绷纪律之弦，坚守对权力的敬畏之心，忠诚履职，干事创业；她，时刻与党同频共振，和干部群众同心同德，用一腔热血激浊扬清，展现了新时代纪检干部“忠诚、干净、担当”的精神风貌。她就是中国船舶集团财务有限责任公司纪委书记金沂。

坚定理想信念　靠前指挥“作战”

党的十九大以来，党中央对纪检工作提出了新的更高的要求。面对新形势、新任务、新要求，纪委书记必须站在更高的起点上，以更高的标准严格要求自己，全面提升自身修养和综合素质，不断提高政治意识和政治站位。金沂始终不忘提高政治理论水平，持续深入学习新思想、新精神、新要求，懂规矩、讲规矩、守规矩，带头坚守政策底线，坚定理想信念，增强大局意识，全面贯彻党中央各项决策部署。不仅如此，她还持续加强业务知识学习，加强对经济、金融、工程、法律、管理等方面知识的储备，不断提升履职能力和综合业务水平。

2018 年初，金沂离开北京，交流到位于上海的中船第九设计研究院工程有限公司担任纪委书记。“刚到的第一个月，十几封积压的举报信就堆到了我面前，如何消减存量是当时首要攻克的难关。”她回忆说。为此，她仔细梳理评估所有问题线索和分析判断已有证据材料，并在此基础上优化调整核查方案，协调地方纪委、兄弟单位纪委资源，抽调精兵强将组建核查组。在调查过程中，她深入一线了解情况、靠前指挥“作战”，不到一年就结清了 80% 的问题线索。经过两年半的努力，她和她的团队共处理问题线索 50 余件，党内轻处分 3 人、重处分 1 人、问责 4 人次，避免经济损失近 10 万元，挽回经济损失 160 余万元。

坚持铁腕执纪　尽显仁心柔情

“敢说”“抗压”是金沂自我评价中的两个关键词。她认为，“全面从严治党，要把‘严’字体现在日常管理和监督中，严管就是厚爱，这是对组织负责，也是对人民负责”。

在中船九院党委会、总经理办公会上，金沂总是坚持原则，对不符合规定和要求的事项坚决“喊停”。在监督检查和巡察工作中，她注重交流沟通，深入基层开展工作，始终紧盯领导干部这个“关键少数”，坚持“见人、见事、见问题、见结果”，两年多里共出具监督意见 4 份，督促整改问题 20 余个，制修订制度 20 余项，有力提高了公司治理能力和治理水平，为企业改革发展提供了坚实保障。

在铁腕执纪的同时，金沂也尽显一名纪检干部的仁心柔情。在调查一起案件时，一名涉案女同志不配合。金沂通过多种途径多次做当事人的思想工作，反复宣传政策法规，晓之以理、动之以情，以真情实意感化对方。同时，她充分考虑该涉案女同志实际情况，在确保办案安全的前提下合理安排谈话等工作，对当事人给予了充分的组织温暖和关怀。

履行使命职责　力求取得实效

拥有执纪之刚与至善仁心的金沂被周围同事称为“铁娘子”，在 2018 年以来连续两年在集团公司成员单位纪委书记考核中被评为优秀。她的不懈努力和工作业绩得到了组织的充分肯定。

2020 年，金沂调任中国船舶集团财务有限责任公司纪委书记。重组后的财务公司面临纪检机构不健全、体制机制不完善、公司舆情较复杂等问题。刚上任不久，金沂便从“点线面”着手整合规范财务公司纪检工作制度、业务流程，不断扎紧制度笼子，力争将监督要求落实到公司内部权责运行的各个环节，推动公司纪检工作实现高质量发展。一方面，她积极参与组建纪检部门和专业干部队伍，努力打造学习型纪检团队。她要求纪检部门员工坚持“干中学、学中干，学干结合、以学促干”，不断提升自身政治素养和业务能力，做到“打铁必须自身硬”。另一方面，她找准职责定位，聚焦公司党风廉政建设和反腐败斗争中心工作，紧紧抓住深入推进党风廉政建设的“牛鼻子”，与公司党委书记就关于加强“三重一大”决策落实执行、重组合并期间如何更有效发挥党支部的战斗堡垒作用等工作开展了多次谈心谈话，对重点部门负责人开展提醒谈话，积极推动党风廉政建设各级责任体系落实落地。在抓住“关键少数”、推动各级领导干部自觉担当领导责任和示范责任的同时，她以督促职能部门和基层党组织精准有效监督为基础，推动构建党委主责监督、纪委专责监督、职能部门监督、基层自主监督的日常监督体系，努力推动形成公司统一领导、各司其职、精准高效的大监督格局。

在金沂的推动下，财务公司积极落实上级决策部署，陆续开展了新冠肺炎疫情防控和业务经营情况、集团公司党组巡视组巡视反馈意见整改落实情况等专项监督检查工作，梳理了纪委工作规则、落实中央八项规定精神等 25 项制度，结合实际重新组织修订体现业务岗位特点的党风廉政建设责任书，有条不紊地推进完善公司“不敢腐、不能腐、不想腐”机制建设。

（陈璐）

履职尽责勇担当

——记山西平阳重工机械有限责任公司党委委员、纪检部部长盛军喜

事无巨细，身体力行，抓好工作部署，推进责任落实

完善制度建设，强化廉洁教育，加强日常监督，严肃执纪问责

盛军喜自2017年起从事纪检工作，现任中国船舶集团有限公司旗下山西平阳重工机械有限责任公司党委委员、纪检部部长。尽管从事纪检工作的时间不算长，但盛军喜以坚定的理想信念，践行党的使命，在工作中真抓实干、尽责担当，为企业营造风清气正的良好生态做出了积极贡献。

尽责担当源自坚定的理想信念

只有信念坚定才能站位高、视野广、情怀深，才能够坚持正确的政治方向。信念上的坚定源于理论上的自信，只有笃学党的理论才能养元气、蓄底气、保正气。盛军喜潜心学习习近平新时代中国特色社会主义思想，武装头脑、指导实践、推动工作；同时抓住每一次学习的机会，先后两次参加中国纪检监察学院业务培训，参加中央党校党的十九大精神培训班、延安市委党校党务知识培训班、中国船舶集团中青年干部培训班、集团公司“两学一做”学习教育培训班等，并且将每次培训所学到的知识进行整理汇总，毫无保留地分享给部门员工。

通过上述举措，盛军喜真正做到学思用贯通、知信行统一，不断在理论学习中增强“四个意识”，坚定“四个自信”，做到“两个维护”。

尽责担当落实在办事的能力水平

“他是我们的主心骨！”这是平阳重工纪检部员工的肺腑之言。盛军喜的办事能力之所以得到大家的肯定，首先是干出来的；之所以“会干事”，背后是“多干事”，前提是“不

躲事”。无论是监督执纪、案件审理，还是部门建设，他都事无巨细，身体力行：抓好工作部署，推进责任落实；完善制度建设，强化廉洁教育；聚焦重点工作，加强日常监督；严肃执纪问责，强化震慑和警示作用，探索开展内部巡察，实现全覆盖。

办事能力强，也是学出来的。盛军喜之所以能把许多棘手的问题处理得有条不紊，就在于他苦练本领，悉心钻研党的路线方针政策，学习学习再学习，按程序和规矩一步一步来，带领纪检部这个团队一路突围，直到解开死结，找到出口，靠“硬本领”，啃下“硬骨头”。

尽责担当体现在平时的真抓实干

成绩是奋斗出来的。两年来，盛军喜先后参加中国船舶集团内部巡视 3 次、“回头看”专项巡视 1 次，参加集团公司执纪审查 2 次、地区公司执纪审查 1 次，2019 年借调到集团公司参与巡视工作，配合集团、地区公司完成相关调查核实工作 4 次，在“以干代训”中能力得到快速提升。同时，他还参与组织召开公司各年度党风廉政建设和反腐败工作会议；研究制定各年度党风廉政建设、纪检工作计划；组织对各年度党风廉政建设责任进行分解，签订责任书及承诺书 1000 余份；组织召开纪委会议 20 余次；组织成立公司党风廉政建设和反腐败工作协调小组；组织开展公司纪委“不忘初心、牢记使命”主题教育；明确公司纪委工作联系单位分工和监督检查要点；组织建立 100 余名中层领导干部廉政档案。

盛军喜参与制定了公司贯彻落实中央八项规定精神实施细则，组织制定修订纪委会议事规则、党纪处分工作规程等，组织或协助开展反腐倡廉宣传月活动，持之以恒做好节假日廉洁提醒工作，组织对子公司开展强意识、防风险专题教育培训，创建廉政警示教育展室，编辑廉洁文化手册、纪检工作实务手册，以脚踏实地的工作态度提升了本领。

盛军喜还在工作中督促提醒领导干部履行好“一岗双责”，参与讨论决定干部事项累计 30 余人次，组织公司领导对中层干部进行廉洁教育提醒 400 余人次，回复党风廉政意见 90 余次，组织对党风廉政建设责任制落实、“三重一大”等进行监督检查，参与做好疫情防控及复工复产监督工作，落实“三个区分开来”要求，为企业发展营造良好的环境。

盛军喜组织制定了公司巡察工作办法、巡察工作方案，设立 3 个巡察组；自 2018 年以来共完成对 30 余个单位内部巡察工作，实现了全覆盖；组织对 6 个单位内部巡察整改情况进行督查。

纪检人是“打铁”的人，打铁必须自身硬。作为一名纪检干部，盛军喜不断用更高的标准、更严的要求，在工作中履职尽责勇担当，始终保持昂扬向上的斗志和雷打不动的纪律自觉，为企业营造风清气正的良好生态而不懈奋斗。

纪检战线的忠诚“老兵”

——记大连船舶重工集团有限公司纪委副书记、纪检部部长韩军

在纪检战线上奋战多年，堪称信访工作的行家里手

担当尽责，甘于奉献，坚决同违法违纪行为做斗争

韩军现任中国船舶集团有限公司旗下大连船舶重工集团有限公司纪委副书记、纪检部部长，2002年开始从事纪检工作，是一名在纪检战线上奋战多年的老兵。18年来，韩军先后担任纪检员、纪委办公室副主任、主任、纪委部副部长、部长、纪委副书记等职务。无论在哪个岗位上，他都任劳任怨，出色地完成了各项任务，特别是在查办信访案件中，积累了丰富的实践经验，堪称“行家里手”。多年来，他主持参与核实查办的问题线索达300余件，做到证据材料确凿、错误事实清楚、处理意见和处分决定准确。韩军多次参加中国船舶集团纪检监察组的执纪审查工作，显示出较高的业务水平和能力，得到了领导的好评。

忠诚坚定、牢记使命，担当尽责、甘于奉献

作为一名纪检干部，韩军认真学习习近平新时代中国特色社会主义思想和党的十九大精神，认真学习贯彻中央纪委全会和中国船舶集团党风廉政建设和反腐败工作会议精神，增强“四个意识”，坚定“四个自信”，做到“两个维护”，始终在思想上政治上行动上同以习近平同志为核心的党中央保持高度一致，对党绝对忠诚，忠于纪检事业，坚决贯彻执行公司党委、纪委和上级纪检监察机关的部署安排，不辱使命，牢记监督执纪的责任，把全面从严治党、党风廉政建设和反腐败各项工作落到实处。

韩军有着强烈的事业心和责任感。他认真履行监督执纪问责职责，有担当精神，秉公执纪、坚持原则，正确运用理论政策，依规依纪严查问题线索，坚决同违纪违法行为

做斗争，同时保护廉洁从业者，为他们澄清事实。对于党纪处分和行政处理案件，他认真跟踪落实处分决定的执行情况，使违纪者受到应有的处罚。

审查组在某单位工作期间，韩军负责联络和协调工作。他积极组织、全力配合、加班加点，牺牲了大量休息时间，对工作一丝不苟、高度负责，及时协助提供相关材料。在配合谈话过程中，他缜密安排，严格谈话程序，亲自护送被谈话人员，做好“六必知”和“手递手”，确保被谈话人员安全，其间没有发生任何安全事故，出色地完成了任务，受到领导的好评。

2019年，受中国船舶集团纪检监察组委派，韩军带队配合地方纪委监委开展工作。在连续的高强度工作压力下，他在办案过程中身体出现病兆，但仍坚守工作岗位，在医生强烈建议下和报告纪检监察组领导后才返连治疗。他这种忘我的工作精神受到联合办案组和中国船舶集团纪检监察组领导的肯定。2020年初，韩军身体有所康复，此时开始出现新冠肺炎疫情，他通过微信第一时间向纪检干部传达党中央和上级的防疫要求。2月复工后，在做好自身防护的前提下，他更是身先士卒，积极协助党委开展疫情防控工作监督，督促各级党组织和“一把手”认真贯彻落实中央和上级关于疫情防控的部署要求，完善防控措施，确保安全复工复产，践行一名纪检干部的责任担当。

遵纪守法、学以致用，清正廉洁、严于律己

韩军在工作中遵纪守法、学以致用。他带头学法守法用法，积极主动适应新形势新要求，认真学习《党章》《纪律处分条例》《监督执纪工作规则》《监察法》等党规党纪和法律法规知识，学习企业生产经营管理专业知识，具有较高的专业能力和素养。他坚持实事求是，准确把握政策，精准运用监督执纪“四种形态”处置问题线索。他努力推动执纪工作规范化，修订监督执纪制度20余项，确保各项工作依规依纪依法。他充分发挥案例的警示作用，通报了50多起公司党员干部违纪违法案件，用身边事教育身边人。他督促案发单位召开“以案促改”民主生活会，开展“一案一总结”，重视做好查办案件“后半篇文章”。他主持编写《廉洁文化手册》，推动廉洁文化建设。他强化日常监督，开展“四风”问题专项监督检查和巡视整改自查自纠，推动内部巡察“全覆盖”。针对发现的管理方面问题，他向相关单位发布蓝色、绿色预警20多个，督促责任单位举一反三、纠偏堵漏，提升管理水平。

韩军清正廉洁，严于律己。他始终坚持高标准、严要求、守底线，强化自我监督，自觉接受监督，做到在行使权力上慎之又慎，在自我约束上严之又严。他经手主办或协办多起大案要案，能够严格遵守办案纪律、保密纪律和工作纪律，勇于担当、坚持原则，坚决同违纪违法行为做斗争。

后　记
POSTSCRIPT

作为我国海军武器装备建设的主体力量、船舶工业的骨干力量、装备制造业的重要力量、海洋装备发展的引领力量，中国船舶集团有限公司在党和国家事业发展全局中具有特殊重要的地位和广泛的影响力。中国船舶集团党组坚决贯彻落实习近平总书记重要指示精神，毫不动摇坚持党的领导、加强党的建设，持续推进全面从严治党向纵深发展，带领各级党组织和全体党员干部牢记初心使命、攻坚克难奋进，坚决履行军工央企职责使命，扎实推进“不忘初心、牢记使命”主题教育、中央巡视整改等任务，持续加强干部人才队伍建设、基层党建工作、党风廉政建设与反腐败工作，各项工作取得了积极成效。

尤其是面对坚决打赢疫情防控阻击战和科研生产经营攻坚战的双重大考，中国船舶集团各级党组织和广大党员，从增强“四个意识”、坚定“四个自信”、做到“两个维护”的高度，将坚决夺取疫情防控和科研生产经营“双胜利”作为践行初心使命的试金石和磨刀石，有力彰显了坚决听党话跟党走，为党分忧、为国尽责的政治本色。

7 月 1 日，中国船舶集团召开庆祝中国共产党成立 99 周年暨 2020 年党的建设工作会议，宣读了集团公司党组关于“两优一先”及“两标兵一示范”和“优秀纪检巡视干部”的表彰决定。中国船舶集团党组号召，各级党组织和广大党员、党务工作者向受到表彰的先进集体和优秀个人学习，做习近平新时代中国特色社会主义思想的坚定拥护者和积极践行者，在新的发展征程中，锐意进取、勇于争先，不断提升党建工作质量，在建设国际竞争力强的世界一流船舶集团新征程中展现新作为、做出新贡献。

为在全集团大力弘扬学习先进、争当先进、赶超先进的浓厚氛围，引导和激励各级党组织和广大党员、党务工作者、纪检巡视干部在集团公司高质量发展中建功立业，我们启动了图书《党旗红　深蓝梦——奋进船舶人》的策划、组稿、编辑出版工作。本书聚焦这些受表彰的先进组织和优秀个人的典型事迹，主要分为“优秀共产党员”“优秀党务工作者”“先进基层党组织”“中国船舶优秀共产党员标兵”“中国船舶优秀党务工作者标兵”“中国船舶示范党支部”“优秀纪检巡视干部”七大板块，充满故事性、彰显先进性，旨在通过弘扬先进典型事迹激发广大党员干部顽强拼搏、无私奉献的热情和干劲，激励其为建设世界一流船舶集团积极贡献更大的力量。

本书的编辑经过了严格的三审三校和反复甄别、数度筛选等流程。在编辑这些稿件的过程中，我们看见了中国船舶人不畏艰险、无私奉献的精神面貌，看见了中国船舶人兢兢业业、攻坚克难的奋斗姿态，看见了中国船舶人爱岗敬业、爱企奉献的实际行动。我们希望通过图书作品传递中国船舶人的正能量，鼓励其为集团公司的高质量发展蓄力再出发，使集团公司切实当好海军装备现代化建设的“主力军”、服务重大战略的“国家队”，以及建设世界一流企业的“排头兵”。

中国船舶集团党组十分重视本书的编辑出版工作，并给予了诚挚关怀和大力支持。中国船舶集团党群工作部对本书的策划、编辑给予了悉心指导，各成员单位踊跃投稿，并根据本书编辑部的意见反复打磨稿件，共同为本书提供了丰富的内容支撑。

人民日报出版社对本书的出版给予了强有力的帮助。对于各界人士的帮助，我们在此一并表示衷心的感谢！同时，从本书的策划到最终定稿印刷，我们对每一个环节都进行了质量的监督和流程方面的把握，但因编辑出版过程时间仓促、条件有限，难免存有粗疏、遗漏之处。如有谬误之处，诚望读者朋友批评指正。

中国船舶报社
本书编辑部
2020 年 9 月于北京